HERZLICHEN GLÜCKWUNSCH

Und Dankeschön für den Kauf
dieses Buches. Als besonderes
Schmankerl* finden Sie unten
Ihren persönlichen Code, mit
dem Sie das Buch exklusiv und
kostenlos als E-Book erhalten.

Beachten Sie bitte die Systemvoraussetzungen
auf der letzten Umschlagseite!

1018r-65p6w-
c8700-jrwsp

Registrieren Sie sich einfach
in nur zwei Schritten unter
www.hanser.de/ciando und
nutzen Sie Ihr E-Book direkt
auf Ihrem Rechner.

Zörner

Softwarearchitekturen dokumentieren und kommunizieren

Der Autor:

Stefan Zörner, Buchholz in der Nordheide

Bibliografische Information der Deutschen Nationalbibliothek:

Die Deutsche Nationalbibliothek verzeichnet diese Publikation in der Deutschen Nationalbibliografie; detaillierte bibliografische Daten sind im Internet über http://dnb.d-nb.de abrufbar.

© 2012 Carl Hanser Verlag München, www.hanser-fachbuch.de
Lektorat: Margarete Metzger
Herstellung: Irene Weilhart
Copy editing: Manfred Sommer, München
Layout: Manuela Treindl, Fürth
Umschlagdesign: Marc Müller-Bremer, www.rebranding.de, München
Foto des Autors: Jan Gentsch, jangentsch.de, Hamburg
Umschlagrealisation: Stephan Rönigk
Gesamtherstellung: Kösel, Krugzell
Ausstattung patentrechtlich geschützt. Kösel FD 351, Patent-Nr. 0748702
Printed in Germany

print-ISBN: 978-3-446-42924-6
e-book-ISBN: 978-3-446-43128-7

Inhalt

Geleitwort

Dokumentation – Unwort der IT?

Viele IT-Systeme gelten zu Recht als schlecht erweiterbar, schwer verständlich und ungemein komplex. Teilweise liegt das an ihrer mangelhaften Dokumentation, an fehlenden oder unklaren Erläuterungen. Bei anderen Systemen begegnet mir das Gegenteil: Hunderte von Dokumenten, ungeordnet auf Netzlaufwerken, ohne klaren Einstiegspunkt. Kein Wunder, dass Dokumentation als Unwort gilt.

Die meisten Teams, die ich in meinem IT-Leben begleitet habe, konnten gut bis sehr gut programmieren, viele haben ausgezeichnete technische Konzepte entwickelt und umgesetzt. Aber kaum eines dieser Teams konnte auch nur halbwegs ordentlich dokumentieren. Oft als lästige Nebensache verflucht, mit fadenscheinigen Argumenten auf „später" verschoben oder von Anfang an aufs Abstellgleis verbannt: Dokumentation gilt in Projekten als uncool oder, schlimmer noch, als Strafarbeit: Doku – das sollen andere machen.

Hinter dieser weit verbreiteten, negativen Haltung steckt Unsicherheit: Kaum ein Entwickler, Architekt oder Projektleiter hat jemals gelernt, über Systeme zielorientiert, methodisch und mit moderatem Aufwand zu kommunizieren – und Dokumentation ist schriftliche (d. h. persistente) Kommunikation.

Genau dafür stellt dieses Buch großartige, praxiserprobte und direkt umsetzbare Lösungen bereit: Sie erfahren, wie Sie mit einfachen Mitteln die Anforderungen an langfristige, lesbare und verständliche Dokumentation erfüllen können. Stefan Zörner erklärt Ihnen, wie Sie sowohl den großen Überblick als auch das notwendige kleine Detail für Ihre Leser sachgerecht aufbereiten und darstellen. Besonders freut mich natürlich, dass er etwas Werbung für unser (freies) arc42-Template macht :-)

Ein echtes Novum finden Sie in Kapitel 6 über technische Konzepte: Überall heißt es in der Praxis: „Wir brauchen ein Konzept für <schwieriges technisches Problem>" ... aber niemand erklärt uns, wie solche Konzepte denn genau aussehen sollen. Wir überlegen jedes Mal neu, in welcher Struktur wir unsere Lösungsideen darstellen und wie wir argumentieren sollen. Stefan eilt mit diesem Buch zu Hilfe: Er hat (unterstützt durch Uwe Vigenschow) aus den langjährigen Erfahrungen von Lernmethodikern und Hirnforschern genau die Hinweise extrahiert, die wir für verständliche, nachvollziehbare und klare Konzepte benötigen. (Neugierig geworden? Blättern Sie direkt mal zu Seite 142 und überfliegen das Vier-Quadranten-Modell.)

Aber damit nicht genug: Getreu dem Motto, dass Beispiele die besten Lehrmeister sind, hat Stefan ein wirklich cooles System entworfen, gebaut und für dieses Buch vorbildlich dokumentiert: Seine Schach-Engine DokChess illustriert, wie gute Dokumentation aussehen kann (und spielt außerdem noch ganz passabel Schach).

Ich wünsche Ihnen Freude mit diesem Buch. Als Reviewer durfte ich ja schon vor längerer Zeit frühe Versionen testlesen. Mehr als einmal haben mir Stefans Ratschläge in konkreten Projektsituationen seitdem geholfen.

May the force of the proper word and diagram be with you.

Köln, im März 2012

Gernot Starke

1 Warum Software-architekturen dokumentieren?

Dieses Kapitel motiviert das Thema und steckt die Aufgabe des Buchs ab. Insbesondere arbeitet es heraus, wo Architekturdokumentation unterstützt, d. h. welche Ziele Sie mit ihr verfolgen können. Am Ende des Kapitels erläutere ich Zielsetzung und Aufbau des Buches.

■ 1.1 Montagmorgen

Haben Sie schon einmal in einem Softwareentwicklungsprojekt gearbeitet, zu dem im weiteren Verlauf neue Mitarbeiter hinzugestoßen sind? Oder waren Sie selbst schon einmal bei einem Vorhaben „der Neue"? Es ist also Montagmorgen, und ein neuer Mitarbeiter, im konkreten Fall vielleicht ein Entwickler, verstärkt das Projekt.

1.1.1 Fragen über Fragen

Neue Mitarbeiter haben naturgemäß viele Fragen. Zu Beginn dreht es sich darum, überhaupt arbeitsfähig zu werden. Entsprechend sehen Fragen zum Beispiel so aus:

- Wo soll ich sitzen?
- Welche Tools brauche ich?
- Wie checke ich die Quelltexte aus, und wie baue ich die Software?
- Warum sind bei mir die Tests rot?

Neue Mitarbeiter durchlaufen bezüglich ihrer Fragen einen typischen Zyklus. Nachdem grundlegende Dinge geklärt sind, erkennen Sie an den Fragen, dass es nun in die Praxis geht, der Mitarbeiter also tatsächlich mitarbeiten will. Später am Tag, vielleicht auch erst am Dienstag oder Mittwoch, könnten Fragen so aussehen:

- Ich finde mich nicht zurecht. Wie finde ich einen Einstieg?
- Diese Teile hier - wie arbeiten die zusammen? Habt ihr das irgendwo aufgemalt?
- Ich soll hier neue Funktionalität hinzufügen, wie stelle ich das an?
- Ich habe hier etwas Ähnliches gefunden, kann ich das wiederverwenden?
- Ich habe hier eine Kleinigkeit geändert. Warum sind jetzt plötzlich bei mir die Tests rot?

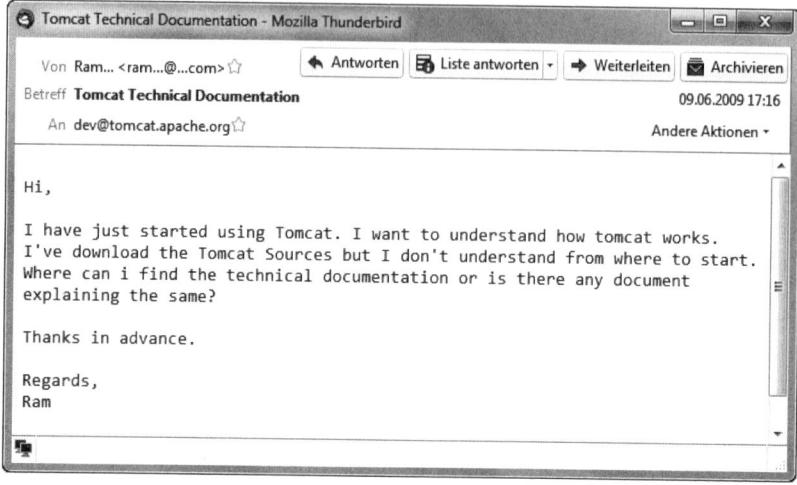

BILD 1.1 Eine Frage auf der Mailingliste von Apache Tomcat

Nach ersten Erfolgen wird unser neuer Mitarbeiter mutiger. Fragen drehen sich nicht mehr nur um das „Wie" oder „Was", sondern auch um das Warum. Jetzt wird auch hinterfragt:

- Diese Software, an der wir hier arbeiten, was macht die überhaupt?
- Warum benutzen wir eigentlich noch Java 1.4?
- Wieso habt Ihr das so gemacht? Ist das nicht viel zu kompliziert?
- Würde man das nicht eigentlich so machen?

Die Beispielfragen sind zwar typisch, aber natürlich fiktiv. Es gibt jedoch eine große Kategorie von Softwarevorhaben, denen sich wunderbar auf die Finger schauen lässt: Open-Source-Projekte. Oft führen sie ihre Kommunikation öffentlich; jeder kann die Mailingliste der Entwickler abonnieren und ist quasi live dabei, wie bei Big Brother im Container. Bild 1.1 zeigt ein echtes Beispiel, den Absender habe ich unkenntlich gemacht.

Fragen wie die letztgenannten und konkret auch die von der Tomcat-Mailingliste zielen nicht mehr nur auf Details und die Arbeitsfähigkeit ab, sondern auch auf Strukturen, auf Abhängigkeiten, auf getroffene Entscheidungen. Kurz: auf Architektur.

1.1.2 Wer fragt, bekommt Antworten …

Es gibt einige typische Antworten, die Softwareprojekte bei Fragen neuer Mitarbeiter parat haben. Vielleicht haben Sie die ein oder andere schon einmal gehört, oder sogar selbst gegeben. Sehen wir uns vier exemplarische Vertreter näher an.

Typische Antwort 1: „Steht alles im Wiki!"

Je nach Füllstand im Wiki ist der Fragensteller nun einige Zeit beschäftigt, sich in den Seiten zurechtzufinden. Nach einigen Stunden kommt er mit konkreteren Fragen zu Fundstücken wieder, und Sie schlagen die Hände über dem Kopf zusammen: „Das machen wir ja schon seit Ewigkeiten nicht mehr so! Wo hast du denn das gefunden?" – „Steht im Wiki."

Sie können das Wiki hier natürlich auch durch ein anderes Werkzeug ersetzen, das bei Ihrem Vorhaben dazu dient, Informationen aller Art aufzunehmen und zu bewahren.

Typische Antwort 2: „Das haben wir nicht dokumentiert, wir gehen agil vor."

Dokumentation und Agilität stehen nicht im Widerspruch. Da es in diesem Zusammenhang aber oft Missverständnisse und Fragen gibt, gehe ich später im Kapitel auf dieses Spannungsfeld noch etwas genauer ein. Der Fragesteller auf der Tomcat-Mailingliste hat übrigens recht schnell eine sinnverwandte Antwort erhalten, siehe Bild 1.2.

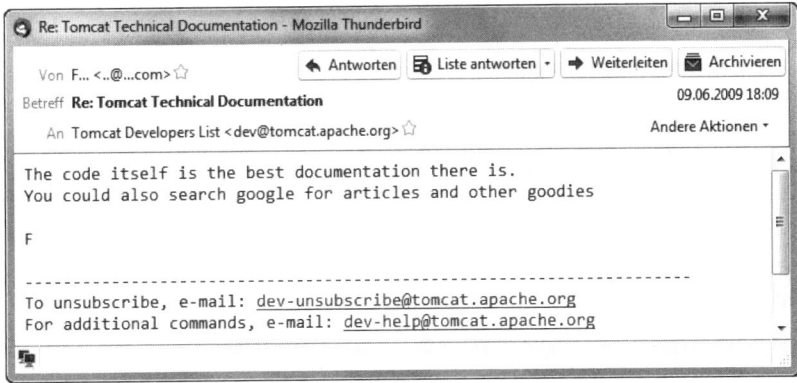

BILD 1.2 Knapp eine Stunde später: Antwort auf der Mailingliste

Anders als bei prominenten Open-Source-Lösungen wie Apache Tomcat fällt Google bei Ihrem Vorhaben als Informationsquelle für projektspezifische Dokumentation vermutlich aus.

Typische Antwort 3: „Das war schon so, als ich neu war."

Diese Antwort kommt in Vorhaben vor, die schon länger laufen und von einer gewissen Fluktuation im Team geprägt sind. Die entsprechende Frage hatte der Antwortgeber damals auch schon gestellt. Jetzt gibt er die Antwort von damals, falls er seinerzeit überhaupt eine erhalten hat, an den Neuen weiter.

 Mündliche Überlieferung (aus Wikipedia)

„Mündliche Überlieferung oder Oralität bezeichnet die erzählende Weitergabe von geschichtlichen, gesellschaftlichen und religiösen Informationen – insbesondere in Form von Geschichten, Sagen, Legenden und Traditionen. Sie spielt in allen Kulturkreisen eine große Rolle, insbesondere in jenen, die keine oder erst in Ansätzen eine schriftliche Überlieferung (siehe Schriftlichkeit/Literalität) kennen."

Und damit sind wir bei der wohl beliebtesten Antwort angelangt:

Typische Antwort 4: „Das ist historisch gewachsen."

Das hat wohl jeder schon mindestens einmal gehört und/oder gesagt, es gehört zur IT-Folklore wie der Torschrei zum Fußball. An dieser Phrase ist vor allem die Wortwahl bemerkenswert. „Gewachsen" klingt, als wäre die Software ohne Zutun des Teams entstanden. Und es ist regelmäßig erstaunlich, wie schnell in IT-Vorhaben Dinge als historisch gelten. Anders als in der Geschichte („Die Schlacht von Marathon ist historisch belegt") vergehen mitunter nur wenige Wochen und Monate, und der Begriff taucht zum ersten Mal auf. Im Extremfall, wenn der erste neue Mitarbeiter zum Team stößt.

Versetzen Sie sich in die Rolle eines neuen Mitarbeiters! Stellen Sie sich vor, Sie müssten ab nächster Woche Ihr eigenes Projekt unterstützen und hätten keine Ahnung. Welche Fragen würden Sie stellen?

In diesem Buch geht es darum, bessere Antworten parat zu haben als zum Beispiel die vier hier vorgestellten. Wer beim Beantworten auf geeignete Hilfsmittel wie Entwürfe, Diagramme und Konzepte zurückgreifen kann, tut sich leichter. Und spätestens wenn in der Wartung keiner der ursprünglich Beteiligten mehr für Antworten zur Verfügung steht, ist Dokumentation unerlässlich. Aber Moment mal: Ist Dokumentieren nicht voll unagil?

BILD 1.3
Ansichtskarte vom
Nord-Ostsee-Kanal,
Poststempel 1898

◾ 1.2 Voll unagil?

In den Jahren 1887 bis 1895 entstand mit dem Nord-Ostsee-Kanal die heute noch meistbefahrene künstliche Wasserstraße der Welt (siehe Bild 1.3). Am Bau des knapp 100 km langen Kanals waren bis zu 8900 Arbeiter beteiligt, 156 Millionen Goldmark waren ursprünglich für das Vorhaben veranschlagt worden. Das Budget wurde eingehalten, ebenso der Termin. Unglaublich.

1.2.1 Agil vorgehen

Viele IT-Projekte scheitern.[1] Softwareentwickler kann ich angesichts der obigen Erfolgs-geschichte insofern trösten, als bei Weitem nicht alle Bauvorhaben in der klassischen Architektur so erfolgreich verlaufen. Blicken Sie nur auf die Hamburger Elbphilharmonie!

Verglichen mit der Softwareentwicklung ist am Kanalbaubeispiel einiges ungewöhnlich: Die Anforderungen änderten sich während des Baus nicht. Die Technologie und die mit ihr verbundenen Risiken galten als beherrscht, Kanalbau – auch in dieser Größenordnung – war kein Hexenwerk. Moderne Softwareentwicklungsprojekte arbeiten in der Regel unter andersgearteten Rahmenbedingungen als der Bau des Nord-Ostsee-Kanals. Es gibt viele Unsicherheiten und Risiken, z. B. was die eingesetzten Technologien angeht. Anforderun-gen und Prioritäten ändern sich im Verlauf des Projekts, etwa durch den Markt oder durch gewonnene Erkenntnisse des Auftraggebers und auch des Auftragnehmers.

Hier setzen agile Techniken und Vorgehensweisen wie z. B. Scrum [Schwaber+2011] oder Extreme Programming [Beck2004] an, indem sie beispielsweise die Tatsache, dass Anforde-rungen sich ändern, akzeptieren und zu ihrem Vorteil nutzen. Der Trend, agil vorzugehen, setzt sich mittlerweile durch.

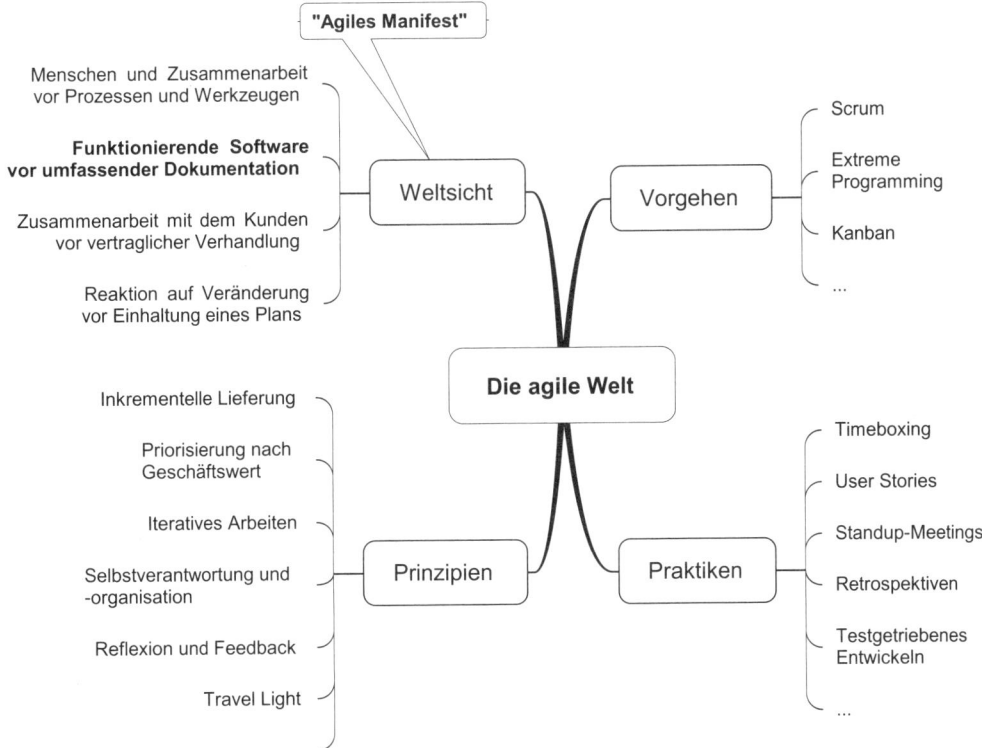

BILD 1.4 Orientierung in der agilen Welt

---

[1] Siehe zum Beispiel Studie „Einfluss klassischer und agiler Techniken auf den Projekterfolg". [Wittwer+2009]

Bild 1.4 gibt einen groben Überblick über die agile Welt in Form einer Mindmap. Agilität ist als Begriff nicht klar umrissen, aber das Agile Manifest [Beck+2001] vermittelt einen Eindruck der Weltsicht. Prinzipien, wie sie auch im agilen Manifest formuliert sind, passen zu dieser Anschauung, Praktiken helfen, sie umzusetzen. Konkrete Vorgehensweisen wie beispielsweise Scrum bündeln Praktiken und ergänzen sie um Rollen (z. B. ScrumMaster) und Ergebnistypen.

In der Weltsicht des agilen Manifests werden vier Paare einander gegenübergestellt (in der Mindmap in Bild 1.4 links oben). Die jeweils zweiten Punkte der Paare sind zwar wichtig, die ersten werden aber höher eingeschätzt („X *vor* Y"). Für unseren Kontext ist dabei vor allem das zweite Paar von Interesse: Funktionierende Software *vor* umfassender Dokumentation.

1.2.2 Funktionierende Software vor umfassender Dokumentation

Diese mitunter als Totschlagargument missbrauchte Aussage will nicht, dass in agilen Projekten überhaupt nicht dokumentiert wird. Sie will, dass das eigentliche Ziel, nämlich funktionierende Software zu bauen, nicht darunter leidet.

Beim Versuch, eine Softwarearchitektur zu dokumentieren, tun sich viele schwer, und die mühsam erstellten Ergebnisse überzeugen oft nicht. Wichtige Fragen, die sich der Leser stellt, werden nicht beantwortet. Oder die Dokumentation ist zwar umfangreich, aber (auch deshalb?) mit der Zeit veraltet. Sie gibt nicht den aktuellen Stand wieder und ist damit nutzlos geworden.

Gesucht ist also „angemessene" Dokumentation, aber eigentlich scheint nur klar, was das nicht ist: Als nicht angemessen gelten als schwergewichtig bezeichnete Vorgehensweisen, in denen viel Zeit in die Anfertigung umfangreicher Arbeitsergebnisse gesteckt wird, die der funktionierenden Software nicht unmittelbar dienen. Der Extremfall ist das Vorgehen in Wasserfallmanier, d. h. einer umfassenden Analyse der Anforderungen folgen vollständige Architektur- und Designmodelle, die im Anschluss implementiert werden. Die Phasen sind dabei klar abgegrenzt und werden mitunter im deutschsprachigen Raum mit DIN-genormten Dokumenten wie Lastenheft (für die Anforderungen) oder Pflichtenheft (für die Lösung) abgeschlossen.

Das andere Extrem: Bei Reviews erhalte ich auf die Frage nach der Architekturdokumentation die bereits zitierte Antwort: „Solche Arbeitsergebnisse haben wir hier im Projekt gar nicht; wir gehen agil vor. Der Quelltext ist die Dokumentation." Was sich bei näherem Hinsehen im schlimmsten Fall als „Wir gehen überhaupt nicht vor" entpuppt, beinhaltet genau das falsche Verständnis von Agilität.

Dokumentation ist wertvoll, nur hat im Zweifelsfall das Funktionieren der Software eine höhere Priorität. Die spannende Frage ist daher, wie Dokumentation eingesetzt werden kann, um agile Prinzipien wie funktionierende Software oder Zusammenarbeit optimal zu unterstützen.

1.2.3 Dokumentation unterstützt Kommunikation

Ein Blick auf die agilen Werte, Prinzipien und Praktiken (siehe Bild 1.4) offenbart: Kommunikation spielt eine entscheidende Rolle. Projektteams streben einen regen Austausch mit dem Kunden und anderen Beteiligten an, und auch intern im Rahmen von täglichen Besprechungen oder Retrospektiven. Insbesondere bei der Softwarearchitektur ist Kommunikation ausschlaggebend. Architektur ist Mittler zwischen Anforderungen und Realisierung; der Architekt im Elfenbeinturm wird kaum noch akzeptiert. Genau hier findet Dokumentation ihren Platz auch in agilen Vorhaben: Dokumentation unterstützt Kommunikation.

Durch die Wüste – Travel light

Scott Ambler zieht einen Vergleich zwischen einem Softwareprojekt und einer Wanderung durch die Wüste [Ambler2002]. Wer plant, durch die Wüste zu marschieren, nimmt Sonnenschutz, Wasservorräte, und Navigationshilfsmittel mit. „Viel hilft viel" ist hier fehl am Platz – wer einen Sonnenschirm mit Standfuß aus Granit, einige Kisten Wasser sowie Diercke-Atlas und Globus mit sich schleppen muss, kommt nicht weit. Gleichzeitig käme niemand auf die Idee, ganz ohne entsprechendes Gepäck zu reisen. „Travel light!" heißt das entsprechende Prinzip, „Reise mit leichtem Gepäck". Es lässt sich insbesondere auf Dokumentation anwenden.

Denn Aufwand und Nutzen müssen in angemessenem Verhältnis stehen. Der Aufwand bezieht sich auf Erstellung und Pflege der Dokumentation, der Nutzen auch auf die Weiterentwicklung und Wartung der Software. Umfassende Modelle mit dem gleichen Abstraktionsniveau wie der spätere Quelltext können in einem Softwarevorhaben die gleiche Wirkung entfalten wie Pfandflaschen aus Glas in der Wüste. Sie sind unnötiger Ballast.

Dokumentation allein kann nicht alle Fragen beantworten. Im Idealfall unterstützt sie aber wirkungsvoll dabei, Fragen zu beantworten, wie etwa die des neuen Mitarbeiters. Was heißt das nun konkret für die Dokumentation von Softwarearchitektur?

■ 1.3 Wirkungsvolle Architektur-dokumentation

Dokumentation darf kein Selbstzweck sein. Wirkungsvolle Architekturdokumentation unterstützt Sie bei Ihrer Arbeit im Team und gegenüber Dritten, ohne Sie zu lähmen. Gut gemachte Dokumentation hilft Ihnen, wichtige Ziele innerhalb Ihres Softwarevorhabens zu erreichen. Ich fasse sie für dieses Buch in drei Punkten zusammen. Ihre Reihenfolge sagt nichts über die Wichtigkeit aus.

- Ziel 1: Architekturarbeit unterstützen
- Ziel 2: Architektur nachvollziehbar und bewertbar machen
- Ziel 3: Umsetzung und Weiterentwicklung leiten

Schauen wir sie uns genauer an!

1.3.1 Ziel 1: Architekturarbeit unterstützen

Mit Architekturarbeit meine ich das Erarbeiten von Architektur. Ein im Deutschen gebräuchliches Tätigkeitswort in diesem Zusammenhang ist „entwerfen", also Architekturentwurf. Die Arbeit eines Architekten umfasst aber mehr als den Entwurf der Lösung (siehe Kapitel 2).

Ab und an höre ich in Projektteams, auf die ich im Zusammenhang mit Architekturdokumentation treffe, Entwürfe zu dokumentieren bringe ihnen nichts. Sie programmieren gleich los. Alles vorher genau in UML-Diagrammen aufzumalen, sei sinnlos. Denn wenn sie es später implementierten, sähe die Welt ja schon wieder ganz anders aus, da sich die Anforderungen geändert haben. Und nachher aufmalen sei viel zu mühsam, oder die Zeit reiche nicht aus, und wenn man es täte, würde es ohnehin nichts bringen, denn es veralte ja ganz schnell wieder.

Diese Projektteams haben recht. Aber sie vergessen eine dritte Option. Statt zu versuchen, alles vor der Implementierung zu dokumentieren (die Sinnlosigkeit von „Big Design Up Front" in ihrem Kontext hatten sie ja erkannt) oder nachher, wäre es doch ein interessanter Ansatz, *währenddessen* zu dokumentieren. Und zwar mit Werkzeugen und in einer Granularität, die sie nicht behindern. Im Idealfall halten Sie Entscheidungen zu dem Zeitpunkt fest, wo sie bearbeitet werden, Entwurf und Dokumentation sind eins.

Die richtigen Arbeitsergebnisse helfen Ihnen, Lösungen zu finden und im Team und mit anderen zu kommunizieren. Das betrifft nicht nur die richtige Strukturierung des Gesamtsystems in Teile und wie diese Teile zusammenspielen. Ein weiteres wichtiges Merkmal, das gute Architekturen auszeichnet, ist Konsistenz. Gleiche Probleme sind stets gleich gelöst.

Bei diesem Ziel geht es also darum, bessere Antworten parat zu haben als „Das haben wir nicht dokumentiert, wir gehen agil vor." Es soll gute Lösungen ermöglichen, und deren Kommunikation unterstützen.

1.3.2 Ziel 2: Architektur nachvollziehbar und bewertbar machen

Erinnern Sie sich an den neuen Mitarbeiter im Entwicklungsteam, der fragte, warum bestimmte Dinge so sind, wie sie sind?

Nachvollziehbarkeit ist wie Konsistenz untrennbar mit guter Softwarearchitektur verbunden. Der neue Entwickler im Team ist nur ein Adressat unter vielen, an den Sie die Lösung, oder zumindest bestimmte Teile davon, kommunizieren müssen. Andere Zielgruppen sind je nach Vorhaben Auftraggeber, Kunden, Produktverantwortliche, Endbenutzer, Betrieb, ... Zum einen geht es bei der Nachvollziehbarkeit darum, die Lösung zu verstehen. Zum anderen aber auch darum, sie bewerten zu können. Ist die Architektur angemessen? Passen die Entscheidungen zur Aufgabe?

Bei diesem Ziel geht es darum, bessere Antworten parat zu haben als „Das war schon so, als ich neu war" oder „Das ist historisch gewachsen". Im Idealfall ersparen Sie sich auch die immer gleichen Diskussionen.

1.3.3 Ziel 3: Umsetzung und Weiterentwicklung leiten

Das Ziel des Vorhabens ist funktionierende Software. Daher dient gute Architekturdokumentation insbesondere der Kommunikation der Lösung in Richtung Umsetzung.

Gerade in Fällen, in denen die Software in Teilen oder als Ganzes durch Dritte implementiert wird – im Extremfall räumlich stark verteilt –, sieht sich der Auftraggeber vor große Herausforderungen gestellt. Dass die Verwendung der UML allein nicht sämtliche Kommunikationsprobleme auf einmal löst, hat sich im Markt mittlerweile herumgesprochen.

Softwarearchitekten und Entwickler sind heute oftmals nicht mehr verschiedene Rollen und Menschen. Die Architektur entsteht im Team und wird gemeinsam umgesetzt. Das macht Architekturdokumentation nicht überflüssig, es verschiebt den Einsatzzweck bestenfalls von Implementierungsvorschriften hin zu gemeinsamen Entscheidungen und Prinzipien. Und es bleiben Fragen wie „Wie finde ich einen Einstieg?", „Wie finde ich mich zurecht?".

Wenn der neue Entwickler, nachdem er auf seine Frage: „Wie mache ich x?" die Antwort „Steht alles im Wiki" erhalten hat, dort tatsächlich eine Lösung vorfindet und im Quelltext gleich noch zwei andere, steht er vor einer interessanten Entscheidung: Wähle ich aus den drei Varianten die mir genehmste aus, oder erfinde ich eine vierte?

Bei Ziel 1 ging es darum, Konsistenz zu erreichen. Spätestens bei der Weiterentwicklung und Wartung eines Systems ist entscheidend, sie zu erhalten. Sonst verwässert die Lösung und wird irgendwann aufgegeben wie ein sinkendes Schiff.

1.3.4 Fremdwort Do|ku|men|ta|tion [...zion] [lat.]

Dokumentieren zählt nicht unbedingt zu den Lieblingsbeschäftigungen vieler Entwickler. Das gilt für Dokumentationen aller Art (Benutzerhandbuch, Betriebshandbuch, ...). Dokumentieren wird als lästige Pflicht angesehen, gern aufgeschoben und dann vergessen. Gute Dokumentation: Fehlanzeige.

Bezeichnenderweise ist das Wort Dokumentation ja tatsächlich ein Fremdwort:

 Dokumentation (aus Duden. Das Fremdwörterbuch)

„Do|ku|men|ta|ti|on [...zion] [lat.] die; -, -en: 1. a) Zusammenstellung u. Ordnung von Dokumenten und Materialien jeder Art, durch die das Benutzen und Auswerten ermöglicht oder erleichtert wird ...“

Die Duden-Definition trifft das Vorhaben dieses Buches recht gut. Im weiteren Verlauf stelle ich verschiedene Techniken und Werkzeuge vor, die Sie bei der Erreichung der drei oben beschriebenen Ziele unterstützen – „Materialien jeder Art". Zum Arsenal zählen textuelle Arbeitsergebnisse ebenso wie graphische. Diese Zutaten für Architekturdokumentation werden im Buch *Dokumentationsmittel* genannt.

Die richtige „Zusammenstellung und Ordnung" der vorgestellten Ergebnisse verbessert deren Wirksamkeit bezüglich der Erreichung der Ziele noch einmal drastisch. Hier orientiere ich mich primär an der von Gernot Starke und Peter Hruschka vorgeschlagenen Struktur arc42, diskutiere aber auch Alternativen und Situationen, in denen Anpassungen erforderlich sind.

■ 1.4 Mission Statement für dieses Buch

Im letzten Unterkapitel wurden die Ziele von Architekturdokumentation herausgearbeitet. Was genau ist nun aber das Ziel dieses Buches? Die Kurzfassung: Am Ende ist Architekturdokumentation in Ihrem Vorhaben ein integraler Bestandteil und kein Fremdwort mehr. Dieses Buch stellt praxiserprobte Möglichkeiten dar, Softwarearchitektur festzuhalten. Die gezeigten Inhalte lassen sich an den in Kapitel 1.3 vorgestellten drei Zielen für wirkungsvolle Architekturdokumentation messen.

Das Buch bietet auch Lesern, die bezüglich Softwarearchitektur noch am Anfang stehen, einen Einstieg ins Thema. Es holt sie ab, gibt ihnen Orientierung und Sicherheit. Das Buch arbeitet heraus, was nach meinem Erfahrungswissen zwingend dazugehört.

Die nötigen Zutaten stellt das Buch lebendig vor, zeigt auf, zu welchem Anlass Sie sie erstellen und in welcher Tiefe. Dabei skizziert es das Zusammenspiel von Dokumentation mit einem methodischen Softwareentwurf. Außerdem ermöglicht das Buch Ihnen, eigene Ergebnisse einzuschätzen und zu bewerten, etwa durch Abgleich mit Beispielen oder durch die Anwendung der Checklisten.

Einen Schwerpunkt legt das Buch auf die Werkzeugfrage, die naturgemäß in Büchern über Methodik der Softwarearchitektur sonst wenig Raum einnimmt. Es vermittelt keine einseitigen Produktpräferenzen, sondern gibt konkrete, unvoreingenommene Hilfestellung bei der Auswahl. Damit Sie schnell zu Ergebnissen kommen, wird das Buch durch elektronische Hilfen begleitet: Templates für einzelne Dokumentationsmittel, Rahmen für das Ganze.

Wenden Sie dieses Buch auf Ihre konkreten Systeme an, im Beruf oder bei Open-Source-Projekten, zur Dokumentation Ihrer laufenden Arbeit oder auch zur Nachdokumentation!

Schließlich spricht das Buch auch Unternehmen und Organisationen an, die sich durch das Etablieren von Standards positive Effekte erhoffen. Durch Vorlagen, Tipps und Tricks, aber auch durch die Warnung, dass eine zu regulative Handhabung dieses Themas unerwünschte Effekte mit sich bringt.

Abgrenzung – was dieses Buch nicht ist:

Wer sich auf Architekturdokumentation konzentriert, hat in zweierlei Hinsicht mit Abgrenzungsproblemen zu kämpfen: mit der Methodik (wie entsteht die Softwarearchitektur, die wir beschreiben?) und mit anderen Disziplinen (was gehört zur Architekturdokumentation und was nicht?).

Denn Architekturdokumentation ist – falls es sie gibt – meist nicht die einzige Dokumentation im Projekt. Neben der Softwarearchitektur gibt es weitere Disziplinen, die Dokumente und Materialien aller Art produzieren. Sie erstrecken sich von der Geschäftsprozessmodellierung bis zur Implementierung (zum Beispiel in Form von Kommentaren im Quelltext).

Die Abgrenzung ist nicht immer leicht. Beispielsweise sind technische Risiken sehr interessant für die Nachvollziehbarkeit. Risikomanagement wird aber eher im Projektmanagement angesiedelt als in der Softwarearchitektur. Ein Softwarearchitekt liefert hier Input. Aber gehört dieser nicht auch in die Architekturdokumentation? Ähnliche Beispiele finden Sie auch in anderen Disziplinen, allen voran im Requirements Engineering. Das Buch zeigt auf, warum und wo Abgrenzungen schwerfallen, und macht Vorschläge, wie Sie den Widerspruch zwischen Redundanzfreiheit und Lesbarkeit im Einzelfall auflösen.

Auch Methodik lässt sich nicht völlig ausblenden. Klassische Vorgehensmodelle wie zum Beispiel der Rational Unified Process [Kruchten2003] umfassen Rollenbeschreibungen, Ergebnistypen, Aktivitäten, und dergleichen. Dieses Buch ist kein Vorgehensmodell in diesem Sinne. Da ich konkrete Dokumentationsmittel empfehle, legt es ein gewisses Vorgehen nahe. Bei Architekturdokumentation, so wie sie dieses Buch vermittelt, geht es aber nicht darum, Prozesse und Regularien zu befolgen, oder sklavisch Templates auszufüllen.

Ich lasse offen, ob Sie in Ihrem Vorhaben die Rolle eines Softwarearchitekten explizit besetzen oder Ihre Architektur im Team entsteht. Die vorgeschlagenen Werkzeuge und Techniken sind breit anwendbar, ganz egal, ob Sie Scrum oder V-Modell anwenden oder sich in einem regulativen Umfeld bewegen.

Das Buch enthält keinen Einstieg in UML und vermittelt auch kein Wissen über konkrete Technologien oder Architektur im Allgemeinen (z. B. Architekturmuster). Hierzu gibt es bereits reichlich Literatur. Für Softwarearchitektur empfehle ich [Rozanski+2011] und [Starke2011], wobei ich mich bei der Wortwahl am zweiten Buch und am deutschen Lehrplan des International Software Architecture Qualification Board (iSAQB, [iSAQB2009]) orientiere.

■ 1.5 Über dieses Buch

Zum Schluss des Kapitels noch einige „Gebrauchsinformationen": Für wen wurde das Buch geschrieben, wo kommt es her, und vor allem: wie ist es aufgebaut? Das soll Ihnen Orientierung geben und die Möglichkeit eröffnen, schnell zu starten. Sie brauchen das Buch dazu weder von vorn bis hinten zu lesen, noch vorn zu beginnen. Ein schöner Einstieg ist auch das Fallbeispiel in Kapitel 9.

1.5.1 Für wen ich dieses Buch geschrieben habe

Zielgruppe des Buches sind Softwareentwickler und -architekten, die die Entwurfsideen ihrer Vorhaben wirkungsvoll festhalten und dabei nicht im Dokumentenstrudel untergehen wollen. Wenn Sie Anregungen, Beispiele und konkrete Hilfestellung dazu suchen, hier sind sie. Das Buch ist programmiersprachen- und technologieneutral und gibt keine Vorgaben bezüglich des Vorgehensmodells. Kenntnisse in UML sind hilfreich, aber zum Verständnis nicht zwingend erforderlich.

Tatsächlich habe ich selbst einmal zur Zielgruppe gehört, und ein Buch wie dieses hätte mir möglicherweise viel unnötige Arbeit und einige Enttäuschungen erspart …

Wie es zu diesem Buch kam

Mein „Erweckungserlebnis" bezüglich Architekturdokumentation war übel – es glich dem Anfang dieses Kapitels. Ich stieß als Neuer zum Entwicklungsteam des Auftragnehmers dazu. Der Kunde hatte aufgrund unzulänglicher Ergebnisse und mangelnder Transparenz das Vertrauen verloren. Er machte das unter anderem am völligen Fehlen von Dokumentation fest. Meine Aufgabe war es, innerhalb kurzer Zeit diese Lücke zu schließen und einen Architekturüberblick anzufertigen. In dem Projekt lernte ich alles, was ich über das Scheitern wissen musste. Insbesondere auch, dass sich die skizzierte Problemstellung durch das Anfertigen von Dokumentation allein nicht wirksam lösen lässt.

Für zukünftige Vorhaben war ich sensibilisiert, was das Festhalten und Kommunizieren von Architektur angeht. Ab 2008 habe ich einzelne Zutaten, die ich dabei als wirksam schätzen gelernt hatte, in einer Kolumne im Java Magazin vorgestellt [Zörner2008]. Die positive Resonanz dazu, Gespräche mit Kundenmitarbeitern, Teilnehmern von Workshops und Zuhörern von Konferenzbeiträgen haben mich weiter ermutigt. Den Ausschlag gab letztlich ein Gespräch mit Gernot Starke, dem ich vom Fallbeispiel DokChess erzählte.

Mit diesem Buch halten Sie nun das Ergebnis meiner Bemühungen in den Händen, Architekturdokumentation in Ihrem Projekt zu einem Nichtübel zu machen. Ich hoffe, Sie begegnen dieser Aufgabe nach dem Lesen mit der Gewissheit, Ihre Architektur schon mit wenigen „Zutaten" wirkungsvoll festhalten und kommunizieren zu können. Viele Teams, mit denen ich in den letzten Jahren arbeiten durfte, sind zu Recht stolz auf die von ihnen geschaffenen Systeme. Ganz besonders freue ich mich, wenn es Ihnen mit Hilfe der aufgezeigten Werkzeuge gelingt, andere an Ihrer Begeisterung teilhaben zu lassen.

1.5.2 Wie dieses Buch aufgebaut ist

Die insgesamt zehn inhaltlichen Kapitel dieses Buches lassen sich grob vier Teilen zuordnen, wie in Bild 1.5 gezeigt.

I. Motivation

Im ersten Teil geht es um die Motivation des Themas und die Zielsetzung für dieses Buch. Das zugehörige Kapitel lesen Sie gerade.

II. Basis – Was Sie über das Thema wissen sollten

Im zweiten Teil folgt die nötige Basis. Ich kläre den Begriff „Softwarearchitektur" für dieses Buch und zeige, welche Faktoren Einfluss auf Architektur haben. Erste aufgabenbezogene Zutaten für eine wirkungsvolle Architekturdokumentation kommen zum Einsatz. Das setzt sich mit Dokumentationsmitteln für den Lösungsentwurf fort. In Kapitel 4 gehe ich auf arc42, einen konkreten Vorschlag zur Gliederung von Architekturdokumentation, und Alternativen dazu ein.

Damit das Ganze trotz Theorie nicht allzu trocken wird, demonstriere ich die Zutaten bereits innerhalb der Kapitel, in denen sie vorgestellt werden, anhand zweier durchgängiger Beispiele. Dabei handelt es sich um sehr unterschiedliche Architekturen; die fachliche Domäne ist in beiden Fällen Schach. Wenn Sie sich schon ein wenig auf das Thema einstimmen wollen, lade ich Sie ein, den Kasten „Hintergrund: Mythos Computerschach" zu lesen.

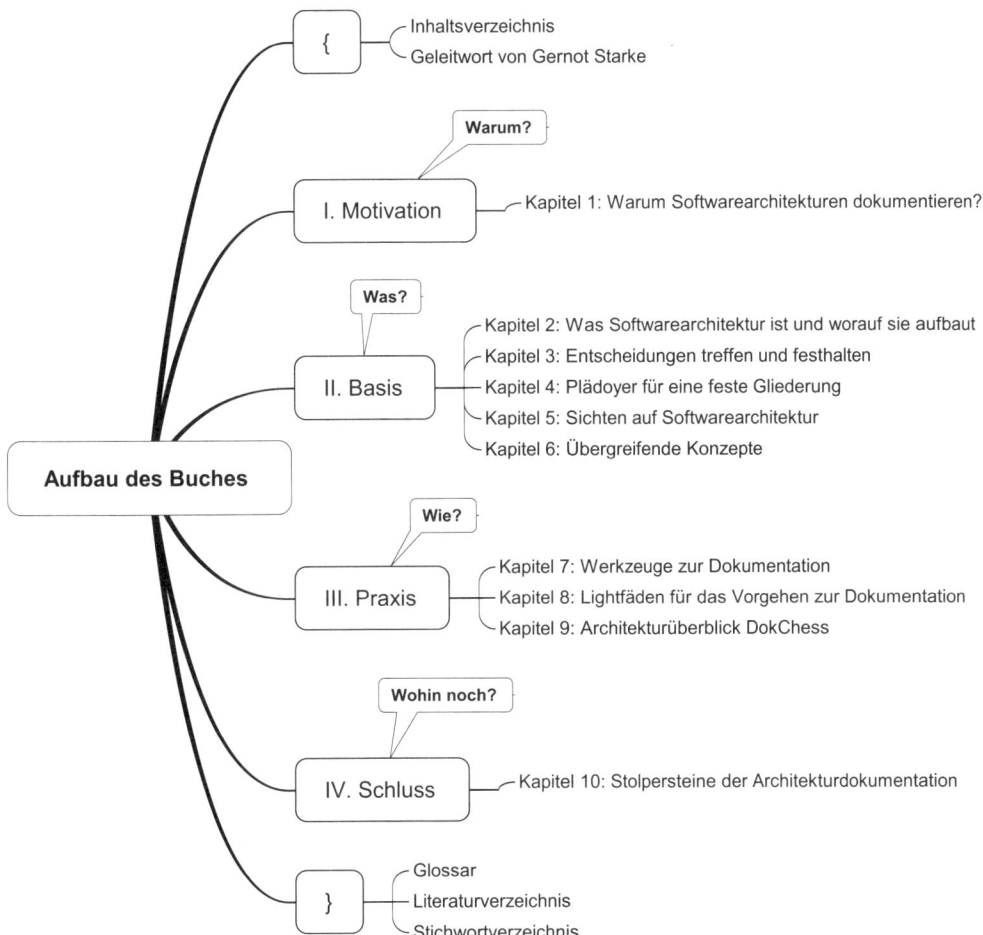

BILD 1.5 Gliederung des Buches

III. Praxis – Wie gehen Sie vor?

Im dritten Teil widmen wir uns zunächst Werkzeugen und Notationen. Mit welchen Tools können Sie die empfohlenen Zutaten für Architekturdokumentation erstellen, pflegen und verbreiten? Welche Formen bieten sich an, und warum?

Dokumentationsanlässe unterscheiden sich drastisch. Ein System, das auf der grünen Wiese entsteht und bei dem Dokumentation zeitgleich zu Entwurf und Realisierung stattfindet, ist in der Theorie ein beliebter Fall. Ihm steht in der Praxis oft das Gegenteil gegenüber: die Dokumentation bestehender und in Betrieb und Weiterentwicklung befindlicher Systeme. In der Theorie gibt es keinen Unterschied zwischen Theorie und Praxis. In der Praxis schon. Dem trage ich im achten Kapitel Rechnung, indem ich unterschiedliche Kochrezepte („Lightfäden") für typische Szenarien darstelle. Ein Architekturüberblick rundet den Praxisteil ab: eines der Fallbeispiele in geschlossener Form, mit allen vorgeschlagenen Zutaten, gegliedert nach arc42.

IV. Schluss – Wohin geht die Reise?

Sie haben nach dem dritten Teil konkrete Hilfsmittel und Rezepte an der Hand, um für Ihre eigenen Vorhaben eine wirkungsvolle Architekturdokumentation anzufertigen. Auf dem Weg dahin lauern Fallen: typische Handlungsmuster, Missverständnisse und Fehler, die zu unbefriedigenden Ergebnissen und/oder unverhältnismäßig hohem Aufwand führen. Ich zeige Möglichkeiten auf, sie zu umgehen oder zu entschärfen. Damit sollte Ihnen die letzte Angst genommen sein, einfach loszulegen! Ein typischer Stolperstein ist zugleich die größte Chance, um Ihre Ergebnisse zu verbessern: Reviews. Mit ihnen schließe ich die Inhalte ab.

Übungsaufgaben

Falls Sie neben Ihrem eigenen Vorhaben noch ein wenig üben wollen, finden Sie an verschiedenen Stellen kleine Aufgaben. Senden Sie mir Ihre Lösungen per E-Mail zu (Kontakt siehe unten). Sie erhalten eine individuelle Rückmeldung (wenn ich nicht in Einsendungen versinke) und in jedem Fall eine Musterlösung zur betreffenden Aufgabe im Tausch. Ich freue mich auf Ihre Ergebnisse!

Kernaussagen pro Kapitel

Am Ende jedes inhaltlichen Kapitels finden Sie einen Kasten mit der Kernaussage. Dabei geht es weniger um eine Zusammenfassung der besprochenen Inhalte als um meine Haltung dazu. Wir können gerne darüber diskutieren!

Feedback

Ich freue mich über Rückmeldungen aller Art, ganz gleich, ob es gefundene Fehler, Lob, Kritik, Anregungen, Fragen oder Lösungen für die Übungsaufgaben sind. Sie erreichen mich per E-Mail unter stefan@swadok.de.

Webseite zum Buch

Auf der Webseite zum Buch http://www.swadok.de finden Sie Vorlagen und Werkzeuge zu den im Buch vorgestellten Zutaten und Gliederungen für Architekturdokumentation sowie Links zu weiteren Informationen zum Thema, zu den Fallbeispielen, und zu den Übungsaufgaben.

 Hintergrund: Mythos Computerschach

Ein Menschheitstraum wie das Fliegen

„Meine Damen und Herren, ich habe eine Maschine gebaut, wie es sie bisher noch nie gegeben hat: Einen automatischen Schachspieler! Er ist in der Lage, jeden Herausforderer zu schlagen ...“

Mit etwa diesen Worten leitete Wolfgang von Kempelen (1734–1804) die Vorführung seines berühmten Schachautomaten ein: dem Schachtürken. Das erste Mal geschah dies 1770 am Hofe der Kaiserin von Österreich Maria Theresia in Schönbrunn.

Und es hat noch viele weitere Partien vor berühmten Persönlichkeiten in Europa und Übersee gegeben. Zum illustren Kreis der Gegner sollen Friedrich der Große, Benjamin Franklin und der bekannteste Schachspieler seiner Zeit, Philidor, zählen. In einer überlieferten Partie von 1809 verliert Napoleon Bonaparte gegen den Schachtürken.

Teil des Automaten war eine türkisch gekleidete Puppe, die die Figuren auf dem Brett führte. Auf Youtube sind Filme von Nachbauten zu bewundern, das Ganze mutet ziemlich unheimlich an. Es ist klar, dass die Menschen im ausgehenden 18. Jahrhundert fasziniert waren, unter ihnen später auch Edgar Alan Poe. Die Begriffe „getürkt" und „einen Türken bauen" sollen angeblich auf den Schachtürken zurückgehen. Denn tatsächlich handelte es sich um einen Trick; verborgen im Innern der Kiste steuerte ein menschlicher Spieler das Gerät.

Doch das kam erst sehr viel später ans Licht. Zuvor regte dieses Wunderwerk der Mechanik die Diskussion an, ob eine Maschine dem Menschen geistig ebenbürtig sein kann. Oder ihm sogar überlegen ... Schach ist für diese Fragestellung geradezu prädestiniert.

Schach und Computerschach

Das Schachspiel ist sehr alt. Die Ursprünge liegen in Indien und Persien; auf verschiedenen Wegen gelangte es nach Europa und ist hier spätestens seit dem 13. Jahrhundert präsent. Schach begleitet uns durch die Geschichte, in jeder Epoche finden sich Darstellungen von Menschen, die Schach spielen. Immer noch gilt es bei uns als das bedeutendste Brettspiel. Kein Wunder also, dass nach von Kempelen viele weitere Erfinder und Wissenschaftler sich der Aufgabe annahmen, Maschinen zu konstruieren oder Algorithmen zu erdenken, die Schach spielen. Viele gute Bekannte aus der Informatik finden sich darunter, von Charles Babbage über Alan Turing bis zu Konrad Zuse.

Noch heute lesenswert ist der schöne Artikel „Programming a Computer for Playing Chess" von Claude Shannon [Shannon49]. Gleich zu Beginn führt er aus, dass diese Aufgabe vielleicht von keinerlei praktischem Nutzen ist. Gleichzeitig äußert er aber die Erwartung, dass, wenn man einem Computer beibringen kann, Schach zu spielen, auch andere, ähnlich gelagerte Aufgaben lösbar sein müssten: das Handeln mit Aktien etwa, das Lösen logistischer Probleme oder das Führen militärischer Operationen.

Und so wurde Schach zum Standardbeispiel für künstliche Intelligenz. Während zunächst noch bestritten wurde, dass ein Computer jemals einen menschlichen Spieler schlagen könnte, wurde die Messlatte nach und nach angehoben – entsprechend den Fortschritten in Hard- und Software. Die 90er-Jahre brachten dann medienwirksame Gladiatorenkämpfe aufs Brett: Der aktuelle Schachweltmeister stellvertretend für die ganze Menschheit gegen eine Maschine (z. B. Kasparow gegen Deep Blue 1997). Moderne Schachprogramme sind von Normalsterblichen nicht mehr zu schlagen.

Eine eigene Schach-Engine

Für Entwickler stellt das Schreiben eines eigenen Schachprogramms – einer sogenannten Engine – auch heute noch eine interessante Herausforderung dar. Kann ich etwas entwerfen und implementieren, das mich selbst schlägt? Wie schneidet es gegen die Lösungen anderer Entwickler ab? Wie gegen den aktuellen Computerschachweltmeister?

Ich verwende Schach-Engines schon länger als Beispiel in Entwurfsworkshops. Sie eignen sich exzellent, um Designprinzipien und -muster zu demonstrieren, und machen den Teilnehmer regelmäßig Riesenspaß. Vielleicht kann ich Sie ja auch anstecken, und Sie probieren sich selbst einmal daran, eine Engine zu programmieren. Das Fallbeispiel DokChess vermittelt Ihnen ganz nebenbei das nötige Rüstzeug (eigentlich ist es ja ein Beispiel für Dokumentation).

1.5.3 Wem ich Dankeschön sagen möchte

In einem Buchprojekt wie diesem gibt es viele helfende Hände. Ganz besonders danken möchte ich meinem lieben oose-Kollegen Stefan Toth für den tollen Austausch und die vielen guten Ideen! Auch von Gernot Starke habe ich viele wertvolle Anregungen erhalten. Vor allem hat Gernot mich ermutigt, das Vorhaben überhaupt anzugehen. Ihm und Peter Hruschka gebührt zudem der Dank für die Steilvorlage arc42. Ohne die Rückmeldungen von Uwe Vigenschow wäre das Buch auch ärmer. Um über den Tellerrand zu schauen, genügt es bei oose, vom Platz aufzuschauen. Viele Kollegen und Bekannte haben das Buch (oder Teile davon) Probe gelesen, und Rückmeldungen geliefert. Aber keiner war so unermüdlich wie Kay Münch. Danke!

Meiner Familie (Anna, Konstantin und Katharina) möchte ich auch ganz dick Danke sagen! Ich habe jetzt wieder mehr Zeit für Euch. Versprochen!

Darüber hinaus haben mich folgende Personen bei der Erstellung besonders unterstützt und ich danke ihnen sehr herzlich dafür: André Friedrich, Andreas Flügge, Kay Glahn, Margarete Metzger, Karen Paul, Axel Scheithauer, Sandra Schweighart, Christel Sohnemann, Markus Stäuble, Irene Weilhart und Tim Weilkiens.

Stefan Zörner, im März 2012.

 Kernaussage dieses Kapitels

Ein wirkungsvolles Festhalten der Architektur hilft Ihnen beim Softwareentwurf, leitet die Umsetzung und führt zu einer nachvollziehbaren und bewertbaren Lösung. Angemessene Dokumentation unterstützt die Kommunikation innerhalb des Teams und gegenüber Dritten. Sie steht nicht im Widerspruch zum agilen Weltbild.

2

Was Software-architektur ist und worauf sie aufbaut

Dieses Kapitel klärt zunächst kurz und knapp, was Softwarearchitektur eigentlich ist, wie sie entsteht und wer sie macht. Dabei spielen verschiedene Einflussfaktoren eine Rolle: die Ziele des Auftraggebers etwa, Zeit und Budget, die Skills der Mitarbeiter, Performance-anforderungen und, und, und ...

Wer verstehen will, warum eine Lösung so ist, wie sie ist, muss diese Einflussfaktoren kennen. Wenn wir Architekturen dokumentieren wollen, müssen wir daher nicht nur die Lösung selbst, sondern zu einem gewissen Grad auch diese Aspekte festhalten. In diesem Kapitel schlage ich praktikable Werkzeuge und Arbeitsergebnisse dazu vor. Ich demonstriere sie anhand zweier Fallbeispiele, die Sie konsequent durch das Buch begleiten werden.

■ 2.1 Softwarearchitektur-Freischwimmer

Bevor wir uns ins tiefe Wasser begeben, lege ich fest, was im weiteren Verlauf dieses Buches unter Softwarearchitektur verstanden wird. Anschließend gehe ich kurz auf ein mögliches Vorgehen und die Rolle des Softwarearchitekten ein und zeige auf, welche Konsequenzen das für Architekturdokumentation hat.

2.1.1 Was ist Softwarearchitektur?

Für den Begriff „Softwarearchitektur" gibt es keine allgemein anerkannte Definition. Stattdessen gibt es sehr viele unterschiedliche Definitionen, die sich in einschlägigen Fachbüchern, Artikeln, Blogs etc. finden. Eine umfangreiche Sammlung solcher Definitionen hat das Software Engineering Institute der Carnegie Mellon University zusammengetragen, und stellt sie online bereit [SEI]. Mein persönlicher Favorit:

> „Software architecture is the set of design decisions which, if made incorrectly, may cause your project to be canceled." (Eoin Woods)[1]

---

[1] Deutsch etwa: Softwarearchitektur ist die Menge der Entwurfsentscheidungen, welche, wenn falsch getroffen, Ihr Projekt scheitern lassen können.

Generell lassen sich in den zahlreichen Definitionen für Softwarearchitektur einige wenige Aspekte ausmachen, die immer wieder auftauchen:

- Strukturierung des Systems, Zerlegung in Teile, Verantwortlichkeiten und Zusammenspiel dieser Teile, Schnittstellen zwischen den Teilen
- Dinge, die im Nachhinein nur schwer änderbar sind
- Entscheidungen, inklusive Begründung dafür

Die Entscheidungen können dabei sehr unterschiedliche Punkte betreffen. Es kann um die Zerlegung des Gesamtsystems in Teile gehen (Strukturierung), um die Art, wie Fremdsysteme angebunden werden, um die Verwendung bestehender Bibliotheken, Komponenten oder Frameworks („make or buy?") und vieles mehr.

Die Idee, Architektur als Summe wichtiger Entscheidungen zu verstehen (siehe auch das Zitat Eoin Woods), ist daher sehr universell. Sie soll uns im weiteren Verlauf des Buches leiten:

- Architekturentscheidung := fundamentale Entscheidung, die im weiteren Verlauf nur schwer zurückzunehmen ist
- Softwarearchitektur := Summe von Architekturentscheidungen

Diese Auslegung von Softwarearchitektur bedeutet für eine Architekturdokumentation, dass Entscheidungen in ihr nachvollziehbar festgehalten werden müssen. Sie lernen in diesem und in den folgenden Kapiteln Dokumentationsmittel kennen, die genau dies leisten.

Es sei noch angemerkt, dass sich Design (Entwurf) und Architektur durch diese „Definition" in einem konkreten Vorhaben nicht scharf voneinander abgrenzen lassen. „Schwer zurückzunehmen" ist relativ. In der Praxis ist die Unterscheidung aber kein Problem.

2.1.2 Wie entsteht Softwarearchitektur?

Nachdem Softwarearchitektur auf eine simple Formel reduziert ist (Summe von Entscheidungen), möchte ich kurz beleuchten, wann und wie diese Entscheidungen getroffen werden und wie mit ihnen weiter verfahren wird. Insbesondere: Welche Auswirkung hat das für die Ziele von Architekturdokumentation aus Kapitel 1?

Bild 2.1 zeigt den prinzipiellen Ablauf innerhalb eines Softwareentwicklungsvorhabens unabhängig von einem konkreten Vorgehensmodell (Darstellung nach [Toth2010b]). Tabelle 2.1 enthält typische Inhalte und Ergebnisse für die verschiedenen Tätigkeiten.

Im Bild sehen Sie zwei Teilabläufe: links den Architektur-, rechts den Realisierungskreis. Die initialen und später auch neue Anforderungen fließen von oben über die Anforderungserhebung in den Prozess ein, werden priorisiert und abgearbeitet. Dabei kann es sich um geforderte Funktionalität handeln, formuliert etwa in User Stories oder Use Cases. Für die Softwarearchitektur sind aber insbesondere die über reine Funktionalität hinausgehenden Anforderungen interessant. Im Deutschen enden die betreffenden Eigenschaften gern auf „-heit" und „-keit", wie z. B. in Benutzbarkeit, Sicherheit oder Geschwindigkeit. Zwei Beispiele für Anforderungen:

- Als Interessent will ich mich auf der Webseite registrieren, um alle Funktionen nutzen zu können. (funktional, User Story)
- Typische Hackerangriffe sind abzuwehren. (nicht-funktional, Thema Sicherheit)

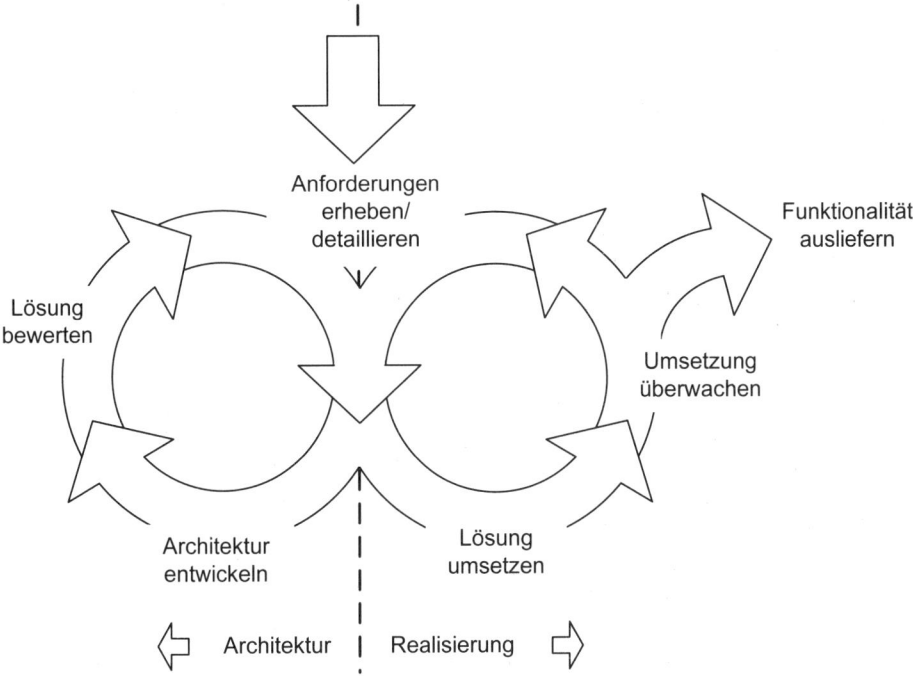

BILD 2.1 Wie Softwarearchitektur entsteht („Architekturbrezel" nach [Toth2010b])

TABELLE 2.1 Tätigkeiten sowie typische Inhalte und Ergebnisse

Tätigkeit	Typische Inhalte und Ergebnisse
Anforderungen erheben/detaillieren	Ziele, Vision, Rahmen, funktionale und nicht-funktionale Anforderungen, User Stories, Features, Qualitätsszenarien
Architektur entwickeln	Modelle, Konzepte, Struktur, fundamentale Entscheidungen, Prototypen und Durchstiche zur Absicherung und Risikominderung
Lösung bewerten	Risiken, Nicht-Risiken, Kompromisse, Sicherheit bezüglich der Entscheidungen
Lösung umsetzen	Entwürfe, Tests, Quelltext, Konfiguration
Lösung überwachen	Reviews, Metriken, Messungen, Verletzungen, potenziell zu revidierende Entscheidungen

Das Wesentliche, nämlich funktionierende Software, entsteht im Realisierungskreis rechts in Bild 2.1. Wann aber ist zuvor der Architekturkreis erforderlich und der entsprechende Mehraufwand gerechtfertigt?

Risikogetrieben vorgehen

Ein guter Indikator, ob für eine Anforderung Architekturarbeit angezeigt ist, ist das Risiko, das damit verbunden ist, wenn man es nicht tut. Was würde passieren, wenn man die Aufgabe direkt in den Realisierungskreis schickt, also von einem Teammitglied implementieren lässt?

Nehmen wir an, eine funktionale Anforderung ist mit einem übergreifenden Aspekt, zum Beispiel Persistenz, verbunden. Wenn ein einzelner Entwickler bei der Umsetzung der Aufgabe auf die Persistenzfrage stößt und noch nichts dazu entschieden wurde, entscheidet er isoliert und individuell. Er legt damit ein Fundament, ohne sein Lösungskonzept mit allen Beteiligten zu besprechen und zu bewerten. Bei fehlendem Austausch lösen andere Entwickler den Persistenz-Aspekt jeweils anders, und die Lösung insgesamt wird inkonsistent.

Beispiel für eine Anforderung in der „Architekturbrezel"

Betrachten wir die User Story zur Benutzerregistrierung. Sie wird hoch priorisiert und früh angegangen. Nehmen wir an, sie geht gleich in den Realisierungskreis, Teammitglied Peter nimmt sich der Aufgabe an und setzt sie um. Es ist noch offen, wo und wie Benutzer und ihre Kennwörter gespeichert werden. Peter entscheidet sich für eine Datenbanktabelle mit Spalten für Benutzerkennung und Kennwort. Er entscheidet auch, wie generell auf die Datenbank zugegriffen wird. Weitere Zugriffe auf Benutzer erfolgen auf die gleiche Art und Weise. Andere Teammitglieder gehen nach und nach andere Stories an. Dabei stellt sich heraus, dass die Verwendung eines Verzeichnisdienstes zum Speichern der Benutzerdaten anstelle der Datenbank die geforderten Funktionen für Berechtigungen, Kennwortrichtlinien und das Abwehren bestimmter Angriffe bereits abdeckt. Peters Entscheidung, Benutzer und ihre Kennwörter in der Datenbank zu speichern, wird aufwendig revidiert, seine bereits implementierte Lösung verworfen. Oder schlimmer noch: man lebt mit den Inkonsistenzen.

Natürlich gibt es auch Anforderungen, die sich direkt umsetzen lassen. Es spricht nichts dagegen, wenn durch getroffene Architekturentscheidungen bestehende Konzepte, Prinzipien und Konventionen bereits ausreichend geklärt ist, wie Entwurf und Implementierung erfolgen. Ein Teammitglied kann sich innerhalb dieses Rahmens frei entfalten und eine Anforderung umsetzen, ohne andere zu beeinflussen. Unkritisch sind auch Entscheidungen, die im Nachhinein leicht revidierbar sind. Hierzu müssen Sie aber in der Regel eine Grundlage schaffen.

Kickoff – Eine Grundlage schaffen

Zu Beginn eines neuen Vorhabens ist in der Regel noch sehr wenig über das Problem bekannt. Daher geht es zunächst mit einem Satz von Anforderungen in den Architekturkreis mit dem Ziel, eine Grundlage für die Implementierung zu schaffen. Im Vorfeld sind beispielsweise häufig Entscheidungen zur Ablaufumgebung zu treffen, etwa zur Hard- und Softwareplattform, zur Verwendung von Standards und Frameworks oder zum Betrieb innerhalb eines Applikationsservers. Große Risiken werden identifiziert und behandelt.

Am Ende dieser Vorbereitung sollte das Team ein gemeinsames Problemverständnis haben, ein grober Rahmen für das weitere Vorgehen sollte stehen. Oft geht es in einem ersten Durchlauf auch darum, den Aufwand grob abschätzen zu können. Die Aufgabe ist nun klar, grobe Unsicherheiten sind ausgeräumt, und bereits getroffene Entscheidungen können ein erstes Mal bewertet werden. Die Implementierung von Anforderungen kann beginnen.

Weitere Durchläufe durch den Architekturkreis stehen bei Anforderungen an, die querschnittlich oder mit einem hohen Risiko behaftet sind. Ziel ist eine konsistente Lösung und die Vermeidung kostspieliger Fehlentscheidungen wie die im Beispiel oben genannten.

Architekturdokumentation im Prozess

Architekturdokumentation entsteht vorrangig im Architekturkreis. Typische Arbeitsergebnisse sind Konzepte (Text), Modelle und Diagramme (Bilder mit Erläuterungen). Für die Anforderungen zu den Hackerangriffen erarbeitet ein Teammitglied, was genau „typische Angriffe" sind. Für die einzelnen Angriffsszenarien betrachtet es gemeinsam mit Kollegen verschiedene Lösungsoptionen. Sie implementieren prototypisch einzelne Alternativen. Am Ende steht ein Sicherheitskonzept, das die Fragestellung motiviert, die Auswahl der behandelten Angriffstypen erklärt und die Abwehrstrategien beschreibt. Enthaltene fundamentale Entscheidungen werden im Rahmen eines Workshops im größeren Kreis gegen die Angriffsszenarien gehalten und bewertet. Dadurch wird Unsicherheit aus dem Thema genommen und die Lösung gleichzeitig im Team kommuniziert, bevor es in die breite Umsetzung geht.

So wird im Architekturkreis die Grundlage geschaffen, um die konkrete Sicherheitsanforderung im Realisierungskreis angemessen und einheitlich umzusetzen. Das Beispiel illustriert, dass Sie Architekturdokumentation (hier in Form des Konzeptes zur Abwehr von Hackerangriffen) nicht erst für die Umsetzung und Weiterentwicklung benötigen. Sie unterstützt Sie bereits im Architekturkreis bei der Arbeit: beim Entwurf, bei der Kommunikation untereinander und in der Bewertung.

Damit ist grob umrissen, wie Softwarearchitektur entsteht. Wenn Sie mehr darüber erfahren wollen, empfehle ich Ihnen einschlägige Literatur zum Thema, etwa [Bass+2003], [Starke2011] und [Rozanski+2011]. Aber wer macht denn jetzt eigentlich die Softwarearchitektur?

2.1.3 Wer oder was ist ein Softwarearchitekt?

In Softwarearchitekturseminaren werde ich regelmäßig gefragt, was meiner Meinung nach der Unterschied zwischen einem Architekten und einem Entwickler sei. Unternehmen, Organisationen und Projekte leben die Rollen Softwarearchitekt und Entwickler sehr unterschiedlich.

Rollenverständnis

In einigen Projekten entwickeln Softwarearchitekten überhaupt nicht (mehr) selbst, sondern planen, entscheiden, entwerfen und überwachen die Entwicklung nur noch. Im ungünstigen Fall kann dies zu einer geringeren Wertschätzung für Entwickler innerhalb der Organisation führen. Wer was werden will, wird Architekt.[2] Dazu muss er verlernen zu programmieren – das berüchtigte Antipattern „Architects don't code". Ich habe ab und zu Teilnehmer in meinen Seminaren, die sich in Richtung Architektur entwickeln wollen, weil sie sich einen Aufstieg innerhalb ihrer Organisation davon versprechen – höheres Ansehen und/oder höheres Gehalt.

Andernorts, insbesondere in kleineren Projekten, werden die Verantwortlichkeiten eines Softwarearchitekten ganz agil von Entwicklern mit übernommen. Explizite Architekten gibt es nicht. Architekturentscheidungen treffen die erfahrensten Entwickler im Team. Open-Source-Projekte zelebrieren diese Denkweise durch Diskussionen und Abstimmungen auf Mailing-Listen. Die Apache Software Foundation nennt dies Meritocracy, die Herrschaft der Verdienten [apache].

---

[2] Einige Organisationen schieben weitere Rollen zwischen Architekt und Entwickler, z. B. Designer, ein.

Was unterscheidet den Architekten vom Entwickler?

Bei so einer Bandbreite von Rollen- und Begriffsverständnissen ist es offensichtlich unmöglich, die ursprüngliche Frage – Was unterscheidet den Architekten vom Entwickler? – allgemeingültig zu beantworten. Für dieses Buch ist sie unwichtig.[3] Wer die zentralen Entscheidungen nachvollziehbar herleitet und verantwortet, der entwirft die Architektur. Ganz gleich, ob dies eine Person oder mehrere tun und ob er oder sie sich Architekt nennt oder nicht.

Was bedeutet das für die Architekturdokumentation?

- Wenn niemand die Lösung im obigen Sinne entwirft, gibt es keine explizite Softwarearchitektur und auch wenig festzuhalten und zu kommunizieren (zufällige Architektur, „historisch gewachsen").

- Oft liefern *viele Beteiligte* Arbeitsergebnisse zur Softwarearchitektur, die Dokumentation wird gemeinsam erstellt. Gegebenenfalls fasst aber *eine Person* sie geeignet zusammen (siehe Praxistipp „Doctator").

 Praxistipp: „Doctator"

Dokumentation wird oft als Schwäche von Open-Source-Projekten angesehen. Niels van Kampenhout berichtete auf einer Apache-Konferenz [Kampenhout2009] von seinen Erfahrungen. Auch die anschließende (sehr lebhafte) Diskussion bestätigte: Wenn sich keiner für die Gesamtdokumentation verantwortlich fühlt, ist ein Wiki Garant für veraltete Inhalte, Fragmentierung, fehlende rote Fäden. Umgekehrt ließe sich dem aber gut vorbeugen durch das Schaffen einer Rolle, der die Verantwortung für das Ganze übertragen wird. Niels nannte diese Rolle „Doctator". Zu dessen Rechten und Pflichten zählen:

- Überblick über die Dokumentation haben und schaffen

- Festlegung der Dokumente, die zu einem Release gehört (Form, Inhalt, Zielgruppe)

- Integration in die Werkzeugkette (Build, Versionierung)

- Unterstützung des Teams beim Anfertigen von Dokumentationsergebnissen (Tools, Stil)

- Mitsprache bei der internen „Abnahme" von Ergebnissen (z. B. „Definition of Done" in Scrum [Schwaber+2011])

- Überwachung der Aktualität und Konsistenz der Inhalte

Die Idee ist nicht, jemanden zu haben, der die Dokumentation macht (das gilt in Open-Source-Projekt ohnehin als unsexy), sondern jemanden, der das Team dabei unterstützt, das gemeinsam vereinbarte Maß an Dokumentation in akzeptabler Qualität zu erzeugen und zu erhalten. Das ist typischerweise kein Vollzeitjob, aber der Person sollte Zeit eingeräumt und Wertschätzung entgegengebracht werden.

Ich habe das Muster mittlerweile mehrmals in Kundenprojekten mit Erfolg angewendet.

---

[3] Mehr zu dem Thema, insbesondere in Bezug auf Weiterentwicklung, lesen Sie in [Zörner2010].

2.1.4 Ein Architekturüberblick auf n Seiten, n < 30

In diesem und den weiteren Kapiteln stelle ich Ihnen verschiedene Arbeitsergebnisse rund um Architekturdokumentation vor. Meiner Erfahrung nach wünschen sich viele Vorhaben ihre Architektur in einem einzelnen, überschaubaren Dokument beschrieben. Die Seitenzahl sollte 30 DIN-A4-Seiten nicht überschreiten. Jeder Projektbeteiligte sollte das Dokument lesen können (idealerweise von vorne nach hinten) und auch verstehen; es manifestiert das gemeinsame Verständnis von der Softwarearchitektur. Das Dokument muss sich ausdrucken und auch elektronisch verteilen lassen. Ein Interessierter muss es zum Beispiel bequem auf der Bahnfahrt lesen können, vielleicht auch auf seinem Kindle. PDF erscheint vielen als attraktives Format.

Dieses Buch unterstützt Sie genau dabei. Wir werden diesen Ausschnitt Ihrer Dokumentation im Folgenden Architekturüberblick nennen. Dass es sich bei dem Dokument um eine verlockende Sache handelt, ist unstrittig. Gleichzeitig ist die Erstellung aber schwierig, denn es drohen eine Reihe von Fallen. Der Grund sind die besonderen Anforderungen:

- Die Zielgruppe ist heterogen.
- Die Arbeitsergebnisse müssen sinnvoll linear angeordnet werden.
- Informationen sollen nach Möglichkeit redundanzfrei dargestellt, das Dokument aber gleichzeitig leicht lesbar sein.

Im weiteren Verlauf werde ich bei konkreten Arbeitsergebnissen aufzeigen, ob und in welcher Form und Tiefe sie ihren Platz in einem Architekturüberblick finden können. In Kapitel 9 finden Sie den Architekturüberblick für eines der Fallbeispiele.

■ 2.2 Die Zielsetzung vermitteln

Ich gehe im Folgenden davon aus, dass wir ein Softwaresystem entwickeln und dessen Architektur dokumentieren wollen.[4] Idealerweise sollte jeder im Team Bescheid wissen, worum es geht. Nachfolgend zeige ich Ihnen, wie Sie diesen Einstieg vermitteln, insbesondere an neue Teammitglieder oder auch an Projektfremde.

2.2.1 Jetzt kommt ein Karton!

Die Älteren unter uns werden sich noch erinnern: Früher kaufte man Software im Laden in einem Karton. In dem befanden sich Disketten, später CDs mit der zu installierenden Software. Heute wird kommerzielle Software in Online-Shops erworben und heruntergeladen. Doch die Schachteln leben weiter.

---

[4] Das klingt schlüssig, ist aber in zweierlei Hinsicht (didaktisch motiviert) eine Einschränkung: Es geht um ein einzelnes System (keine Systemlandschaft o.ä.), und wir dokumentieren während des Entwurfs und nicht im Nachhinein. Andere Aspekte diskutiere ich später.

Fundstücke im Web

Auf einer Vielzahl von Webseiten finden sich heute virtuelle Produktkartons. Als Beispiel zeigt Bild 2.2 die Startseite von Apache ActiveMQ. Als Open-Source-Middleware ist es ein besonders interessanter Vertreter: Die Software können Sie nicht käuflich erwerben, und als Software-Infrastruktur-Komponente ist sie für Außenstehende auch schwer zu begreifen. Durch den Karton bekommt die Lösung trotzdem etwas Gegenständliches, sie erscheint fassbarer.

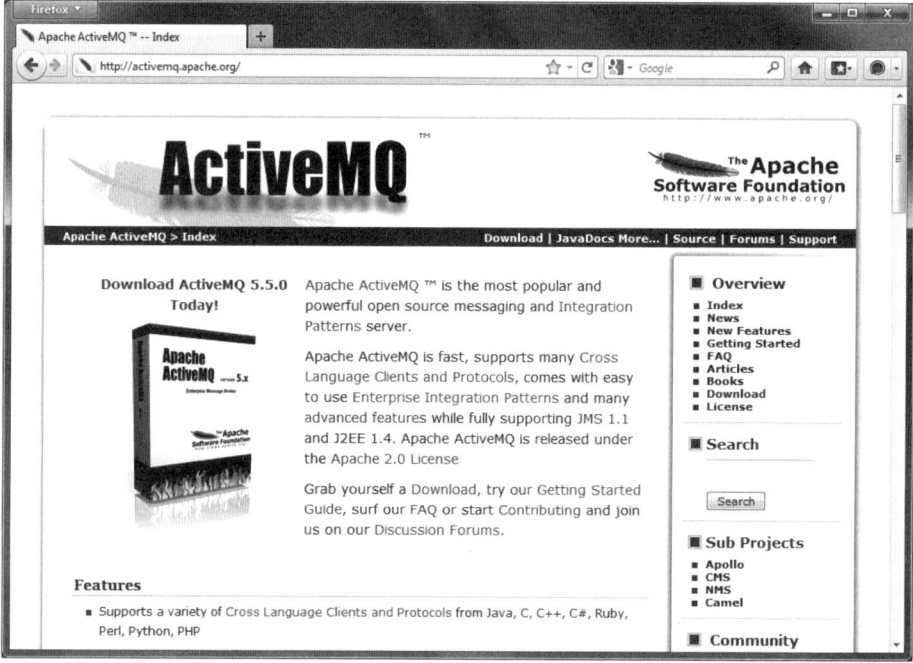

BILD 2.2 Produktkarton auf der Homepage von Apache ActiveMQ

Gleich rechts neben der Schachtel von ActiveMQ entdecken Sie, kurz und knapp umrissen, was die Software eigentlich leistet. Unterhalb der Kartongrafik steht die beeindruckende Featureliste. Man merkt: Diese Software erfüllt die Entwickler mit Stolz. Die Systemidee wird auch nach außen getragen („Mission Statement"); sie dient nicht zuletzt auch dem (Projekt-)Marketing und dem Rekrutieren neuer Entwickler.

2.2.2 Virtueller Produktkarton (Dokumentationsmittel)

Ein echter Produktkarton soll im Regal Aufmerksamkeit erregen. Der Interessent soll zu genau diesem Produkt greifen und nicht zu dem der Konkurrenz. Nimmt er ihn in die Hand, findet er die wichtigsten Fakten aufgedruckt: Leistungsmerkmale, besondere Features, Systemvoraussetzungen.

Erstellen Sie ein entsprechendes Arbeitsergebnis, zumindest in Form eines Textes (Ziel: 5–20 Sätze)! Manche Teams bannen die Inhalte auf einen echten Karton und stellen ihn gut sichtbar im Projektzimmer auf. Für neue Teammitglieder haben Sie dann sofort etwas Griffiges zur Hand, um sie auf das gemeinsame Ziel einzuschwören. In verteilten Teams empfehle ich das Platzieren auf der Startseite des Projektwikis.

Produktkarton als Mittel der Fokussierung

Wenn Sie den begrenzten Platz auf einem Karton ernstnehmen, hilft Ihnen diese Vorgabe, zu fokussieren. Was es auf den Karton schafft, hat höchste, alles andere mittlere oder geringe Priorität. Das erlaubt es Ihnen, das Wichtigste gezielt zu kommunizieren. Da der Platz begrenzt ist, müssen Sie den Inhalt anpassen, wenn sich die Prioritäten ändern. Etwas Altes muss weichen, damit ein neues, hochpriorisiertes Feature auf dem Karton Platz findet. Ist die Systemidee in dieser Form fixiert, können Sie über die Monate beobachten, ob Ihr Projekt seine ursprünglichen Ziele noch verfolgt. Damit unterstützt dieses Dokumentationsmittel wie gewünscht wirksam bei der Arbeit!

Wenn Sie bei dieser für das Team identitätsstiftenden Maßnahme zusätzlich eine Produktkartongrafik verwenden wollen, um Ihre Projektseite damit zu zieren: Nur zu! Anleitungen zur Erstellung mit Ihrem Produktnamen, Logo etc. finden Sie im Netz[5]. Wichtiger ist allerdings der beschreibende Text auf den Seiten der Kiste: Was steckt drin?

2.2.3 Fallbeispiel: Schach-Engine „DokChess"

Als erstes konkretes Beispiel folgt der Produktkarton für eine Schach-Engine, also ein Programm, das Schach spielen kann. Im Kasten „Hintergrund: Mythos Computerschach" im ersten Kapitel lesen Sie etwas von der Faszination, die diese Aufgabe auch heute noch auf vieler ITler ausübt.

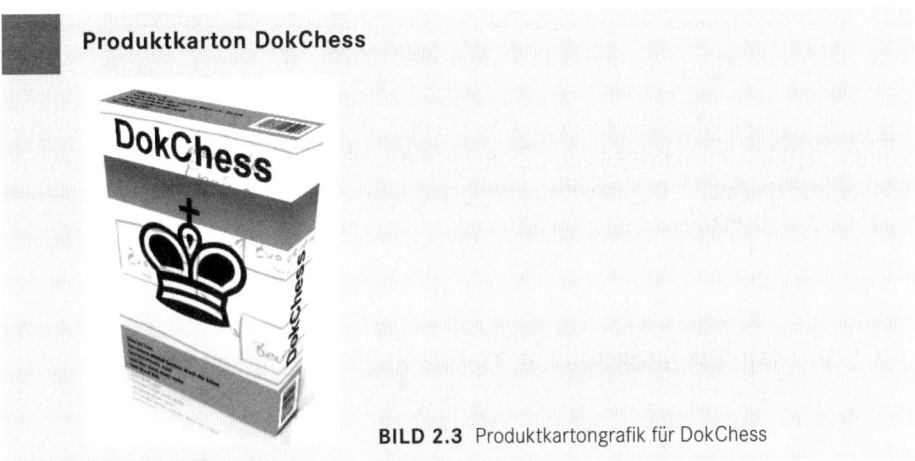

Produktkarton DokChess

BILD 2.3 Produktkartongrafik für DokChess

---

[5] Ich habe entsprechende Links zu Artikeln und Werkzeugen (auch freien) auf der Webseite des Buches gesammelt: http://www.swadok.de

Was ist DokChess?

- DokChess ist eine voll funktionsfähige Schach-Engine.
- Sie dient als einfach zugängliches und zugleich ungemein attraktives Fallbeispiel für Architekturentwurf, -bewertung und -dokumentation.
- Der verständliche Aufbau lädt zum Experimentieren und zum Erweitern der Engine ein.
- Ziel ist nicht die höchstmögliche Spielstärke – dennoch gelingen Partien, die Gelegenheitsspielern Freude bereiten.

Wesentliche Features

- Vollständige Implementierung der FIDE-Schachregeln
- Unterstützt das Spiel gegen menschliche Gegner und andere Schach-Engines
- Beherrscht zentrale taktische Ideen, beispielsweise Gabel und Spieß
- Integration mit modernen grafischen Schach-Frontends

2.2.4 Tipps zum Erstellen von Produktkartons

Der Produktkarton von DokChess ist bewusst knapp gehalten. Die Inhalte passen auf eine Folie und können daher auch im Rahmen einer Präsentation als Einstieg in die Architektur dienen. Für die Formulierung empfiehlt es sich, die Entwicklung des Systems vorwegzunehmen. Schreiben Sie so, als wäre das System bereits fertig, also nicht „DokChess soll ...“ oder „DokChess wird ...“.

Sie können den Text ausformulieren, wenn es für Ihre Zwecke (Art der Kommunikation, Zielgruppe des Produktkartons) erforderlich ist. Beschränken Sie sich aber auf maximal eine DIN-A4-Seite. Bedenken Sie: Jeder im Projekt sollte dieses Arbeitsergebnis kennen, verstehen und im Idealfall auch selbst wiedergeben können. Umfangreiche Dokumente sind nicht nur empfindlich gegenüber Änderungen (auch deswegen der begrenzte Platz auf dem Karton). Sie verschrecken Interessierte auch eher, als sie zu begeistern.

Für die Architekturdokumentation ist entscheidend, dass der Produktkarton auch die Qualitätsziele widerspiegelt.

Funktionale Ziele

Dieses Buch fokussiert auf Qualitätsziele, da sie entscheidenden Einfluss auf die Softwarearchitektur haben. Vergessen Sie dabei nicht, dass in vielen Fällen funktionale Anforderungen maßgeblich dafür sind, dass ein System gebaut wird. Der Produktkarton sollte dies durch entsprechende Features zum Ausdruck bringen.

User Stories (vgl. [Wirdemann2011]) eignen sich sehr gut, um fachliche Funktionalität kurz und knapp zu skizzieren. Im Idealfall beschreiben sie nicht nur die Funktionalität aus Sicht des Nutzers, sondern auch seine Motivation, was durch das Einhalten des Schemas

Als <Benutzerrolle> will ich <das Ziel>[, so dass <Grund für das Ziel>]

unterstützt wird.

Als Ergebnisse der Anforderungserhebung haben User Stories zwar nicht direkt mit Architekturdokumentation zu tun. Wenn Sie aber beispielsweise im Rahmen eines Architekturüberblicks die fachlichen Anforderungen kurz skizzieren wollen, können Sie einige wenige stabile und zentrale Stories in Ihr Dokument aufnehmen. Theoretisch könnten Sie natürlich auch die Stories einfach referenzieren. In der Praxis leidet unter der Redundanzfreiheit aber die Lesbarkeit, Sie müssen abwägen. Das folgende Ergebnis zum zweiten Fallbeispiel enthält neben dem Produktkarton selbst auch noch exemplarische User Stories. Die Benutzerrollen liefern auch wertvollen Input für das nächste Werkzeug, den Systemkontext.

2.2.5 Fallbeispiel: Schachplattform „immer-nur-schach.de"

Mit Hilfe von DokChess lassen sich viele Aspekte von Architekturdokumentation gut beschreiben, aber nicht alle. Viele von Ihnen entwickeln in ihren Projekten Unternehmensanwendungen, etwa Mehrschichtarchitekturen auf Applikationsservern. Ich demonstriere die Werkzeuge und Techniken des Buches daher noch an einem weiteren im Entstehen befindlichen System. Dem Thema Schach bleiben wir treu.

Produktkarton immer-nur-schach.de

Was ist immer-nur-schach.de?

- immer-nur-schach.de ist die Online-Plattform für Schachspieler.
- Sie ermöglicht jedem, überall Schach zu spielen und stets auf Gegner geeigneter Spielstärke zu treffen.
- Spielen ist online oder auch asynchron per E-Mail möglich.
- Die Plattform besticht durch intuitive Benutzbarkeit und hohe Zuverlässigkeit.

Wesentliche Features

- Spielen gegen Menschen und gegen leistungsstarke Engines
- Unterstützung für gängige Browser
- Zeitgemäße Apps (iphone, Android)
- Umfassende Partiedatenbank für Recherchen

Das System ist bezüglich seiner Funktionalität etwas umfangreicher. Um eine bessere Vorstellung zu bekommen, finden Sie hier zusätzlich einige zentrale User Stories aufgelistet:

- Als Interessent will ich mich bei immer-nur-schach.de registrieren, um auf die Spielfunktionen zuzugreifen.
- Als Spieler will ich einen Gegner meiner Spielstärke finden, um ihm eine Partie anzubieten.
- Als Spieler will ich von anderen Spielern eingeleitete Partien sichten, um bei Gefallen als Gegner beizutreten und mitzuspielen.
- Als Spieler will ich meine alten Partien einsehen und analysieren können, um aus meinen Fehlern zu lernen.
- Als Schachpolizist will ich verdächtige Spieler beobachten und ggf. verwarnen.

Steckbrief: Dokumentationsmittel „Virtueller Produktkarton"

Synonyme: Vision, Systemidee

Zweck:

Darstellung der wesentlichen Ziele und Merkmale des zu beschreibenden Systems, um sie im Team und gegenüber Dritten leicht kommunizieren zu können

Form

Stichpunktliste oder kurze Sätze. Umfang maximal 1 DIN-A4-Blatt.
Ggf. angereichert durch die Abbildung eines virtuellen Kartons.
Ggf. sogar materialisiert als echter Karton.

Checkliste für den Inhalt:

- Stehen der Name des Systems und das zentrale Verkaufs- oder Nutzungsargument („Claim", „Slogan") besonders hervorgehoben am Anfang?
- Wird klar, warum das System gebaut wird?
- Beschreiben die Texte das System, als wäre es schon da?
- Werden die zentralen Features (Funktionen) des Systems genannt?
- Werden wichtige Rahmenbedingungen für den Einsatz beschrieben?
- Werden die für das System wichtigsten zwei bis drei Qualitätsmerkmale erwähnt?

Weiterführende Literatur:

Literatur zu Requirements Engineering und Analyse, z. B. [Rupp+2009], [Oestereich2009]

Ablageort arc42:

Abschnitt 1: „Einführung und Ziele", genauer Abschnitt 1.1: „Aufgabenstellung"

◼ 2.3 Den Kontext abgrenzen

Mit dem Produktkarton skizzieren Sie, was das zu dokumentierende System leistet. Mit der folgenden Zutat arbeiten Sie unter anderem heraus, was es *nicht* tut (weil andere es tun). Software agiert nicht allein, stets gibt es Beteiligte außerhalb des Systems. Anwendergruppen etwa, die Funktionalität nutzen und erwarten, oder Fremdsysteme, die zur Ausführung erforderlich sind. Die Anbindung von Fremdsystemen ist regelmäßig ein technisches oder organisatorisches Risiko. Risiken dieser Art frühzeitig zu erkennen, kann für den Erfolg Ihres Projektes entscheidend sein. Darüber hinaus können Sie mit Hilfe des Systemkontextes beginnen, Verantwortlichkeiten zu klären. Welche Fremdsysteme müssen Sie integrieren? Was leistet Ihr System? Was leistet es nicht? Wo verläuft die Systemgrenze?

2.3.1 Systemkontext (Dokumentationsmittel)

Zur Visualisierung des Umfelds ist das Systemkontextdiagramm ein nützliches Werkzeug. Es stellt das zu beschreibende System im Mittelpunkt als Blackbox dar (vgl. Bild 2.4). Drum herum sind die direkt beteiligten Benutzer und Fremdsysteme angeordnet. Eine Verbindung zwischen einem solchen Akteur (Sammelbegriff für Benutzer und Fremdsysteme) und dem System drückt Interaktion aus. An die Linien können Sie weitere Informationen notieren, etwa zu Kommunikationsprotokollen, oder zu Multiplizitäten (tritt ein Akteur z. B. ein- oder mehrmals auf).

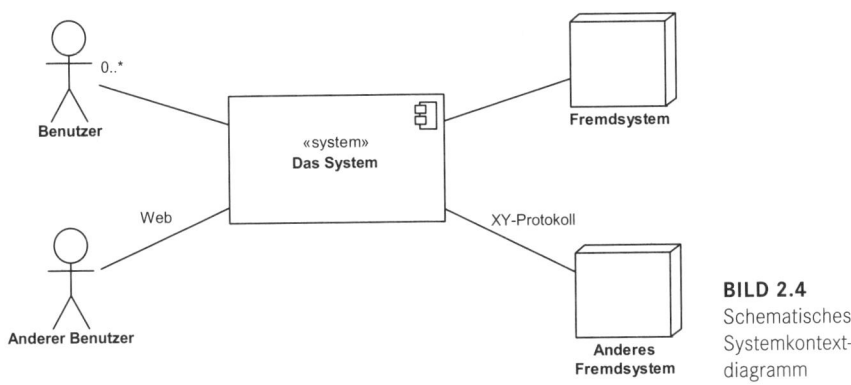

BILD 2.4
Schematisches Systemkontext-diagramm

Zusätzlich zu diesem Bild halten Sie in kurzen Beschreibungen fest, welche Rolle jeder Akteur für Ihr System spielt. Oft ist für einen Außenstehenden der bloße Name eines Fremdsystems nicht aussagekräftig genug.

Ein Systemkontext ist gerade zu Beginn Ihres Vorhabens ein toller Fragengenerator und daher vor allem methodisch interessant (als Unterstützung bei der Architekturarbeit). Aber auch der Wert als Dokumentation, so unscheinbar das Bild auf den ersten Blick wirkt, ist nicht zu unterschätzen. Im Rahmen des Entwurfs können Sie hier verschiedene Entscheidungen und Details bildhaft festhalten, z. B. Kommunikationsarten und -protokolle. Der Systemkontext kann exzellent als Einstieg genutzt werden, um neue Teammitglieder ins Vorhaben einzu-führen. Deshalb steht es sehr häufig am Anfang einer Architekturdokumentation. Bevor wir ins System eintauchen, schauen wir uns erst mal um.

 Was sind denn das für «Tüddelchen»?

In Bild 2.4 und Bild 2.5 ist das zu beschreibende Gesamtsystem jeweils mit «system» gekennzeichnet. Die gewählte Notation ist UML, ich diskutiere später noch die Vor- und Nachteile dieser Option. Mit Stereotypen kann man die UML um eigene Elemente erweitern bzw. vorhandene Elemente auszeichnen. Sie werden mit den französischen Anführungszeichen «...» notiert. Klingt komplizierter, als es ist. Ich mache im weiteren Verlauf moderat davon Gebrauch. Lesen können Sie das ganz einfach: immer-nur-schach.de *ist ein* System. ∎

2.3.2 Fallbeispiel: Systemkontext „immer-nur-schach.de"

Bild 2.5 zeigt das Systemkontextdiagramm für die Online-Schachplattform immer-nur-schach.
de. Im Anschluss werden die mit dem System interagierenden Benutzer und Fremdsysteme
kurz skizziert.

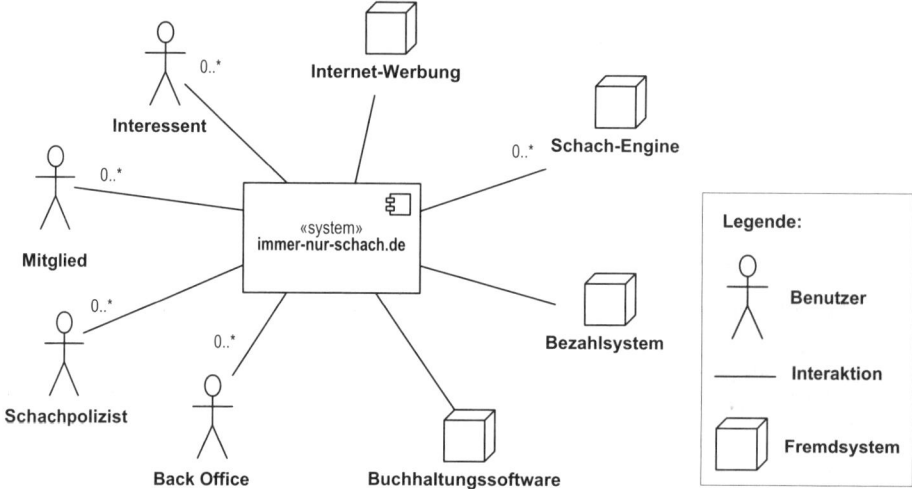

BILD 2.5 Systemkontextdiagramm für immer-nur-schach.de

Interessent (Benutzer)

Interessenten sind Besucher der Webseite immer-nur-schach.de, die noch keine Mitglieder
sind.

Mitglied (Benutzer)

Mitglieder sind bei immer-nur-schach.de als Benutzer registriert. Die Mitgliedschaft ist kostenlos und ermöglicht das Online-Spielen (live-Modus) mit dem Web-Browser. Premiummitglieder
erhalten gegen eine monatliche Gebühr Mehrwerte, z. B. das Spielen frei von Werbung und
die Nutzung moderner Apps für Smartphones (Android, iPhone) und Tablet-PCs.

Schachpolizist (Benutzer)

Schachpolizisten sorgen für einen geregelten Spielbetrieb. Sie gehen Verdachtsmomenten
nach, recherchieren nach Auffälligkeiten und ahnden Verstöße (Verwarnung, Ausschluss)
gegen Fairness und Netiquette.

Back Office (Benutzer)

Mitarbeiter von immer-nur-schach.de kümmern sich um die Abrechnung und um Belange
der Mitglieder, die diese nicht abwickeln können.

Internet-Werbung (Fremdsystem)

Dieses Fremdsystem kümmert sich um das Buchen und Einstellen der Bannerwerbung, die
Auslieferung (Einbinden in unsere Seiten) und die Erfolgsmessung.

Schach-Engine (Fremdsystem)

Schach-Engines werden auf immer-nur-schach.de für Analysen eingesetzt. Premium-Mitglieder können sie als Spielpartner verwenden.

Bezahlsystem (Fremdsystem)

Bezahlsysteme ermöglichen es Premium-Mitgliedern Ihren monatlichen Beitrag online zu bezahlen.

Buchhaltungssoftware (Fremdsystem)

Die Buchhaltungssoftware erhält von unserem System Informationen für Forderungen, etwa an Premium-Mitglieder und Werbetreibende.

2.3.3 Tipps zur Erstellung des Systemkontextes

Ein Systemkontext kann sehr unterschiedliche Zielgruppen adressieren. Entscheider oder Auftraggeber mit fachlichem Hintergrund bevorzugen eine fachliche Darstellung wie in Bild 2.5 und erwarten menschliche Benutzer auch als solche dargestellt. Technische Details wie z. B. Kommunikationsarten (z. B. synchron vs. asynchron) oder Protokolle sind für sie irrelevant.

Technisch oder fachlich?

Für technisch versierte Leser, z. B. Entwickler oder Mitarbeiter vom Betrieb, kann hingegen eine Darstellung angemessen sein, die zeigt dass es sich beim Mitglied tatsächlich um einen Web-Browser handelt oder vielleicht, noch allgemeiner, um einen HTTP-Client. Dieser ist ein anderes Softwaresystem, im Systemkontext also ein weiteres Fremdsystem.

BILD 2.6 Fachliche Sicht vs. technische Sicht auf einen Benutzer

Bild 2.6 zeigt die beiden Varianten, links die eher fachlich motivierte Darstellung, rechts die technische. Im zweiten Fall stellt man den Benutzer, etwa durch eine Linie mit dem Browser verbunden, im Kontextdiagramm nicht zusätzlich dar. In einem Systemkontext für den Browser (falls jemand die Architektur des Browsers dokumentiert) würde er auftauchen.

Was kommt ins Bild?

Generell stellt das Diagramm nur Benutzer und Fremdsysteme dar, die direkt mit dem beschriebenen System interagieren. Das hat zwei Gründe: Zum einen wird das Diagramm sehr umfangreich, wenn es zusätzlich zu seinen eigenen Interaktionspartnern auch noch deren Interaktionspartner darstellt. Zum Zweiten haben Sie auf die Anbindung anderer Interaktionspartner an Fremdsysteme keinen Einfluss. Sie bekommen von Änderungen daran tendenziell nichts mit oder hätten viel Aufwand, sie nachzupflegen.

Wann anfertigen, wie weiter verfahren?

Eine erste Fassung des Systemkontextes fällt idealerweise bereits im Rahmen einer frühen Analyse ab. Das Ergebnis ist in der Regel fachlicher Natur und für jeden am Vorhaben Interessierten verständlich. Im Verlauf des Lösungsentwurfes und der Umsetzung kommen technische Details wie z. B. Kommunikationsprotokolle hinzu, aus fachlichen oder organisatorischen Akteuren werden ggf. Fremdsysteme. Es hat sich daher bewährt, im Rahmen einer Architekturdokumentation mit zwei Systemkontexten zu arbeiten. Der erste ist fachlicher Natur und beschreibt primär die Aufgabe. Für wen ist unser System da, mit wem interagiert es? Er entsteht früh im Projektverlauf und ist selten Änderungen unterworfen. Der zweite Kontext ist technischer Natur und beschreibt vorrangig Lösung und Umsetzung. In ihm halten Sie technische Entscheidungen fest. Beispielsweise macht der fachliche Systemkontext in Bild 2.5 keine Aussage darüber, wie die verschiedenen Benutzer auf die Lösung zugreifen (Client-Frage). Ein technischer Systemkontext liefert hier Antworten.

Zugekaufte Komponenten als Fremdsystem einzeichnen?

Ein Beispiel: Sie entwickeln ein webbasiertes Shop-System. Die Katalogfunktionalität decken Sie über ein zugekauftes Katalogmanagementsystem ab, das Sie eigens für diesen Zweck auswählen und anpassen. In diesem Fall ist das Subsystem Teil Ihrer Lösung, Sie führen es nicht im Systemkontext als Fremdsystem auf. Anders sieht es aus, wenn Sie ein bestehendes Produktinformationsmanagement Ihres Unternehmens anbinden, für das Sie nicht verantwortlich sind. Dieses zeigen Sie als Fremdsystem.

Datenbank als Fremdsystem einzeichnen?

Ein Beispiel: Sie verwenden eine relationale Datenbank, um Daten Ihrer Lösung zu persistieren. Das Schema entwerfen Sie im Rahmen Ihres Projektes selbst. Die Datenbank ist dann Teil der Lösung und befindet sich innerhalb des Systems. Sie taucht nicht im Systemkontext auf, da dieser ja gerade abgrenzen soll, wofür Ihr Vorhaben verantwortlich ist und wofür nicht.[6]

Ein anderes Beispiel: Sie entwickeln ein Softwaresystem für eine spezielle Sparte innerhalb einer Versicherung. Für Adressdaten greifen Sie auf eine relationale Datenbank zu, für die eine zentrale Abteilung verantwortlich ist. Diese Datenbank taucht als Fremdsystem im Systemkontext Ihres Softwaresystems auf.

Die Antworten fallen unterschiedlich aus, obwohl die technische Anbindung (z. B. über ein Objekt/relationales Mapping) identisch sein kann.

Drucker als Fremdsysteme einzeichnen?

Falls Benutzer die an ihren Arbeitsplatzrechnern (direkt bzw. über das Netzwerk) angeschlossenen Drucker verwenden und diese über Standardbetriebssystemfunktionalität ansprechen, gehören sie nicht ins Diagramm. Sie zeichnen ja auch keine Maus ein. Falls es sich um Drucksysteme handelt, die Sie speziell anbinden müssen (z. B. eine proprietäre Druckstraße,

---

[6] Sie lernen in Kapitel 5 ein Dokumentationsmittel kennen, das die Datenbank in solch einer Situation zeigt.

die Briefe gleich eintütet und frankiert) oder Ihre Lösung über einen externen Dienstleister druckt (bei Massenpostsachen), dessen System speziell angebunden werden muss, taucht der „Drucker" im Systemkontext auf. Bei diesem Beispiel unterscheiden sich fachlicher und technischer Systemkontext. Der fachliche zeigt lediglich einen „externen Druckdienstleister", der technische macht Aussagen über dessen System und die Art der Anbindung.

Für jede Rolle einen einzelnen Benutzer einzeichnen?

Ein Beispiel: Innerhalb eines Unternehmens treten Mitarbeiter von Marketing, Vertrieb und Controlling als Benutzer des Systems auf. Man könnte nun alle einzeln einzeichnen (Bild 2.7 links) oder die Rollen zusammenfassen (Bild 2.7 rechts).[7] Bei der zweiten Variante entfällt die Angabe der Ausprägungen in der Notiz in der Praxis häufig.

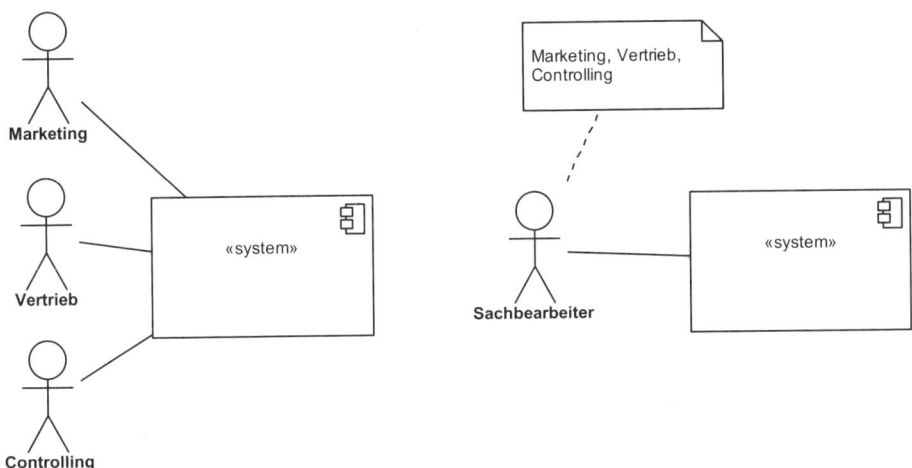

BILD 2.7 Einzelne (links) oder zusammengefasste Benutzerrollen im Kontextdiagramm

Durch das Zusammenfassen von Rollen reduzieren Sie die Komplexität. In einem umfangreichen Systemkontextdiagramm mit vielen Akteuren kann das sehr attraktiv sein. Lässt man die speziellen Rollen (anders als in Bild 2.7 rechts in der Notiz) ganz aus dem Diagramm, erfasst es sogar zukünftige Rollen, die ebenfalls Sachbearbeiter sind. Auch bleibt das Diagramm richtig, falls einzelne Rollen wegfallen. Trotzdem kann es für eine fachlich orientierte Zielgruppe angemessen sein, die Rollen explizit aufzuführen, zumindest wie gezeigt in einer Notiz.

Bei einer technischen Sicht ist für die Zulässigkeit der Abstraktion vor allem entscheidend, ob alle Sachbearbeiter über dieselbe Schnittstelle auf das System zugreifen und ob sie unterschiedliche Qualitätsanforderungen haben. Vielleicht steht hier noch eine Entscheidung aus, und ein zu frühes Zusammenfassen nimmt sie vorweg oder begrenzt die Optionen. Das wäre sehr gefährlich.

---

[7] Die Verallgemeinerungsbeziehung zwischen Sachbearbeiter und den drei Ausprägungen ließe sich auch formal in UML modellieren.

Steckbrief: Dokumentationsmittel „Systemkontext"

Synonyme: Kontextabgrenzung, Kontextdiagramm

Zweck:

Vollständige Darstellung aller beteiligten Fremdsysteme und Benutzer, mit denen das zu beschreibende System interagiert.

Form:

Abbildung mit dem System in der Mitte, beteiligte Fremdsysteme und Benutzer drum herum und direkt mit dem System verbunden. Linien enthalten ggf. weitere Informationen.

Dazu kurze Beschreibungen (ein bis zwei Sätze) für jedes Fremdsystem und jeden Benutzer.

Checkliste:

- Ist die Zielgruppe klar? Handelt es sich um eine fachliche oder eine technische Kontextsicht?
- Sind Fremdsysteme und Benutzer ausschließlich direkt mit dem System verbunden, nicht untereinander oder über andere Akteure?
- Ist eine Legende vorhanden, die klärt, was die Symbole bedeuten?
- Sind zu allen Fremdsystemen und Benutzern Kurzbeschreibungen vorhanden?
- Wird aus den Kurzbeschreibungen klar, welche Rolle die Akteure für das System spielen bzw. wozu sie mit dem System interagieren?
- Falls die Anzahl der Akteure größer als 12 ist: Prüfen Sie, ob sich Benutzergruppen oder Fremdsysteme durch Zusammenführung abstrahieren lassen!

Weiterführende Literatur:

Literatur zur Anforderungserhebung bzw. Analyse (z. B. [Rupp+2009], [Oestereich2009])

Ablageort arc42:

Abschnitt 3: „Kontextabgrenzung"

 Fallbeispiel für die Übungen

Zu den Übungsaufgaben

Mit den Übungsaufgaben möchte ich Sie einladen, die vorgeschlagenen Dokumentationsmittel an etwas Konkretem auszuprobieren. Die ersten Kapitel des Buches gehen davon aus, dass das zu beschreibende System im Entstehen ist. Für die Übungen habe ich mich hingegen bewusst für etwas entschieden, das bereits vorhanden ist. So konzentrieren Sie sich auf das Festhalten von bereits getroffenen Entscheidungen, nicht auf das Entscheiden selbst. In Ihrem Projekt liegt der Schwerpunkt später im Entscheiden, das Dokumentieren geht Ihnen dann leicht von der Hand.

Ziel ist ohnehin, die vorgestellten Techniken auch auf bestehende Systeme anwenden zu können. Das Festhalten von Architektur im Nachhinein ist Thema in Kapitel 8 und in der Praxis ein häufiges Problem. Ich lasse Sie bei der Detektivarbeit im Rahmen der Übungen nicht allein. Senden Sie mir Ihre Lösungen unter Angabe der Aufgabennummer per E-Mail zu, und Sie erhalten im Tausch Rückmeldungen und einen Lösungsvorschlag!

Worum geht es?

In insgesamt sieben Übungsaufgaben beschreiben Sie die Architektur des Squeezebox Medienservers. Er wurde ursprünglich von der Firma Slim Devices entwickelt, die 2006 von Logitech gekauft wurde. Er wurde zunächst von SlimServer in Squeezebox Server und später mit der Version 7.7 in Logitech Media Server umbenannt.* Die Quellen des Servers sind frei zugänglich und stehen unter der GPL.

Der Server wird typischerweise auf einem Linux-basierten NAS (Network Attached Storage) installiert, um Musik (z. B. als MP3) im lokalen Netzwerk bereitzustellen. Über das Netzwerk angeschlossene Geräte (z. B. WLAN-Internet-Radios von Logitech) spielen die Inhalte dann ab.

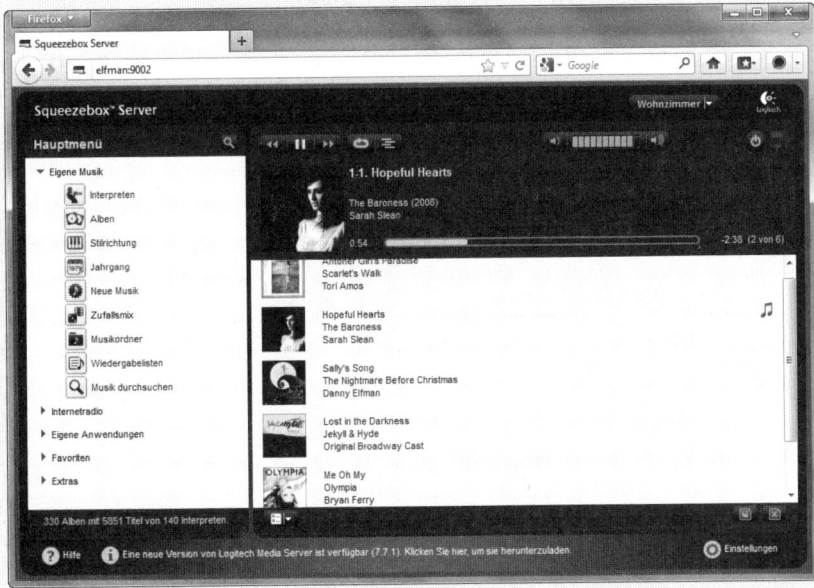

BILD 2.8 Weboberfläche des Squeezebox Medienservers

Vorbereitung auf die erste Aufgabe:

Installieren Sie als Erstes den Server auf einem PC (MacOS, Windows, Linux). Softwareclients („Softsqueeze") dazu gibt es ebenfalls. Es ist also nicht erforderlich, extra Hardware zu beschaffen. Weitere Informationsquellen zu Squeezebox, insbesondere Download-Links für Server und Clients, habe ich auf der Homepage des Buches versammelt.

Organisatorisches:

Es steht Ihnen frei, welche Werkzeuge Sie zur Anfertigung Ihrer Lösung verwenden. Wenn Sie Feedback zu Ihrer Lösung haben wollen, schicken Sie mir bitte Dokumente im PDF-Format. Falls Sie Aufgabenteile nicht verstehen oder Fragen dazu haben, können Sie mich gerne kontaktieren!

---

* Im Internet finden Sie die meisten Informationen unter dem Begriff „Squeezebox", weswegen ich ihn im Buch beibehalten habe.

■ 2.4 Im Rahmen bleiben

Mit dem Systemkontext grenzen Sie das System, das Sie beschreiben, von seiner Umgebung ab, setzen also einen Rahmen für den Umfang Ihrer Lösung. Es gibt viele weitere Aspekte, an die Sie und Ihr Team sich mit Entwurf und Umsetzung halten müssen. Und die Sie festhalten sollten! Ich bezeichne sie in diesem Buch allgemein als Randbedingungen.

2.4.1 Warum Randbedingungen festhalten?

Randbedingungen sind sehr unterschiedlich geartet. Zu den organisatorischen zählen Zeitplan, Budget oder Skills der beteiligten Mitarbeiter. Unter technische Themen fallen beispielsweise zu unterstützende Hard- und Softwareplattform(en) und zu verwendende Middleware-Produkte (Datenbanken, Applikationsserver, ...). Oft sind Konzernvorgaben bzw. Kundenanforderungen Ursprung solcher Vorgaben. Auch gesetzliche Bestimmungen können je nach Vorhaben eine Rolle spielen.

Derartige Rahmenbedingungen gibt es in jedem Vorhaben, und sie sind zumindest zu einem Teil projektspezifisch. Ihr Einfluss auf die Lösung kann erheblich sein. Hier drei Beispiele:[8]

- Ein enger Zeitplan und begrenzte Ressourcen führen zur Verwendung eines Fremdproduktes, da für eine Eigenentwicklung der Komponente die Zeit und auch das Personal fehlen.

- Als Datenbankprodukt kommt aus Budgetgründen MySQL anstelle einer anderen, kommerziellen Datenbank zum Einsatz.

- Für den Zugriff auf eine bestehende Oracle-Datenbank aus einer in Java realisierten Web-Applikation kommt die Persistenzlösung MyBatis anstelle des sonst präferierten objektrelationalen Mappings mit der Java Persistence API (JPA) zum Einsatz. Hintergrund: Das Projekt löst eine Oracle-Forms-Anwendung ab. Die beteiligten Mitarbeiter haben sehr gute SQL-Kenntnisse, Java ist für sie Neuland.

---

[8] Alle drei sind eigene Projekterfahrungen.

Insbesondere das letzte Beispiel zeigt, warum Randbedingungen (hier: Skills der beteiligten Mitarbeiter) zentral für die Architekturdokumentation sind. In dem konkreten Vorhaben wurde eine ganze Reihe von Entscheidungen unter der Prämisse getroffen, die beteiligten Mitarbeiter nicht mit komplexen Frameworks zu überfordern. Diese Information ist für die Nachvollziehbarkeit essenziell.

Randbedingungen grenzen den Lösungsraum ein

Softwarearchitektur ist eine Folge von Entscheidungen. Man kann sich den Entwurf als Baum vorstellen, mit den jeweiligen Alternativen für eine Entscheidung als Abzweigungen (Bild 2.9). Häufig beeinflusst eine Entscheidung nachfolgende Entscheidungen.

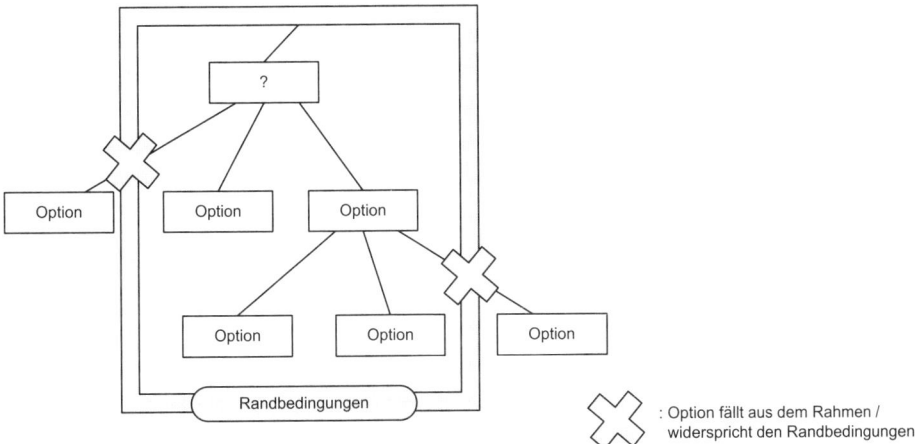

BILD 2.9 Randbedingungen als Rahmen für Entscheidungsoptionen

Wenn sich ein Vorhaben beispielsweise für die Programmiersprache Java entscheidet und den Anwendern eine Webapplikation als Oberfläche zur Verfügung stellen muss, sieht es sich mit einer unübersichtlichen Anzahl an Web-Frameworks konfrontiert. Aus diesen gilt es auszuwählen; die Entscheidung für Java schließt bereits Frameworks für andere Sprachen (z. B. Symfony für PHP) aus. Randbedingungen dünnen die Alternativen weiter aus. Dies wäre etwa bei der Randbedingung der Fall, dass keine Open-Source-Bibliotheken verwendet werden dürfen oder nur solche unter einer bestimmten Lizenz. Vermutlich war auch schon der Einsatz von Java eine Randbedingung. Nur selten können Projekte die Programmiersprache frei wählen.

Da Randbedingungen die Optionen für Entscheidungen eingrenzen, ist ihr Festhalten in geeigneter Form ein wertvolles Hilfsmittel beim Entwurf einer „gültigen" Softwarearchitektur.

2.4.2 Randbedingungen (Dokumentationsmittel)

In vielen Fällen liegen Vorgaben als Arbeitsergebnis anderer Disziplinen bereits vor (Anforderungserhebung, Projektmanagement, ...). Es hat sich bewährt, die wesentlichen Randbedingungen für Architekturdokumentation oder -überblick noch einmal geeignet aufzubereiten und aus Ihrer Sicht fehlende Aspekte zu ergänzen (ggf. überhaupt erst zu erheben).

Randbedingungen lassen sich typischerweise textuell beschreiben, als Form kann eine Tabelle dienen. Falls Sie auf umfangreichen Input von anderen Disziplinen zurückgreifen können, vermeiden Sie es, alle Inhalte in Ihre Dokumentation zu kopieren. Eine bloße Referenz („Randbedingungen siehe Lastenheft") ist für einen Architekturüberblick aber auch nicht ratsam. Ein interessierter Leser durchforstet ungern umfangreiche Dokumente, um die für ihn wichtigen Aspekte herauszufiltern. Hier gilt es, die ausgewogene Mitte zwischen Redundanzfreiheit und Lesbarkeit zu finden.

Randbedingungen erläutern

Um eine Architektur nachvollziehbar zu machen, reicht es oft nicht aus, die Randbedingungen einfach nur aufzuzählen. Erläutern Sie die Vorgabe in so einem Fall in ein paar kurzen Sätzen. Woher stammt sie? Welche Intention steckt dahinter? Warum hat die Randbedingung Einfluss auf die Architektur?

2.4.3 Fallbeispiel: Randbedingungen „immer-nur-schach.de"

Die beiden folgenden Tabellen enthalten zur Illustration einige Randbedingungen für immer-nur-schach.de. Kapitel 9 enthält entsprechende Inhalte für DokChess.

TABELLE 2.2 Technische Randbedingungen immer-nur-schach.de

Randbedingung	Erläuterung
Betriebssystem Linux für Server	immer-nur-schach.de wird auf Linux-Servern betrieben, die bei der Happy Server GmbH gehostet werden.
Hardware/Betriebssystem bei den Mitgliedern	Bei den Mitgliedern (webbasierte Clients) ist von moderater Hardware auszugehen. Ein Breitbandanschluss ist vorhanden. An Betriebssystemen wird Windows, Mac OS und Linux unterstützt.
Gängige Browser bei den Mitgliedern	Zu unterstützen sind Internet Explorer, Firefox, Google Chrome und Safari (nur Mac OS).
Wartungsfenster 2 h pro Woche	Samstags steht ein Wartungsfenster von 02:00 bis 04:00 Uhr (MEZ) zur Verfügung. Wartungsarbeiten außerhalb des Fensters sind nur in Ausnahmefällen möglich (z. B. kritisches Sicherheitsupdate) und den Mitgliedern anzukündigen.
Mengengerüst Mitglieder und Partien	immer-nur-schach.de rechnet mit ca. 10 000 Mitgliedern (nach einem Jahr Live-Betrieb). Diese spielen in Summe ca. 5000 Partien pro Tag. In Spitzenzeiten laufen maximal 500 Partien gleichzeitig.

TABELLE 2.3 Organisatorische Randbedingungen immer-nur-schach.de

Randbedingung	Erläuterung
Zeitrahmen 6 Monate	Eine erste Fassung von immer-nur-schach.de soll in 6 Monaten als Beta-Phase deklariert live gehen.
Team aus 8 Entwicklern	Das Entwicklerteam besteht aus acht versierten Java-Entwicklern, die für einen Zeitraum von sechs Monaten (abzüglich Urlaub) voll zur Verfügung stehen.
Skills der Entwickler	Alle Teammitglieder haben bereits Webapplikationen in Java realisiert. Kenntnisse in relationalen Datenbanken sind unterschiedlich ausgeprägt (Grundkenntnisse haben alle); bezüglich moderner, webbasierter Oberflächen sind sie eher gering.
Vorgehen nach Scrum	Das Team geht nach Scrum vor (wie am 12.04. entschieden); ScrumMaster und Product Owner stehen fest, die Iterationslänge beträgt drei Wochen
Einsatz von Open Source	Innerhalb von immer-nur-schach.de dürfen Open-Source-Bibliotheken, Frameworks etc. verwendet werden, sofern sie der Apache License 2.0 (oder einer dazu kompatiblen) unterliegen.

2.4.4 Tipps zum Festhalten von Randbedingungen

Bei der Erstellung dieses Dokumentationsmittels helfen Vorlagen. Im Idealfall können Sie so Erfahrungswissen nutzen und sparen Zeit. Checklisten unterstützen Sie dabei, an die wichtigsten Punkte zu denken und nichts Wesentliches zu übersehen. Sie geben Sicherheit.

Trotzdem ist insbesondere bei fremden Checklisten immer Vorsicht geboten (trügerische Sicherheit bzgl. der Vollständigkeit). Die Entwicklung von unternehmensspezifischen Checklisten kann hier eine interessante Variante sein. Als Ausgangspunkt können Sie sich natürlich trotzdem von fremden Listen inspirieren lassen und brauchen nicht auf der grünen Wiese zu beginnen.

Eine Quelle für eine derartige Checkliste stellt das Architektur-Template von arc42 [arc42] dar. Bild 2.10 auf der nächsten Seite zeigt eine Mindmap mit einer Zerlegung der dort aufgeführten Themen in den Ästen. In [arc42] und [Starke2011] finden Sie die Punkte weiter ausgeführt.

BILD 2.10 Kategorien von Randbedingungen für Softwarearchitektur (nach [arc42])

 Praxistipp: Randbedingungen im Architekturüberblick stabil festhalten

Randbedingungen ändern sich im Projektverlauf nicht sehr häufig. Mitunter leiden aber insbesondere technische Randbedingungen unter dem Fortschritt; etwa:

- Versionsnummern und Namen von Fremdprodukten
- Leistungsmerkmale und Ausstattung von Hardware

Ihr Architekturüberblick soll auch in der Weiterentwicklung und Wartung Nutzen bringen. Wenn Sie ihn bezüglich solcher Randbedingungen nicht regelmäßig anpassen wollen, halten Sie sie dort abstrakter fest.

So kann man bei eingesetzten Fremdprodukten beispielsweise auf die exakte Versionsnummer verzichten und für Details auf die Release-Notes verweisen. Auch Leistungsmerkmale können oft so festgehalten werden, dass nicht dauernd nachgepflegt werden muss. So ist unter Umständen die Randbedingung „moderate Hardwareausstattung", vielleicht ergänzt um den Zusatz „z. B. aktueller Aldi-PC" einer Angabe der Form „mindestens AMD Athlon II X4 640 mit 3 GHz" vorzuziehen.

Abstrahieren Sie keine Details in Ihrer Dokumentation weg, die für Ihre Architekturarbeit oder die Nachvollziehbarkeit der Lösung wichtig sind. Beispiel aus der Praxis: Aus der Randbedingung „Tomcat 6.0.26" wurde in der Dokumentation „beliebiger Java EE Server", mit dem Resultat, dass später diskutiert wurde, ob die Lösung auch auf IBM WebSphere läuft und wie man das sicherstellt. Im Überblick wäre „Tomcat 6 oder höher" angemessen gewesen.

Steckbrief: Dokumentationsmittel „Randbedingungen"

Synonyme: Rahmenbedingungen, Vorgaben

Zweck:

Festhalten von Vorgaben, die einzuhalten sind und durch die Optionen für Entscheidungen wegfallen. Unterstützt beim Treffen von Entscheidungen und dabei, sie nachzuvollziehen.

Form:

In Stichpunkten oder tabellarisch, mit Kategorien z. B. nach technischen und organisatorischen Aspekten und Konventionen.

Checkliste für den Inhalt:

- Sind die Randbedingungen verständlich formuliert?
- Handelt es sich bei den Randbedingungen tatsächlich um Vorgaben und nicht um Entscheidungen (z. B. Vorlieben von Ihnen)?
- Ist nachvollziehbar, wo die Randbedingungen herkommen?
- Sind bei Bezugnahme auf andere Dokumente (z. B. Lastenheft) die Fassung und der Aufbewahrungsort angegeben?
- Für Architekturüberblick: Ist der Umfang angemessen? (ggf. nur zentrale Eckpfeiler + Verweis auf detaillierte Dokumente)

Weiterführende Literatur:

Literatur zum Requirements Engineering (z. B. [Rupp+2009]) und zum Projektmanagement (z. B. [PMI2008]), sowie allgemein zu Softwarearchitektur

Ablageort arc42:

Abschnitt 2: „Randbedingungen"

2.5 Geforderte Qualitätsmerkmale

Randbedingungen definieren den Spielraum für eine Entwurfsentscheidung. Sie lassen oft noch Alternativen zu. Die Entscheidung wird dann durch weitere Faktoren beeinflusst. Vor allem die geforderten Qualitätsmerkmale formen die Architektur, an ihrer Erreichung wird sie gemessen. Eine szenarienbasierte Architekturbewertung wie zum Beispiel ATAM (Architecture Tradeoff Analysis Method [Bass+2003]) macht genau das. Für eine Dokumentation, die das Nachvollziehen und Bewerten der Architektur unterstützt, ist dieses Thema daher das wichtigste überhaupt.

2.5.1 Was sind Qualitätsmerkmale?

Anforderungen in Form von Anwendungsfällen oder User Stories beschreiben, *was* das System können soll, also seine Funktionalität. Darüber hinaus gibt es Anforderungen, die über reine Funktionalität hinausgehen. Sie beschreiben beispielsweise, *wie* eine Funktionalität bereitgestellt werden soll. Mögliche Themen sind Benutzbarkeit, Verlässlichkeit und Leistungsfähigkeit (z. B. Durchsatz) des Systems. Ich nenne diese Eigenschaften Qualitätsmerkmale.[9]

Im Unterschied zu Randbedingungen lassen Ihnen Qualitätsmerkmale bezüglich ihrer Erfüllung oft Spielraum. Softwarearchitektur balanciert die Merkmale aus. Im Einzelfall kann eine Qualitätsanforderung auch zur Randbedingung werden, wenn beispielsweise die Einhaltung durch Richtlinien oder Normen fest vorgeschrieben ist.

Kategorisierungen als Hilfsmittel zum Erfassen

Die Menge der möglichen Qualitätsmerkmale ist groß. Verschaffen wir uns einen Überblick! Die einfachste Zerlegung der zahlreichen Qualitäten basiert auf dem Zeitpunkt, wann eine Eigenschaft bemerkbar ist. Für einige gilt dies während des Betriebs, also zur Laufzeit. Hierzu zählen Benutzbarkeit und Antwortzeiten. Andere zeigen sich während der Entwicklung und/oder Wartung des Systems, zum Beispiel Erweiterbarkeit und Änderbarkeit.

Die Literatur und auch Normen zur Softwarequalität liefern feinere Kategorisierungen von Qualitätsmerkmalen und Checklisten. Das unterstützt das strukturierte Erarbeiten und vor allem auch Festhalten dieser Anforderungen. Die bekannteste ist FURPS [Grady+87], welche die Qualität von Software in fünf Schubladen einsortiert (deswegen F.U.R.P.S.):

- Functionality (Funktionalität)
- Usability (Benutzbarkeit)
- Reliability (Zuverlässigkeit)
- Performance (Effizienz)
- Supportability (Wartbarkeit)

Qualitätsmerkmale werden im Englischen manchmal unter dem Begriff „Ilities" zusammengefasst, da sie oft auf „-ility" enden. Im Deutschen könnte man sie analog als „Heiten und Keiten" bezeichnen. Die wichtige Kategorie „Performance" macht in beiden Sprachen eine Ausnahme. Im Deutschen ist „Effizienz" gebräuchlich.

Die Zerlegung nach FURPS ist noch sehr grob. Die Kategorien lassen sich weiter verfeinern. Um es anhand von zwei Beispielen zu illustrieren: Ich war schon mit Systemen konfrontiert, die Anforderungen bezüglich der leichten Erlernbarkeit hatten (Aushilfskräfte in einem Call Center), und mit solchen, die „handschuhbedienbar" sein mussten (Steuerungssoftware eines Krans). Beide Punkte fallen in FURPS unter Benutzbarkeit. Eine weitaus feinere Zerlegung bieten Normen wie die ISO/IEC 9126 [ISO2001] an.[10] Bild 2.11 stellt ihre Kategorien in Form

---

[9] In diesem Zusammenhang fällt oft der Begriff „nicht-funktionale Anforderungen" (nonfunctional requirements, kurz NFR). Im Einzelfall kann es schwierig sein, eine klare Grenze zwischen funktional und nicht-funktional zu ziehen (z. B. bei Sicherheitsaspekten). In der neueren Literatur zu Softwarearchitektur setzt sich der Begriff „Qualitätsmerkmale" oder kurz „Qualitäten" durch (siehe [Bass+2003], [Rozanski+2011], [Starke2011]).

[10] Die Normenreihe ISO/IEC 25000 („Software engineering – Software product Quality Requirements and Evaluation (SQuaRE)") ersetzt die ISO/IEC 9126, ist aber gegenwärtig noch nicht weit verbreitet.

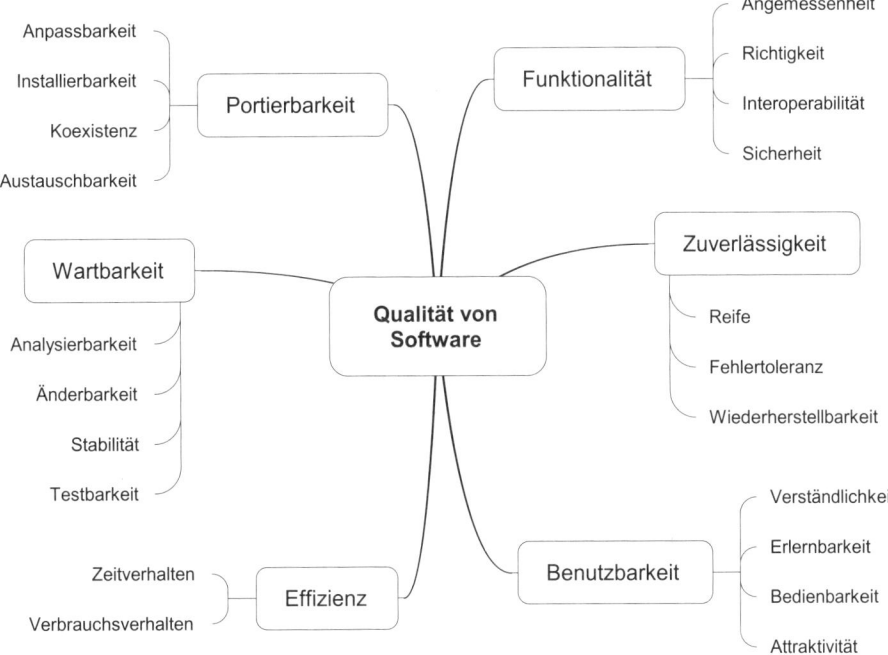

BILD 2.11 Kategorien zu Softwarequalität nach ISO/IEC 9126

einer Mindmap dar, die Punkte auf der zweiten Gliederungsebene sind Vorschläge aus dem Anhang der Norm.

Für ein konkretes System spielen nicht alle Qualitätsmerkmale eine Rolle. Letztendlich entscheiden die Stakeholder (siehe Kapitel 2.6.1), welche Qualitäten gefordert sind. Die Kategorisierungen helfen Ihnen beim systematischen Erfassen und beim Festhalten innerhalb der Architekturdokumentation in Form von Qualitätszielen und Qualitätsszenarien.

2.5.2 Qualitätsziele (Dokumentationsmittel)

Ähnlich wie bei den Randbedingungen reicht eine bloße Aufzählung der geforderten Qualitätsmerkmale in einer Architekturbeschreibung für die Nachvollziehbarkeit nicht aus. Aussagen wie „Gefordert sind Benutzbarkeit, Performance und Sicherheit" sind viel zu unspezifisch, damit können Sie keine Entscheidungen treffen. Die Dokumentation würde bei der Arbeit nicht unterstützen. Die später noch besprochenen Qualitätsszenarien adressieren genau dieses Problem.

Sie erzielen aber bereits drastische Verbesserungen, wenn Sie Qualitätsmerkmale nicht nur nennen, sondern die wichtigsten herausstellen und in Form von Zielen motivieren. Was ist zum Beispiel konkret mit Benutzbarkeit gemeint (erlernbar vs. handschuhbedienbar)? Wo kommt diese Anforderung her? Warum ist sie entscheidend für den Erfolg des Systems? Zur Illustration enthalten die beiden folgenden Unterkapitel die Qualitätsziele für die beiden Fallbeispiele in dieser Form.

2.5.3 Fallbeispiel: Qualitätsziele „immer-nur-schach.de"

Die folgende Tabelle beschreibt die zentralen Qualitätsziele der Online-Schachplattform immer-nur-schach.de, wobei die Reihenfolge eine grobe Orientierung bezüglich der Wichtigkeit vorgibt.

Qualitätsmerkmal	Ziel
Benutzbarkeit	Unsere Mitglieder verbringen auf immer-nur-schach.de ihre Freizeit und wollen dies mit Freude tun. Begeistert berichten sie in sozialen Medien über unsere attraktive Plattform. Frustrationen in diesem Bereich würden ihnen hingegen den Spaß am Schach verleiden und sie schnell zur Konkurrenz treiben.
Zuverlässigkeit	immer-nur-schach.de lockt insbesondere auch Spitzen- und Vielspieler auf die Plattform. Diese spielen gerne rund um die Uhr, akzeptieren kaum, wenn unsere Seite „mal wieder nicht da" ist, oder eine hochklassige Partie, in die sie Stunden an Denkarbeit investiert haben, abschmiert.
Wartbarkeit	immer-nur-schach.de ist auch langfristig eine attraktive Plattform. Technologische Trends und auch gute Anregungen und Wünsche unserer Mitglieder nehmen wir auf und setzen sie zeitnah um.

2.5.4 Fallbeispiel: Qualitätsziele „DokChess"

Die folgende Tabelle beschreibt die zentralen Qualitätsziele der Schach-Engine DokChess. Auch gibt die Reihenfolge eine grobe Orientierung bezüglich der Wichtigkeit.

Qualitätsmerkmal	Ziel
Analysierbarkeit	Da DokChess in erster Linie als Anschauungsmaterial für Architekten und Entwickler dient, erschließen sich Entwurf und Implementierung schnell.
Änderbarkeit	Alternative Algorithmen und Strategien, etwa zur Bewertung einer Schachstellung, können leicht implementiert und in die Lösung integriert werden.
Interoperabilität	Die Engine kann mit angemessenem Aufwand in bestehende grafische Schach-Frontends eingebunden werden.
Attraktivität	Die Engine spielt stark genug, um schwache Gegner sicher zu schlagen und Gelegenheitsspieler zumindest zu fordern.
Effizienz	Da die Engine in Seminaren und Vorträgen live demonstriert wird, erfolgt die Berechnung der Spielzüge rasch.

Hinweis: Die Merkmale in der Tabelle sind nach Standard ISO/IEC 9126 benannt (siehe Bild 2.11). Anders als bei „immer-nur-schach.de" habe ich hier die genaueren Unterkategorienamen der Norm gewählt. Wer darauf keinen Wert legt, kann den ersten Punkt in „Verständlichkeit" umbenennen. Aus der Zielformulierung wird klar, dass nicht eine leicht zugängliche Benutzerführung gemeint ist. Gernot Starke führt aus, dass die Verständlichkeit der Architektur selbst als Qualitätsziel in der Norm fehlt [Starke2011].

 Steckbrief: Dokumentationsmittel „Qualitätsziele"

Synonyme: Geforderte Qualitätsmerkmale, Architekturziele, Nichtfunktionale Anforderungen

Zweck:

Übersicht über die wichtigsten vom System geforderten Qualitätsmerkmale, um beim Treffen von Entscheidungen Orientierung zu geben und um die Architektur nachvollziehbar zu machen.

Form:

Übersicht mit den wichtigsten geforderten Qualitätsmerkmalen und jeweils kurzen Beschreibungen (2–3 Sätze) mit den damit verbundenen Zielen, zum Beispiel tabellarisch

Checkliste für den Inhalt:

- Ist jedes Ziel für alle Beteiligten ausreichend motiviert?
- Lässt sich jedem Ziel ein Qualitätsmerkmal zuordnen?
- Ist die Anzahl der Qualitätsziele angemessen (3–5)? Sind es die wichtigsten?
- Sind die Ziele konsistent zum virtuellen Produktkarton?
- Sind die Architekturziele sinnvoll sortiert (das Wichtigste zuerst, wenn möglich, fachlich gruppiert)?
- Haben die wichtigsten Stakeholder die Qualitätsziele und deren Priorisierung akzeptiert?

Weiterführende Literatur:

Moderne Bücher zu methodischer Softwarearchitektur, z. B. [Starke2011], [Rozanski+2011]

Ablageort arc42:

Abschnitt 1: „Einführung und Ziele", genauer Abschnitt 1.2: „Qualitätsziele"

Übungsaufgabe 1: Aufgabe beschreiben

Machen Sie sich ein erstes Bild vom Squeezebox Medienserver (vgl. Kasten „Fallbeispiel für die Übungen" auf Seite 34). Fertigen Sie dazu Folgendes an:

- Inhalte für einen Produktkarton (wichtige Features, Randbedingungen)
- Qualitätsziele (ca. 3 bis 5 inklusive kurzer Motivation)
- Systemkontext (inkl. kurzer Erläuterung zum Diagramm und zu den Akteuren)

Gefordert ist lediglich eine grobe Darstellung, die in Summe 3 DIN-A4-Seiten nicht übersteigt. Treffen Sie sinnvolle Annahmen, wo Ihnen Wissen fehlt. Es ist (noch) nicht erforderlich, den Sourcecode zu analysieren. Projekt- und Produktseiten, eine installierte Version des Servers, Rezensionen von Anwendern oder einschlägige Foren der Squeezebox-Community sind als Quellen besser geeignet. ∎

2.5.5 Qualitätsmerkmale genauer beschreiben

Qualitätsziele in der beschriebenen Form bieten zwar einen guten Einstieg und Überblick, tatsächlich arbeiten (entscheiden) können Sie damit aber noch nicht. Dazu sind die Aussagen zu unpräzise. Anhand von Fragmenten aus dem DokChess-Fallbeispiel wird klar, warum: „leicht implementierbar", „nicht ewig auf die Berechnung warten", „angemessener Aufwand". In realen Projektsituationen kommen manchmal noch vagere Aussagen („Performance ist superwichtig!"), aber auch mit Qualitätszielen in der gezeigten Form unterstützt unsere Dokumentation noch nicht gut genug.

Insbesondere kommt es in vielen Entscheidungssituationen zu Widersprüchen, weil sich Qualitätsmerkmale wechselseitig beeinflussen. Nicht alle können zugleich optimiert werden. Benutzbarkeit und Sicherheit sind so ein typisches Paar. Vielleicht ist Ihnen im Web schon einmal ein Kompromiss zwischen beiden in Form eines CAPTCHA[11] wie in Bild 2.12 begegnet.

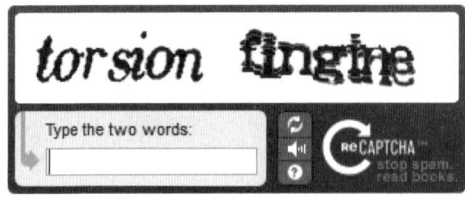

BILD 2.12 Beispiel für ein CAPTCHA im Web

Ein solches Verfahren könnte für immer-nur-schach.de zur Diskussion stehen, um sicherzustellen, dass es sich bei einem Benutzer, der versucht, sich anzumelden, tatsächlich um einen Menschen handelt und nicht um ein Programm, das versucht, Kennwörter zu erraten. Die Benutzbarkeit für die echten Mitglieder sinkt, der Schutz für die Plattform steigt. CAPTCHAs steuern beim Ausbalancieren zwischen Benutzbarkeit und Sicherheit die Waagschale eher in Richtung Sicherheit. Wenn lediglich gefordert wäre, dass sowohl Benutzbarkeit als auch

---

[11] Die Abkürzung steht für „Completely Automated Public Turing test to tell Computers and Humans Apart". Der Anwender muss dazu eine Aufgabe lösen, die eine Fähigkeit erfordert, die Programme in der Regel nicht haben, beispielsweise eine Bildererkennung wie im Beispiel.

Sicherheit wichtige Ziele von immer-nur-schach.de sind, hilft das bei der konkreten Entscheidung für oder gegen CAPTCHAs nicht.

Ein anderes klassisches Kollisionspaar unter den Qualitäten ist Effizienz und Wartbarkeit. Eine Optimierung sorgt in der Regel für eine kompliziertere Lösung. Bei DokChess ist in den Qualitätszielen zwar eine Präferenz von Einfachheit gegenüber Effizienz ausgesprochen, gleichzeitig wird aber eine akzeptable Spielstärke verlangt.

Qualitätsmerkmale und Randbedingungen

Die Frage nach der Erreichung der geforderten Qualitätsmerkmale stellt sich nicht nur im Wechselspiel untereinander, sondern auch mit den Randbedingungen. So ist die beste Lösung häufig auch die teuerste (Budget), oder ihre Implementierung dauert zu lange (Zeitplan). Daher stellt sich oft die Frage: Was ist *gut genug?*

Spätestens bei einer Bewertung der Architektur wird man die Qualitätsziele schärfer fassen. Als Mittel sind bei einigen Qualitätsmerkmalen vorgegebene Messwerte hilfreich. Bei Antwortzeiten und Durchsatz (Effizienz) ist dies vergleichsweise einfach, bei Sicherheit und Wartbarkeit schon schwieriger. Ein weiteres Problem: Zu einem frühen Zeitpunkt gibt es oft nichts zu messen. Oder die tatsächliche Durchführung wäre viel zu aufwändig. Trotzdem möchte man Lösungsstrategien bewerten können. Ein universelles Mittel, um Qualitätsmerkmale genauer zu beschreiben, sind die sogenannten Szenarien.

2.5.6 Qualitätsszenarien (Dokumentationsmittel)

Qualitätsszenarien sind kurze Beschreibungen möglicher Verwendungen des Softwaresystems oder Situationen, mit denen das System später konfrontiert werden könnte. Dabei spielt jeweils eines der Qualitätsmerkmale die Hauptrolle. Das grenzt Qualitätsszenarien von funktionalen Anforderungen ab.

Hier drei konkrete Szenarien zum Fallbeispiel „immer-nur-schach.de":

- Ein Interessent registriert sich auf der Webseite von zu Hause aus mit seinem privaten Windows-PC (aktueller Internet Explorer oder Firefox Browser). Er kann ohne zusätzlichen Installationsaufwand an Partien teilnehmen.
- Ein angemeldeter Schachpolizist ruft den Bericht zu verdächtigen Spielern auf und erhält das Ergebnis innerhalb von 10 Sekunden.
- Ein Hacker versucht, über das Internet automatisiert Kennwörter ihm bekannter Benutzer zu erraten. Der Angriff wird erkannt und protokolliert.

Die genauer spezifizierten Qualitätsmerkmale sind hier – der Reihe nach: Interoperabilität, Effizienz (genauer: Zeitverhalten) und Sicherheit. Qualitätsszenarien sind recht kurz (ein bis drei Sätze) und so formuliert, als wäre die Implementierung schon Realität (also nicht: „Das zukünftige System soll ...").

Bestandteile und Typen von Szenarien

Wenn Qualitätsszenarien sich an einem typischen Aufbau orientieren, lässt sich mit ihnen leichter arbeiten. [Bass+2003] nennt folgende mögliche Bestandteile eines Szenarios:

- Quelle (zum Beispiel der Schachpolizist)
- Auslöser oder Stimulus (Aufruf des Berichts)
- Artefakt (Bericht zu verdächtigen Spielern)
- Umgebung (über das Internet)
- Antwort (an Partien teilnehmen können)
- Antwortmaß (innerhalb von 10 Sekunden).

Ein Szenario umfasst dabei nicht zwingend alle sechs Bestandteile. Die Punkte sollen Sie bei der Erstellung der Szenarien unterstützen, nicht behindern. Das Gleiche gilt für die folgenden Kategorien. Szenarien lassen sich unterteilen in Verwendungsszenarien (wie die ersten beiden Beispiele oben), Änderungs- oder Wachstumsszenarien und Katastrophenszenarien (alternativ: Fehler- oder Stressszenarien). Ein Wachstumsszenario beschreibt zum Beispiel, wie sich das System bei höherer Last, etwa durch steigende Benutzeranzahl, verhält. Unter Katastrophenszenarien fallen Ausfälle von Teilen des Systems oder von Fremdsystemen.

Warum gehören Qualitätsszenarien in eine Architekturdokumentation?

Qualitätsszenarien haben verschiedene Verwendungszwecke. Zuallererst dienen sie dazu, die geforderten Qualitätsmerkmale zu präzisieren. Szenarien liefern die Anforderungen an Qualität auf einem Niveau, mit dem Sie Alternativen diskutieren und Entscheidungen treffen können.

Im zweiten Beispiel oben könnte sich etwa herausstellen, dass der betreffende Bericht gar nicht in 10 Sekunden generiert werden kann, da die dazu nötige Analyse der Spieldaten viel zu aufwändig ist. Als Kompromiss könnten Sie vorschlagen, den Bericht periodisch vorzugenerieren (z. B. einmal am Tag) und dann bei Anfrage zu liefern. Es wäre zu prüfen, ob der Bericht aktuell sein muss.

Hier zeigt sich eine weitere Stärke von Qualitätsszenarien. Sie bieten eine gute Basis, um mit anderen zu kommunizieren. Denn die Frage, ob ein vorgenerierter Bericht akzeptabel wäre, erfordert eine fachliche Entscheidung, die Entwickler und Architekten nicht treffen. Hier ist die Fachabteilung, der Product Owner oder generell ein Stakeholder gefragt.

Szenarien können darüber hinaus neue Anforderungen aufdecken und zum Ableiten von Testfällen dienen. In Workshops zur Architekturbewertung sind sie Dreh- und Angelpunkt, hier spielen sie ihre Stärke als Kommunikationsmittel zwischen allen Beteiligten aus.

Wirkungsvolle Architekturdokumentation unterstützt bereits beim Lösungsentwurf. Mit Hilfe von Qualitätsszenarien können Sie Alternativen für eine konkrete Entscheidung gegeneinander halten. Sie helfen Ihnen, eine angemessene auszuwählen. Somit können Szenarien auch für die Nachvollziehbarkeit der Softwarearchitektur sorgen. Oft dienen sie als unmittelbare Antwort auf Fragen der Art „Warum habt Ihr das denn so gemacht?".

2.5.7 Fallbeispiel: Qualitätsszenarien „immer-nur-schach.de"

Die folgenden Beispiele für die Online-Plattform immer-nur-schach.de vermitteln Ihnen einen lebendigen Eindruck, wie Qualitätsszenarien konkret aussehen. Kapitel 9 enthält Szenarien für die Schach-Engine DokChess.

TABELLE 2.4 Qualitätsszenarien für die Online-Plattform immer-nur-schach.de

Nr.	Szenario
1	Ein Interessent registriert sich auf der Webseite von zu Hause aus mit seinem privaten Windows-PC (aktueller Internet Explorer oder Firefox Browser). Er kann ohne zusätzlichen Installationsaufwand an Partien teilnehmen.
2	Ein angemeldetes Mitglied will in den zur Zeit offenen Online-Partien einen passenden Gegner finden. Falls es einen gibt, gelingt ihm dies mit höchstens drei Klicks.
3	Ein Spieler führt auf der Weboberfläche einen regelwidrigen Zug aus. Er wird innerhalb von zwei Sekunden darüber informiert und darf erneut ziehen. Der Gegner erfährt davon nichts.
4	Ein Spieler setzt seinen Gegner bei einer Online-Partie matt. Beide werden darüber maximal zwei Sekunden später informiert.
5	Ein Spieler schließt während einer laufenden Online-Partie seinen Webbrowser. Nach Neustart des Browsers und Anmeldung kann er das Spiel fortsetzen.
6	Ein angemeldeter Schachpolizist ruft den Bericht zu verdächtigen Spielern auf und erhält das Ergebnis innerhalb von 10 Sekunden.
7	Ein Entwickler will eine neue Sprache (z. B. Spanisch) für die Weboberfläche unterstützen. Sein Aufwand liegt (bei vorliegender Übersetzung) unter einem Personentag.
8	Während des Spielbetriebes fällt ein Server aus. Laufende Partien können ohne Beeinträchtigung zu Ende gespielt werden.
9	Ein Hacker versucht, über das Internet automatisiert Kennwörter ihm bekannter Benutzer zu erraten. Der Angriff wird erkannt und protokolliert.
10	Ein Nicht-Premiumitglied versucht bei sehr hoher Serverauslastung eine neue Online-Partie einzuleiten. Er erhält eine freundliche Meldung, dass dies zur Zeit nicht möglich ist.
11	Ein unabhängiger Entwickler will einen Client für eine neue Plattform (zum Beispiel ein weiteres Smartphone-Betriebssystem) programmieren. Dies gelingt ohne Änderung am bestehenden Quelltext.
12	Ein neuer Java-Entwickler stößt zum Team. Spätestens nach einer Woche kann er selbstständig Korrekturen und einfache Änderungen am Quelltext vornehmen und in Betrieb nehmen.
13	Das Team entwickelt einen neuen Algorithmus zur Berechnung der Spielstärke eines Mitglieds. Die Änderung kann innerhalb eines Wartungsfensters live gehen, und sämtliche Anzeigen berücksichtigen die neue Berechnungsformel.
14	Ein angemeldetes Mitglied wechselt aus einem beliebigen Bereich der Weboberfläche ins Forum, um einen Beitrag zu posten. Dazu ist keine erneute Anmeldung erforderlich.
15	Die serverseitige Landschaft immer-nur-schach.de wird auf ein anderes Betriebssystem portiert. Dies gelingt ohne Änderungen am Quelltext, das Umschalten auf die neue Umgebung erfolgt innerhalb eines Wartungsfensters.
16	Die Anzahl der zur gleichen Zeit gespielten Online-Partien steigt innerhalb eines Jahr um 100 %. Das System bleibt gleich effizient.

2.5.8 Tipps zum Festhalten von Qualitätsszenarien

Wer erstellt die Qualitätsszenarien? Und wann?

Im Idealfall erarbeiten Sie und Ihr Team den ersten Rutsch Szenarien gemeinsam mit dem Auftraggeber[12], zum Beispiel in einem Workshop. Wenn das nicht möglich ist, machen Sie erste Vorschläge. Legen Sie diese dem Auftraggeber vor, und bitten Sie um Feedback. In vielen Projekten wird leider erst sehr spät mit Qualitätsszenarien gearbeitet, nämlich bei der ersten formalen Bewertung der Architektur (Konsequenz: in vielen Projekten nie). Wie oben gezeigt, sind Szenarien schon beim Entwurf der Architektur und im Austausch mit den Stakeholdern wertvoll. Fangen Sie früh damit an!

Erstellen Sie Szenarien iterativ und inkrementell wie andere Arbeitsergebnisse auch. Verwenden Sie im weiteren Verlauf Energie darauf, wichtige Szenarien zu schärfen. Wenn sich in der Verwendung eines Szenarios beispielsweise herausstellt, dass es nicht scharf genug formuliert ist, um Alternativen zu bewerten, können Sie die sechs Bestandteile abklopfen. Ist der Auslöser klar, was genau ist das Ergebnis ...?

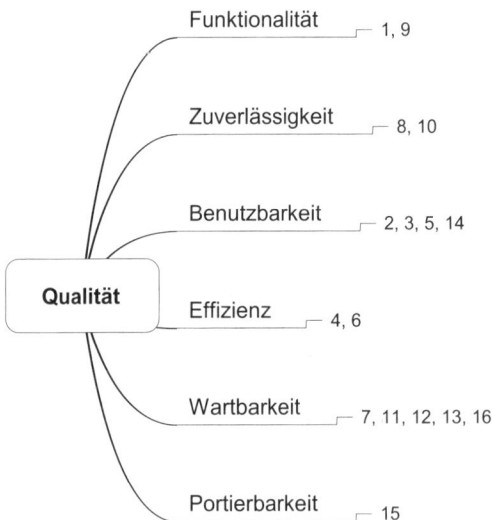

BILD 2.13 Zuordnung der Beispielszenarien zu Merkmalen in einem Qualitätsbaum

Wie behalten Sie die Übersicht?

Für die Dokumentation empfiehlt sich zusätzlich zu den Szenarien (Text, etwa als Aufzählungsliste oder Tabelle) ein weiteres Werkzeug aus der Architekturbewertung: der Qualitätsbaum (engl. Utility Tree, [Bass+2003]). Er enthält als Äste die Qualitäten, ggf. unterteilt in Unterkategorien wie in Bild 2.11, und an den Blättern die Szenarien. Auf diese Weise entsteht eine Zuordnung der Szenarien zu ihren Qualitätsmerkmalen und ein guter Überblick über die Qualitätsanforderungen. Die Architekturbewertung nutzt die Bäume weiter, um Szenarien zu priorisieren, etwa nach technischem Risiko oder fachlichem Nutzen.

---

[12] In einem Scrum-Projekt ist der Product Owner die natürliche Wahl, ggf. verstärkt um weitere Fachexperten.

Beim Erarbeiten ist es nützlich, die Szenarien direkt an die Äste zu hängen (siehe Praxistipp „Mind Mapping-Werkzeuge"). Die Abbildungen werden für die Dokumentation dann aber oft zu groß. Geben Sie Ihren Qualitätsszenarien prägnante Kurzbezeichnungen, oder nehmen Sie wie in Bild 2.13 lediglich die Nummer als Referenz auf. Sie erkennen so zumindest, dass es Qualitätsszenarien zu dem Merkmal gibt, und wie viele.

Praxistipp: Mind-Mapping-Werkzeug für Qualitätsszenarien

An dieser Stelle schon ein kurzer Vorgriff auf Werkzeuge. Beim Arbeiten mit Qualitätsszenarien, insbesondere in Workshops, haben sich Mind Mapping [Buzan2005] und entsprechende Software dazu bewährt. Mit dem Beamer an die Wand geworfen, haben alle Teilnehmer den Qualitätsbaum im Blick. Szenarien können schnell erfasst, bearbeitet und flexibel umgehängt werden. Im Moment weniger interessante Äste lassen sich leicht ausblenden – einfach zuklappen.

Es gibt sowohl kommerzielle als auch freie Mind-Mapping-Programme: Hier eine kleine Auswahl:

- XMind, http://www.xmind.net/
- MindManager, http://www.mindjet.com
- FreeMind, http://freemind.sourceforge.net

Für diese besonders verbreiteten Programme finden Sie auf der Webseite zum Buch www.swadok.de Beispiele und Vorlagen für Qualitätsbäume nach ISO/IEC 9126, mit denen Sie schnell loslegen können. ■

Ob Sie im Baum Unterkategorien einführen, hängt zum einen von der Anzahl der Szenarien ab, zum anderen von der Aussagekraft der Zuordnung. Sie entscheiden pro Hauptast, ob Sie ihn aufsplitten. In Einzelfällen hängen Sie Äste um. Ein häufiger Fall in der Praxis ist die Darstellung von Sicherheit auf oberster Ebene (statt unterhalb von Funktionalität).[13]

Muss ein Qualitätsszenario genau einem Qualitätsmerkmal zugeordnet werden können?

Im Regelfall ist das so. Wenn Sie zwei oder mehr Qualitätsmerkmale mit einem Szenario adressieren, versuchen Sie, es geeignet zu zerlegen, um für die abgeleiteten Szenarien klare Zuordnungen zu finden.

Trotzdem kann es Ausnahmen geben. Für DokChess wird beispielsweise gefordert, dass die Engine innerhalb von 5 Sekunden mit einem Zug antwortet. Ist das nun ein Qualitätsszenario für Effizienz oder Benutzbarkeit? Die Antwortzeit hängt maßgeblich von der effizienten Implementierung der Algorithmen ab. Wenn der Spieler zu lange auf eine Antwort wartet, verliert die Lösung gleichzeitig an Attraktivität (der Benutzer wird ungeduldig).

In solchen Fällen ist es angemessen, ein Szenario an mehreren Stellen im Qualitätsbaum einzusortieren.

---

[13] Im Standard ISO 25010, einem der Nachfolger des ISO/IEC 9126, ist Sicherheit eine von acht Hauptqualitäten.

Müssen Szenarien überprüfbar sein?

Verwechseln Sie Szenarien nicht mit Abnahmekriterien. Es geht in erster Linie darum, mit Hilfe der Szenarien Anforderungen besser kommunizieren und durchsprechen zu können. Dazu sollten sie aber zumindest theoretisch überprüfbar sein.

 Steckbrief: Dokumentationsmittel „Qualitätsszenarien"

Synonyme: Bewertungsszenarien

Zweck:

Detaillierung der geforderten Qualitätsmerkmale, um sie besser kommunizieren und ihre Erreichung überprüfen zu können.

Form:

Aufzählungsliste oder Tabelle, pro Szenario 1–3 Sätze Prosa.
Zusätzlich Zuordnung der Szenarien zu den Qualitätsmerkmalen in Form eines Baumes („Qualitätsbaum").

Checkliste für den Inhalt:

- Liegt für jedes Qualitätsziel mindestens ein Szenario vor?
- Ist jedes Szenario so formuliert, als wäre es bereits realisiert?
- Ist jedes Szenario aktiv formuliert (kein „soll", „muss", „wird")?
- Adressiert jedes Szenario ein Qualitätsmerkmal?
- Besitzt jedes Qualitätsszenario mindestens Auslöser (und/oder Quelle) und Ergebnis?
- Sind neben Nutzungsszenarien auch Wachstums- und Stressszenarien erfasst? Oder ist ihr Fehlen nachvollziehbar?
- Ist die Menge der Szenarien klein genug, dass mit dem gewählten Werkzeug zur Erfassung und Pflege noch effizient gearbeitet werden kann?

Weiterführende Literatur:

- Bücher zu Softwarearchitektur und -bewertung, allen voran: [Bass+2003]
- Quality Attribute Workshop (Methodik des Software Engineering Institute, Carnegie Mellon University [qaw]).

Ablageort arc42:

Abschnitt 10: „Qualitätsszenarien"

■ 2.6 Weitere Einflüsse und Hilfsmittel

Mit den Randbedingungen und Qualitätsmerkmalen haben Sie wichtige Einflussfaktoren auf die Softwarearchitektur kennengelernt, die Sie festhalten und im Team kommunizieren. Darüber hinaus gibt es weitere Einflüsse, die in klassischen Vorgehensmodellen in der Regel von anderen Disziplinen bearbeitet werden. Eine Stakeholder-Analyse findet typischerweise im Requirements Engineering statt, das Projektmanagement betrachtet Risiken. Als Architekt identifizieren Sie technische Risiken und liefern Input für das Risikomanagement.

Da ich hier im Buch keine klare Rollentrennung voraussetze, lassen sich diese wichtigen Aspekte nicht völlig ausblenden. Wenn wir mit unserer Architekturdokumentation dabei unterstützen wollen, die Lösung nachvollziehbar und bewertbar zu machen, müssen sich diese Themen in der Architekturbeschreibung niederschlagen.

2.6.1 Stakeholder

Der Begriff Stakeholder ist in verschiedenen Bereichen (zum Beispiel Marketing, Wirtschaft, Projektmanagement) gebräuchlich; ein deutscher Begriff dazu hat sich nicht etabliert.[14] Stakeholder in Softwareentwicklungsprojekten sind alle Personen (oder Gruppen von Personen) die ein Interesse an einem Softwarevorhaben oder dessen Ergebnis haben, und das sind üblicherweise eine ganze Menge. Bild 2.14 (nächste Seite) spannt zur Illustration den Raum auf, ohne Anspruch auf Vollständigkeit. Wenn man die Art der Vorhaben eingrenzt (z. B. Softwareentwicklung innerhalb eines Unternehmens vs. Produktentwicklung) sind weitere Kategorisierungen z. B. nach intern/extern möglich.

In jedem Vorhaben gibt es Beteiligte oder Betroffene, die letztendlich über Erfolg oder Misserfolg entscheiden. Diese sollten Sie in jedem Fall kennen. Speziell im Kontext von Architekturdokumentation sind Stakeholder aus folgenden Gründen interessant:

- Sie steuern Inhalte für die Dokumentation bei.
- Sie sind Teil der Dokumentation (z. B. als Benutzer im Systemkontext).
- Sie sind Nutzer (Leser) der Dokumentation und geben Rückmeldungen.

Wenn Ihr Vorhaben im Rahmen einer Anforderungserhebung eine Stakeholder-Analyse durchführt, ist es nicht sinnvoll, das Ergebnis anschließend 1 : 1 in den Architekturüberblick zu kopieren. Nehmen Sie gezielt nur die Inhalte auf, die Ihre Lösung nachvollziehbar machen. Auf die umfassenden Ergebnisse der Anforderungsanalyse verweisen Sie lediglich.

Es hängt von der konkreten Aufgabe (siehe insbesondere Qualitätsziele) ab, welche Stakeholder für die Architektur und deren Nachvollziehbarkeit maßgeblich sind. In vielen Fällen zählen Anwender der Software (oft sogar unterschiedliche Benutzergruppen) dazu.

Innerhalb Ihrer Architekturdokumentation kann zusätzlich zur Aufzählungsliste der maßgeblichen Stakeholder eine weitere Zutat Verwendung finden. Sie stellt einige wenige Personen sehr lebendig dar und macht sie so zu Identifikationsfiguren. Diese archetypische Beschreibungsform heißt Persona.

---

[14] Versuche: Interessenhalter, Anspruchsträger, Betroffene, Beteiligte

BILD 2.14   Auswahl typischer Stakeholder in einem Softwareentwicklungsprojekt

2.6.2 Persona (Dokumentationsmittel)

Oft wird Stakeholdern ein abstrakter Begriff als Name verpasst. Für Benutzer finden wir die Namen im Systemkontext wieder. Bei immer-nur-schach.de heißen die Anwender „Interessent", „Mitglied" oder „Schachpolizist". Ihre Rolle im Softwaresystem wird mit einigen wenigen Sätzen umrissen. Als Akteur kommt die Rolle in Anwendungsfällen oder User Stories vor, in Qualitätsszenarien als Quelle oder Auslöser. Aber sie hat kein Gesicht.

Eine Persona gibt Benutzern, Supportmitarbeitern, Betriebspersonal und ähnlichen Stakeholdern[15] eine einprägsame Identität. Sie beschreibt eine Rolle oder eine bestimmte Gruppe von Anwendern mit ähnlichen Fähigkeiten und Anforderungen. Der Leser erhält Auskunft über typische Eigenschaften, etwa über den beruflichen Hintergrund, die Vorkenntnisse, Ziele und Erwartungen. Personas sind ein Werkzeug aus dem Usability Engineering. Jede Persona ist eine kurze textuelle Beschreibung (Stichpunkte oder Prosa). Sie bekommt einen Namen (z. B. Ulrike), und darüber hinaus weitere persönliche Eigenschaften zugeordnet (z. B. wichtige Stationen im Lebenslauf). Manchmal wird sogar ein Foto verwendet, und es werden typische Zitate erdacht (Personas sind in der Regel fiktiv).

---

[15] Das Werkzeug funktioniert nur für ganz bestimmte Stakeholder, und ist deswegen eine Ergänzung zum Ergebnis der Stakeholderanalyse, kein Ersatz.

Im Zusammenhang mit Architekturdokumentation sind Personas nützlich, um Interessierten ein besseres Bild zu vermitteln, wer mit der Lösung arbeitet. Personas machen Qualitätsziele lebendig und Widersprüche deutlich (z. B. bei unterschiedlichen Anwendergruppen in Form mehrerer Personas). Sie erlauben es, im Rahmen von Entscheidungen Alternativen konkret gegeneinander abzuwägen („Ulrike würde das nicht gefallen, weil ...") und Prioritäten zu setzen.

Wie man Personas methodisch entwickelt, sprengt hier den Rahmen. Der Steckbrief enthält Literaturempfehlungen. Ich schließe das Thema mit einem Beispiel zu immer-nur-schach.de ab. Kapitel 9 enthält zwei Personas zu DokChess.

2.6.3 Fallbeispiel: Persona „immer-nur-schach.de"

Christian

- 40 Jahre, Ausbildung zum Bankkaufmann, BWL-Studium
- Vermögensbetreuer für Privatkunden bei einer Genossenschaftsbank

Christian interessiert sich für immer-nur-schach.de. Er ist kein versierter Schachspieler, beherrscht beispielsweise keinerlei Eröffnungen. Christian möchte seine aus der Jugendzeit in Erinnerung gebliebenen Kenntnisse wieder auffrischen und nutzt dazu bisher vor allem Lernprogramme.

Christian würde immer-nur-schach.de unregelmäßig abends vom heimischen PC aus nutzen, ein Spiel in Pausen vom Arbeitsplatz aus wäre ihm nicht möglich. Den heimischen PC nutzt Christian für einfachste Texterstellung, Informationsbeschaffung und Bestellungen über das Internet sowie für Online-Banking.

Christians Ziel ist, das neu erworbene Schachwissen an seine Kinder weiterzugeben und auf diese Weise eine schöne Zeit mit ihnen zu verbringen.

 Steckbrief: Dokumentationsmittel „Persona"

Zweck:

Archetypische Beschreibung von Personengruppen, die wichtige Stakeholder für das Vorhaben sind, um für alle Beteiligten ein lebendiges Bild entstehen zu lassen.

Form:

Steckbrief einer (fiktiven) Person, stichpunktartig oder in ganzen Sätzen.
Ggf. ergänzt um ein passendes Foto.

Checkliste für einzelne Personas:

- Lässt sich jede Persona dem Systemkontext und/oder der Stakeholder-Liste zuordnen?
- Enthält jede Persona mindestens Namen, Geschlecht (falls nicht aus dem Namen ersichtlich) und Alter?
- Ist jede Persona konsistent zu den Randbedingungen?

Checkliste für ein Dokument, das Personas enthält (z. B. Architekturüberblick):

- Wird klar, was eine Persona ist und welchen Zweck Sie damit verfolgen?
- Sind Anzahl und Umfang der Personas angemessen für das Dokument?
- Decken die Personas die wichtigsten Qualitätsziele ab?

Weiterführende Literatur:

Bücher zu Usability Engineering, z. B. [Richter+2010], für einen kompakten Einstieg [Vigenschow2011]

Ablageort arc42:

Abschnitt 1.3: „Stakeholder"

 Übungsaufgabe 2: Aufgabe konkretisieren

Nehmen Sie als Ausgangspunkt Ihre eigene Lösung von Übungsaufgabe 1 oder den „offiziellen" Lösungsvorschlag. Formulieren Sie eine Persona für einen typischen menschlichen Benutzer des Squeezebox Servers.

Schreiben Sie aus Ihrer Sicht sinnvolle Qualitätsszenarien. Es ist für die Aufgabe unerheblich, ob der Server sie erfüllt. Orientieren Sie sich an den bisherigen Ergebnissen. Beschränken Sie sich auf maximal 15 Szenarien, und stellen Sie sicher, dass Nutzungs-, Wachstums- und Stressszenarien dabei sind. Zeigen Sie mit einem Qualitätsbaum, dass Ihre Szenarien die Qualitätsziele abdecken.

In Summe sollte Ihre Lösung 3 DIN-A4-Seiten nicht übersteigen.

2.6.4 Risiken

Ein Risiko ist ein in der Zukunft denkbares Ereignis, das unerwünschte Konsequenzen hat. Oder es sind die Konsequenzen selbst, also die Wirkung des Ereignisses. Projektleiter betreiben Risikomanagement. Sie versuchen, die Ursachen von Risiken zu managen und die Folgen zu beherrschen.

In der realen Welt kennen wir viele Beispiele für Risikomanagement. Ein Motorradfahrer beispielsweise setzt einen Helm auf, um im Falle eines Sturzes die Gefahr von Verletzungen zu verringern. Er wendet dafür Geld auf und nimmt Kompromisse in Kauf (beschränktes Sichtfeld, geringere Bequemlichkeit). Insbesondere kauft er den Helm *vor* dem denkbaren Ereignis.[16] Im Zusammenhang mit der Softwareentwicklung gibt es verschiedene Arten von Risiken, von denen für uns primär die technischen interessant sind. Aber auch andere Risiken können Einfluss auf die Softwarearchitektur haben. Und das ist der Grund, warum wir uns hier überhaupt mit diesem „Projektleiterthema" beschäftigen.

Ein Risiko am Beispiel von immer-nur-schach.de

Innerhalb von immer-nur-schach.de soll eine bestehende Buchungssoftware angebunden werden (vergleiche Systemkontext Bild 2.5). Die Anforderung ist schon am Anfang des Vor-

---

[16] Das unterscheidet Risikomanagement von Krisenmanagement.

habens bekannt, aber es ist unklar, ob und wie das Fremdsystem integriert werden kann. Gelingt es nicht, können wir keine Rechnungen stellen (unerwünschte Konsequenz).

Die Anbindung von Fremdsystemen zählt zu den häufigsten technischen Risiken. Eine erste Fassung des Systemkontextes erstellen Sie früh, um diese Risiken rechtzeitig zu erkennen. Es gilt, Unsicherheiten wie im Beispiel mit der Buchungssoftware oben schnell aus dem Weg zu räumen. Dieses risikogetriebene Vorgehen haben Sie bereits in Kapitel 2.1.2 kennengelernt.

Mögliche Maßnahmen wären hier zum Beispiel:

- Analyse der möglichen Schnittstellen der Buchungssoftware
- Bauen eines Prototypen, um die anvisierte Kommunikationstechnik zu testen
- Ausfindig machen und prüfen alternativer Möglichkeiten der Rechnungsstellung

Als weitere mögliche Auswirkung von Risiken scheiden im Rahmen einer Entscheidung bestimmte Alternativen aus, da die Unsicherheit mit ihnen zu groß ist. Bei der Auswahl eines Fremdproduktes ist beispielsweise zu befürchten, dass der Anbieter vom Markt verschwindet, die Lösung nicht ausgereift genug ist oder die eigenen Mitarbeiter nicht die nötigen Skills haben, um sie einzusetzen. Der Einfluss auf die Entscheidung ist dann auch architektur-relevant und dokumentationswürdig.

2.6.5 Technische Risiken (Dokumentationsmittel)

Ähnlich wie bei den Stakeholdern besteht beim Dokumentieren der Risiken im Rahmen der Architekturdokumentation die Gefahr, Ergebnisse einer anderen Disziplin (hier Projekt-management) in Ihrer Architekturbeschreibung zu duplizieren. Ein weiteres Problem in der Praxis ist die Lebendigkeit der Ergebnisse. Wichtige Risiken werden früh angegangen und sind dann idealerweise keine Risiken mehr. Streicht man sie dann aus der Dokumentation heraus?

Ich empfehle, für eine Architekturdokumentation diejenigen Risiken festzuhalten, die maßgeblich Einfluss auf die Softwarearchitektur haben oder hatten. Hintergrund ist die Nachvollziehbarkeit. In der Beschreibung muss entsprechend klar werden, worin genau die unerwünschte Konsequenz für die Lösung besteht.

Eine mögliche Strukturierung innerhalb Ihrer Dokumentation könnte pro Risiko so aussehen:

- Risiko und unerwünschte Konsequenzen
- Eventualfallplanung
- Risikominderung
- Aktueller Status (ggf. Historie)

Bei der Eventualfallplanung beschreiben Sie, was Sie in Bezug auf Ihre Architektur beabsich-tigen, falls das Risiko eintritt. Bei der Risikominderung beschreiben Sie Dinge, die Sie tun, um die Eintrittswahrscheinlichkeit oder die Schadenshöhe zu verringern.

2.6.6 Fallbeispiel: Technische Risiken „DokChess"

Zur Illustration skizziere ich kurz die zentralen technischen Risiken, die bei der Umsetzung der Schach-Engine „DokChess" vorherrschten. Kapitel 9 enthält die Risiken ausführlicher in der oben vorgeschlagenen Strukturierung.

Risiko: Anbindung an das Frontend

Es liegt keinerlei Vorwissen über die Anbindung einer Engine an ein vorhandenes Schach-Frontend vor. Über Kommunikationsprotokolle ist ebenfalls nichts bekannt. Falls es nicht gelingt, die Anbindung zu realisieren, ist die Lösung nicht mit bestehenden Frontends verwendbar.

Risiko: Aufwand der Implementierung

Es liegt keinerlei Erfahrung mit der Schachprogrammierung vor. Gleichzeitig wirken die Spielregeln, die komplett zu realisieren sind (vgl. Aufgabenstellung), umfangreich und kompliziert. Es ist unsicher, ob am Ende des Zeitrahmens ein vorzeigbares Ergebnis vorliegt.

Risiko: Erreichen der Spielstärke

Die Qualitätsziele fordern sowohl eine gewissen Spielstärke als auch eine einfache, leicht zugängliche Lösung. Zudem gibt es Anforderungen bezüglich der Effizienz. Es ist unsicher, ob die anvisierte einfache Java-Lösung mit objektorientiertem Domänenmodell und einfacher Zugauswahl diese Ziele erreichen kann.

Steckbrief: Dokumentationsmittel „Technische Risiken"

Synonym: Risiken

Zweck:

Darstellung der Risiken, die Einfluss auf die Softwarearchitektur haben, um sie zu kommunizieren und um Entscheidungen nachvollziehen zu können.

Form:

Text, in einer Tabelle oder in kurzen Kapitelabsätzen. Pro Risiko kurze Beschreibung inklusive Eventualplanung und Maßnahmen zur Risikominderung.

Checkliste für den Inhalt:

- Wird bei jedem Risiko klar, was die unerwünschten Konsequenzen sind?
- Haben die aufgenommenen Risiken tatsächlich Auswirkung auf die Softwarearchitektur?
- Ist für jedes Risiko der Status festgehalten (erkannt, behandelt, eingetreten, ausgeräumt, ...)?
- Wird bei jedem Risiko klar, ob noch Handlungsbedarf besteht?

Weiterführende Literatur:

- Bücher zu Softwarearchitektur (für technische Risiken)
- Bücher zum Thema Risikomanagement (z. B. [DeMarco2003]) oder Projektmanagement (z. B. [PMI2008]).

Ablageort arc42:

Abschnitt 11: „Risiken"

2.6.7 Glossar (Dokumentationsmittel)

Am Schluss dieses Kapitels möchte ich Ihnen eine naheliegende Zutat zu Ihrer Architekturdokumentation vorstellen: Eine Erklärung der zentralen Begriffe zum Nachschlagen. Ein solches Glossar zählt nicht unmittelbar zu den Arbeitsergebnissen aus dem Bereich der Softwarearchitektur, typisch sind Projektglossare. Da es in diesem Buch aber insbesondere darum geht, Softwarearchitekturen zu kommunizieren, wäre es sträflich, nicht darauf hinzuweisen. Falls es in Ihrem Projekt noch kein Glossar gibt, kann ich Ihnen die Erstellung nur ans Herz legen. Jeder Neue im Vorhaben wird Ihnen dankbar sein. Ein solches Verzeichnis unterstützt Ihr Team dabei, dass gleiche Dinge von allen gleich benannt werden, es deckt Synonyme auf und erklärt Abkürzungen.

Für einen Architekturüberblick müssen Sie das Projektglossar ggf. ausdünnen, damit der Umfang zum Rest passt. Und Sie müssen technische Begriffe, die in einem fachlichen Glossar fehlen, ergänzen. Verschiedene Zielgruppen haben unterschiedliche Anforderungen an die Begriffe, was die Erstellung und Pflege der Inhalte weiter erschwert. Aber die Mühe lohnt sich. Nichts ist schlimmer als unterschiedliche (inkonsistente) Glossare im Projekt.

Steckbrief: Dokumentationsmittel „Glossar"

Synonym: Begriffsklärungen

Zweck:

Definition eines einheitlichen Wortschatzes im Projekt, um die Kommunikation im Projekt zu verbessern und um Dritte leicht daran teilhaben zu lassen.

Form:

Textuell, z. B. in einer Tabelle mit den Spalten „Begriff" und „Erläuterung", alphabetisch sortiert nach den Begriffen. Ggf. ergänzt um ein grafisches Glossar, das die Begriffe als Knoten in einem Graphen zeigt und dessen Kanten Beziehungen darstellen.

Checkliste für den Inhalt:

- Sind die Begriffserläuterungen für alle Beteiligten verständlich?
- Sind in mehrsprachigen Projekten eindeutige Übersetzungen festgelegt?
- Sind gebräuchliche Synonyme aufgeführt?
- Sind veraltete und in Zukunft nicht mehr zu verwendende Begriffe als solche gekennzeichnet?
- Sind Verwendungen von anderen Glossarbegriffen in den Erläuterungen als solche gekennzeichnet (falls elektronisch: verlinkt)?
- Sind externe Systeme und Benutzer des Systemkontextes enthalten?

Weiterführende Literatur:

Literatur zu Requirements Engineering und Analyse, z. B. [Rupp+2009], [Oestereich2009]

Ablageort arc42:

Abschnitt 12: „Glossar"

Für Beispiele verweise ich auf das Ende von Kapitel 9, das Begriffsklärungen für DokChess enthält, und natürlich auf das Glossar am Ende dieses Buches. Es enthält auch eine grafische Fassung, die zentrale Begriffe in Beziehung zueinander setzt.

 Kernaussage dieses Kapitels

Softwarearchitektur beschäftigt sich mit grundlegenden, später schwer änderbaren Entscheidungen. Um sie nachvollziehbar festzuhalten, genügt es nicht, die Lösung zu dokumentieren. Ebenso müssen die Einflussfaktoren festgehalten werden, welche die Architektur formen. ∎

3 Entscheidungen treffen und festhalten

> *„The life of a software architect is a long (and sometimes painful) succession of suboptimal decisions made partly in the dark."* [1]
>
> Philippe Kruchten

Im letzten Kapitel haben Sie Dokumentationsmittel kennengelernt, um die treibenden Einflüsse auf Ihre Softwarearchitektur festzuhalten. Architekturen zu entwerfen, heißt im Wesentlichen, Entscheidungen zu treffen. Den maßgeblichen Entscheidungen räumt dieses Kapitel einen besonderen Stellenwert ein. Ich zeige, wie Sie sie treffen und geeignet festhalten können, um das Ziel der Nachvollziehbarkeit zu adressieren.

■ 3.1 Historisch gewachsen?

1815 – Europa im Umbruch. Napoleon verliert bei Waterloo seine letzte Schlacht. Mittlerweile haben Historiker reichlich Papier veröffentlicht, um die Gefechtsgeschehnisse zu dokumentieren und zu bewerten. Sie sind sich nicht in allen Punkten einig. Die Entscheidungen Napoleons sind zwar in Form seiner Befehle überliefert, nicht immer ist aber klar, welche Alternativen er zuvor gegeneinander abgewogen hat und warum er sich für eine bestimmte Option entschied. In einzelnen Punkten vermuten Geschichtsschreiber, Fehler in seinem Handeln entdeckt zu haben. Sie können aber nur spekulieren, ob Napoleon sie aus Unwissenheit beging oder ob eine Absicht dahinter stand, die sie nicht kennen.

200 Jahre später

Ein Softwaresystem in der Entwicklung. Architekturentscheidungen, also solche, die im weiteren Verlauf nur schwer zurückzunehmen sind, geben den Rahmen für die Umsetzung vor. Sie sind ein zentrales Arbeitsergebnis – Architektur erfolgreich umzusetzen, heißt vor allem, sie im Team zu kommunizieren. Und insbesondere sollten Sie Architekturentscheidungen geeignet festhalten. Warum eigentlich? Damit spätere Geschichtsschreiber Ihr Projekt leichter erforschen können? So lange brauchen Sie in der Regel nicht zu warten. Schon der erste neue Mitarbeiter im Team wird viele Fragen stellen, die auf zentrale Entscheidungen abzielen.

---

[1] Deutsch etwa: „Das Leben eines Softwarearchitekten ist eine lange (und manchmal schmerzvolle) Folge von suboptimalen Entscheidungen, die teilweise im Dunkeln getroffen werden."

„Warum habt ihr das denn mit X-Framework gemacht? Y-Framework ist doch viel besser!" Nicht jeder im Team kann sich vielleicht noch erinnern, was damals für X-Framework sprach. Gerade in wachsenden Projekten, die häufig neue Mitarbeiter integrieren, kommt es zu den immer gleichen Debatten, die leicht vermieden oder zumindest abgekürzt werden können. Auch andere Projektbeteiligte haben Fragen. Und neben der Wissensvermittlung und -erhaltung im Team sind dokumentierte Entscheidungen auch für Architekturbewertungen und Reviews unerlässlich.

Wer zu spät kommt ...

Wenn Sie und Ihr Team zentrale Entscheidungen hingegen zu spät dokumentieren, sind der Findungsprozess und die Intention dahinter bereits in Vergessenheit geraten. Falls zu einem späteren Zeitpunkt eine Entscheidung neu bewertet und ggf. geändert werden muss, fehlen wichtige Informationen. Werden wichtige Entscheidungen überhaupt nicht dokumentiert, können Sie später bei Fragen neuer Mitarbeiter oder im Architekturreview unter Umständen nur noch antworten mit – Sie erinnern sich –: „Das ist historisch gewachsen."

■ 3.2 Architekturentscheidungen

Das Wort „Entscheidung" wird sowohl für die Fragestellung verwendet als auch für das Ergebnis. Einer Dokumentation können Sie typischerweise viele Entscheidungen (im Sinne von Ergebnis) entnehmen. In jedem Vorhaben gibt es einige wenige Fragestellungen, deren Beantwortung einen vergleichsweise großen Einfluss auf die Lösung hat, beziehungsweise wo falsche Entscheidungen das Scheitern bedeuten können (Waterloo-Klasse). Zu diesen zentralen Punkten wollen wir mehr festhalten als das bloße Ergebnis.

3.2.1 Architekturentscheidung (Dokumentationsmittel)

In der Praxis haben sich einfache Templates bewährt. Für jede zentrale Entscheidung fragen sie die gleichen Dinge ab und stellen so alle Architekturentscheidungen der Lösung gleichförmig dar.

Bild 3.1 zeigt einen Strukturierungsvorschlag[2], der zweierlei leistet: Erstens hilft er Ihnen, die Entscheidung zu bearbeiten und zu einem Ergebnis zu führen. Und zweitens gibt er eine Gliederung vor, wie Sie die Entscheidung geeignet festhalten. Beispielsweise mit Hilfe einer Vorlage – die Hauptäste ergeben dann die Kapitelüberschriften.

An den einzelnen Ästen der Mindmap sind Fragen angehängt, die Sie in Ihre Vorlage mit aufnehmen können.[3] Sie müssen diese Fragen nicht sklavisch beantworten. Vielmehr sollen sie Sie bei einer konkreten Architekturentscheidung, etwa in einem Workshop, leiten, anregen und unterstützen. Gehen wir die Äste der Reihe nach durch!

---

[2] Eine erste Fassung dieser Struktur ist in [Zörner2008] erschienen.
[3] Die Webseite zum Buch bietet entsprechende Vorlagen als Startpunkt für Sie zum Download an.

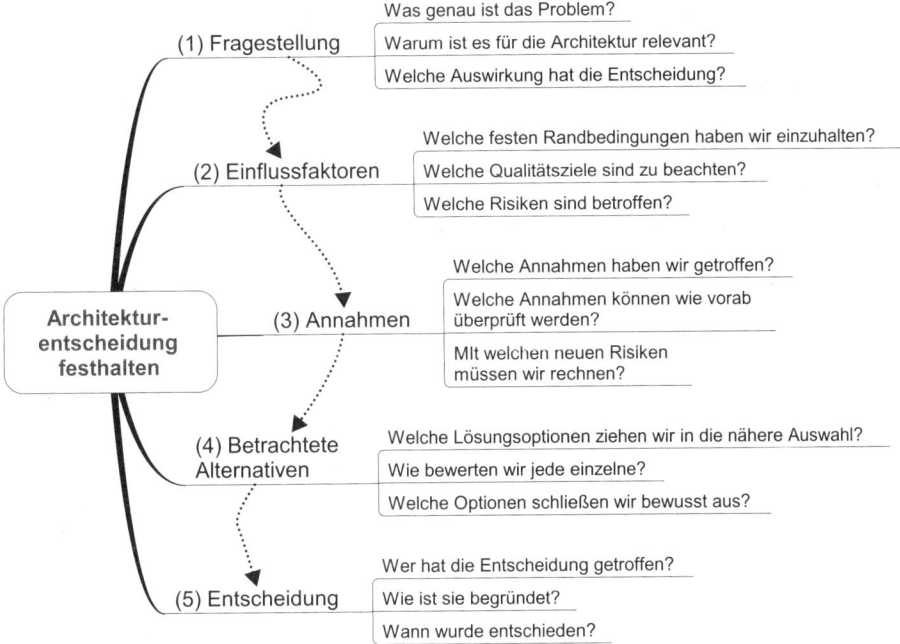

BILD 3.1 Struktur und Leitfragen zur Bearbeitung einer Architekturentscheidung

Zur Fragestellung

Entscheidungen im Projekt gibt es viele. Stellen Sie überzeugend dar, warum die hier betrachtete Fragestellung tatsächlich eine Architekturentscheidung ist. Die Auswahl der richtigen Fragestellungen für die Architekturbeschreibung ist ein wesentlicher Erfolgsfaktor für die Nachvollziehbarkeit.

Relevante Einflussfaktoren

Mit den Dokumentationsmitteln aus Kapitel 2 haben Sie mögliche Einflussfaktoren auf die Softwarearchitektur festgehalten. Von diesen sind bestimmte Randbedingungen, Qualitätsziele, Risiken etc. tonangebend für diese Fragestellung. Identifizieren und nennen Sie diese.

Annahmen

Die beschriebenen Einflussfaktoren grenzen die Fragestellung nicht völlig ein, sondern lassen Ihnen Entscheidungsspielraum. Sie treffen Annahmen, welche die möglichen Optionen weiter reduzieren oder sich auf die Bewertung der Optionen auswirken. Im Grunde wird jede Architekturentscheidung unter gewissen (oft impliziten) Annahmen getroffen.

> *„Entscheidungen sind immer dann nötig, wenn Wissen fehlt und trotzdem gehandelt werden muss."* [Wohland+2007]

In vielen Fällen machen getroffene Annahmen dem Außenstehenden erst begreiflich, warum eine Entscheidung so und nicht anders ausgefallen ist. Halten Sie sie fest (und machen Sie sie sich dadurch auch noch einmal bewusst). Annahmen zählen zu den Dingen, die im Nachhinein beinahe unmöglich zu rekonstruieren sind.

Betrachtete Alternativen

Je nach Fragestellung nehmen Sie zwei oder mehr Optionen in die engere Auswahl, wobei Sie die Anzahl aufgrund des Aufwandes (für die Entscheidung und auch für die Dokumentation) in der Regel klein halten. Machen Sie klar, wie Sie zur Auswahlliste gekommen sind. Gibt es auf den ersten Blick naheliegende Optionen, die Sie aufgrund von Einflussfaktoren oder Annahmen bewusst ausgeschlossen haben?

Bewerten Sie dann die Alternativen bezüglich der Fragestellung. Wie verhalten diese sich in Bezug auf die Einflussfaktoren?

Zur Entscheidung

Wie sieht das Ergebnis aus, und wie begründen Sie es? Um spätere Rückfragen schnell adressieren zu können, halten Sie denjenigen, der entschieden hat (oder diejenigen), fest oder zumindest die an der Entscheidung Beteiligten. Ebenso den Zeitpunkt, wann die Entscheidung getroffen wurde. Manche Optionen gab es zu diesem Zeitpunkt vielleicht noch gar nicht, oder die betreffenden Lösungen waren nicht ausgereift genug.

3.2.2 Fallbeispiel: Spannende Fragen „DokChess"

Im Rahmen der Realisierung der Schach-Engine DokChess stellte sich eine ganze Reihe von Fragen. Hier eine Auswahl zur Illustration:[4]

- Wie zerfällt das System in Teile? Wie hängen die verschiedenen Teile voneinander ab?
- Wie wird die Spielsituation („Stellung") als Datenstruktur abgebildet?
- Sind Stellungsobjekte veränderlich oder nicht?
- Wie kommuniziert die Engine mit der Außenwelt?
- Welches Eröffnungsbibliotheksformat wird unterstützt? Wie?
- Wie stellen wir fest, ob die Engine gut genug spielt?

Im Folgenden finden Sie einige Hinweise, damit solche Fragen in einer Architekturdokumentation nicht wie hier im Beispiel einfach vom Himmel fallen, sondern sich in das Ganze einfügen.

3.2.3 Tipps zur Formulierung von Fragestellungen

Wie kommt man auf Fragestellungen für Entscheidungen?

Auch wenn sich viele Fragen dem Team oft von ganz allein stellen („Wie [machen | erreichen | lösen | verhindern | ...] wir eigentlich XY?"), möchte ich Ihnen Werkzeug an die Hand geben, um Kandidaten für Fragestellungen methodisch herzuleiten. In einem guten Architekturüberblick passt alles zueinander („Roter Faden"). Deswegen basieren die folgenden Ideen für Ihr Brainstorming auf den bisher besprochenen Dokumentationsmitteln.

---

[4] Zwei besonders interessante Fragen finden Sie in Kapitel 9 („Architekturüberblick DokChess") nach dem vorgeschlagenen Schema bearbeitet.

- Wandern Sie den Systemkontext ab. Wie binden Sie die Akteure jeweils an?
- Gehen Sie die Qualitätsziele durch. Ist klar, mit welchen Strategien Sie diese jeweils erreichen? Welche Alternativen sehen Sie?
- Welche Qualitätsszenarien sind Ihrer Einschätzung nach schwer umzusetzen? Woran liegt das?
- Welche Highlevel-Entscheidung ließe sich im weiteren Projektverlauf nur schwer zurücknehmen (und ist keine Rahmenbedingung)?
- Wo lassen Ihnen die Rahmenbedingungen viel Spielraum?
- Welche Fragen werfen die identifizierten Risiken auf? Gibt es Optionen, um sie zu beherrschen?

Was sind typische Fragestellungen für Architekturentscheidungen?

Jedes Vorhaben ist anders und verfolgt seine eigenen Architekturziele. Auch vermeintlich „kleine" Fragestellungen können große Auswirkungen haben. Nichtsdestotrotz gibt es bestimmte Typen von Fragen („übliche Verdächtige"), die immer wieder als Architekturentscheidungen auftauchen:

- Welche Oberflächen erhalten die Benutzer?
- Wie binden wir Fremdsystem XY an?
- Wie kommunizieren Bestandteile unseres Systems untereinander?
- Wie adressieren wir querschnittliche Themen (zum Beispiel Persistenz, Verteilung ...)?
- Implementieren wir eine geforderte Funktionalität selbst, oder verwenden wir eine bestehende Lösung („Make or Buy", „Make or Take")?
- Welches Produkt/welche Technologie verwenden wir für XY?

Wie viele Ausgänge sollte eine Fragestellung haben?

Eine Fragestellung hat mindestens zwei Ausgänge, damit eine sinnvolle Entscheidung getroffen werden kann. Manchmal stoße ich in Dokumentationen auf Fragen, die „gefühlt" nur einen haben, zum Beispiel in der Form:

> Sollen wir OpenDuperPlus benutzen?

Auf diese Frage gibt es zwei Antworten (ja und nein), aber eine impliziert sofort die nächste Frage: Was machen wir, wenn wir OpenDuperPlus nicht verwenden können oder wollen? Bei manchem Leser sicher auch: Was ist OpenDuperPlus[5]?

In solch einem Fall gilt es eine ergebnisoffene Fragestellung herauszuarbeiten. Was bezwecken Sie mit der Verwendung von OpenDuperPlus? Welches Problem löst es? Das konkrete Produkt sollte dann eine Alternative sein.

Es ist kein Zufall, dass Fragen wie die obige insbesondere in solchen Architekturbeschreibungen zu finden sind, wo im Nachhinein dokumentiert wurde. Der Ausgang ist dann natürlich, dass OpenDuperPlus benutzt wird. Das betreffende Unterkapitel der Architekturbeschreibung heißt nur „OpenDuperPlus" oder „Warum OpenDuperPlus?". Es stellt die Vorzüge der gewählten „Alternative" dar. Genau solche Effekte soll die hier vorgeschlagene Struktur verhindern.

---

[5] Den Namen habe ich mir ausgedacht, um den Effekt auch bei Ihnen zu erzielen. Siehe auch „Wie betitelt man eine Architekturentscheidung geschickt?"

Auch die Vergabe eines guten Titels kann wirkungsvoll unterstützen. Nennen Sie die Unterkapitel nicht „Entscheidung 1", ... „Entscheidung N" (schon gesehen).

Wie betitelt man eine Architekturentscheidung geschickt?

In eine Architekturbeschreibung werden die zentralen Entscheidungen typischerweise zu einzelnen (Unter-)Kapiteln, in einem Wiki zu einzelnen Seiten. In beiden Fällen spielt der Titel (also die Kapitel- bzw. Seitenüberschrift) eine große Rolle. Er landet im Inhaltsverzeichnis und je nach Formatierung in Kopf- oder Fußzeile. Im Falle des Wikis tritt er prominent in Suchergebnissen auf.

Während der Titel bei vielen anderen vorgestellten Werkzeugen klar ist (man nennt das Kapitel einfach wie das Dokumentationsmittel), gibt es bei Architekturentscheidungen zwei typische Optionen:

- Thema oder Fragestellung der Entscheidung (z. B. „Persistenz", „Wie persistieren wir ...?")
- Ergebnis der Entscheidung (z. B. „O/R-Mapping mit Hibernate zur Persistenz")

Die erste Option hat den Vorteil, dass Sie ihn bereits vergeben können, bevor das Ergebnis feststeht, also schon während der Erarbeitung. Das entspricht dem wünschenswerten Vorgehen, Entscheidungen bereits festzuhalten, während man sie fällt. Wird die Entscheidung getroffen oder geändert, kann der Titel stabil gehalten werden. Ich persönlich präferiere diese Option und empfinde dabei eine richtige Fragestellung (nicht nur das Thema) als sehr lebendig.

Die zweite Variante punktet dadurch, dass bereits an der Überschrift, also beim Überfliegen eines Inhaltsverzeichnisses, das Ergebnis abzulesen ist. Auch in dieser Option sollte nicht nur die favorisierte Alternative selbst als Überschrift gewählt werden („OpenDuperPlus"). Lassen Sie die Problemstellung mit anklingen. Es ist auch ein Kompromiss denkbar, bei dem nach Treffen der Entscheidung das Ergebnis mit im Titel landet. Beim Revidieren einer Entscheidung muss bei dieser Option der Titel angepasst werden.

3.2.4 Fallbeispiel: Fragestellungen „immer-nur-schach.de"

Im Folgenden stelle ich wichtige offene Entscheidungen für immer-nur-schach.de vor und motiviere jeweils die Fragestellung. Für eine dokumentierte Architekturentscheidung ist der kurze Text jeweils ein Beispiel für das einleitende Unterkapitel „Fragestellung" (vgl. Bild 3.1, Ast 1). Die Entscheidungen sind hier aus Platzgründen nicht vollständig dargestellt. Ausgearbeitete Beispiele für DokChess finden Sie in Kapitel 9.

1. Auf welcher Ablaufumgebung basiert der Server?

Bei immer-nur-schach.de spielen die Gegner auf unterschiedlichen Clients gegeneinander. Die Kommunikation erfolgt über einen in Java zu realisierenden Server. Für diesen gibt es Anforderungen, unter anderem bezüglich Zuverlässigkeit, Portierbarkeit und Sicherheit. Das legt die Verwendung eines Java-basierten Applikationsservers nahe. Hier ist eine konkrete Lösung auszuwählen. Offen ist dabei, ob ein kommerzielles Produkt oder eine Open-Source-Implementierung verwendet wird. Wird gezielt für einen konkreten Server realisiert, oder soll durch Beschränkung auf Standards (z. B. Java EE 5, Java EE 6 Web Profile) mehr Flexibilität erreicht werden?

2. Wo wird der Zustand einer laufenden Online-Partie gehalten?

Während eine Partie läuft, tauschen beide Gegner ihre Züge über den Server aus. Der Zustand einer Partie umfasst unter anderem die Situation auf dem Brett und den bisherigen Verlauf. Am Ende einer Partie muss diese persistiert werden, um später darauf zurückgreifen zu können. Wo liegt der Zustand vor Spielende? Zu den Optionen zählen die Clients der Spieler, der Server und eine Datenbank. Auch eine Kombination ist denkbar. Die Entscheidung hat Einfluss auf die Benutzbarkeit und Zuverlässigkeit von immer-nur-schach.de.

3. Welches Programmiermodell/Framework wird für den Server verwendet?

In Abhängigkeit von der Ablaufumgebung (siehe oben) stehen verschiedene querschnittliche Funktionalitäten zur Verfügung (Komponentenmodell, Konfiguration, Transaktionen, Persistenz, Sicherheit) oder auch nicht. Soll auf ein Applikationsframework zurückgegriffen werden, um fehlende Aspekte und zukünftige Erweiterungen (Stichwort Wartbarkeit) leichter umsetzen zu können oder reicht das Programmiermodell des Servers aus? Zu den Alternativen zählen Java EE, das Spring Framework und OSGi, wobei sich die genannten nicht wechselseitig ausschließen.

4. Wo werden Daten persistiert?

Im Rahmen von immer-nur-schach.de sind unterschiedliche Dinge zu speichern, zum Beispiel Mitgliederdaten und gespielte Partien. Sie wachsen mit der Zeit an; Mitglieder und Schachpolizisten müssen sie effizient abfragen können. Als Speichertechnologien kommen grundsätzlich (mindestens) Dateien, relationale Datenbanken und NoSQL-Lösungen in Betracht. Dabei muss nicht zwingend eine Option das Speichermedium für alles sein. Die Entscheidung hat Einfluss auf die Zuverlässigkeit, Wartbarkeit, Effizienz und Portierbarkeit.

5. Wie werden Daten persistiert?

In Abhängigkeit vorheriger Entscheidungen ist unter Umständen noch offen, wie auf Speichermedien zugegriffen wird. Kommt eine Bibliothek oder ein Persistenzframework zum Einsatz, oder reichen die Bordmittel des Programmiermodells bzw. des Frameworks bereits aus? Unter Umständen können auch hier nicht mit einer Lösung alle Anforderungen zu Wartbarkeit und Effizienz befriedigend erfüllt werden.

6. Wie wird die Web-Applikation realisiert?

Viele Mitglieder greifen über einen Browser auf die Plattform zu. Zu kaum einem Thema gibt es in Java mehr Optionen als zu Webframeworks; auch die Auswahl der Oberflächentechnologien (HTML, JavaScript, AJAX, ...) steht aus. Benutzbarkeit spielt für immer-nur-schach.de eine große Rolle, die Entscheidung hat auch Einfluss auf die Wartbarkeit der Lösung. Ähnlich wie bei der Persistenz ist bei dieser Frage das Programmiermodell interessant. Welche Möglichkeiten bietet es selbst? Welche Zusatzbibliotheken werden unterstützt? ...

7. Wie interagieren Clients und Server bei Partien miteinander?

Eine besondere Herausforderung stellt die Interaktion zwischen den Gegnern einer Partie miteinander dar. Sie läuft über den Server. Wie bekommt zum Beispiel ein Web-Client mit, dass der Gegner gezogen hat? Fragt er regelmäßig (z. B. Polling alle 2 s) nach, oder wird eine völlig andere Lösung (z. B. anderes Protokoll, WebSocket) gewählt. Die Entscheidung wirkt auf Benutzbarkeit und Effizienz und hat Wechselwirkungen mit Ablaufumgebung und Randbedingungen bezüglich der Clients. Neben Browsern müssen auch die geforderten und ggf. zukünftigen mobilen Clients bedacht werden. Mit welcher Technologie soll eine entsprechende Remote-API zur Verfügung gestellt werden?

8. Wird für alle Benutzergruppen die gleiche Clienttechnologie verwendet?

Neben den Mitgliedern müssen auch andere (konkret Schachpolizisten, Administratoren) auf die Plattform zugreifen. Wird für die Oberflächen aller Anwendergruppen die gleiche Clienttechnologie verwendet, oder werden für bestimmte z. B. auch Rich Clients oder Kommandozeilenwerkzeuge realisiert?

9. Wie wird die Forenfunktionalität abgebildet?

Im Rahmen von immer-nur-schach.de ist ein Forum für die Mitglieder gefordert. Hier ist zu entscheiden, ob man diese Funktionalität selbst implementiert oder eine Lösung integriert („Make or buy?"). Im Falle eines Fremdproduktes ist dieses auszuwählen. Die Entscheidung wirkt sich vor allem auf die Benutzbarkeit, Wartbarkeit und Portierbarkeit aus.

10. Wie wird die Internet-Werbung realisiert?

Die Internet-Werbung („AdServer") soll nicht selbst implementiert werden. Stattdessen ist entweder ein Fremdprodukt auszuwählen, das immer-nur-schach.de hostet, oder eine Plattform auszuwählen, welche die Funktionalität anbietet. In beiden Fällen muss die Werbung geeignet in die Oberflächen von immer-nur-schach.de eingebettet werden. Die Entscheidung hat Einfluss auf Wartbarkeit und Portierbarkeit.

Beeinflussungen

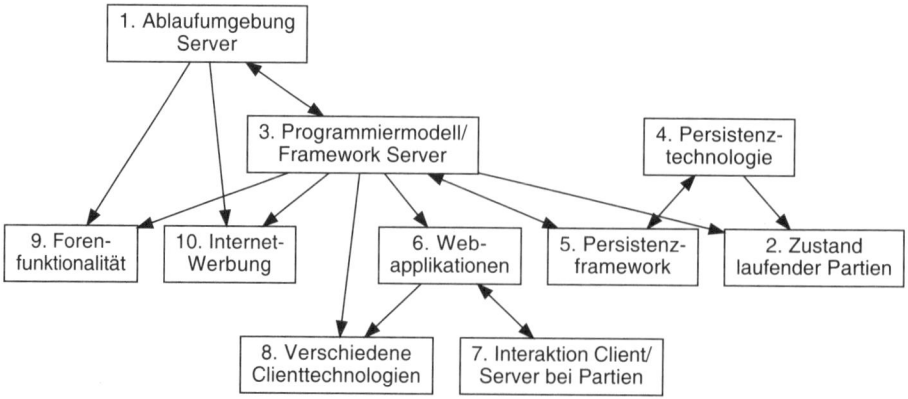

BILD 3.2 Thematische Beeinflussungen der Fragestellungen

Die Themen der Fragestellungen sind teilweise voneinander abhängig, sie beeinflussen sich. Bild 3.2 zeigt die Zusammenhänge. Sie können die Beziehungen bereits während des Entwurfes in dieser Form visualisieren, es hilft Ihnen bei der Arbeit. Wertvoll ist so eine Darstellung aber auch, um sich im Rahmen der Dokumentation einen Überblick zu verschaffen (siehe auch nächstes Unterkapitel). Die Lösung der Fragestellungen kann sich wechselseitig beeinflussen, wie in Bild 3.2 bei Frage 1 und 3. Wenn die Entscheidungen getroffen werden, bleibt typischerweise nur eine Richtung übrig, die oft die chronologische ist (Beispiel: wir haben uns für Java EE als Programmiermodell entschieden, und das beeinflusste die Entscheidung für den Applikationsserver JBoss als Ablaufumgebung). Die Dokumentation sollte dies berücksichtigen, und bei Verwendung einer Darstellung wie Bild 3.2 innerhalb eines Architekturüberblickes sollte bereits aus der Beschriftung klar hervorgehen, welchen Sachverhalt (z. B. Zeitpunkt) sie zeigt.

Steckbrief: Dokumentationsmittel „Architekturentscheidung"
Synonym: Entwurfsentscheidung

Zweck:
Nachvollziehbare Darstellung der zentralen Entscheidungen, im Architekturüberblick an prominenter Stelle versammelt zum schnellen Zugriff.

Form:
Textuell, je Entscheidung ein kurzes Dokument/Unterkapitel mit stets gleicher
Struktur, zum Beispiel wie hier vorgeschlagen:

- Fragestellung
- Relevante Einflussfaktoren
- Getroffene Annahmen
- Betrachtete Alternativen
- Begründete Entscheidung

Um Zusammenhänge überblicksartig darzustellen, zum Beispiel ergänzt um
Kreuztabellen und Beeinflussungsdiagramme.

Checkliste für den Inhalt (pro Architekturentscheidung):

- Wird plausibel dargestellt, warum die Fragestellung architekturrelevant ist?
- Ist die Fragestellung offen formuliert? Lässt sie Alternativen zu?
- Sind die Einflussfaktoren (vor allem die Qualitätsziele!) konsistent zur restlichen
  Architekturdokumentation?
- Ist die Auswahl der Alternativen nachvollziehbar?
- Werden die Alternativen ergebnisoffen gegeneinander abgewogen?
- Ist die Begründung für die Entscheidung schlüssig aus den Einflussfaktoren
  hergeleitet?
- Ist festgehalten, wer an der Entscheidung beteiligt war und wann sie getroffen
  wurde?

Checkliste für die ausgewählten Entscheidungen in einem Architekturüberblick:

- Begünstigt die Reihenfolge der dargestellten Entscheidungen ein sequenzielles Lesen?
- Haben die Titel (Überschriften) der Entscheidungen die gleiche Form?
- Ist die Anzahl der ausgewählten Entscheidungen angemessen (Praxistipp für den Überblick: 5 +/- 2)?

Ablageort arc42:

Abschnitt 9: „Entwurfsentscheidungen", Abschnitt 4: „Lösungsstrategie"   ∎

 Übungsaufgabe 3: Fragestellungen formulieren, Entscheidung festhalten

Sammeln Sie stichpunktartig Fragestellungen, deren Beantwortung Einfluss auf die Architektur des Squeezebox Servers hatte. Wählen Sie davon eine aus, die Sie besonders interessant finden und deren Antwort Sie rekonstruieren können. Bearbeiten Sie diese Fragestellung nach dem Schema der Mindmap (Bild 3.1). Bei den Lösungsalternativen können Sie sich von folgenden Fragen leiten lassen:

- Wie hätte man das anders lösen können?
- Wie hätten Sie das gemacht?

Diskutieren Sie Stärken und Schwächen der Alternativen, zum Beispiel indem Sie sie gegen Qualitätsszenarien halten. Treffen Sie Annahmen, wo Ihnen Wissen fehlt, und dokumentieren Sie diese. Formulieren Sie Fragen, die Sie den Entwicklern stellen würden, um mehr Klarheit zu bekommen.

Insgesamt (Liste der Fragestellungen, ausgearbeitete Entscheidung) sollte Ihre Lösung 3 DIN-A4-Seiten nicht übersteigen.   ∎

■ 3.3 Einflussfaktoren auf Entscheidungen

Kapitel 2 beschreibt Einflussfaktoren, die auf Entscheidungen wirken. Wäre das Ergebnis in der Dokumentation eine Reihe kurzer Kapitel je Entscheidung (oder einzelne Seiten im Wiki), ginge der Überblick schnell verloren. Wenn Sie effizient mit den Ergebnissen weiterarbeiten wollen, sollten Sie diesen aber behalten.

3.3.1 Den Überblick behalten

In der Praxis stellen sich im Zusammenhang mit der Nachvollziehbarkeit der Softwarearchitektur und auch ihrer Weiterentwicklung oft Fragen wie diese:

- Welche Entscheidungen beeinflussen die Erreichung eines bestimmten Qualitätsziels?
- Randbedingung XY hat sich geändert, welche Entscheidungen sollten wir daraufhin noch einmal überprüfen?
- Zu Qualitätsmerkmal YZ ist ein neues Szenario erarbeitet worden. Welche Lösungsalternativen halten wir dagegen?

Tatsächlich stehen die betreffenden Dinge in Beziehung zueinander, wie exemplarisch in Bild 3.3 gezeigt. In der Architekturdokumentation sind die Zusammenhänge zwar idealerweise in Prosa oder stichpunkthaft beschrieben (siehe Vorlage zu Entscheidungen). Die Informationen sind aber gut über das ganze Dokument verstreut. Deshalb kann man leicht den Überblick verlieren. Es besteht die Gefahr, Zusammenhänge zu übersehen. Daher bietet sich an, die betreffenden Beziehungen zu verdichten und näher zueinander zu bringen. Eine gute Möglichkeit, Verknüpfungen überblicksartig darzustellen, sind Kreuztabellen.

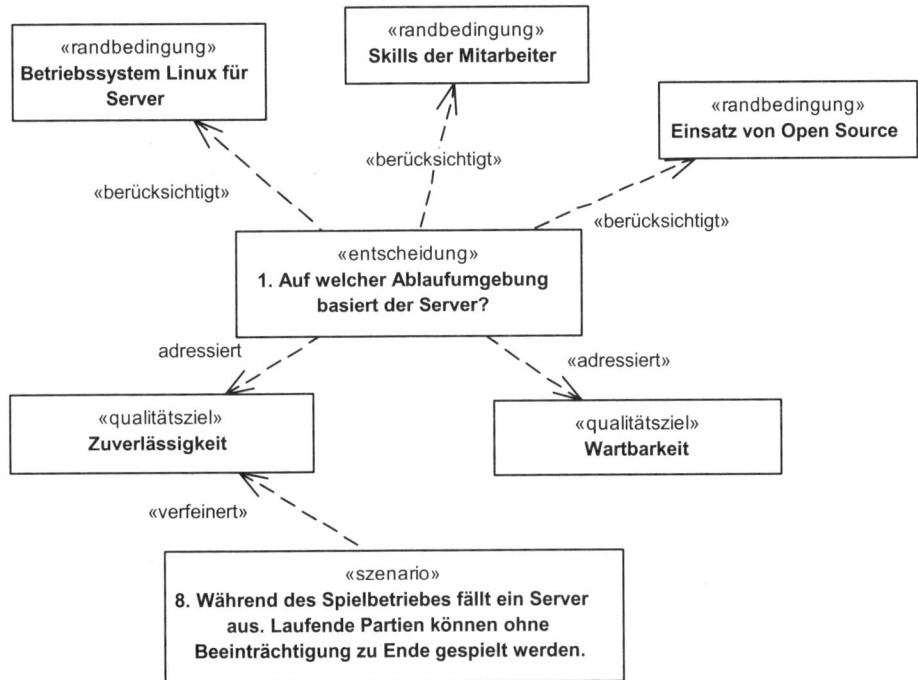

BILD 3.3 Ausschnittartige Zusammenhänge rund um eine Fragestellung

3.3.2 Kreuztabellen

Eine „normale" Tabelle (wie z. B. in einer relationalen Datenbank) enthält Spaltenüberschriften und darunter Datensätze als Zeilen, deren Zellen jeweils einen Wert für das Merkmal der entsprechende Spalte angeben. Im Gegensatz dazu enthält eine Kreuztabelle sowohl Spalten- als auch Zeilenüberschriften, diese enthalten jeweils die Ausprägungen eines Merkmals (z. B. die verschiedenen Qualitätsziele). Die Tabellenzellen werden als Schnittpunkte (Kreuzpunkte) der beiden Merkmale gelesen.

Als Merkmale kommen in unserem Fall Fragestellungen, Entscheidungen, Anforderungen und Einflüsse aller Art in Frage, konkret etwa:

- Architekturentscheidungen
- User Stories
- Qualitätsmerkmale, Qualitätsziele, Qualitätsszenarien
- Randbedingungen
- Technische Risiken

Für eine konkrete Ausprägung einer Kreuztabelle entscheiden Sie sich für zwei Merkmale und stellen diese als Zeilen und Spalten einer Tabelle dar. Im einfachsten Fall verknüpft ein X in der bestimmten Zelle die betreffenden Ausprägungen der Merkmale miteinander. Korrekt gepflegt, verhilft die Tabelle sehr schnell zu Antworten auf Fragen wie diese:

- Welche Entscheidungen wurden durch die Skills unserer Mitarbeiter beeinflusst?
- Wie beeinflussen sich Architekturentscheidungen untereinander?
- Bei welchen Qualitätsmerkmalen mussten wir Kompromisse eingehen?
- Zu welchen Qualitätszielen haben wir (noch) keine Qualitätsszenarien?

3.3.3 Fallbeispiel: Einflüsse „immer-nur-schach.de"

Zur Illustration zeigt Tabelle 3.1, welche Qualitätsziele von „immer-nur-schach.de" (vgl. Kapitel 2.5.3) durch die verschiedenen Fragestellungen (vgl. Kapitel 3.2.4) besonders adressiert werden.

TABELLE 3.1 Welche Fragestellungen adressieren vorrangig welche Qualitätsziele?

	Benutzbar-keit	Zuverlässig-keit	Wartbar-keit
1. Auf welcher Ablaufumgebung basiert der Server?		X	X
2. Wo wird der Zustand einer laufenden Online-Partie gehalten?	X	X	
3. Welches Programmiermodell/Framework wird für den Server verwendet?			X
4. Wo werden Daten persistiert?		X	
5. Wie werden Daten persistiert?		X	X
6. Wie wird die Web-Applikationen realisiert?	X		X
7. Wie interagieren Clients und Server bei Partien miteinander?	X	X	
8. Wird für alle Benutzergruppen die gleiche Client-technologie verwendet?	X		X
9. Wie wird die Forenfunktionalität abgebildet?	X		
10. Wie wird die Internet-Werbung realisiert?			X

3.3.4 Tipps zur Anfertigung von Kreuztabellen

Einfache Kreuztabellen wie Tabelle 3.1 stellen lediglich eine Beziehung zwischen zwei Merkmalen dar. Für verschiedene Fragestellungen sind dann auch verschiedene Tabellen zu erstellen und zu pflegen. Alternativ dazu können Kreuztabellen mehrere Merkmale als Zeilen oder Spalten aufnehmen, z. B. Qualitätsziele und Randbedingungen in zwei Blöcken nebeneinander oder untereinander. Auch mehrdimensionale Darstellungen sind durch geeignete Schachtelung der Zeilen und Spalten möglich.

Kreuztabellen mit mehr als zwei Merkmalen werden schnell sehr groß und somit für überblicksartige Dokumentation unhandlich. Generell sind sie zu allererst ein Arbeitsmittel, in den Architekturüberblick sollten Sie nur die aufnehmen, die ein besonders spannendes Zusammenwirken beschreiben, ggf. in vereinfachter Form. In Tabelle 3.1 habe ich entsprechend die geforderten Qualitätsmerkmale und nicht die Szenarien gewählt.

Weitere Informationen in einer Tabelle

Anstelle eines Kreuzes können Sie in die Zelle auch Werte aufnehmen, etwa eine Priorisierung oder Gewichtung. In der Statistik werden solche Tabellen benutzt, um Informationen zusammenzufassen und zu verdichten.

Je nachdem, mit welchen Werkzeugen Sie die Kreuztabellen erstellen und pflegen, können solche Werte die Arbeit mit ihnen verbessern, z. B. durch die Möglichkeit, zu filtern oder zu sortieren. Auch das Aufnehmen eines detaillierteren oder weiteren Einflusses in die Tabellenzellen ist denkbar. Anstatt der Kreuze in Tabelle 3.1 können Sie auch besonders relevante Qualitätsszenarien zu dem Thema in die Zellen aufnehmen.

Werkzeugfrage

Im Grunde ein Vorgriff auf das Werkzeugkapitel, aber die Frage liegt natürlich auf der Hand: Wie erstellen Sie Kreuztabellen effizient, insbesondere wenn Sie mehrere Zusammenhänge darstellen oder die Zusammenhänge unterschiedlich detailliert oder gefiltert haben wollen?

Die naheliegende Werkzeugwahl für Kreuztabellen sind Tabellenkalkulationen wie z. B. Excel. Wenn die gleichen Informationstypen unterschiedlich miteinander verknüpft werden sollen, ist es attraktiv, die Elemente und Beziehungen untereinander als Graph in einem Modell zu speichern und die Kreuztabellen daraus zu generieren. Bild 3.4 zeigt als Beispiel das UML-Werkzeug Enterprise Architect[6], das eine solche Funktionalität bietet. Modelliert wurden die Beziehungen in Diagrammen wie z. B. Bild 3.3 auf der nächsten Seite.

---

[6] Sparx Systems, http://www.sparxsystems.com

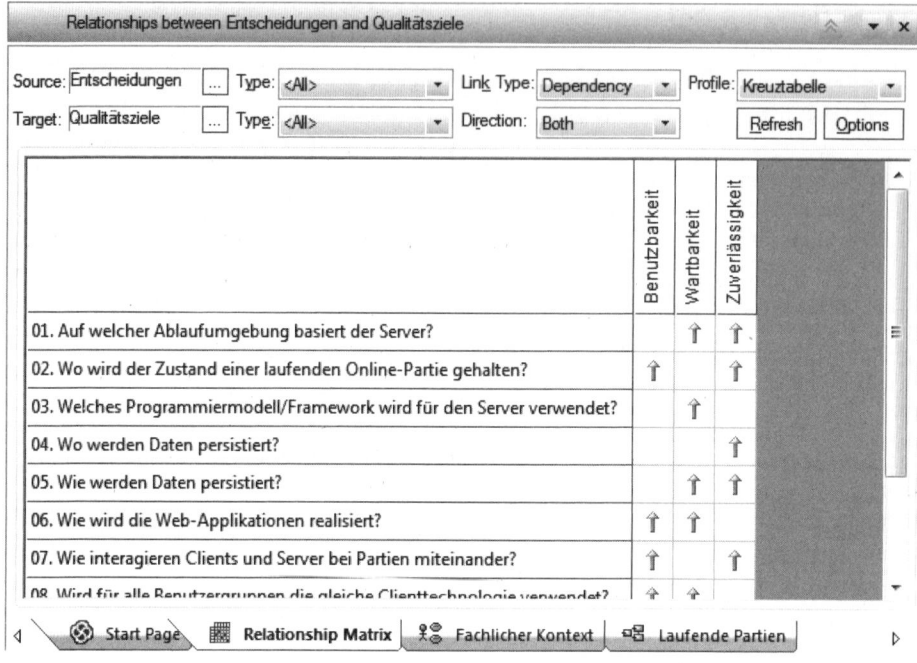

BILD 3.4 Beziehungen zwischen Modellelementen in einem UML-Werkzeug

Schematische Darstellungen aus Kreuztabellen

Auch der umgekehrte Weg, also das Ableiten einer graphischen Darstellung aus einer Kreuz-tabelle ist denkbar. Ein Beispiel haben Sie in Bild 3.2 gesehen, ich habe es mit Graphviz[7] erstellt.

 Kernaussage dieses Kapitels

Beim Dokumentieren einer Architekturentscheidung ist der Lösungsweg mindes-tens so interessant wie die getroffene Entscheidung selbst. Ihre Annahmen gehö-ren genauso dazu wie verworfene Alternativen. Sie lassen sich aus der realisierten Lösung später schwer ablesen, ebenso Ihre Begründung. Halten Sie zentrale Ent-scheidungen bereits im Entstehen fest, und wählen Sie eine Form, in der Sie und Ihre Leser den Überblick behalten!   ∎

---

[7] http://www.graphviz.org, siehe auch Kapitel 7

4 Plädoyer für eine feste Gliederung

Mit den Einflussfaktoren und Architekturentscheidungen sammeln sich nach und nach Dinge an, die Sie in Ordnung halten müssen. Das betrifft sowohl die Verwahrung als auch die Präsentation für unterschiedliche Zielgruppen. Mit arc42 lernen Sie in diesem Kapitel einen pragmatischen Vorschlag für eine Gliederung kennen, mit dem Sie sowohl in Ihrer Ablagestruktur als auch in Dokumenten aufräumen können. Zum Abschluss werfen wir einen Blick auf Alternativen.

■ 4.1 Der jüngste Spieler fängt an!

Alljährlich im Oktober finden in Essen die internationalen Spieltage statt, kurz „Spiel" genannt. Auf der weltweit größten Publikumsmesse für Gesellschaftsspiele können Besucher aktuelle Neuerscheinungen auf dem Brettspielmarkt ausprobieren. Zu allen gibt es Spielanleitungen (siehe Bild 4.1). Ist Ihnen schon einmal aufgefallen, dass diese stets den gleichen Aufbau haben?

1. Kurze atmosphärische Einführung (optional, entfällt bei abstrakten Spielen)
2. Ziel des Spieles
3. Spielmaterial
4. Spielvorbereitung (Aufbau)
5. Spielablauf (Phasen, Züge, Aktionen)
6. Spielende (End- und Siegbedingungen)
7. Varianten (optional, z. B. für abweichende Spielerzahl, Expertenversion, Solospiel)

Die Messebesucher wären überrascht, wenn eine Anleitung auf feste Bestandteile verzichtet oder die Spielvorbereitung in der Mitte erklärt.

Auch wenn man das Spiel kennt, aber länger nicht mehr gespielt hat, kommt die Anleitung zum Einsatz. Typische Fragen:

- Wie viele X bekommt jeder am Anfang? (X = Karten, Spielfiguren, Ressourcen ...)
- Wann genau ist das Spiel zu Ende?
- Geben X, die man am Ende über hat, Punkte?

BILD 4.1 Anleitungen verschiedener Brett-/Gesellschaftsspiele

Man darf erwarten, dass solche Fragen durch die Spielanleitung beantwortet werden, ohne sie von vorne bis hinten durchlesen zu müssen. Auch dabei hilft die Struktur.

■ 4.2 Vorteile einer festen Struktur

In den letzten beiden Kapiteln haben Sie eine ganze Reihe von Zutaten für die Architektur-dokumentation wie beispielsweise den Systemkontext oder die Qualitätsszenarien kennen-gelernt, in den nächsten folgen weitere. Diese gilt es für verschiedene Zielgruppen sinnvoll zu strukturieren und zu ordnen (vgl. Fremdwort „Dokumentation" in Kapitel 1). Genau wie bei Spielanleitungen verspricht eine vorgegebene Struktur auch für Architekturbeschrei-bungen Vorteile.

Nutzen für den Leser

Ein Leser findet sich in einer Architekturbeschreibung schneller zurecht, wenn ihm die Strukturierung vertraut ist. Er kann beispielsweise gezielt Dinge nachschauen. Dieser Vorteil ist insbesondere in Unternehmen und Organisationen relevant, wo viele Softwareprojekte durchgeführt werden und Teammitglieder häufig hinzustoßen oder wechseln. Da sie im Team schneller arbeitsfähig werden, spart man Zeit und Geld.

Falls es sich um eine schlüssige, gut funktionierende Strukturierung handelt, ist die Verwendung für den Leser auch dann von Vorteil, wenn er sie noch nicht kennt. Das verhält sich bei Spielanleitungen ähnlich. Gelegenheitsspieler machen sich über die Strukturierung einer Anleitung keine Gedanken, solange diese sie zum Ziel führt.

Architekturdokumentation wird vielfach im Team erarbeitet. Jeder Autor ist zugleich auch Leser, spätestens wenn etwas Zeit verstrichen ist. Die obigen Vorteile gelten somit auch für die Ersteller der Dokumentation. Es kommen weitere hinzu:

Nutzen für die Autoren

Die Verwendung einer vorgegebenen Struktur erspart es dem initialen Autor, sich eine eigene auszudenken. Das spart ihm Zeit und damit dem Unternehmen oder der Organisation Geld. Bei unerfahrenen Autoren ist stark damit zu rechnen, dass eine bewährte Vorlage besser funktioniert als eine selbst erdachte und so die Vorteile für den Leser (siehe oben) zur Wirkung kommen.

Teammitglieder, die beim Thema Softwarearchitektur am Anfang stehen, können eine vorgegebene Struktur wie einen Leitfaden verwenden und danach vorgehen. Auch erfahrene Mitarbeiter werden eine vorgegebene Struktur als Gedächtnisstütze („Habe ich etwas vergessen?") schätzen. Wenn ein neues Teammitglied zum Mitautor wird und Arbeitsergebnisse hinzufügen will, weiß es, wo, und die Kollegen finden sie leicht.

Nutzen im Arbeitsalltag

Die Besucher der Spielemesse müssen sich nicht selbst durch die Spielanleitungen quälen. An den Tischen stehen kundige Leute parat, welche die Spielgruppen einführen. Aber auch diese greifen oft auf die Spielanleitungen zurück, um gezielt Dinge nachzuschlagen oder um Visualisierungen und schematische Darstellungen von Abläufen zum Erklären zu nutzen. Die Spielregel unterstützt die verbale Kommunikation. Wenn sich die Erklärer aufgrund einer guten Strukturierung schnell darin zurechtfinden, tun sie sich leichter.

Im Idealfall wird auch Architekturdokumentation nicht von einem einsamen Leser konsumiert.[1] In vielen Fällen trifft ein Wissensträger persönlich auf Interessierte und greift beim Erklären auf die Dokumentation als Hilfsmittel zurück. Typische Situationen wären:

- Einarbeitung neuer Mitarbeiter
- Review von Arbeitsergebnissen
- Architekturbewertungsworkshop

In all diesen Fällen unterstützt Architekturdokumentation die Kommunikation; eine gute Aufbereitung der Inhalte trägt einen großen Teil zur Wirksamkeit bei.

Gefahren einer vorgegebenen Struktur

Zwei Gefahren bei der Verwendung von festen Strukturierungsvorlagen für Softwarearchitekturen müssen hier noch erwähnt werden.

Zum einen besteht wie bei allen Checklisten und Vorlagen das Risiko, dass sich die Verwender in falscher Sicherheit wiegen, da sie ja „an alles" denken, wenn sie sich daran entlanghangeln.

---

[1] Scott Ambler dazu: „Avoid documentation handoffs. I can't stress this enough." [Ambler2002]

Jedes Softwareprojekt ist einmalig. Eine Vorlage kann nicht alle Eventualitäten abdecken. Die Gefahr lässt sich durch das Testen Ihrer Dokumentation etwas verringern. Wenn Sie einen für Sie wichtigen Punkt festhalten wollen, für den Sie keinen Platz in der Vorlage finden, dann schaffen Sie sich welchen!

Die zweite Gefahr kommt in der Praxis leider häufig vor. Falsch verstandene Reviews orientieren sich ausschließlich an der Form der Dokumentation, nicht am Inhalt. Das ist leicht möglich, wenn eine Struktur vorgegeben ist – man kann „abhaken", ob alles ausgefüllt wurde. Das Hinterfragen von Inhalten und das Überprüfen auf Nachvollziehbarkeit und Konsistenz treten schnell in den Hintergrund. Dem kann man entgegenwirken, indem man Reviewer einsetzt, die ein gutes Verständnis von Softwarearchitektur als Disziplin haben, und indem man auf Vorlagen zurückgreift, die mehr sind als ein auszufüllendes Template. Idealerweise stecken konzeptionelle Ideen dahinter, die auch die Reviewer verinnerlicht haben. Auf Reviews komme ich in Kapitel 10 noch einmal zurück.

■ 4.3 arc42 – Vorschlag für eine Gliederung

Peter Hruschka und Gernot Starke haben mit arc42 [arc42] eine frei verfügbare[2] und betont praxistaugliche Strukturvorlage zur Beschreibung von Softwarearchitektur entwickelt. Eine erste Fassung haben die beiden bereits 2005 vorgestellt [Hruschka+2005]. Meiner Erfahrung nach ist das Template in der Praxis mittlerweile weit verbreitet und erfreut sich einer hohen Akzeptanz.

4.3.1 Was ist arc42?

Bei arc42 handelt sich sowohl um einen Architekturprozess („Wie gehe ich als Softwarearchitekt vor?") als auch um eine Vorlage zur Architekturdokumentation („Wie halte ich Softwarearchitektur fest?"). Motivation für die Entwicklung von arc42 war die aus Sicht der Autoren mangelnde Praxistauglichkeit und Schwergewichtigkeit der verfügbaren Lösungen. arc42 sollte helfen, dass nicht jedes Projekt bei null starten muss oder bei null Architekturdokumentation bleibt, weil der Aufwand etablierter Ansätze angeblich so hoch ist.

> *„In fast jedem Projekt, in dem wir als Berater involviert sind, wird das Rad neu erfunden, wenn es um die Dokumentation der Softwarearchitektur geht. Das ist auch (meist) notwendig, weil es nur wenige (brauchbare) Firmenstandards für deren Gliederung gibt. Hier wollten wir Abhilfe schaffen und haben ein Muster für die Dokumentation von Softwarearchitekturen ins Internet gestellt."* Peter Hruschka und Gernot Starke in [Hruschka+2005]

Häufig wird die Intention von arc 42 missverstanden. Das drückt sich in Aussagen wie „Bei arc42 muss man dieses Word-Template ausfüllen" aus. Die beiden Autoren verstehen arc42 aber nicht nur als Vorlage, sondern vorrangig als Struktur zur Verwaltung, in der jedes

---

[2] Unter der Creative Commons 2.0 Lizenz.

Arbeitsergebnis, das im Rahmen des Architekturprozesses entsteht, seinen Platz findet. Hier fällt der meist im englischen belassene Begriff „Repository"; er hat mit „Fundgrube" und „Verwahrungsort" recht aussagekräftige deutsche Entsprechungen.

Aus dem Repository lassen sich dann zielgruppengerecht verschiedene Dokumente ableiten. Diese können als Inhaltsstruktur die Elemente des Templates in der entsprechenden Reihenfolge haben und in Umfang, Schwerpunkten und Detaillierung je nach Adressat variieren. Beispiele wären ein schriftlicher Architekturüberblick mit bis zu 30 Seiten oder auch ein Foliensatz zur Unterstützung eines Architekturüberblicks in Vortragsform.

Wie flexibel und mit wie viel Aufwand Sie solche Dokumente aus Ihrem Repository ableiten können, hängt stark von der Wahl der Werkzeuge und Notationen ab. Ein einzelnes Word-Dokument mit dreistelliger Seitenzahl macht Sie unbeweglich.

4.3.2 Die Struktur der arc42-Vorlage

Bild 4.2 auf der nächsten Seite zeigt die Gliederungsstruktur von arc42[3]. Die Reihenfolge der insgesamt 12 Kapitel lässt sich nach dem in Kapitel 2.1.2 skizzierten methodischen Vorgehen erklären.

Reihenfolge mit Methode: Aufgabe, Lösung, Bewertung

Der erste Teil der Inhalte (in der Abbildung markiert mit einem Dreieck) adressiert den Problemraum, also die Aufgabenstellung. Wozu dient das System? Wem nützt es? Welche Qualitätsziele muss es erfüllen? Welche Randbedingungen sind beim Entwurf einzuhalten? Wie grenzt sich das System von seiner Umgebung ab?

Der zweite große Teil des Templates (markiert mit einem Pfeil) beschreibt die Lösung. Hierunter fallen Architekturentscheidungen, die Zerlegung des Systems in Teile (Bausteine) sowie das Zusammenspiel und Verhalten dieser Teile zur Laufzeit. Auch technische und übergreifende Konzepte finden hier ihren Platz. Die Abschnitte 5 bis 7 werden meist durch Abbildungen unterstützt. Sie fallen in den Bereich der Sichten, die ich in Kapitel 5 besprechen werde.

Es folgen zwei Kapitel, die sich der Bewertung der Lösung zuordnen lassen (markiert mit einem Stern). Die Qualitätsszenarien erlauben es, die Lösung gegen die Aufgabe zu halten, dabei fallen als Ergebnis ggf. neue Risiken ab. Den Abschluss bildet ein Glossar, das Begriffe von der fachlichen Problemstellung bis zur technischen Umsetzung aufnehmen kann.

Die Reihenfolge der Gliederung gibt keine zwingende Reihenfolge für die Erstellung oder Ihr Vorgehen vor, sondern bietet bestenfalls eine Orientierung. Die Dokumentation wächst nach und nach mit der Lösung. In meinen Projekten entstehen beispielsweise erste Qualitätsszenarien schon sehr früh. Vielmehr ist die Reihenfolge in arc42 optimiert auf die Nachvollziehbarkeit der Lösung bei sequenziellem Lesen der Dokumentation bzw. beim Durchsprechen der Inhalte zum Beispiel im Rahmen eines Vortrages.

Ich möchte an dieser Stelle auf zwei Kapitel aus der Gliederung gesondert eingehen, da diesbezüglich des Öfteren Fragen auftauchen.

---

[3] In diesem Buch verwende ich arc42 Version 6.0 aus dem Frühjahr 2012.

BILD 4.2 Struktur von arc42 (Version 6.0) im Überblick

Zu Abschnitt 4. Lösungsstrategie

Dieser Abschnitt ist in Version 5.0 von arc42 hinzugekommen und löst in erster Linie ein Problem beim Lesefluss. Stellen Sie sich die Gliederung ohne diesen Abschnitt vor: Nach Darstellung des Problemraumes (Abschnitt 1 bis 3 in arc42) wird die Lösung in unterschiedlichen Sichten (also in der Regel in Diagrammen) und Konzepten (also vorrangig textuell) dargelegt, abgeschlossen durch die zentralen Entwurfsentscheidungen. Der Leser müsste sich die Essenz der Lösung quasi zusammensuchen.

Als komfortable Alternative dazu stellt dieser Abschnitt eine Zusammenfassung der Lösung dar. Unter einer Strategie versteht man gemeinhin einen langfristig angelegten Plan zur Erreichung eines bestimmten Zieles, der die bekannten Einflussfaktoren (z. B. Ressourcen) mit einbezieht. Das Ziel und die Einflussfaktoren werden in arc42 in den vorherigen drei Kapiteln beschrieben (z. B. Qualitätsziele, Randbedingungen), die nachfolgenden Kapitel stellen die Durchführung des Plans ausführlicher dar.

Das Kapitel fügt sich sinnvollerweise in die Mitte zwischen Aufgabe und Lösung ein und ist ein Kompromiss zwischen Redundanzfreiheit und Lesbarkeit. Wichtige Entscheidungen werden hier zusammengefasst, also redundant wiedergegeben.

Zu Abschnitt 11. Risiken

Dieser Abschnitt ist gleich in zweierlei Hinsicht problematisch, wenn man arc42 als „Ich muss dieses Template ausfüllen" versteht.

Zum einen steht es oft in Konkurrenz zum Risikomanagement des Projektmanagements. Man wird die Informationen nicht doppelt halten wollen. Ihnen steht frei, das Thema dort zu belassen, wo es in Ihrem Vorhaben beziehungsweise Vorgehen seinen Platz hat. Streichen Sie das Kapitel dann in Ihrer Architekturdokumentation, oder nehmen Sie einen Verweis auf die entsprechende Projektdokumentation in arc42 auf. Interessant wird es jedoch dort, wo die Kenntnis der Risiken wichtig ist für die Nachvollziehbarkeit von Entscheidungen. Dies ist ein weiterer Fall, in dem Sie zwischen Lesbarkeit und Redundanzfreiheit ausbalancieren müssen. Praktikabel ist eine kurze Zusammenfassung mit einem Verweis darauf, wo die Details zu finden sind.

Das zweite Problem hängt mit der Natur von Risiken zusammen. Ohne Sie jetzt mit formalen Definitionen des Risikomanagement langweilen zu wollen: Risiken haben eine Art Lebenszyklus im Projekt. Sie werden erkannt, bewertet, ihnen wird begegnet, sie können eintreten, und so weiter. Beim Festhalten in einem geschlossenen Dokument stellt sich die Frage, welche Situation Sie präsentieren. Die identifizierten Risiken? Die noch nicht beherrschten Risiken? Die lösungsbeeinflussenden Risiken? Wenn Sie Risiken in einem nach arc42 gegliederten Dokument aufnehmen, stellen Sie sicher, dass der Leser weiß, in welchem Status sich die Risiken jeweils befinden.

Das Problem ist ein schönes Beispiel für die „Fortschrittsfalle", eine jener Fallen, in die Sie beim Festhalten von Architektur leicht tappen können und von denen Sie in Kapitel 10 noch mehr kennenlernen werden.

4.3.3 Wo funktioniert arc42 besonders gut?

Das arc42-Vorgehen setzt sich mit dem Entwurf der Architektur auseinander. Die Dokumentation fällt dabei quasi ab, das Template liefert die Gliederung einer Beschreibung. Mit arc42 lässt sich daher insbesondere in laufenden Entwicklungsprojekten arbeiten, in denen entstehende Dinge dokumentiert werden. Bei bestehenden Lösungen (Stichwort „Nachdokumentieren") werden Sie sich damit schwerer tun. Das ist aber nicht dem Template anzulasten. Dass sich beispielsweise Begründungen für Entscheidungen oder (nicht) beachtete Risiken im Nachhinein nur schwer rekonstruieren lassen, ist ein generelles Problem. Das Template macht es lediglich sichtbar. In Kapitel 8.2 diskutiere ich das Dokumentieren bestehender Softwarearchitekturen, der Verwendung von arc42 steht dabei nichts im Wege.

Das arc42-Template legt den Fokus auf ein einzelnes Softwaresystem. Für andere Fälle müssen Repository und Gliederungsstruktur angepasst werden. Typische Fälle hierzu wären:

- Frameworks und Bibliotheken
- Produktfamilien
- Blue Prints
- Systemlandschaften

Die Elemente der Standardvorlage können Sie dabei für Ihr Repository gewöhnlich beibehalten. Es kommen weitere Dokumentationsmittel hinzu; bei einigen verändert sich der Kontext. Kapitel 8.3 enthält Beispiele dazu.

4.3.4 arc42 in diesem Buch

Wie Sie bereits festgestellt haben, schließt die Darstellung jedes Dokumentationsmittels, das in diesem Buch vorgeschlagen wird, mit einem kurzen Steckbrief ab. Ein Punkt darin ist der „Ablageort" in arc42. Wenn Sie die Inhalte zu einem Dokument nach arc42 zusammenstellen wollen, können Sie sie entsprechend einsortieren.

In Kapitel 9 finden Sie einen Architekturüberblick für das Fallbeispiel DokChess nach arc42; sämtliche Abschnitte der Gliederung sind „ausgefüllt". Umgekehrt könnten Sie sich beim Arbeiten mit arc42 fragen, ob Sie in diesem Buch zusätzlich Erläuterungen zu den geforderten Inhalten finden. Tabelle 4.1 stellt zu jedem Abschnitt der arc42-Gliederung dar, in welchem Buchkapitel Sie weitere Beispiele und Hinweise zur Erstellung finden, etwa in Form von Checklisten.

TABELLE 4.1 Mapping von arc42 zu Kapiteln dieses Buches

Abschnitt in arc42-Gliederung	Inhalte besprochen in diesem Buch
1. Einführung und Ziele	Kapitel 2.2, 2.6
2. Randbedingungen	Kapitel 2.4
3. Kontextabgrenzung	Kapitel 2.3
4. Lösungsstrategie	Kapitel 4 (kurz)
5. Bausteinsicht	Kapitel 5.1, 5.2
6. Laufzeitsicht	Kapitel 5.3
7. Verteilungssicht	Kapitel 5.4
8. Konzepte	Kapitel 6, 5.2, 5.6
9. Entwurfsentscheidungen	Kapitel 3
10. Qualitätsszenarien	Kapitel 2.5
11. Risiken	Kapitel 2.6 (kurz)
12. Glossar	Kapitel 2.6 (kurz), Glossar

Kapitel 7 diskutiert, mit welchen Werkzeugen Sie Ihre Dokumentationsfundgrube (Repository) gemäß arc42 aufbauen und zugehörige Inhalte erstellen können. Das Spektrum elektronischer Tools reicht von Wikis über UML-Werkzeuge bis zu Dokumentenmanagementsystemen. Sie finden dort auch konkrete Hinweise zu Formatvorlagen unter anderem für Wikis und Modellierungstools.

■ 4.4 Alternativen zu arc42

In der Regel spricht wenig gegen die Verwendung von arc42. Am ehesten vielleicht organisatorische Randbedingungen, die explizit etwas anderes fordern. Ansonsten können Sie arc42 zumindest als Inspiration und Ausgangspunkt für Ihre eigene Dokumentationsstruktur nehmen, bevor Sie mit einem weißen Blatt anfangen. Eine englische Fassung ist ebenfalls verfügbar.

arc42 ist nicht alternativlos. Im Folgenden diskutiere ich kurz weitere Optionen, um dies zu untermauern. Sie lassen Vergleiche zu und bieten Ihnen weitere Anregungen. Sie können die Informationen auch als Antwort auf die Frage „Könnten wir auch etwas anderes nehmen, oder muss es arc42 sein?" benutzen, falls nötig. Oder als Startpunkt für eine eingehende Beschäftigung mit dem Thema, falls Ihre Zeit das zulässt.[4]

4.4.1 Standards zur Architekturbeschreibung

Wer nach Vorlagen für Architekturbeschreibungen sucht, kommt zwangsläufig mit IEEE 1417 [IEEE2000] in Berührung. Viele Werke, insbesondere solche mit akademischem Anspruch, orientieren sich an den darin enthaltenen Konzepten.

IEEE 1417 „Recommended Practice for Architectural Description of Software-Intensive Systems" ist ein Standard des IEEE (Institute of Electrical and Electronics Engineers). Er hat explizit Architekturbeschreibungen zum Thema; solche können konform bezüglich des Standards sein oder nicht. IEEE 1471 wurde im Jahr 2000 verabschiedet und 2007 von der ISO (International Organization for Standardization) als ISO/IEC 42010 übernommen.

Bild 4.3 (nächste Seite) stellt den konzeptionellen Rahmen von IEEE 1471 dar, zeigt also die wesentlichen Begriffe und deren Beziehungen untereinander Der Standard ist verblüffend schlank (29 Seiten) und moderat, was harte Anforderungen bezüglich Standardkonformität angeht. Er schreibt weder konkrete Sichten vor noch schlägt er eine Gliederung vor. Erforderlich für eine standardkonforme Architekturbeschreibung sind nur wenige Elemente, darunter die Stakeholder und deren Anliegen, wenigstens eine Sicht und eine Begründung für die gewählte Architektur.

Für sich genommen, bietet IEEE 1471 daher kaum Orientierung. Eine standardkonforme Architekturbeschreibung auf Basis von arc42 zu erstellen, ist grundsätzlich möglich und in erster Linie eine Frage des Einhaltens weniger Formalien. Die Basiszutaten sind in arc42 bereits enthalten. Um den Standard dagegenhalten zu können, müssen Sie ihn käuflich erwerben. Er ist, wie bei IEEE und ISO leider üblich, nicht frei verfügbar.

---

[4] Ich unterstelle allerdings, dass Sie dieses Buch lesen, um danach nicht drei weitere durcharbeiten zu müssen, bevor Sie loslegen.

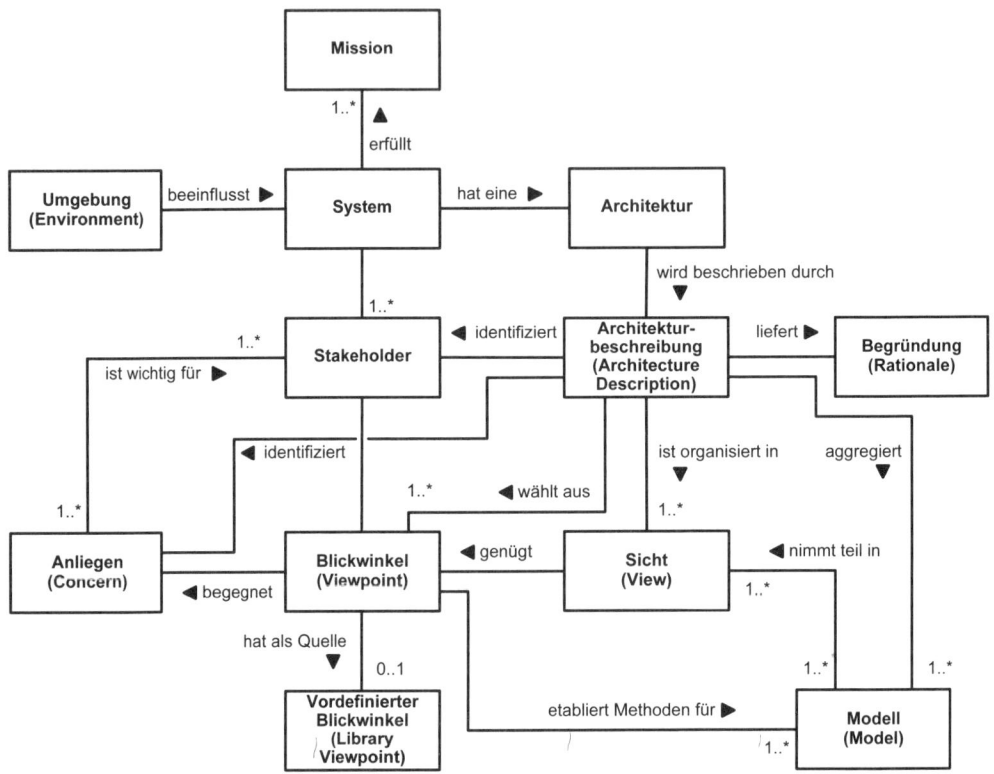

BILD 4.3 Die Begriffswelt von IEEE 1471 als grafisches Glossar (nach [IEEE2000])

4.4.2 Vorgehensmodelle

Konkretere Inspirationsquellen für Ihr eigenes Dokumentations-Repository als IEEE 1471 stellen Vorgehensmodelle zur Softwareentwicklung dar. Die Bandbreite reicht dabei von klassischen Ansätzen wie dem Unified Process [Jacobsen+1999] bis zu agilen Arbeitsweisen wie Scrum [Schwaber+2011]. Während der arc42-Prozess sich auf Softwarearchitektur beschränkt, beschreiben „ausgewachsene" Vorgehensmodelle verschiedene Rollen, Disziplinen, Ergebnistypen, Phasen, Aktivitäten und Ähnliches. Da lässt sich dann – auch wenn nicht das ganze Projekt danach vorgeht – das für die Architektur passende erarbeiten, ordnen und anschließend zu Architekturdokumenten zusammenstellen.

Klassische Vorgehensmodelle

Bild 4.4 zeigt exemplarisch den Eclipse Process Framework Composer (EPF) [epf], die freie Version des IBM Rational Method Composer. Mit dem Open Unified Process (Open UP) ist in EPF auch eine freie (inhaltlich ausgedünnte) Variante des Rational Unified Process (RUP) [Kruchten2003] enthalten.

Teilweise finden sich in Vorgehensmodellen nicht nur Ergebnistypen, sondern auch bereits konkrete Vorschläge für Gliederungen und Templates. Im RUP beispielseise gibt es ein

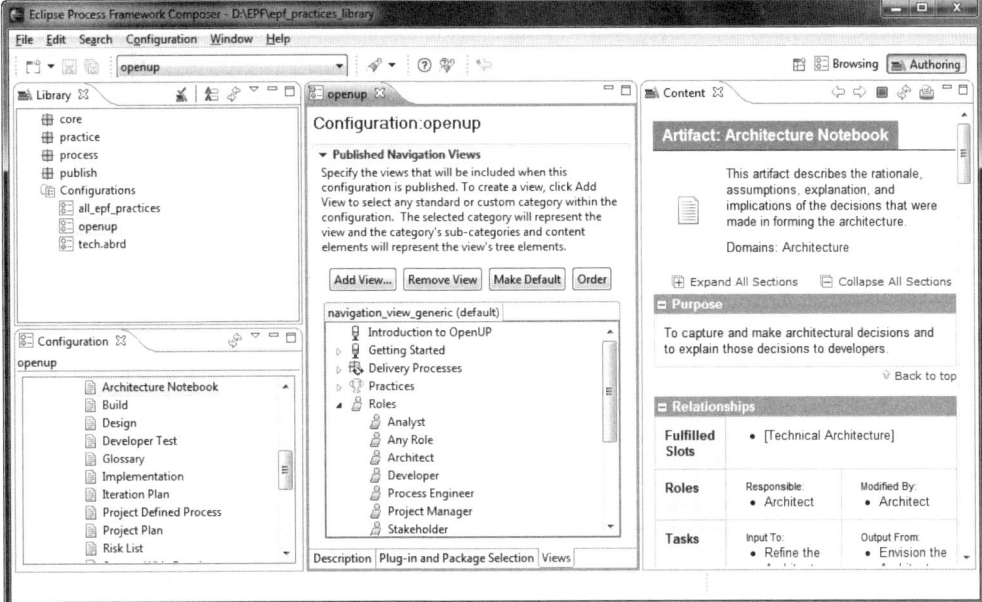

BILD 4.4 Der Open UP im Eclipse Process Framework Composer

„Software Architecture Document" als Artefakt. Es hat den Zweck, einen umfassenden Architekturüberblick zum System zu liefern (wörtlich: „comprehensive architectural overview of the system"). Hier muss zwischen „umfassend" und „Überblick" ausbalanciert werden, will man wirklich nur *ein* solches Dokument haben.

Beim Vergleich der RUP-Vorlage mit arc42 fallen Gemeinsamkeiten auf. Beide Gliederungen beinhalten Sichten. arc42 ist, was die adressierten Themen angeht, deutlich umfassender als das „Software Architecture Document" des RUP. Im RUP gibt es dafür noch einige andere Dokumente und Arbeitsergebnisse im Architekturumfeld, allen voran (UML-)Modelle, aber auch Vorgaben für die Umsetzung.

V-Modell XT

Ein weiteres Beispiel für ein Vorgehensmodell, das bereits fertige Vorlagen für Dokumente mitliefert, ist das frei verfügbare V-Modell XT des Bundes [vmodell]. Sein Einsatz ist oft eine organisatorische Rahmenbedingung. Auch hier gibt es Rollen, Aktivitäten und Produkte (Ergebnistypen). Um sich im Vorgehensmodell und insbesondere in den vielen Vorlagen zurechtzufinden muss man wissen, dass das V-Modell XT verschiedene Projekttypen unterscheidet (Auftraggeberseite mit Ausschreibung, Auftragnehmerseite mit Angebotserstellung, ...). Außerdem wird stets von der Erstellung eines Systems (Hardware und Software) ausgegangen.

V-Modell XT muss typischerweise auf die eigene Situation angepasst werden; die Abkürzung XT (eXtreme Tailoring) soll ebendiese Möglichkeit signalisieren. Nichtsdestotrotz ist die Grundstimmung eine Trennung zwischen Analyse, Spezifikation, Entwurf und Implementierung, die sich in den Vorlagen in klassischen Dokumenten wie zum Beispiel Lastenheft (Anforderungen) und Pflichtenheft (Gesamtsystemspezifikation) widerspiegelt.

Der Softwarearchitektur ist ein Produkt (und auch eine Vorlage) namens „SW-Architektur" zugedacht. In dessen Gliederung finden sich beispielsweise „Architekturprinzipien und Entwurfsalternativen" und die „Dekomposition der SW-Einheit". Im Vergleich zu arc42 sind es lösungsbezogene Inhalte, die aufgabenbezogenen Dinge landen in anderen Produkten, für die es wiederum eigene Vorlagen gibt.

Wenn Sie strikt nach V-Modell XT vorgehen müssen, finden die in diesem Buch vorgestellten Zutaten zur Architekturdokumentation in verschiedenen Produkten des Vorgehensmodells ihren Platz. Die Vorteile einer festen Struktur (siehe Kapitel 4.2) können zu einem gewissen Grad greifen. Wenn Sie jedoch in Ihrem Vorgehen frei sind und den Fokus auf das Festhalten von Softwarearchitektur legen wollen, sind Sie meines Erachtens mit arc42 besser bedient. Es ist schlanker, integriert gleichzeitig aufgabenbezogene Inhalte und berücksichtigt die Idee der Sichten explizit.

Agiles Vorgehen

Klassische Vorgehensmodelle sind in letzter Zeit in vielen Bereichen etwas aus der Mode gekommen. Sie werden durch Leichtgewichtiges wie Scrum verdrängt. In der agilen Welt wird in der Planung nicht von einem umfangreichen Satz von Ergebnistypen zur Architektur ausgegangen. Auch wenn klassische Vorgehensmodelle stets betonen, dass im Rahmen des Tailorings für ein konkretes Vorhaben Dinge weggelassen werden dürfen („wegtailorn"), blieb oft noch viel unnötiger Ballast über.

Das Scrum Framework zum Beispiel macht keinerlei konkrete Vorgaben oder Vorschläge zur Architekturdokumentation. Sie müssen sich also bewusst für das Anfertigen von entsprechenden Teilen entscheiden. Im Idealfall führt dies zu einer minimalen, wirkungsvollen Dokumentation.

Der gemeinsamen Verwendung von Scrum und arc42 steht formal nichts im Wege, in der Praxis liegen die Herausforderungen vor allem in der Planung.[5]

4.4.3 Architektur-Frameworks

Neben Allzweckvorgehensmodellen gibt es auch Ansätze, die sich wie arc42 auf die (Software-) Architektur als Disziplin konzentrieren und oft starken Bezug nehmen auf IEEE 1471. Für Architektur-Frameworks bietet dieser Standard sogar explizit Andockpunkte, ein Framework kann konform dazu sein. Das bekannteste[6] Framework, das sich dies zunutze macht, ist TOGAF (The Open Group Architecture Framework [TOG2011]).

TOGAF zielt auf Unternehmensarchitekturen ab:

> *„TOGAF is a framework – a detailed method and a set of supporting tools – for developing an enterprise architecture."* (aus der Einleitung von TOGAF)

Viele der Inhalte von TOGAF, die Sie übrigens vollständig online einsehen und auch herunterladen können, haben daher Unternehmensziele, Systemlandschaften und strategische Entscheidungen im Blick. Wesentliche Bestandteile sind:

---

[5] [Toth2010a] diskutiert das Verwalten und Priorisieren von Architekturanforderungen im Backlog.
[6] Der Vollständigkeit halber sei an dieser Stelle noch das Zachman Framework [Zachman1987] erwähnt, das ebenfalls auf Unternehmensarchitekturen fokussiert, aber verglichen mit TOGAF etwas aus der Mode ist.

- Architecture Development Method (ADM): Methode zum Entwurf einer Unternehmensarchitektur
- Architecture Content Framework: Metamodell für Architekturartefakte, Überblick über typische Lieferungen (architecture deliverables)
- Enterprise Continuum & Tools: Taxonomien und Werkzeuge, um Architekturergebnisse zu kategorisieren und aufzubewahren

Die Architekturartefakte sind dabei explizit an die Begriffswelt von IEEE 1471 (siehe Bild 4.3) angelehnt, die „Deliverables" stellen Vorschläge für Dokumente dar, die im Rahmen eines Architekturprozesses anfallen und Artefakte bündeln. Es stehen sogar Templates und Beispiele zum Download bereit. Ein Teil des Continuums, das „Architecture Repository", ist das Gegenstück zur Repository-Idee in arc42, nur größer ausgelegt auf Unternehmens-/Organisationsebene.

Wenn Sie unmittelbar anwendbare Lösungen für Ihr konkretes Entwicklungsvorhaben suchen, ist TOGAF tendenziell zu groß. Der Aufwand, es „herunterzutailorn", um Dinge zu adaptieren, die auf Systemebene sinnvoll sind (z. B. das Deliverable „Architecture Definition Document"), erscheint mir dafür nicht gerechtfertigt.

Wenn Sie hingegen planen, Architektur auf Unternehmensebene zum Thema zu machen, Lösungen innerhalb Ihrer Organisation wiederverwendbar und Erfahrungswissen auffindbar zu machen, finden Sie in TOGAF wertvolle Anregungen.

4.4.4 Fachliteratur als Inspiration?

Als weitere Inspirationsquellen für die Gliederung von Architekturdokumentation bietet sich die einschlägige Fachliteratur an. Die meisten Bücher rund um Softwarearchitektur konzentrieren sich darauf, wie man zu einer guten Architektur kommt, und weniger darauf, wie man sie festhält. Eine Ausnahme macht das umfangreiche „Documenting Software Architecures" [Clements+2010], das sich ausschließlich dem Thema Architekturdokumentation widmet.

Documenting Software Architectures (SEI)

Das Buch etabliert zunächst eine Begriffswelt zur Dokumentation von Softwarearchitekturen, in der Sichten (Views) dadurch entstehen, dass Stile (Styles) auf das zu beschreibende System angewendet werden. Die Dokumentation ergibt sich dann aus den Sichten und aus übergreifenden Aspekten, die mehrere Sichten betreffen. Das erklärt auch den Untertitel des Buches „Views and Beyond".

> *„Documenting an architecture is a matter of documenting the relevant views and then adding documentation that applies to more than one view." [Clements+2010]*

Das Buch versucht nicht nur aufzuzeigen, wie man die relevanten Sichten auswählt und erstellt. Es gibt auch Empfehlungen, wie man das Ganze im Rahmen eines Dokumentes gliedert. Strukturierungen werden sowohl für einzelne Views als auch für ein Gesamtdokument, das die Views beinhaltet, in Form von beispielhaften Inhaltsverzeichnissen vorgeschlagen.[7]

---

[7] Auf der Webseite der Carnegie Mellon University finden Sie eine Word-Vorlage zum Download:
http://www.sei.cmu.edu/architecture/tools/document/viewsandbeyond.cfm

arc42 schlägt eine konkrete Gliederung vor, die auf eigene Bedürfnisse angepasst werden kann. Die Methodik in „Documenting Software Architecures" sieht vor, dass vorhabenspe- zifische Auswahlschritte vorgenommen werden und so eine maßgeschneiderte Gliederung entsteht. Es ist so, als wenn man einen Maßanzug mit einem Anzug von der Stange vergleicht. Vorteil von Letzterem (also arc42): Ich kann ihn sofort anziehen, wenn er einigermaßen passt. Übertragen: Ich kann sofort loslegen.

Eine unmittelbar anwendbare Gliederung in „Documenting Software Architecures" bietet hingegen ein Vorschlag für Präsentationen, die das Ziel haben, einen ca. einstündigen Überblick über die Softwarearchitektur zu geben. Tabelle 4.2 skizziert diesen Vorschlag, die Inhalte können Sie direkt aus den in diesem Buch gezeigten Dokumentationsmitteln und den betreffenden Abschnitten in arc42 ableiten.[8]

TABELLE 4.2 Präsentation Architekturüberblick (nach [Clements+2010])

Abschnitt in Präsentation	Umfang, Mögliche Inhalte
	Einstiegsfolie
Aufgabenstellung	2–3 Folien; virtueller Produktkarton, Architekturziele
Architekturstrategie	2 Folien; Lösungsstrategie, Architekturentscheidungen
Systemkontext	1–2 Folien
Architektursichten	12–18 Folien; Bausteinsicht, Verteilungssicht
„Wie die Architektur funktioniert"	3–10 Folien; Laufzeitsicht, Qualitätsszenarien
	Abschlussfolie („Vielen Dank! Was sind Ihre Fragen?")
Stakeholder und deren Anliegen	(Backup; 2–3 Folien)
Glossar	(Backup; 1–2 Folien)

 Kernaussage dieses Kapitels

Eine funktionierende Gliederung unterstützt Ersteller und Adressaten Ihrer Archi- tekturdokumentation. Sie gibt Orientierung beim Anfertigen der Inhalte und macht Ihre Dokumentation zu einer Fundgrube für Interessierte. Die eine perfekte Struk- tur für alle Zielgruppen gibt es nicht. Das hindert Sie nicht daran, Ihre Architek- turdokumentation in Ordnung zu halten. arc42 bietet einen guten Startpunkt dazu. ■

---

[8] Auf der Webseite zu diesem Buch finden Sie eine Beispielpräsentation für DokChess.

5 Sichten auf Softwarearchitektur

Bei Architekturdokumentation denken viele sofort an Bilder. Zu Recht, aber abgesehen vom Systemkontext gab es in diesem Buch bisher keine grafischen Dokumentationsmittel. Im nun folgenden Kapitel stelle ich Ihnen grafische Zutaten vor, mit deren Hilfe Sie Ihre Entwürfe festhalten und kommunizieren können. Für den zweiten Punkt ist entscheidend, dass Sie nicht mit einer einzigen großen „Architekturtapete" aufwarten, die sämtliche Aspekte und Detailentscheidungen in einem Bild umfasst. Die Technik der Sichten beleuchtet Software stattdessen aus unterschiedlichen Blickwinkeln.

■ 5.1 Strukturen entwerfen und festhalten

„What do we mean by a software architecture? To me the term architecture conveys a notion of the core elements of the system, the pieces that are difficult to change. A foundation on which the rest must be built."[1] *Martin Fowler [Fowler2004]*

In Kapitel 2 haben Sie Softwarearchitektur als Summe fundamentaler Entscheidungen kennengelernt. Wie Sie ein System grob in Teile zerlegen und wie diese Teile zusammenhängen, gehört stets dazu. Wenn Sie Ihr System erklären, sind Systemkontext und Produktkarton Ihre ersten Hilfsmittel. Beide schauen primär von außen auf das System. Fragen zur inneren Struktur bleiben offen.

5.1.1 Was ist was? Band 127: Unser Softwaresystem

Erinnern Sie sich noch an die „Was ist was?"-Bücher über Natur, Technik und vieles mehr? Die Reihe gibt es immer noch; sie leistet mir gute Dienste, wenn meine Kinder mich mit Fragen bombardieren. Der menschliche Körper etwa ist ziemlich komplex. Um ihn zu beschreiben, zerlegen Bücher dieser Art ihn in funktionale, in sich abgeschlossene Teile. Es gibt reich bebilderte Kapitel über die Muskeln, die Atmung oder das Verdauungssystem. In diesen wird weiter verfeinert, kleinere Bauteile wie Herz und Lungen und ihr Zusammenspiel werden im Kontext des Teilsystems anschaulich erklärt.

---

[1] Deutsch etwa: Was meinen wir mit Softwarearchitektur? Für mich vermittelt der Begriff „Architektur" eine Vorstellung von den Kernelementen des Systems, jener Bestandteile, die nur schwer änderbar sind und auf deren Grundlage alles Übrige gebaut werden muss.

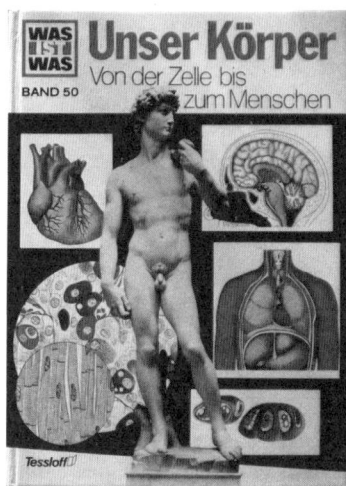

BILD 5.1 „Was ist was?", Band 50
„Unser Körper. Von der Zelle bis zum Menschen"

Softwaresysteme sind ebenfalls komplexe Gebilde. Zu ihrer Beschreibung bedient sich eine Architekturdokumentation in der Regel ebenfalls grafischer Mittel. Die Diagramme stellen das Gesamtsystem ganz ähnlich wie den Körper im Buch in Bild 5.1 [Tarnowski+95] als Summe seiner funktionalen Teile dar und zeigen deren Beziehungen untereinander. Die Literatur verwendet unterschiedliche Bezeichnungen: Komponentenmodell, Struktursicht, Bausteinsicht ... – die Funktion ist aber stets dieselbe.

5.1.2 Schritte der Zerlegung dokumentieren

Die Zerlegung Ihres Systems in Bausteine ist eine zentrale Aktivität des Architekturentwurfes. Entscheidungen, die hier fallen, bilden den Rahmen für alles Weitere. Ganz ähnlich wie jedes Organ eine bestimmte Aufgabe erfüllt, sollten auch Teile innerhalb eines Softwaresystems klar abgegrenzte Verantwortlichkeiten haben. Eine angemessene Zerlegung in unabhängige Teile mit Schnittstellen untereinander erleichtert die Entwicklung in Teams, die Weiterentwicklung und Pflege, und sie eröffnet eine spätere Wiederverwendung oder einen Austausch von Teilen. Bei all diesen Tätigkeiten soll Sie die Dokumentation unterstützen.

Als Form bieten sich Bilder an, da sich die Systemstruktur mit ihren Elementen und deren Beziehungen untereinander grafisch gut darstellen lässt. Die UML kennt verschiedene Diagrammarten, mit denen Sie Strukturen visualisieren können. Hierzu zählen insbesondere Komponentendiagramme wie in Bild 5.2 unten.

Wenn Sie beim Entwurf des Systems top-down vorgehen, starten Sie mit dem Systemkontext (siehe Kapitel 2.3). Dort war das System noch eine Blackbox, jetzt schauen Sie hinein (Whitebox). Im ersten Schritt identifizieren Sie Teile mit klar umrissenen Verantwortlichkeiten und stellen sie dar (siehe Bild 5.2 unten links).

Nächste Verfeinerung der Darstellung ist die Interaktion der inneren Teile untereinander sowie mit den Akteuren außerhalb des Systems. Es kommen Verbindungspfeile für Abhängigkeiten hinzu. Für das Zusammenspiel mit außen habe ich in Bild 5.2 Interaktionspunkte auf der Systemgrenze eingeführt. In der UML heißen sie „Ports" und werden als kleine Quadrate dargestellt.

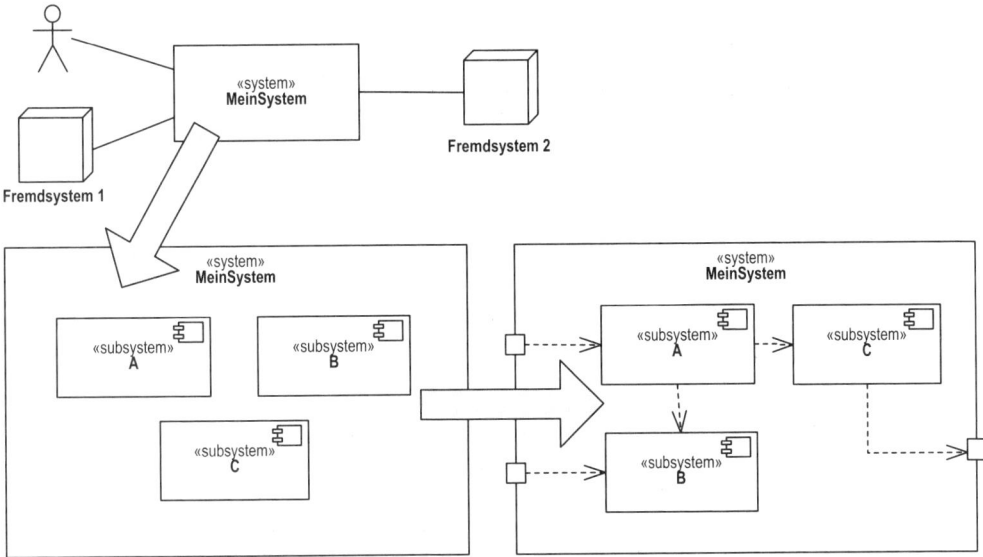

BILD 5.2 Schema: Subsysteme identifizieren und Interaktion festlegen

Als nächste Schritte im Entwurf bieten sich die Festlegung der Schnittstellen (siehe Kapitel 5.1.7) sowie die weitere Verfeinerung einzelner Teile an. So entsteht im Rahmen des Architekturentwurfs eine zentrale Dokumentationszutat. In diesem Buch bezeichne ich sie in Anlehnung an [iSAQB2009] und [Starke2011] als Bausteinsicht.[2]

5.1.3 Bausteinsicht (Dokumentationsmittel)

Die Bausteinsicht stellt die statische Struktur des Softwaresystems dar. Sie zeigt seine Bestandteile (Bausteine) und deren Beziehungen untereinander in grafischer Form. Ausgehend vom Systemkontext zergliedert sie das System hierarchisch. Die Bausteine in der ersten Ebene sind noch sehr grob. Sie beschreiben sie zunächst als Blackboxes. Anschließend können Sie die Bausteine auf die gleiche Weise verfeinern wie das System selbst. Es entstehen Ebenen unterschiedlicher Detaillierung (Bild 5.3), irgendwann landen Sie theoretisch bei der Implementierung, die Kästen entsprächen dann C-Funktionen, Java-Klassen und Ähnlichem. In der Praxis brechen Sie bei der Architekturdokumentation deutlich früher ab.

Zur Bausteinsicht gehören neben den Diagrammen auf jeden Fall Erläuterungen ihrer Bestandteile. Absolutes Minimum ist – pro in einem Diagramm gezeigtem Baustein – eine prägnante Beschreibung der zugehörigen Verantwortlichkeit in ein bis zwei Sätzen. Weitere Informationen kommen mit fortschreitendem Entwurf hinzu. Der Gliederungsvorschlag arc42 [arc42] schlägt zwei Templates (je eine Vorlage für Whitebox und Blackbox) zur Strukturierung vor. Wichtige Inhalte in Kürze: Zweck/Verantwortlichkeit des Bausteins, Schnittstellen, Leistungsmerkmale, offene Punkte.

---

[2] Die Verwendung des Begriffes Baustein (engl. Building Block) anstelle von Komponente ist dadurch motiviert, dass er unbelasteter ist.

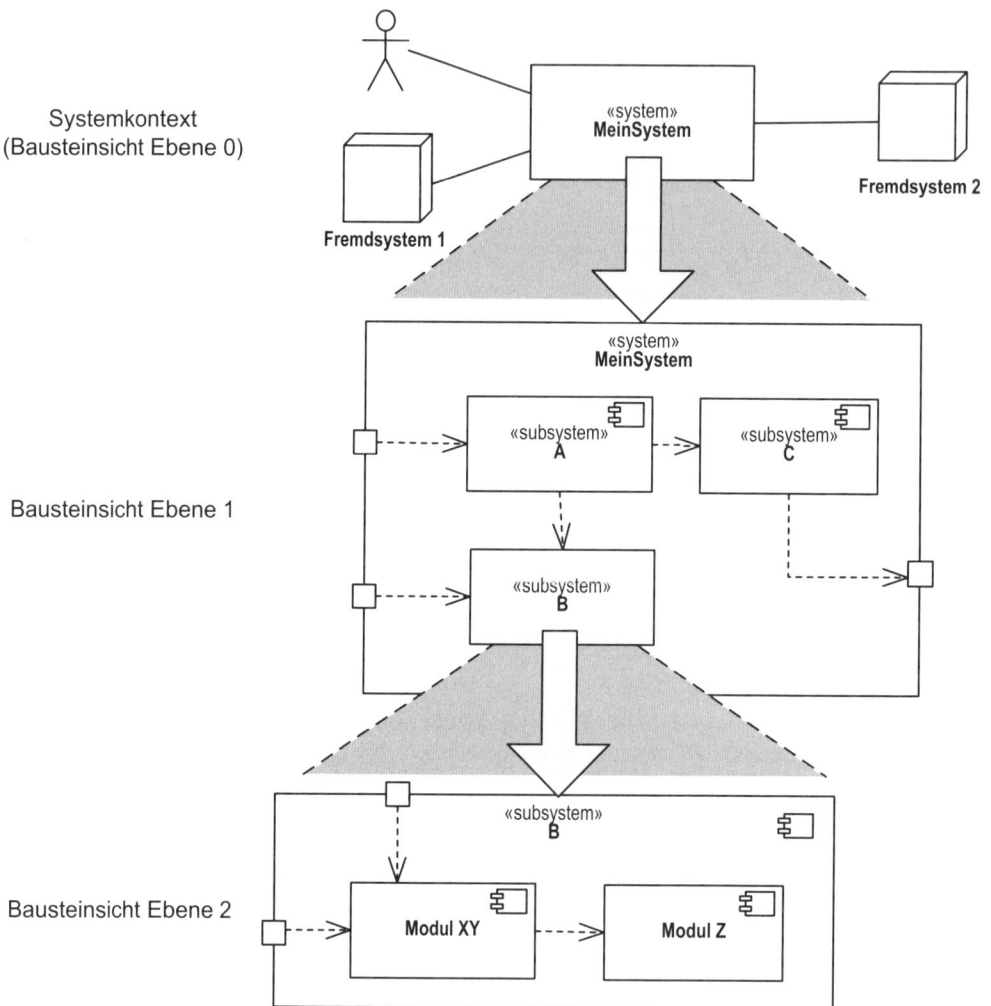

Systemkontext
(Bausteinsicht Ebene 0)

Bausteinsicht Ebene 1

Bausteinsicht Ebene 2

BILD 5.3 Ebenen der Bausteinsicht ausgehend vom Systemkontext

5.1.4 Fallbeispiel: Bausteinsicht „DokChess" (Ausschnitt)

DokChess zerfällt wie in Bild 5.4 dargestellt in vier Subsysteme. Die gestrichelten Pfeile stellen fachliche Abhängigkeiten der Bausteine untereinander dar („x → y" für „x ist abhängig von y"). Die Kästchen auf der Membran des Systems sind Interaktionspunkte mit Außenstehenden.

Der Architekturüberblick in Kapitel 9 enthält ergänzend zu den Kurzbeschreibungen in Tabelle 5.1 für die Subsysteme jeweils eine Blackbox-Beschreibung in der in arc42 vorge-schlagenen Form und zoomt für das Engine-Subsystem in Ebene 2 (Whitebox).

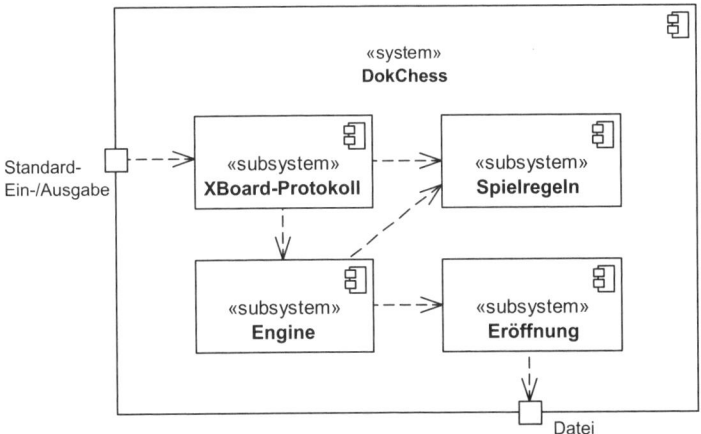

BILD 5.4
Bausteinsicht des
Systems DokChess,
Ebene 1

TABELLE 5.1 Kurzbeschreibungen für die Subsysteme von DokChess

Subsystem	Kurzbeschreibung
XBoard-Protokoll	Realisiert die Kommunikation mit einem Client mit Hilfe des XBoard-Protokolls.93
Spielregeln	Beinhaltet die Schachregeln und kann z. B. zu einer Stellung alle gültigen Züge ermitteln.
Engine	Beinhaltet die Ermittlung des nächsten Zuges ausgehend von einer Spielsituation.
Eröffnung	Stellt Züge aus der Eröffnungsliteratur zu einer Spielsituation bereit.

5.1.5 Komponenten: Babylonische Sprachverwirrung 2.0

BILD 5.5 Tagcloud rund um den Komponentenbegriff

Für Softwarearchitektur gibt es nicht die eine allgemein akzeptierte Definition. Für „Komponente" gilt das genauso. Hier schwirren noch eine Reihe ähnlicher Begriffe herum, allen voran „Modul". Viele assoziieren mit Komponenten bestimmte Eigenschaften. So wird beispielsweise oft erwartet, dass sie über Schnittstellen verfügen, und austauschbar sind (durch andere Komponenten mit denselben Schnittstellen). Bild 5.5 zeigt typische Begriffe rund um Komponenten, potenzielle Eigenschaften und mögliche Umsetzungsformen im Quelltext, alles ohne Anspruch auf Vollständigkeit.

Die Begriffe entwirren

Wer sich mit einem Staat auseinandersetzt, schaut sich die politische Gliederung an. Die föderalistische Bundesrepublik Deutschland beispielsweise besteht aus 16 Bundesländern, davon 13 Flächenländer und drei Stadtstaaten. Bei der Schweiz spricht man von Kantonen, in Spanien von Regionen und Provinzen. Ob nun Bundesland, Kanton oder Region – das Grundprinzip der Zerlegung des Gesamtstaates in kleinere administrative Teile ist stets dasselbe. Die Eigenschaften unterscheiden sich allerdings signifikant, Regionen im zentralistischen Frankreich beispielsweise haben nicht viel zu sagen. Ich empfehle jedem, der ein Softwaresystem strukturiert und das Ergebnis festhält, es mit den Modularisierungsbegriffen ähnlich wie bei den Staaten zu halten. Entwirren Sie die Begriffe (siehe Praxistipp)!

Praxistipp: Begriffe innerhalb des Projektes verbindlich klären

Definieren Sie innerhalb Ihres Vorhabens, welche Begriffe Sie für Unterteilungen des Systems verwenden und welche Eigenschaften Sie jeweils damit verbinden. Ein einfaches Beispiel:

- Das Gesamtsystem zerfällt hierarchisch in Module.

- Für die erste Ebene unterhalb des Gesamtsystems verwenden wir den Begriff „Subsystem". Subsysteme sind „große Module", sie werden nicht geschachtelt.

Für die Dokumentation heißt das konkret, diese Begriffe entsprechend einzuführen, ggf. in das Glossar aufzunehmen, und vor allem, sie konsistent zu verwenden und andere zu vermeiden.

In grafischen Darstellungen können Sie die Bausteine entsprechend kennzeichnen. Wenn Sie UML verwenden, sind Stereotypen (« ... ») ein passendes Mittel. Die Abbildungen dieses Kapitels machen davon Gebrauch. Geeignet geprägte Begriffe helfen in einem Diagramm zu erkennen, auf welcher Ebene Elemente grob angesiedelt sind (z. B. bei einem Ablauf, siehe Laufzeitsicht).

Bei einigen Programmiersprachen und Frameworks können Sie einzelne Konzepte bis in die Implementierung tragen, in Java beispielsweise durch Annotationen (siehe Spring Framework, Enterprise JavaBeans). ∎

5.1.6 Tipps zur Erstellung der Bausteinsicht

Ganz gleich, ob in einer Präsentation oder im Selbststudium: Nach einer ersten Orientierung mit Hilfe des Systemkontexts finden Interessierte mit der Bausteinsicht (Ebene 1) in das

System. Gewinnen Sie den Leser hier mit guten Bezeichnungen für Ihren Entwurf! Idealerweise hat jeder Baustein einen sprechenden Namen. Er spiegelt auf prägnante Weise die Verantwortlichkeit wider. Was selbstverständlich klingt, ist in der Praxis harte Arbeit, die Sie aber investieren sollten.

Wenn Bausteine Abkürzungen im Namen führen,[3] schreiben Sie sie in Diagrammen der Bausteinsicht aus, oder bringen Sie die Information so nah wie möglich an den Leser (z. B. als Notiz im Diagramm).

Detaillieren nach Augenmaß, nicht mit dem Pflug

Auch wenn Sie durch Verfeinerung nach Belieben in das System hineinzoomen können, sollten Sie im Rahmen einer Architekturdokumentation nicht zu detailliert werden. Es wird sehr aufwendig, den Entwurf konsistent zur Implementierung zu halten. Eine veraltete Bausteinsicht bringt später wenig Mehrwert. Für einen Architekturüberblick reicht Ebene 1 oft aus, um eine erste Orientierung zu geben. Entscheiden Sie dann pro Baustein, ob Sie dessen Detaillierung (Whitebox) beschreiben und in die Architekturdokumentation aufnehmen wollen oder nicht. Niemand erwartet, dass Sie sich auf eine bestimmte Ebenenzahl festlegen (z. B. bis Ebene 2) und dann alles vollständig mit Diagrammen ausdokumentieren.

Wenn Sie sich entscheiden, an einem bestimmten Punkt die Verfeinerung in der Architekturdokumentation nicht mehr zu zeigen, geben Sie Hinweise, wo Interessierte weitere Informationen finden. Oft wird das im Quelltext sein (z. B. Dateien, Pakete). Ihre Leser danken es Ihnen, wenn sie die Einstiegspunkte nicht mühsam suchen müssen.

Strukturierung der Bausteinsicht in einem UML-Modell

UML-Werkzeuge erlauben es, Bausteine (also Pakete, Klassen, Komponenten ...) genauso zu schachteln, wie Sie es in Ihrer Strukturierung der Bausteinsicht vorsehen. Sie können dann in einem „Model-Browser" das System erkunden wie in einem Datei-Explorer. Dabei müssen Sie sich pro Ebene auf eine Zerlegungsstrategie beschränken, da beispielsweise eine Klasse nicht gleichzeitig in zwei Paketen liegen kann.

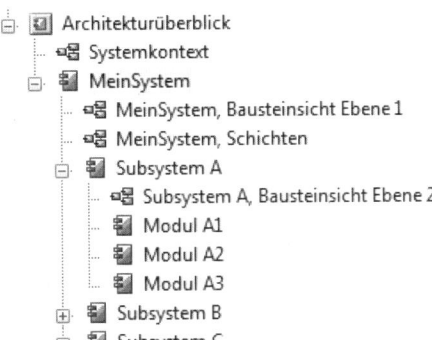

BILD 5.6 Bausteinsicht schematisch in einem UML-Werkzeug (Enterprise Architect)

---

[3] Manchmal lässt sich das aus formalen oder technischen Gründen für die „echten" Bausteine, also die Repräsentation der Bausteine in Quelltext oder Datei, nicht vermeiden. Das Problem tritt auch bei bestehenden Architekturen auf.

Die Diagramme der Bausteinsicht für die unterschiedlichen Ebenen siedeln Sie passend in der Modellstruktur an (vgl. Bild 5.6). Weitere Diagramme, die andere Zerlegungsaspekte zeigen (z. B. eine Schichtenarchitektur), platzieren Sie unterhalb des Modellelements, das die Diagramme zerlegen.

Strukturierung der Bausteinsicht in einem Dokument

Wenn Sie die Bausteinsicht in einem druckbaren Dokument darstellen wollen, haben Sie bezüglich der Kapitelstruktur zwei Möglichkeiten: In der ersten Variante bilden Sie die Zerlegung in Architekturüberblick oder -beschreibung genauso ab wie die Zerlegung im UML-Modell. Die Bausteinsicht ist ein Kapitel, je Subsystem gibt es ein Unterkapitel, Verfeinerungen eines Subsystems werden wiederum in diesem Unterkapitel eingegliedert, falls der Detaillierungsgrad erforderlich ist.

arc42 schlägt eine andere Möglichkeit vor. Auch hier ist die Bausteinsicht ein Kapitel (Abschnitt 5), aber die Unterkapitel sind die Ebenen; das erste Unterkapitel ist also Ebene 1, das zweite Ebene 2 usw.; Bild 5.7 stellt die beiden Varianten in Form von Inhaltsverzeichnissen nebeneinander dar (arc42 rechts).

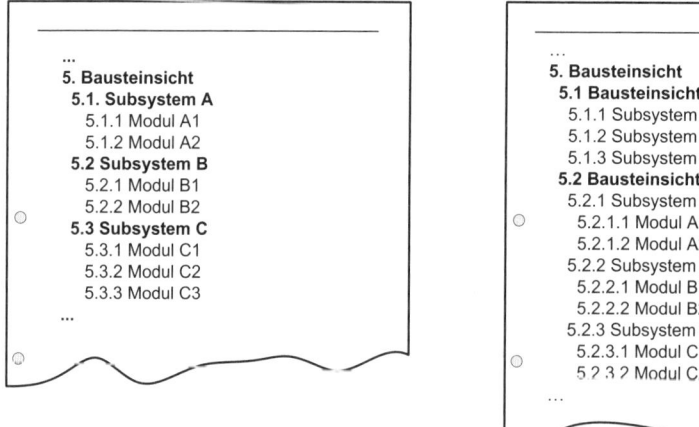

BILD 5.7 Inhaltsverzeichnisse der Bausteinsicht in druckbaren Dokumenten

Inhaltlich sind die beiden Varianten gleich, ein Unterschied ergibt sich beim sequenziellen Lesen. Bei der ersten Variante liest man sich immer tiefer in das System ein, bricht irgendwann ab und setzt später bei höherem Abstraktionsgrad wieder ein. Bei der zweiten Variante geht Breite vor Tiefe, was es dem Leser erleichtert, nur so tief einzutauchen, wie er es zum Verständnis braucht. Kapitel 5.1 (also die oberste Zerlegungsebene) ist relativ dünn, Kapitel 5.2 (die zweite komplette Ebene) schon ausführlicher, Kapitel 5.3 noch detaillierter ...

Beide Varianten haben Vor- und Nachteile. Die Entscheidung für eine von beiden hängt auch von den eingesetzten Werkzeugen ab. Aus einem geeigneten Architekturmodell (Repository) können Sie beide Darstellungen generieren.

Die Sache mit den Pfeilen

In den Diagrammen zeichnen Sie Verbindungen, um Bausteine in Beziehung zueinander zu setzen. Die Wahl der „richtigen" Linien (gestrichelt oder durchgezogen), Pfeilspitzen und Beschriftungen verursacht insbesondere bei der Verwendung von UML aufgrund der vielen Optionen regelmäßig große Unsicherheit. Zusätzlich lässt dort die Wahl der Endpunkte einer Linie (direkt an dem Kasten, an einem Port, an einer Schnittstelle am Kasten, an einer Schnittstelle an einem Port) enormen Spielraum (Bild 5.8 zeigt eine sehr unvollständige Auswahl). Am Ende wird am Whiteboard manchmal mehr darüber diskutiert, ob man eine bestimmte Verbindungsart in einem bestimmten Diagramm benutzen darf oder nicht. Eigentlich schade.

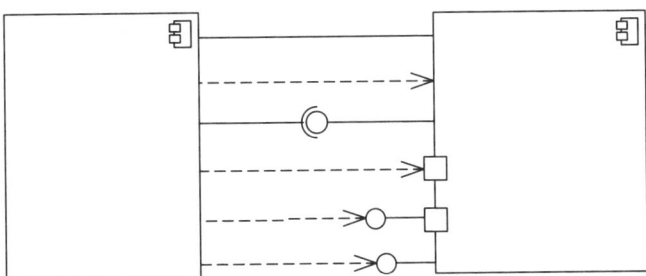

BILD 5.8 Arsenal von Verbindungen zwischen Komponenten in UML (kleine Auswahl)

Ich möchte Ihnen drei konkrete Hinweise zu Beziehungen in UML auf den Weg geben. Sie beziehen sich auf das Festhalten erster Ideen und Entwürfe und auch auf grobe Überblicksbilder, wie sie in einen Architekturüberblick passen.[4]

1. **Überlegen Sie sich genau, was Sie mit den Linien ausdrücken wollen**.
   Es ist leider ein weit verbreiteter Mythos, dass die UML aufgrund ihrer formalen Standardisierung in Architekturbeschreibungen keiner weiteren Erklärung bedarf. Legen Sie innerhalb Ihrer Dokumentation eine Legende an, oder erklären Sie alternativ dazu die Bedeutung der Verbindungen im Diagrammtext („die gestrichelten Pfeile zwischen den Komponenten …"). Das zwingt Sie auch, sich über die Bedeutung der Linien im Klaren zu werden.

2. **Verwenden Sie so wenige Linientypen wie möglich.**
   Insbesondere bei Überblicksbildern, die eine große Zielgruppe adressieren, sollten Sie so wenige Linienarten wie möglich verwenden. Idealerweise in einem Diagramm nur ein bis zwei, die sie in der Legende zielgruppengerecht erklären. Also zum Beispiel nicht „Assembly Connector", sondern „A und B interagieren über Schnittstellen miteinander".

3. **Lassen Sie Verbindungen bewusst weg.**
   Lassen Sie Verbindungen in Diagrammen weg, wenn es der Übersichtlichkeit dient. Wenn beispielsweise alle Subsysteme mit einem Web-Port und einer externen Autorisierung interagieren und selbst noch untereinander verbunden sind, haben Sie schnell Liniensalat im Diagramm. Es ist völlig in Ordnung, zum Beispiel die Verbindungslinien zum Autorisierungsport in einem Überblicksdiagramm wegzulassen, wenn Sie im erläuternden Text kurz darauf hinweisen.

---

[4] Diagramme mit Implementierungshinweisen sind detaillierter und zeigen weitere Aspekte. Modelle, aus denen Quelltext generiert wird, sind auch nicht unser Thema.

Steckbrief: Dokumentationsmittel „Bausteinsicht"

Synonyme, verwandte Werkzeuge: Struktursicht, Logical View (im RUP), Komponentenmodell

Zweck:

Zeigt die Struktur des Softwaresystems in Form seiner Bausteine, und wie diese zusammenhängen. Bündelt viele Entscheidungen rund um Verantwortlichkeiten.

Form:

Diagramme und erläuternder Text, sowohl zu den Diagrammen selbst, als auch zu den gezeigten Elementen. Hierarchische Verfeinerungen ermöglichen es, ausgehend vom Systemkontext „hineinzuzoomen".

Typische Diagramme in UML: Komponentendiagramm, Paketdiagramm, Kompositionsstrukturdiagramm

Checkliste für den Inhalt:

- Findet sich der Leser in der Bausteinsicht als Ganzes zurecht (Struktur, Verweise)?
- Gibt es zu jedem Diagramm eine kurze Erläuterung, die beschreibt, was der Betrachter sieht?
- Ist bei den gezeigten Kästchen und Linien klar, was sie bedeuten? (Legende?)
- Lässt sich aus den Namen der Bausteine ihre Verantwortlichkeit erkennen?
- Gibt es zu jedem Baustein eine prägnante Kurzbeschreibung der Verantwortlichkeit?
- Sind zentrale Entwurfsentscheidungen bezüglich Schneiden von Verantwortlichkeiten und Abhängigkeiten der Bausteine untereinander festgehalten?

Weiterführende Literatur:

- Für die Notation in UML einschlägige Literatur, z. B. [Rupp+2007], für UML-Stilfragen z. B. [Ambler2005].
- Für „gute" Entwürfe Literatur zu Entwurfsmethodik, -prinzipien und -mustern.

Ablageort arc42:

Abschnitt 5: „Bausteinsicht", ggf. Teile auch in Abschnitt 8: „Konzepte", wichtige Entscheidungen ggf. in Abschnitt 9 („Entwurfsentscheidungen")

5.1.7 Interaktionspunkte beschreiben

„A component represents a modular part of a system that encapsulates its contents and whose manifestation is replaceable within its environment. A component defines its behavior in terms of provided and required interfaces."[5] *Komponentenbegriff in der UML [OMG2011]*

Fremdsysteme und Benutzer interagieren mit dem System, Bausteine interagieren untereinander. Je nach Granularität (Systemebene, Ebenen in der Bausteinsicht) und Implementierungstechnologien kommunizieren sie zum Beispiel über

- Austausch von Dateien oder Nachrichten (Message oriented Middleware)
- Aufrufe von Web Services (SOAP, REST, ...)
- Entfernte Methoden- oder Prozeduraufrufe (RPC, RMI, ...)
- Interprozesskommunikation (Shared Memory, Pipes, ...)
- Lokale Methoden- oder Funktionsaufrufe

Im Rahmen dieser Interaktionen tauschen sie Daten aus und/oder nutzen Funktionalität. Dies erfolgt über Schnittstellen zwischen den Beteiligten.[6] Im Zusammenhang mit Architekturdokumentation liegt uns daran, diese Schnittstellen explizit zu beschreiben, und damit auch die Fähigkeiten, die ein Baustein oder ein System bereitstellt oder erwartet. Schnittstellen legen die Spielregeln für alle möglichen Interaktionen, die ein Baustein mit anderen haben darf, fest.

Schnittstellen im Entwurf

Schnittstellenbeschreibungen bieten eine vereinfachte Sicht auf Bausteine. Sie ermöglichen die Verwendung der Bausteine, ohne deren Implementierungsdetails preiszugeben. Diese bleiben hinter Schnittstellen verborgen und können sich ändern, ohne dass Nutzer davon erfahren (Information Hiding). Das gibt dem Implementierer der Schnittstelle die Freiheit, Entscheidungen innerhalb des Bausteins im Nachhinein zu revidieren. Und es ermöglicht einem Nutzer, den Baustein gegen andere Implementierungen auszutauschen, und sei es nur für Tests oder während er auf die echte Implementierung wartet und selber schon entwickelt. Schnittstellen bilden somit einen Vertrag zwischen Anbietern und Verwendern mit Nutzen für beide Seiten.

Für die Architekturdokumentation sind Schnittstellen von besonderem Interesse, weil sie Entscheidungen widerspiegeln, die in vielen Fällen schwer zurückzunehmen sind. Das gilt zumindest für veröffentlichte Schnittstellen mit Verwendern oder Anbietern außerhalb des Teams oder Projektes.

Schnittstellenbeschreibungen sind ein Bindeglied innerhalb der Bausteinsicht und auch zwischen der Bausteinsicht und anderen Sichten, allen voran der Laufzeitsicht (siehe Kapitel 5.3). Dort treten Namen von Schnittstellenelementen (z. B. Methoden) in Abläufen auf.

---

[5] Deutsch etwa: Eine Komponente repräsentiert einen modularen Teil eines Systems, der seinen Inhalt kapselt und dessen Ausprägung innerhalb seiner Umgebung austauschbar ist. Eine Komponente definiert ihr Verhalten in Form bereitgestellter und eingeforderter Schnittstellen.

[6] Die Beteiligten kommunizieren immer über Schnittstellen miteinander, unabhängig davon, ob diese explizit definiert und beschrieben sind.

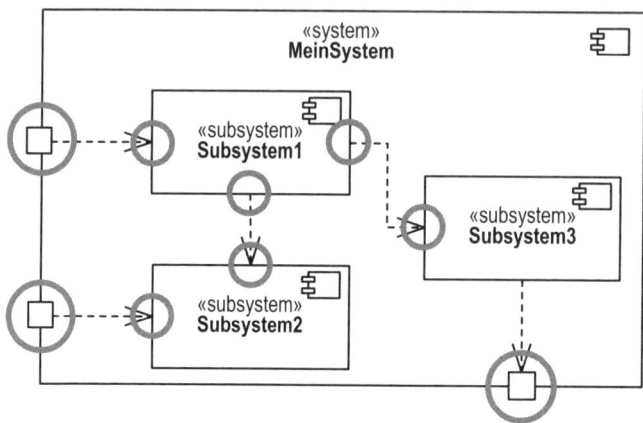

BILD 5.9 Kandidaten für Schnittstellenbeschreibungen in einer Bausteinsicht, Ebene 1

Ein besonders wichtiger Fall von Schnittstellenbeschreibung im Rahmen einer Architekturbeschreibung betrifft die Interaktion mit dem System selbst. Die Kandidaten dafür leiten Sie aus dem Systemkontext ab.

Zur Beschreibung einer Schnittstelle gehören Syntax (Formales, technische Details) und Semantik (fachliche Bedeutung). Bei einer Methode beispielsweise also nicht nur der Name und die Typen der Aufruf- und Rückgabeparameter, sondern auch deren Aufgabe, Vor- und Nachbedingungen, Fehlerfälle etc. Für einen Überblick ist die vollständige Syntax oftmals zu geschwätzig. Für die Nutzung und Implementierung hingegen ist sie ein wichtiges Vertragsdetail.

Zielgruppen von Schnittstellenbeschreibungen

Erste Zielgruppe der Schnittstellenbeschreibung sind potenzielle Verwender des Bausteins, die einen schnellen Überblick über die Leistungen gewinnen wollen. Dabei kann es sich um Entwickler anderer Bausteine handeln oder auch um potenzielle Wiederverwender außerhalb des Vorhabens. Aus den potenziellen Nutzern werden dann tatsächliche, wenn sie die Dienste zum Beispiel aus ihrem Baustein heraus nutzen. Sie brauchen detailliertere Informationen.

Da Schnittstellen einen Vertrag zwischen Anbieter und Nutzer darstellen, zählen auch Implementierer des Bausteins zu den Zielgruppen. Diese müssen sicherstellen, dass die Implementierung alle Versprechen, die in der Beschreibung gemacht werden, einhält. In vielen Fällen schreiben sie die detaillierte Schnittstellenbeschreibung selbst.

Darüber hinaus kann es weitere Zielgruppen in Ihrem Vorhaben geben, beispielsweise Tester.

Bereitgestellte und eingeforderte Schnittstellen

Je nach Sichtweise beschreibt eine Schnittstelle angebotene oder eingeforderte Funktionalität. In eine Bausteinbeschreibung können Sie entsprechend sowohl Schnittstellen aufnehmen, die der Baustein implementiert, als auch solche für Funktionalität, die der Baustein benötigt, um seine Arbeit zu verrichten. Die UML kennt eine spezielle Kurznotation (Buchse und Stecker, oder auch „Lolli"), um diesen Unterschied darzustellen (siehe Bild 5.10).

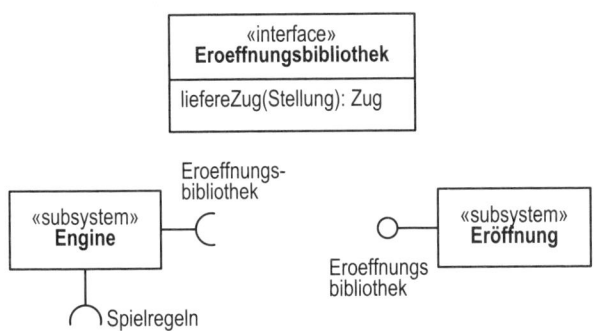

BILD 5.10 UML, Notation für eingeforderte (unten links) und bereitgestellte Schnittstellen

Innerhalb der Bausteinsicht kann es mehrere Verwender (Anbieter, Nutzer) einer Schnittstelle geben. Die Beschreibung fertigen Sie nur einmal an und platzieren sie entweder an einem Baustein (dem Besitzer der Schnittstelle, das kann sowohl ein Anbieter als auch ein Nutzer sein) oder separat. Wenn Sie Bausteine völlig voneinander entkoppeln wollen, definieren sie jeweils eigene Schnittstellen für die Bausteine und lassen diese über Adapter [Gamma+94] miteinander kommunizieren.

Werkzeuge zur formalen Beschreibung von Schnittstellen

Neben eher informellen Hilfsmitteln (z. B. Prosa, CRC-Karten [Beck+89]) gibt es auch formale Werkzeuge zum Beschreiben von Schnittstellen. Mit diesen können Sie Details wie Aufruf- und Rückgabeparameter genau festlegen und mit passenden Tools weiterverarbeiten (zum Beispiel visualisieren).

IDL (Interface Definition Language [OMG2002]) ist eine programmiersprachenunabhängige Sprache zur Beschreibung von Schnittstellen. Sie ist vorrangig im CORBA-Umfeld geläufig. In der Welt der standardisierten Web Services (SOAP und Co.) ist die XML-basierte WSDL (Web Services Description Language [W3C2007]) der Standard. Sie ist ebenfalls Program- miersprachen- sowie Plattform- und protokollunabhängig. Bild 5.11 (nächste Seite) zeigt eine Visualisierung der Google Search API mit Eclipse WTP. Derartige Abbildungen geben in einer Dokumentation einen guten Überblick über die eher auf Maschinen als auf Menschen zugeschnittenen WSDL-Dateien.

Auch die UML beinhaltet Elemente, um programmiersprachenunabhängig Schnittstellen und deren Verwendung zu beschreiben. Die Detailtiefe ist dabei Ihnen überlassen, sowohl in der Auswahl von Modellelementen in Diagrammen als auch in der Ausmodellierung der Elemente selbst. Sie können die UML daher für erste Entwürfe Ihrer Schnittstelle verwenden (und Details weglassen) und dann nach und nach verfeinern.

Bei sehr feiner Granularität können Sie sich der Sprachmittel der Implementierungssprache bedienen. In C sind das beispielsweise die Funktionsköpfe der Headerdateien, in Java Inter- faces und öffentliche Methoden. Martin Fowler arbeitet in [Fowler2002b] den Unterschied zwischen öffentlicher („public") und veröffentlichter („published") Schnittstelle heraus. In Java wie auch in vielen anderen Sprachen gibt es keine direkte Möglichkeit, den Unterschied auf Quelltextebene auszudrücken. Sie müssen die veröffentlichte Schnittstelle explizit heraus- arbeiten – in Java zum Beispiel über die Paketstruktur – und diese Tatsache dokumentieren.[7]

---

[7] Genau so macht das Eclipse, siehe [Rivieres2001].

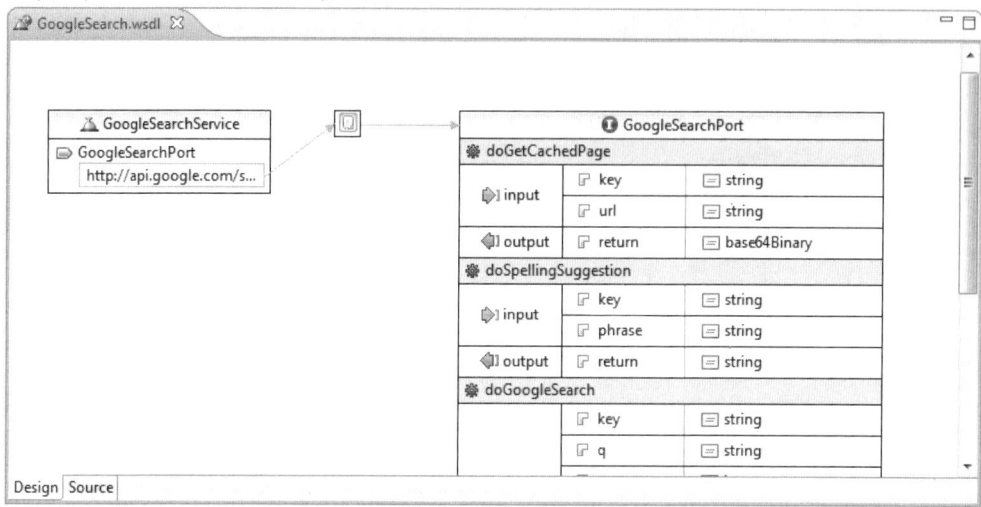

BILD 5.11 Visualisierung einer WSDL-Datei in Eclipse

Bei einigen Technologien ist die Festlegung der Datenformate ein zentrales Thema. Dies gilt beispielsweise für den Nachrichtenaustausch bei Message Oriented Middleware oder bei Binärdaten. Bei XML-basierten Datenformaten gibt es formale Methoden (z. B. XML-Schema), andere textbasierte Formate lassen sich mit regulären Ausdrücken oder Grammatiken beschreiben. Für binäre Datenformate gibt es ebenfalls Beschreibungssprachen (z. B. ASN.1).

Schnittstellenbeschreibung in Architekturdokumentation und -überblick

Die Schnittstellenbeschreibungen der Bausteine sind integraler Bestandteil der Architekturdokumentation. Um der Gefahr vorzubeugen, dass Schnittstellendokumentation und Implementierung auseinanderdriften, generieren Sie die detaillierte Beschreibung wenn möglich aus den Quelltexten. Für viele Programmiersprachen gibt es hierzu Werkzeuge, die Sie auch in Ihren Build-Prozess integrieren können.

Für einen Architekturüberblick genügen in der Bausteinsicht in der Regel kurze Zusammenfassungen der Schnittstellenbeschreibungen. Die knappste Fassung ist die Verantwortlichkeit des Bausteins als kurzer Text. Verweisen Sie aus dem Architekturüberblick auf die vollständige Dokumentation der Schnittstelle, zum Beispiel in der Quelltextdokumentation.

5.1.8 Schnittstellenbeschreibung (Dokumentationsmittel)

Bei Schnittstellenbeschreibungen gelten die gleichen Argumente wie bei Standardgliederungen für Architektur-Repositories. Eine einheitliche Strukturierung entfaltet ihre positive Wirkung hier sogar gleich mehrmals innerhalb Ihrer Dokumentation, in der Sie in der Regel verschiedene Schnittstellen beschreiben. Tabelle 5.2 zeigt einen Gliederungsvorschlag für Schnittstellenbeschreibungen, der an [Clements+2010] angelehnt ist. Einen weiteren finden Sie in [Starke+2009].

TABELLE 5.2 Vorlage für eine Schnittstellenbeschreibung (angelehnt an [Clements+2010])

Abschnitt	Inhalte
Steckbrief	Genauer Name der Schnittstelle, Kurzbeschreibung der Funktionalität, ggf. Autoren und Besitzer (zwischen wem wurde die Schnittstelle ausgehandelt?), ggf. Version
Interaktionen	Je nach Schnittstellenart Operationen (z. B. Funktionen, Methoden) oder Datenaustausch (z. B. Nachrichten). Je Interaktion: ▪ Beschreibung der Syntax (Technik) ▪ Beschreibung der Semantik (Fachlichkeit) ▪ Fehlerbehandlung
Datentypen und Konstanten	Bei den Interaktionen verwendete und gemeinsam mit der Schnittstelle definierte Aufrufparameter, Rückgabewerte, Konstanten, Datenformate
Fehlerbehandlung	Generelles zur Fehlerbehandlung, alternativ oder ergänzend zu den Ausführungen bei den Interaktionen
Einstellungen	Konfigurationsmöglichkeiten, welche die Schnittstelle oder der Baustein bieten, z. B. zum Logging
Qualitätsmerkmale	Aussagen über Qualitätsmerkmale, an die Implementierer gebunden sind und auf die sich Nutzer verlassen können
Entscheidungen beim Entwurf	Fragestellungen, Einflüsse, Annahmen, Alternativen und Begründungen für Entwurfsentscheidungen im Zusammenhang mit der Schnittstelle, falls angebracht
Beispielverwendung	Pseudocode oder Quelltext bei Operationen, Beispieldaten bei Datenformaten

Interaktionen

Je nach Art der Schnittstelle (Service, Nachrichtenquelle, Datenstrom, …) gibt es einen oder mehrere Interaktionspunkte. Bei einer Java-Klasse sind das beispielsweise die öffentlichen Methoden, Konstruktoren und Felder. Bei einem Web Service wie in Bild 5.11 (Google Search) sind es Endpunkte, Ports und Operationen (z. B. `doSpellingSuggestion`), bei einem REST-Service Ressourcen und Methoden. [Clements+2010] schlagen als allgemeinen Sammelbegriff dafür und als Überschrift innerhalb der Gliederung „Resources" vor. Ich habe mich für „Interaktionen" entschieden, da ich „Ressourcen" als zu sperrig empfinde. Wenn Sie innerhalb Ihrer Dokumentation stets die gleiche Art von Schnittstellen beschreiben, ersetzen Sie ihn durch die konkrete Bezeichnung der Interaktionspunkte, bei REST-APIs gerne auch durch „Ressourcen".

Qualitätsmerkmale

Eine Schnittstelle kann neben funktionalen Zusicherungen auch Zusicherungen zu Qualitätsmerkmalen machen. Wenn Sie hier Punkte aufnehmen, heißt das für eine Implementierung, dass sie sie einhalten muss, und für einen Verwender, dass er sich darauf verlassen kann. Konkrete Aussagen können bei groben Schnittstellen zum Beispiel die Dienstgüte (Quality of Service) betreffen, bei feinen Schnittstellen beispielsweise Thread Safety.

Baustein vs. Schnittstelle

Sie können die Interaktionspunkte eines Bausteins durch eine Schnittstellenbeschreibung herausarbeiten. Oder eine Schnittstelle definieren, die dann eine eigene Berechtigung hat und zum Beispiel als gewollter Erweiterungspunkt innerhalb Ihres Entwurfes dient.

5.1.9 Fallbeispiel: Schnittstellen der Eröffnung in „DokChess"

Als Beispiel folgt eine Schnittstellenbeschreibung für das DokChess-Subsystem Eröffnung. Bild 5.12 zeigt einen Überblick.

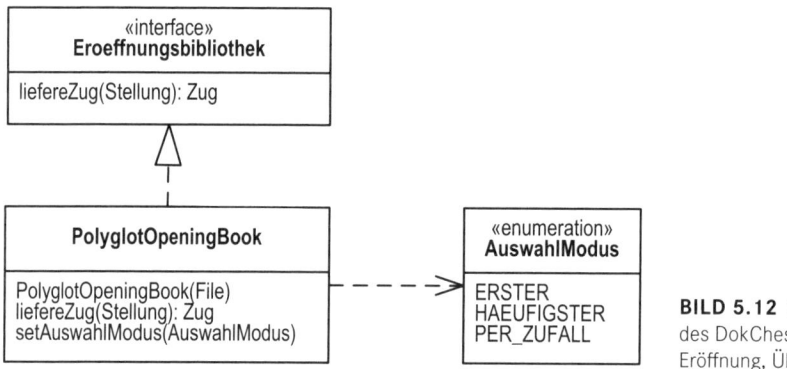

BILD 5.12 Schnittstelle des DokChess-Subsystems Eröffnung, Überblick

Steckbrief PolyglotOpeningBook

Die öffentliche Schnittstelle der Klasse `PolyglotOpeningBook` stellt Eröffnungsbibliotheken im freien PolyglotOpeningBook-Dateiformat bereit. Sie implementiert die Schnittstelle `Eroeffnungsbibliothek`, die als Erweiterungspunkt für andere Bibliotheksformate dient.

Identifikation:

- `de.dokchess.eroeffnung.Eroeffnungsbibliothek` (Interface)
- `de.dokchess.eroeffnung.polyglot.PolyglotOpeningBook` (Klasse)
- `de.dokchess.eroeffnung.polyglot.AuswahlModus` (Aufzählung)

Interaktionen

- `Zug liefereZug(Stellung stellung)`
  - Liefert zur angegebenen Stellung einen aus der Bibliothek bekannten Zug, oder null.
  - Parameter: `stellung`: zu betrachtende Stellung
  - Rückgabe: passender Zug, oder null, falls keiner bekannt
- `PolyglotOpeningBook(File datei)`
  - Konstruktor
  - Parameter: `datei`: Fileobjekt für die einzulesende Binärdatei im Polygot-Format

- `void setAuswahlModus(AuswahlModus auswahlModus)`
  - Setzt den Modus zur Auswahl eines Zuges, falls es in der Bibliothek für die Stellung mehr als einen Kandidaten gibt.
  - Parameter: `auswahlModus`, siehe Konstanten, Standardwert: `ERSTER`

Datentypen und Konstanten

Die Klassen `de.dokchess.allgemein.Stellung` und `de.dokchess.allgemein.Zug` sind im Domänenmodell beschrieben, siehe dort.

Der Aufzählungstyp `AuswahlModus` beinhaltet folgende Ausprägungen:

- `ERSTER`: Der erste Zug in der Kandidatenliste wird ausgewählt.
- `HAEUFIGSTER`: Der laut Bibliothek am häufigsten gespielte Zug wird ausgewählt.
- `PER_ZUFALL`: Der Zug wird per Zufall aus der Kandidatenliste ausgewählt.

Einstellungen

Neben den für die Klasse `PolyglotOpeningBook` beschriebenen Möglichkeiten (Konstruktor-Parameter, setter-Methode) gibt es keinerlei weitere Konfigurationsmöglichkeiten.

Fehlerbehandlung

Die Klassen des Subsystems werfen ausschließlich Runtime-Exceptions. Probleme beispielsweise bei Dateioperationen werden entsprechend verpackt, um den Aufrufer nicht zur speziellen Behandlung zu zwingen.

Qualitätsmerkmale

- Effizienz: Die Klasse `PolyglotOpeningBook` liest die Datei vollständig in den Hauptspeicher ein, die Laufzeit der Objekterzeugung (Konstruktor) und der Speicherbedarf sind daher linear abhängig von der Dateigröße.
- Wartbarkeit: Die Schnittstelle `Eroeffnungsbibliothek` wurde eingeführt, um Abhängigkeiten zu reduzieren und um alternative Implementierungen für Eröffnungsbibliotheken zu ermöglichen.
- Die Methode `liefereZug` ist threadsafe.

Entscheidungen beim Entwurf

Die einfache Schnittstelle `Eroeffnungsbibliothek` macht keinerlei Annahmen über die darunterliegende Implementierung. Denkbar sind dadurch neben Dateien beispielsweise auch Zugriffe auf Datenbanken. Konfigurationsaspekte sind daher in die Implementierungsklassen auszulagern (wie bei `PolyglotOpeningBook` erfolgt). Ein Verwender erhält die konkrete Bibliothek typischerweise über Dependency Injection und ist lediglich von `Eroeffnungsbibliothek` abhängig.

Beispielverwendung

LISTING 5.1 Beispielverwendung für die Eröffnungsbibliothek

```java
import java.io.File;
...
Eroeffnungsbibliothek erzeugeEroeffnungsbibliothek() {
  File eingabe = new File("myOpeningBook.bin");
  PolyglotOpeningBook buch = new PolyglotOpeningBook(eingabe);
  buch.setAuswahlModus(AuswahlModus.PER_ZUFALL);

  return buch;
}
void partieSpielen() {
  Eroeffnungsbibliothek eroeffnung = this.erzeugeEroeffnungsbibliothek();
  Stellung brett = new Stellung();
  Zug ersterZug = eroeffnung.liefereZug(brett);
  if (ersterZug != null) {
    brett = brett.fuehreZugAus(ersterZug);
  }
  ...
  Zug zweiterZug = eroeffnung.liefereZug(brett);
  ...
}
...
```

 Steckbrief: Dokumentationsmittel „Schnittstellenbeschreibung"

Synonyme: Interface, API (application programming interface)

Zweck:

Beschreibung der Funktionalität, die ein Baustein nach außen bereitstellt, beziehungsweise die er benötigt, um zu funktionieren

Form:

Informell als Überblick der zur Verfügung gestellten oder erwarteten Funktionalität, formell durch Beschreibungssprachen (z. B. WSDL, Programmiersprache), vollständige Schnittstellenbeschreibungen strukturiert nach einheitlicher Gliederung, z. B. nach Tabelle 5.2

Checkliste für den Inhalt einer Schnittstellenbeschreibung:

- Ist die Schnittstelle genau an einer Stelle vollständig beschrieben?
- Wird bei Verwendung einer formalen Beschreibungssprache erklärt, wo Informationen zu der Sprache zu finden sind?
- Sind die Namen der Interaktionen (z. B. Methodennamen) sprechend?
- Wenn es ein Protokoll für Interaktionen gibt (z. B. eine Reihenfolge), ist es beschrieben?
- Ist die Darstellung von Datenstrukturen, Formaten und Fehlerbehandlung redundanzfrei?
- Sind wichtige Entwurfsentscheidungen beim Schnittstellenentwurf, die durch Qualitätsziele motiviert wurden, nachvollziehbar festgehalten?

Beim Einbetten in einen Architekturüberblick oder andere Dokumentionen:

▪ Sind Detaillierungsgrad und Notation der Beschreibung für die Zielgruppe angemessen?

▪ Ist bei ausschnitthafter Darstellung ein Verweis auf die vollständige Schnittstellenbeschreibung enthalten?

Weiterführende Literatur:

▪ für konkrete Beschreibungssprachen die Spezifikationen und einschlägige Literatur dazu

▪ allgemein zur Dokumentation von Schnittstellen [Clements+2010], speziell zu API Design in Java [Tulach2008]

Ablageort arc42:

Abschnitt 5: „Bausteinsicht", ggf. Teile auch in Abschnitt 8: „Konzepte"

▪ 5.2 Verschiedene Blickwinkel

Dieses Kapitel heißt „Sichten auf Softwarearchitektur" (Plural). Tatsächlich haben wir bereits zwei Werkzeuge zur Beschreibung von Softwarearchitekturen kennengelernt, die in diese Kategorie fallen. Neben der Bausteinsicht zählt auch die Kontextabgrenzung aus Kapitel 2 dazu, der Begriff „Kontextsicht" ist geläufig. Im weiteren Verlauf kommen mit der Laufzeit- und der Verteilungssicht noch weitere hinzu. Das Konzept hinter den Sichten findet sich in verschiedenen Disziplinen der Kultur und Wissenschaft, überall dort, wo Komplexes zielgruppengerecht festgehalten und kommuniziert werden muss.

5.2.1 Hat Mozart modelliert?

In der Musik werden Melodien in einem speziellen Liniensystem notiert. Es erlaubt die Angabe von Tonhöhen, -längen und vielem mehr und ist eine seit Jahrhunderten etablierte Notation. Bild 5.13 zeigt exemplarisch einen Ausschnitt von 1783/84. Musik ist ein schönes Beispiel für Informationen, die sich grafisch besser festhalten lassen als nur mit Hilfe von Text. Für verschiedene Aspekte von Softwaresystemen gilt dasselbe.

Komplexe musikalische Werke wie eine Sinfonie werden allerdings nicht einfach mit einer Folge von Noten beschrieben. In der Softwareentwicklung bewährte Mittel, um mit Komplexität umzugehen, finden auch hier Verwendung: Abstraktion, Zerlegung, Hierarchie. Beispiele hierfür sind kompakte Beschreibungen, die sich zur schnellen Einordnung des Werkes eignen (Abstraktion, z. B. „1. Klavierkonzert op. 23 in b-Moll"), Zerlegung einer Partitur in unterschiedliche Einzelstimmen je Musikinstrument, oder auch durch Akte, Sätze,

BILD 5.13 Aus der Sonate Nr. 11 A-Dur KV 331 von Wolfgang Amadeus Mozart

Takte (Hierarchiebildung). Bei einem Ballett kommen ggf. noch Bühnenbild, Choreografie und Handlung hinzu. Viele Sichten auf das große Ganze werden erstellt, jede verfolgt einen besonderen Zweck und hat eine bestimmte Zielgruppe.

Sichten in der Softwarearchitektur

Mit Entwürfen von Softwaresystemen verhält es sich in vielerlei Hinsicht genauso wie in der Musik. Auch hier werden Ideen und Konzepte gerne visualisiert, um sie festzuhalten und zielgruppengerecht zu kommunizieren. Die Literatur schlägt unterschiedliche Sichtensätze vor (mehr dazu in Kapitel 5.5), auch arc42 beinhaltet Sichten. Den universellen, minimalen Satz von Sichten zur optimalen Überdeckung aller Architekturaspekte für jedes beliebiges Softwaresystem gibt es nicht.

In jedem Fall ist mehr vonnöten als ein einzelnes großes Bild zur Beschreibung eines Softwaresystems. Auch in Architekturbeschreibungen haben sich mehrere Sichten bewährt. Damit stellt sich aber die Frage, wie Sie dafür sorgen können, dass unterschiedliche Sichten in Ihrem Vorhaben für sich und untereinander konsistent entworfen werden und es im weiteren Verlauf auch bleiben.[8]

UML: Diagramme als Sichten auf ein Modell

Ein vielversprechender Ansatz, um die Konsistenz zwischen den unterschiedlichen Sichten einer Architektur sicherzustellen, ist es, ein einheitliches Modell darunterzulegen. Die UML macht genau das. Als grafische Notation bietet sie für unterschiedliche Sichten passende Diagramme an. Aber man kann mehr als nur ein paar Bildchen malen. Der zentrale Punkt ist, dass die unterschiedlichen Diagramme tatsächlich Sichten auf ein einheitliches Modell sind.

---

[8] Mir ist völlig schleierhaft, wie Mozart, abgesehen von Tinte und Feder, ohne weitere Toolunterstützung die Noten der unterschiedlichen Instrumente für ein sinfonisches Werk konsistent zu halten vermochte.

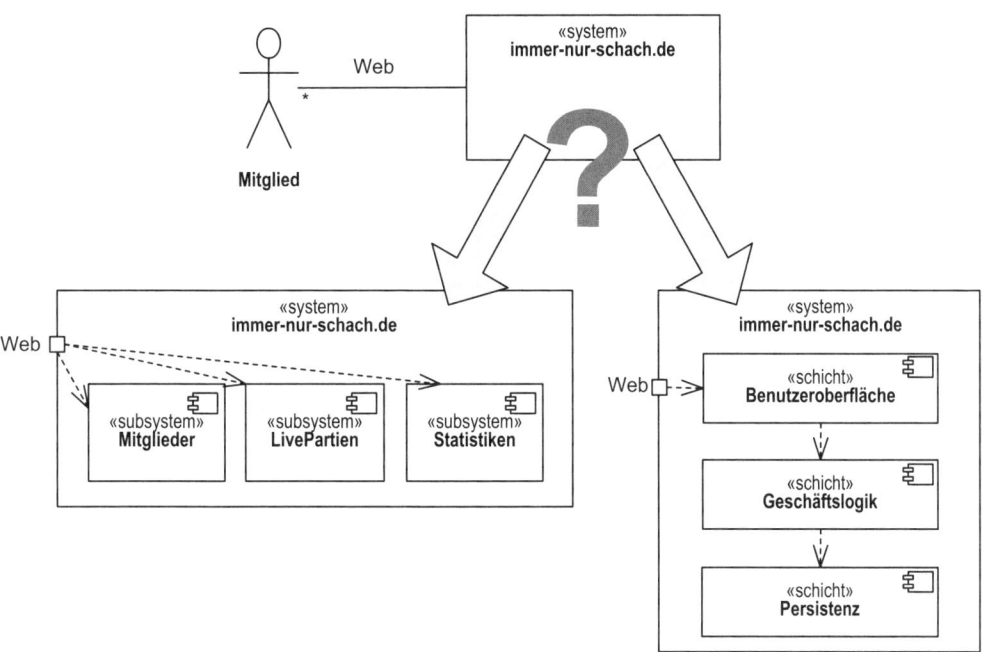

BILD 5.14 Das System fachlich nach Funktionalität oder technisch in Schichten zerlegt?

Dies und die damit verbundene Chance auf Konsistenz ist für mich das entscheidende Argument für den Einsatz von UML-Werkzeugen in der Architekturdokumentation. Solche Werkzeuge ziehen die Umbenennung eines Bausteins in allen Diagrammen, in denen er beteiligt ist, automatisch nach. Sie müssen Sichten nicht zwingend mit UML beschreiben. Bei der Erhaltung der Konsistenz schneiden Powerpoint und Co. aber vergleichsweise schlecht ab, weil der Modellgedanke fehlt.

Aber man kann es auch übertreiben. UML-Modelle mit dem Detaillierungsgrad der Implementierung lassen sich kaum konsistent zum Quelltext halten. Projekte verzichten zu Recht darauf, dieses Ziel zu erreichen. Architektursichten sind jedoch abstrakter; hier besteht berechtigter Grund zur Hoffnung, zumindest auf dieser Ebene widerspruchsfreie, zielgruppengerechte Sichten auf das Ganze zu schaffen.

5.2.2 Fachliche Zerlegung vs. technische Zerlegung

Im Fallbeispiel DokChess wurde das Gesamtsystem als Summe kleinerer Teile mit klar abgegrenzten Verantwortlichkeiten dargestellt (siehe Bild 5.4). Einzelteile lassen sich funktional weiter zerlegen und visualisieren (siehe Architekturüberblick in Kapitel 9). Eine solche streng hierarchische Illustration ist aber nicht immer angemessen oder unterschlägt zumindest Teilaspekte, denn viele Systeme haben nicht nur eine Zerlegungsdimension.

Ein in der Praxis besonders häufiger Vertreter sind Schichtenarchitekturen, die sich horizontal nach Technologien und vertikal nach fachlichen Gesichtspunkten schneiden lassen.

Schichten zur Strukturierung des Systems

Nehmen wir das Fallbeispiel „immer-nur-schach.de". Kandidaten für fachlich motivierte Subsysteme sind die Mitgliederverwaltung, das Spielsubsystem für laufende Partien und die Statistik für Auswertungen bereits gespielter Partien. Das würde ausgehend vom Systemkontext zu einer Zerlegung wie in Bild 5.14 links unten führen.[9]

Für die Anwendung ist eine Schichtenarchitektur angedacht; auf die Funktionalität der drei Subsysteme kann über das Web zugegriffen werden, alle schreiben und lesen Daten aus einer relationalen Datenbank. Auf Ebene 1 könnte man die Bausteinsicht also auch mit einer strikten Schichtenarchitektur beginnen lassen wie in Bild 5.14 unten rechts, die Verantwortlichkeiten sind dann nicht fachlich, sondern technisch motiviert.

Im ersten Fall (Bild 5.14 unten links) würde jedes Subsystem Anteile aus allen drei Schichten beinhalten, also auch Oberflächen- und Persistenzaspekte. Bei einer weiteren Verfeinerung würden in Ebene 2 entweder die Schichten gezeigt (redundant für jedes Subsystem), oder man bleibt bei einer fachlich motivierten Zerlegung. Dann stellt sich allerdings die Frage, wo man die Schichten überhaupt zeigt. Im zweiten Fall (Bild 5.14 unten rechts) ist zumindest das klar. Die Schichten spielen hier die Hauptrolle, und jede Schicht enthält Anteile aus allen drei Fachlichkeiten. In Ebene 2 könnte man das visualisieren, alle Schichten zerfallen in gleichförmige fachliche Anteile.

Es gibt noch weitere Zerlegungs- und Darstellungsoptionen. Bild 5.15 arbeitet zum Beispiel die Benutzeroberfläche in einem Baustein gleichberechtigt zu den funktional motivierten Teilen heraus und vermischt damit technische und fachliche Zerlegungsaspekte in einem Diagramm.

Alle Varianten beschreiben dasselbe Softwaresystem. Es handelt sich hier nicht um eine Diskussion, wie man das System richtig zerlegt, sondern darum, wie man diese (immer gleiche) Zerlegung darstellt. Welches die „richtige" Option ist, entscheiden Sie aufgrund der Intention, was Sie kommunizieren wollen und an wen. Vielleicht haben Sie beispielsweise Ihre Teams fachlich geschnitten und geben dem neuen Mitarbeiter mit dem Diagramm auch gleich eine Orientierung, wo er in Zukunft mitarbeitet. Oft werden Sie verschiedene Diagramme in Ihre Architekturdokumentation aufnehmen, um die Entscheidungen zur Strukturierung zu kommunizieren.

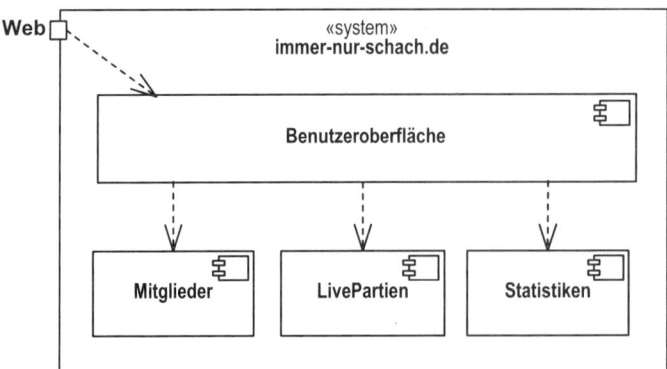

BILD 5.15 Zerlegung mit technisch und fachlich motivierten Bausteinen gemischt

---

[9]   Die Akteure sind bis auf einen weggelassen, und es kämen noch weitere Subsysteme dazu. Beziehungen der Bausteine untereinander sind ebenfalls der Einfachheit halber ausgelassen.

Bei der Umsetzung der Architektur in Quelltext müssen Sie sich dann aber entscheiden, ob Sie erst fachlich oder erst technisch strukturieren. Für Java beispielsweise bestünde der Quelltext aus Klassen, die Paketen zugeordnet sind. Über die Punktnotation lässt sich eine Schachtelung der Pakete darstellen, sie haben die Wahl zwischen zuerst technisch (...db.mitglied, ...db.partie) oder zuerst fachlich (...mitglied.db, ...mitglied.logik).

Ganz allgemein gilt: Streben Sie im Entwurf Konsistenz an, und vermeiden Sie es, Konzepte mehrmals zu beschreiben.

5.2.3 Fallbeispiel: Bausteinsicht „immer-nur-schach.de"

Im Folgenden sind Teile der Bausteinsicht von „immer-nur-schach.de" dargestellt. Sie sollen illustrieren, wie man die grobe Struktur eines etwas aufwändigeren Systems visualisieren und festhalten kann.

Bausteinsicht, Ebene 1

Das folgende Diagramm zeigt die fachlichen Subsysteme von immer-nur-schach.de, Verwendungen untereinander und die Interaktion mit Akteuren außerhalb des Systems (vergleiche Systemkontext Bild 2.5 auf Seite 30).

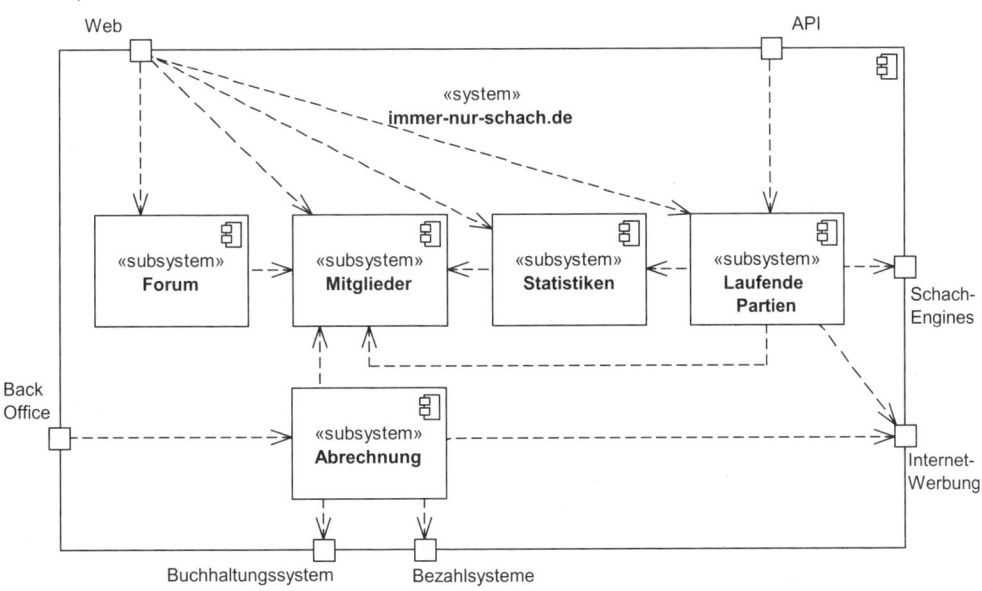

BILD 5.16 immer-nur-schach.de, Bausteinsicht, Ebene 1

TABELLE 5.3 Kurzbeschreibungen der Subsysteme in immer-nur-schach.de

Subsystem	Kurzbeschreibung
Mitglieder	Verwaltet die Mitglieder von immer-nur-schach.de und ermöglicht Interessenten die Registrierung.
Statistiken	Stellt den Mitgliedern Auswertungen zur Verfügung, beispielsweise zu ihren Partien und zum Fortschritt ihrer Spielstärke.
Laufende Partien	Erlaubt Mitgliedern das Einleiten neuer Partien, das Beitreten in offenen Partien und natürlich das Spielen selbst.
Forum	Ermöglicht den Austausch zwischen den Mitgliedern und anderen Beteiligten von immer-nur-schach.de.
Abrechnung	Kümmert sich um die Rechnungen für die Premiummitglieder und die Kunden der Internetwerbung.

Grundsätzliche Struktur (Schichten)

immer-nur-schach.de zerfällt in Schichten, Bild 5.17 visualisiert sie als Pakete. Die Beziehungen zeigen zulässige Abhängigkeiten an. Zur Illustration sind die fachlichen Subsysteme „Mitglieder" und „Laufende Partien" dahinter dargestellt; sie tragen zu den betreffenden Schichten bei. Die in Klammern notierten Kürzel werden im Rahmen der Implementierung als Bestandteil der Paketnamen verwendet.

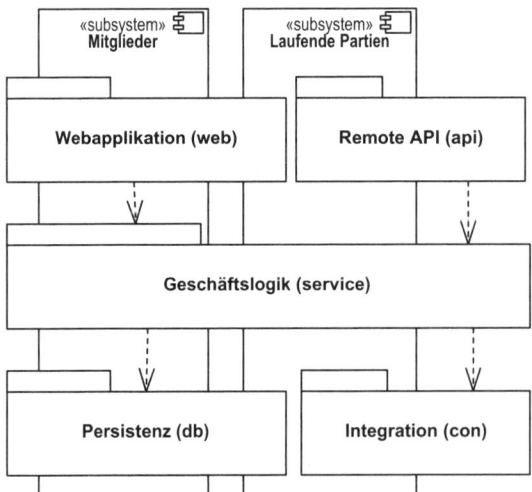

BILD 5.17 Technische Struktur von immer-nur-schach.de in Schichten

Bausteinsicht, Ebene 2 (Subsystem Laufende Partien)

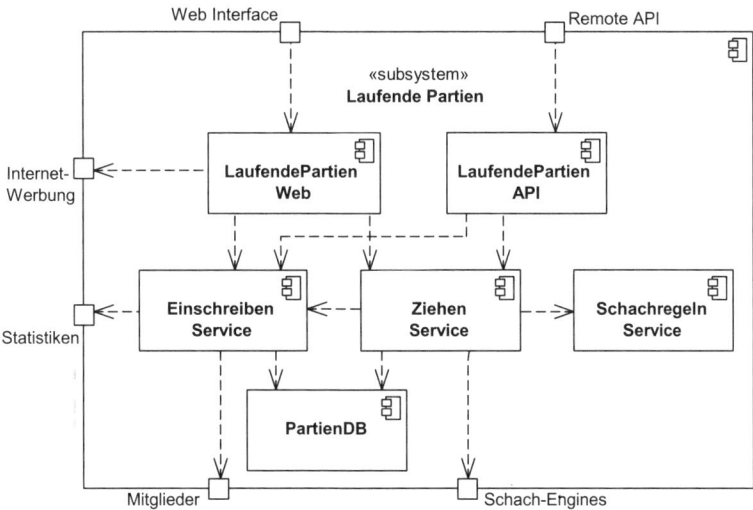

BILD 5.18 Bausteinsicht Ebene 2, Subsystem „Laufende Partien"

TABELLE 5.4 Kurzbeschreibungen und Paketnamen für das Subsystem „Laufende Partien"

Baustein	Kurzbeschreibung	de.immernurschach ...
LaufendePartienWeb	Screens der Web-Applikation	...partie.web
LaufendePartienAPI	Remote-Schnittstelle	...partie.api
EinschreibenService	Offene Partien suchen, neue eröffnen, ihnen als Gegner beitreten	...partie.service.einschreiben
ZiehenService	Züge innerhalb einer Partie ausführen	...partie.service.ziehen
SchachregelnService	Prüfen der Züge auf Gültigkeit, Schach Matt und Patt	...partie.service.regeln
PartienDB	Persistenz für laufende Partien	...partie.db

 Übungsaufgabe 4: Grobe Bausteinsicht anfertigen

Fertigen Sie eine grobe Bausteinsicht (Ebene 1) zum Squeezebox Server an. Dabei lasse ich Ihnen die Wahl: Entweder, Sie entwerfen das Innere des Servers frei und legen die Verantwortlichkeiten selber fest. Oder Sie studieren den Quelltext und leiten die Bausteine daraus ab. Der zweite Ansatz ist der realistischere; der Lösungsvorschlag orientiert sich ebenfalls an der tatsächlichen Implementierung. Mit der ersten Option möchte ich Leser einladen, die sich nicht durch fremden Quelltext kämpfen wollen und vielleicht auch nicht technisch versiert genug sind.

Ihre Lösung besteht in jedem Falle aus einem Diagramm mit Erläuterung dazu. Geben Sie an, wie Sie vorgegangen sind. Außerdem enthält Ihre Lösung kurze Beschreibungen zu den gezeigten Bausteinen. Auch die Interaktion der Bausteine untereinander und mit Außenstehenden ist visualisiert. In Summe sollte Ihre Lösung 4 DIN-A4-Seiten nicht übersteigen.

■ 5.3 Verhalten und Abläufe beschreiben

Im Rahmen eines Überblicksvortrags stellt ein Teammitglied die Architektur des Softwaresystems vor. Nach einem Einstieg über die Ziele des Vorhabens und den Systemkontext taucht es in ein Diagramm aus der Bausteinsicht ein. Zentrale Anwendungsfälle werden in Form von Walkthroughs exemplarisch durchgespielt und alternative Abläufe und kritische Situationen auf Nachfrage ebenfalls durchgesprochen. Der Vortragende und die Zuhörer „besuchen" dabei der Reihe nach die Bausteine.

Es ist sehr typisch, dass die Elemente der Bausteinsicht auf diese Weise zum Leben erweckt und dynamische Aspekte auf der Tonspur kommuniziert werden. Aber nicht immer ist ein Wissensträger zum Durchsprechen zur Hand. Und selbst wenn möchten wir den Erklärenden in bestimmten Situationen eine Visualisierung an die Hand geben, die Verhalten direkt wiedergibt.

5.3.1 Abläufe in Entwurf und Dokumentation

Was Bausteine tun können, wenn man sie ausführt (z. B. wenn man Exemplare von Klassen erzeugt und Methoden aufruft), wird prinzipiell durch die Schnittstellen in der Bausteinsicht beschrieben. Abläufe lassen sich aber auch direkt beschreiben, exemplarisch oder manchmal sogar vollständig. Wenn wir das laufende System betrachten, kommt eine neue Sicht hinzu, die Laufzeitsicht.

Ablaufbeschreibungen sind zunächst oft Hilfsmittel im Entwurf, um Verantwortlichkeiten zu klären und Schnittstellen zu definieren. Ein typisches Beispiel sind UML-Sequenzdiagramme, die den Nachrichtenaustausch für ein konkretes Szenario visualisieren. Aus den Pfeilen zwischen den Beteiligten lassen sich Namen und Aufrufparameter für Operationen ableiten. Das Ergebnis schlägt sich dann in der Bausteinsicht nieder, das Sequenzdiagramm wischen Sie im Anschluss vom Whiteboard oder markieren es als temporäres Arbeitsergebnis, das Sie nicht beabsichtigen zu pflegen. Das ist völlig in Ordnung, Verhaltensdiagramme sind unter Umständen nur mit hohem Aufwand aktuell zu halten.

In bestimmten Situationen wollen Sie Abläufe allerdings dauerhaft festhalten. Das muss nicht zwingend in einer grafischen Notation erfolgen.

5.3.2 Darstellungen für Abläufe

Die einfachste Darstellungsform eines Ablaufes ist eine Aufzählungsliste, welche die Schritte in der richtigen Reihenfolge beinhaltet. Alternativen und Wiederholungen können so nur bedingt beschrieben werden (z. B. durch Einrückungen), die nächste Stufe wäre dann Pseudocode. Viele denken bei der Darstellung dynamischer Aspekte sofort an Diagramme, deshalb möchte ich betonen, dass textuelle Formen für Abläufe völlig zulässig, oft angemessen und auch sehr praktikabel sind (z. B. in einem Wiki oder in den Notizen zu einer Folie).

Doch textuelle Darstellungen haben ihre Grenzen, insbesondere wenn die Abläufe komplizierter werden, die Anzahl der Abzweigungen und Schleifen zunimmt und vielleicht auch noch Nebenläufigkeit ins Spiel kommt. Zu den bekannteren grafischen Notationen zählen Programmablaufpläne (eine Art IT-Faustkeil, [DIN66]) oder EPK (Ereignisgesteuerte Prozessketten) und neuerdings BPMN (Business Process Model and Notation) für Geschäftsprozesse. In der Softwareentwicklung ist UML die gebräuchlichste Notation, deswegen schauen wir uns hier die Möglichkeiten etwas genauer an.

Diagramme der UML zur Beschreibung von Abläufen

Die UML kennt 14 Diagrammarten für jede Gelegenheit, die sich grob in solche zur Strukturbeschreibung (z. B. Klassendiagramm) und solche zur Verhaltensmodellierung einteilen lassen. Von der zweiten Kategorie zeigt Bild 5.19 die drei in Architekturdokumentationen gebräuchlichsten[10] in schematischer Form. Wir gehen sie kurz durch, skizzieren die wesentlichen Punkte und geben Orientierung, welches Diagramm für die Beschreibung von Softwarearchitektur wo seine Stärken hat.

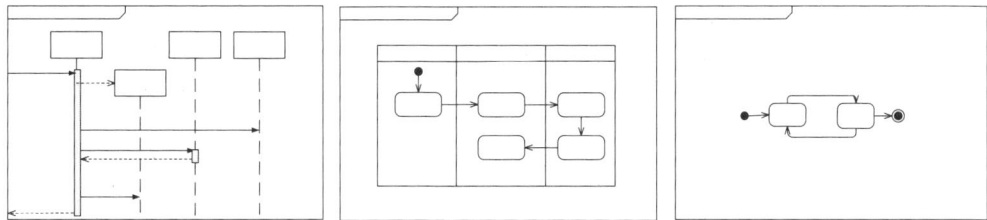

BILD 5.19 Sequenzdiagramm, Aktivitätsdiagramm, Zustandsdiagramm (schematisch)

Sequenzdiagramm

Ein Sequenzdiagramm zeigt die Interaktion zwischen Beteiligten durch den Austausch von Nachrichten. Die Beteiligten werden durch Lebenslinien repräsentiert, der Nachrichtenaustausch durch Pfeile zwischen diesen Linien. Die zeitliche Abfolge der Ereignisse wird von oben nach unten dargestellt.

Die Rollen der Beteiligten können von Bausteinen und Akteuren eingenommen werden. Dadurch eignet sich dieses Diagramm, um Interaktion und Nachrichtenaustausch zwischen diesen zu visualisieren. Man kann zum Beispiel Funktionalität, an der mehrere Bausteine beteiligt sind, für einen konkreten Fall durchspielen. Im Rahmen des Entwurfs können Sie es als Werkzeug zur Schnittstellenermittlung oder zum Festlegen von Verantwortlichkeiten verwenden. Später in der Dokumentation kann es das Zusammenspiel von Bausteinen und die Verwendung von deren Schnittstellen illustrieren.

Formal können Sie in Sequenzdiagrammen Alternativen, Wiederholungen und sogar Nebenläufigkeit darstellen. Die Diagramme werden dann schnell kompliziert und sind schwer zu lesen. Haupteinsatzgebiet ist die Darstellung beispielhafter, besonders interessanter Abläufe.

---

[10] Das spiegelt mein Erfahrungswissen wider und ist subjektiv. Wenn Sie andere Diagramme erfolgreich verwenden, machen Sie das selbstverständlich gerne weiter.

Aktivitätsdiagramm

Ein Aktivitätsdiagramm beschreibt einen Ablauf als Graph mit den Schritten des Ablaufes als Knoten und Objekt- und Kontrollfluss als Kanten. Weiterhin gibt es Knoten für Verzweigungen, Teilung (Splitting), Synchronisation, so dass auch die Darstellung von Alternativen und Parallelität möglich ist. Während ein Sequenzdiagramm typischerweise einen Ablauf exemplarisch zeigt, ist es bei Aktivitätsdiagrammen die Menge aller möglichen Folgen von Schritten, in Einzelfällen sind das unendlich viele.

Um in einem Aktivitätsdiagramm Verantwortlichkeiten für einzelne Schritte zu visualisieren, können Sie Partitionen verwenden. Notiert werden diese durch „Schwimmbahnen" (siehe Bild 5.19 Mitte). Wenn Sie einem Baustein eine Partition zuordnen, können Sie die Schritte geeignet platzieren und so die Verantwortlichkeit für deren Ausführung festhalten. Weiter unten finden Sie ein Beispiel für DokChess (Bild 5.20).

Zustandsdiagramm, Zustandsautomat

Zustandsdiagramme zeigen die Zustände, in denen sich etwas befinden kann, und die möglichen Übergänge zwischen diesen Zuständen. Formal beschreiben sie einen endlichen Automaten. Sie sehen ähnlich aus wie Aktivitätsdiagramme, im Graph beschreiben die Knoten hier jedoch die einzelnen Zustände, die Kanten die Übergänge. Ähnlich wie das Aktivitätsdiagramm visualisiert ein Zustandsdiagramm alle möglichen Folgen von Zuständen und Zustandsübergängen, nicht nur eine exemplarische.

Im Falle einer Architekturdokumentation kann das „etwas" das ganze System sein oder auch ein Teil (Baustein) davon. Weiter unten ist ein Beispiel für ein DokChess-Subsystem dargestellt. Interessant ist diese Diagrammart dann, wenn das betreffende Teil unterschiedliche Zustände (z. B. Betriebsmodi) besitzt, die bekannt sein sollten. Zum Beispiel, weil zur Verwendung ein bestimmtes Protokoll eingehalten werden muss.

 Praxistipp: Ausführbare Tests als Dokumentation von Verhalten

Ich habe bereits in mehreren Projekten erlebt, dass auf die Frage „Wie benutzt man dieses Teil?" nicht mit Pseudocode oder Verhaltensdiagrammen geantwortet wurde, sondern mit „Guck Dir UnitTest XY an!" Hört sich ein bisschen an wie „Der Quelltext ist die Dokumentation", oder?

Tatsächlich stellte sich aber heraus, dass spezielle Tests (keine Unit-Tests im eigentlichen Sinne) angefertigt worden waren, deren vorrangiges Ziel es war, zu kommunizieren, wie etwas zu benutzen war. Die Tests waren gut zu finden, ihr Quelltext entsprechend dokumentiert. Der Ansatz hat einen gewissen Charme:

- Die Form der Dokumentation ist für eine bestimmte Zielgruppe perfekt.
- Wenn die Tests im Build automatisch mitlaufen, bleibt die Dokumentation aktuell.
- Falls der Verwender Probleme hat, kann er sich auf den Test beziehen: „Ich habe das eigentlich genauso gemacht wie im Test, nur ..."

Dieser Tipp passt nicht für jedes Vorhaben. Aber wenn Sie beispielsweise eine Bibliothek oder ein Framework entwickeln oder eine Komponente, die eingebunden werden muss, um verwendet zu werden, sollten Sie ihn in Erwägung ziehen.

5.3.3 Laufzeitsicht (Dokumentationsmittel)

Die Laufzeitsicht beschreibt interessante Aspekte des Systems, wenn es läuft. Bei der Dokumentation der Bausteinsicht zerlegen Sie typischerweise das gesamte System und können bezüglich der Zerlegung auch eine gewisse Vollständigkeit anstreben (zumindest auf einem hohem Abstraktionsniveau, das manche Architektur nennen). Bei der Laufzeitsicht bleibt es hingegen Ihnen überlassen auszuwählen, welche Aspekte des Systems für die Leser Ihrer Architekturdokumentation „interessant sind". Als Stakeholder sind hier insbesondere auch die Kollegen vom Betrieb relevant.

Einige typische Kategorien:

- Verhalten des Systems beim Start bzw. beim Herunterfahren
- Konfiguration des Systems, z. B. bei Dependency Injection
- Interaktion von Systemteilen, z. B. Client und Server
- Walkthroughs für wichtige Use Cases oder User Stories
- Verhalten bei kritischen Situationen (z. B. Wegfall eines Teils zur Laufzeit)

Steckbrief: Dokumentationsmittel „Laufzeitsicht"

Synonyme, verwandte Werkzeuge: Process View (im RUP), Ausführungssicht

Zweck:
Zeigt Elemente der Baustein- und/oder Kontextsicht in Aktion, veranschaulicht dynamische Strukturen und Verhalten des beschriebenen Systems.

Form:
Aufzählung der Schritte eines Ablaufs als Text (Stichpunkte), Pseudocode, Diagramme zur Darstellung dynamischer Aspekte
Typische Diagramme in UML: Aktivitätsdiagramm, Sequenzdiagramm, Zustandsdiagramm, Objektdiagramm

Checkliste für den Inhalt:
- Hat jedes Diagramm eine kurze Erläuterung, die beschreibt, was der Betrachter sieht?
- Ist bei den gezeigten Kästchen und Linien klar, was sie bedeuten? (Legende?)
- Ist der Bezug zur Bausteinsicht nachvollziehbar? Finden sich die verwendeten Bausteine dort wieder?
- Sind alle Diagramme logisch sinnvoll im Repository abgelegt?

Weiterführende Literatur:
Für die Notation in UML einschlägige Literatur, z. B. [Rupp+2007],
für UML-Stilfragen z. B. [Ambler2005]

Ablageort arc42:
Abschnitt 6: „Laufzeitsicht", prinzipielle oder typische Abläufe ggf. in Abschnitt 8 „Konzepte"

5.3.4 Fallbeispiel: Ablauf in DokChess

Das Aktivitätsdiagramm in Bild 5.20 zeigt die essenziellen Schritte im Ablauf einer Partie innerhalb von DokChess inklusive der Zuordnung zu den Subsystemen (vgl. Bausteinsicht in Bild 5.4). Das Subsystem „Eröffnung" wurde zur Vereinfachung weggelassen. DokChess spielt schwarz und erwartet zu Beginn den gegnerischen Eröffnungszug.

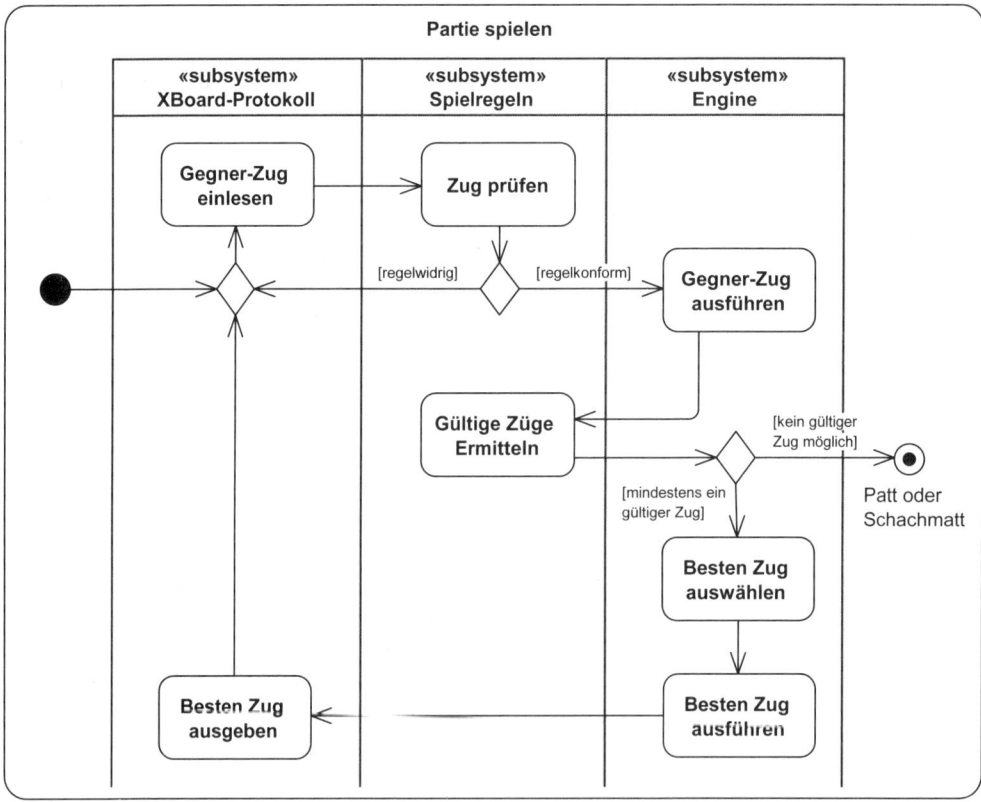

BILD 5.20 Ablauf eines Spiels innerhalb von DokChess (Aktivitätsdiagramm)

5.3.5 Fallbeispiel: Zustandsautomat XBoard (DokChess)

Innerhalb von DokChess realisiert das XBoard-Subsystem das textbasierte Kommunikationsprotokoll zwischen einem (oft grafischen) Client und der Schach-Engine. Das umfangreiche Protokoll ist zustandsbehaftet. Bild 5.21 zeigt die von DokChess implementierte Teilmenge mit den möglichen Zuständen (Knoten) des Subsystems während einer Partie und den zulässigen Zustandsübergängen (Kanten). An den Übergängen sind die unterstützten Befehle, die der Client zur Engine sendet, in Anführungszeichen annotiert. Der Name des Befehls steht, falls er vom Befehl abweicht, in runden Klammern dahinter. Bei zwei Befehlen (move, place piece) stellt ein regulärer Ausdruck die gültige Befehlssyntax dar. „[a-h][1-8]" steht

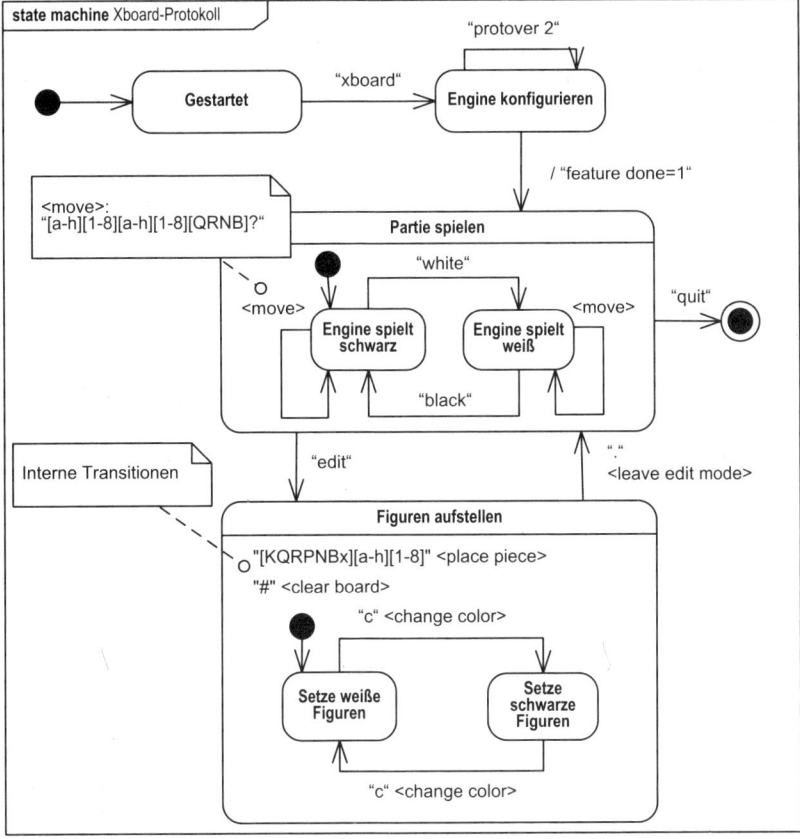

BILD 5.21 Zustandsdiagramm für das Subsystem XBoard-Protokoll in UML

beispielsweise für ein Feld auf dem Schachbrett, „[QRNB]" für eine zulässige Figur bei einer Bauernumwandlung (Q=Queen, ...). Details siehe Protokollbeschreibung [Mann+2009].

■ 5.4 Die Dinge zum Einsatz bringen

> *„Wo laufen sie denn, wo laufen sie denn ..."*
>
> Wilhelm Bendow: *„Auf der Rennbahn"*

Zum Kommunizieren einer Softwarearchitektur gehört auch die Beschreibung, wie die Lösung betrieben werden kann und wo. Sie treffen Entscheidungen, welche die Einsatzmöglichkeiten Ihrer Software beeinflussen und begrenzen. Zumindest wenn Ihnen die Randbedingungen Spielraum dazu lassen.

5.4.1 Betriebsaspekte in der Architekturdokumentation

Inwieweit Betriebsaspekte in Ihrer Architekturdokumentation eine Rolle spielen, hängt von verschiedenen Faktoren ab. Zentral sind die Randbedingungen zur Laufzeitumgebung. Wie nutzen Sie den verbliebenen Spielraum in diesem Bereich, um Architekturziele zu erreichen? Auch die Zielgruppen Ihrer Dokumentationsergebnisse sind von Bedeutung. Die im Folgenden skizzierte Verteilungssicht stellt das System aus Sicht des Betriebs[11] dar, sie ist aber auch für Entwickler von Interesse.

Randbedingungen und Spielräume

Wenn Ihnen durch die Unternehmensarchitektur oder Kundenvorgaben die Laufzeitumgebung bereits detailliert vorgeschrieben ist und auch die Art, wie Sie die Software zu verteilen haben, gibt es für Sie wenig zu entscheiden. Sie halten die Laufzeitumgebung in den Randbedingungen fest, referenzieren in Entscheidungen darauf und brauchen nur auf ihre konkrete Ausprägung (z. B. projektspezifische Namen und Bezeichnungen) einzugehen. Für einen Architekturüberblick Ihres Vorhabens wägen Sie ab, inwieweit Sie die Zielumgebung skizzieren oder ob Sie zum Beispiel auf eine Referenzarchitektur verweisen können.

Anders sieht es aus, wenn Sie weniger Vorgaben bezüglich der Laufzeitumgebung haben, Entscheidungen dazu in Ihrem Projekt mit getroffen werden oder Ihre Lösung in sehr unterschiedlichen Umgebungen betrieben werden soll. Dann haben Sie in diesem Bereich mehr zu entscheiden und damit auch mehr festzuhalten.

Zwei Aspekte zur Inbetriebnahme

Die Elemente der Bausteinsicht werden im Rahmen der Umsetzung typischerweise zu Quelltexten und anderen Ergebnissen in Form von Dateien. Sie werden dann übersetzt und in irgendeine Form überführt, die man verteilen und/oder installieren kann. Im Rahmen dieses Prozesses („Build") entstehen üblicherweise wieder Dateien, die jeder kennen muss, der die Lösung in Betrieb nimmt. Die Bandbreite reicht von nativen Installationsroutinen („setup.exe") über Archive und Bibliotheken bis hin zu Skripten (z. B. zum Anlegen von Strukturen in einer relationalen Datenbank).

Sind aus den Bausteinen Dinge geworden, die man verteilen kann („Deployment Units", engl. „to deploy": in Marsch setzen, einsetzen), stellt sich als Nächstes natürlich die Frage nach der Zielumgebung. Hier kommt gegebenenfalls Hardware ins Spiel. Vielleicht kann die Umgebung auch abstrakter beschrieben werden (Application Server, Cloud Platform, …). Interessant wird es insbesondere dann, wenn die Deployment Units auf unterschiedliche Knoten verteilt werden müssen. Das klassische Beispiel sind Client/Server-Lösungen. Was genau muss wo installiert und konfiguriert sein?

---

[11] Früher haben Entwickler an den Betrieb immer als Letztes gedacht. Trends wie Cloud Computing und DevOps überwinden alte Vorbehalte und versöhnen die Lager ein wenig.

5.4.2 Darstellungen für Verteilung

Ähnlich wie bei der Baustein- und der Laufzeitsicht sind auch für die Darstellung von Betriebsaspekten Abbildungen beliebt. Prüfen Sie auch hier, ob für Ihre Situation kurze textuelle
Beschreibungen angemessener sind. Falls Sie auf Visualisierungen setzen, stellt sich wieder
die Frage nach der Notation. Hier sieht man regelmäßig Powerpoint- und Visio-Grafiken
mit passenden Bildchen von Rechnern, zusätzlicher Hardware, Wolken etc. Für bestimmte
Zielgruppe ist das durchaus angemessen.

Die Verwendung von UML hat den Charme, dass Sie Bezüge zur Bausteinsicht herstellen
können, falls Sie die Elemente im selben Modell halten. Die beiden beschriebenen Aspekte
stellen Sie mit Verteilungsdiagrammen (engl. „deployment diagram") bzw. Komponenten-
diagrammen dar. Ich gehe im Folgenden kurz darauf ein, wie das grundsätzlich aussieht.[12]
In den Fallbeispielen sehen Sie konkrete Ausprägungen.

Dinge, die man verteilen kann, in UML

Der UML-Standard kennt sogenannte Artefakte, sie beschreiben verteilbare Dinge aller Art.[13]
Artefakte können Elemente aus der Bausteinsicht manifestieren, Bild 5.22 zeigt die Darstellung im Diagramm. Ein Artefakt kann auch mehrere Bausteine manifestieren, außerdem
können Sie Abhängigkeiten zwischen Artefakten darstellen oder weitere Informationen
anbringen (z. B. Versionen). Auf diese Weise schlagen Sie die Brücke von Elementen aus dem
Entwurf (z. B. ein Subsystem-Baustein) zu Resultaten des Entwicklungsprozesses (z. B. eine
auf einem Applikationsserver installierbare Anwendung).

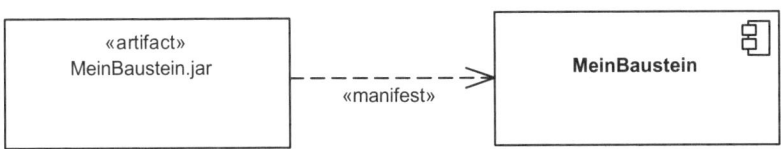

BILD 5.22 Beziehung zwischen Artefakt und Baustein in UML

Wo man die Dinge verteilen kann

Zur Beschreibung der Zielumgebung stellt die UML Knoten (Nodes) bereit, die über Kommunikationsbeziehungen miteinander verbunden werden. Bei den Knoten handelt es sich
um Geräte (engl. „device", also tatsächlich Hardware) oder auch um Ablaufumgebungen wie
Applikationsserver oder Webbrowser. Die Kommunikationsverbindungen können optional
Namen haben, die Sie für Protokollangaben „missbrauchen" können, und auch Multiplizitäten
(z. B. „0..*"). Knoten lassen sich schachteln, so dass man Zielumgebungen wie beispielsweise
in Bild 5.23 gezeigt visualisieren kann.

---

[12] Die UML-Literatur behandelt diesen Aspekt leider stiefmütterlich, auch im Standard [OMG2011] selbst nimmt
das Thema wenig Raum ein.
[13] „Offiziell" repräsentieren sie physikalische Informationseinheiten, die während der Softwareentwicklung benötigt
bzw. erstellt werden.

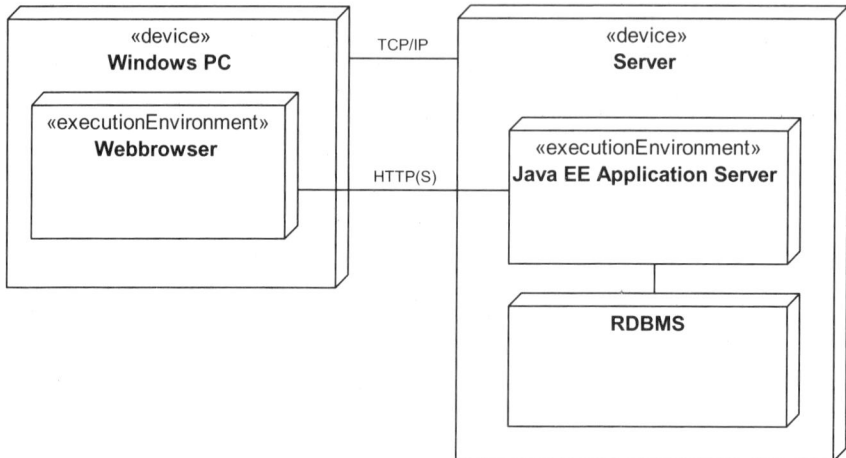

BILD 5.23 Geschachtelte Knoten, verbunden mit Kommunikationsbeziehungen

Ganz ähnlich wie bei Klassen und Objekten kennt die UML auch bei Knoten die Differenzierung zwischen Typen und Exemplaren. Sie können so herausarbeiten, ob Sie eine prinzipielle Umgebung meinen oder eine ganz bestimmte. Bild 5.24 zeigt die beiden Formen nebeneinander. Die Technik lässt sich auch verwenden, um konkrete Ausprägungen einer Cluster-Umgebung zu beschreiben.

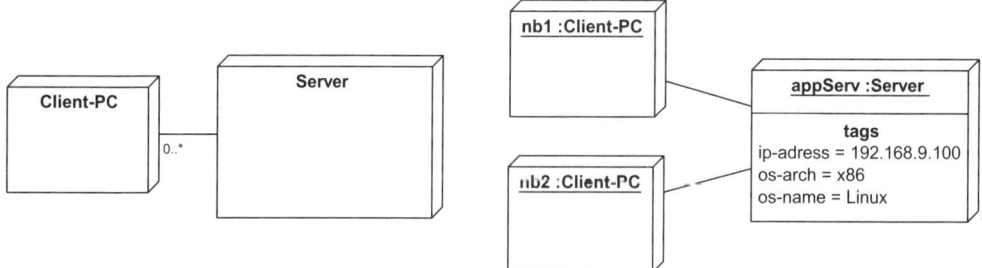

BILD 5.24 Links zwei Knotentypen, rechts konkrete Exemplare dazu

Wie man die Dinge verteilt

Man kann die beiden Aspekte (Artefakte für Deployment Units und Knoten für Zielumgebungen) zusammenbringen, indem man die Artefakte auf Knoten „deployed". Die UML kennt hierzu zwei Visualisierungen. Entweder platziert man das Artefakt innerhalb des Knotens, oder man verbindet die beiden mit einer Deploy-Beziehung. Bild 5.25 zeigt beide Varianten (Artefakte „setup.exe" und „WebApp.war").

Als letztes UML-Element rund ums Thema Deployment zeigt Bild 5.25 auch noch eine Verteilungsspezifikation. Dabei handelt es sich um ein spezielles Artefakt, das Konfigurationsparameter (z. B. in Form einer Datei) repräsentieren kann. In diesem Fall die Beans-Konfiguration in XML für das Spring Framework.

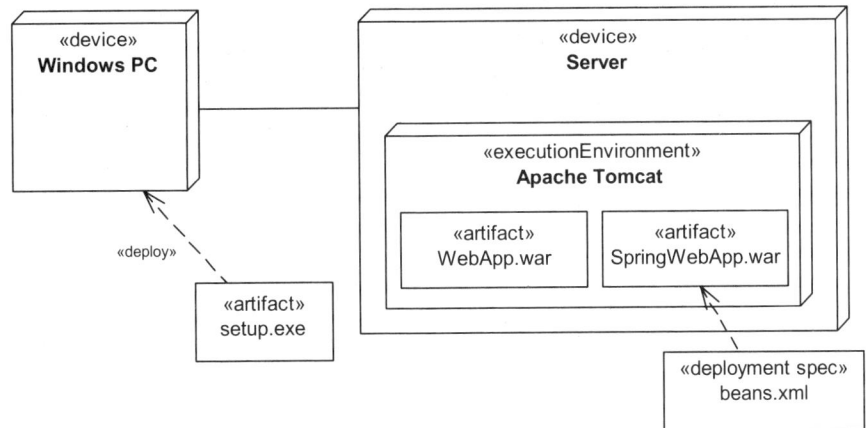

BILD 5.25 Deployment von Artefakten auf Knoten (UML)

5.4.3 Verteilungssicht (Dokumentationsmittel)

Die Verteilungssicht stellt die Verbindung her zwischen der in der Bausteinsicht beschriebenen Software und der Art und Weise, wo und wie sie betrieben wird. Ähnlich wie bei der Laufzeitsicht wählen Sie auch hier aus, welche Aspekte der Verteilung der Software für die Adressaten Ihrer Architekturdokumentation interessant sind. Ein wichtiger Punkt ist dabei die Frage, inwieweit die Laufzeitumgebung, also das Ziel der Verteilung, Teil der Anforderungen oder Teil der Lösung ist. Im letzteren Fall haben Sie Entscheidungen getroffen, die Sie nachvollziehbar festhalten sollten.

Einige typische Inhalte oder Themen der Verteilungssicht:

- Zuordnung von Bausteinen zu verteilbaren Teilen („Deployment Units")
- Beschreibung der Zielumgebung/Laufzeitumgebung mit Knoten (Hard-/Software) und ihren Verbindungen untereinander und zu Fremdsystemen, ggf. ihre Eigenschaften/ Leistungsmerkmale
- Zuordnung der verteilbaren Teile auf die Zielumgebung („was läuft wo?")
- Verzeichnislayout einer Installation
- Redundante Auslegung von Hard- und/oder Softwarekomponenten
- Hardwarekomponenten der Infrastruktur (Firewalls, Load Balancer) und ihre Konfiguration
- Voraussetzungen für das Deployment (installierte Software, Abhängigkeiten von Fremdprodukten)
- Nötige Konfiguration im Rahmen der Verteilung

Steckbrief: Dokumentationsmittel „Verteilungssicht"

Synonyme: Deployment View, Infrastruktursicht

Zweck:

Darstellung von Betriebsaspekten der beschriebenen Software. Konkret: wie die Software in Betrieb genommen wird (Installationspakete und -prozeduren), wie die Zielumgebung (inklusive Hardware) aussieht

Form:

Diagramme mit Erläuterungen (in UML: Verteilungsdiagramm), Stichpunktlisten, Tabellen

Checkliste für den Inhalt:

* Ist der Detaillierungsgrad der Diagramme dem Verwendungszweck angemessen?
* Hat jedes Diagramm eine kurze Erläuterung, die beschreibt, was der Betrachter sieht?
* Ist bei den gezeigten Kästchen und Linien klar, was sie bedeuten? (Legende?)
* Wird klar, ob die dargestellte Zielumgebung vorgegeben war oder von Ihnen entworfen wurde?
* Falls sie von Ihnen entworfen wurde: Wurden die wichtigsten Entscheidungen dokumentiert?
* Wird bei einer Umgebung klar, ob sie eine reale Umgebung oder eine potenzielle Zielumgebung darstellen? (Im letzteren Fall: Sind die Freiheitsgrade klar dargestellt?)
* Bei der Zuordnung von Bausteinen zu Installationspaketen: Gibt es einen Hinweis, wie Letztere entstehen (z. B. Verweis auf Build-Dokumentation)?
* Finden sich die referenzierten Bausteine in der Bausteinsicht wieder?
* Bei der Zuordnung von Installationspaketen zu Knoten: Gibt es einen Hinweis, wie dieser Schritt („deployment") erfolgt?

Weiterführende Literatur:

* Für die Notation in UML einschlägige Literatur, z. B. [Rupp+2007], für UML-Stilfragen z. B. [Ambler2005]
* Michael Nygard diskutiert in „Release It!" [Nygard2007] den Deployment-Aspekt der Softwareentwicklung.

Ablageort arc42:

Abschnitt 7 „Verteilungssicht", Teilaspekte ggf. in Abschnitt 8 „Konzepte", wichtige Entscheidungen ggf. in Abschnitt 9 „Entwurfsentscheidungen"

5.4.4 Fallbeispiel: „immer-nur-schach.de"

Dieses Unterkapitel skizziert die zentralen Deployment-Ideen von immer-nur-schach.de.

Bild 5.26 zeigt eine grobe Zuordnung der fachlichen Bausteine (vgl. Bild 5.16) zu Web-Applikationen, die im Rahmen des Build-Prozesses erzeugt werden und die in der Zielumgebung installiert werden müssen. Für die Foren-Funktionalität fiel die Entscheidung auf ein Fremdprodukt.

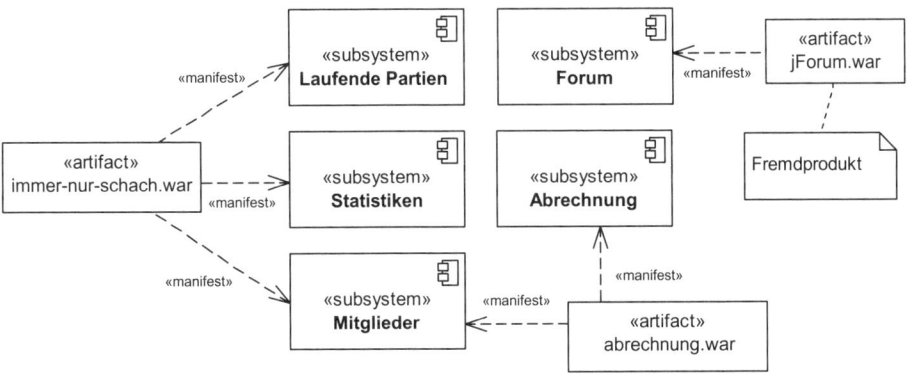

BILD 5.26 Zuordnung von fachlichen Bausteinen zu Deployment-Einheiten (Artefakten)

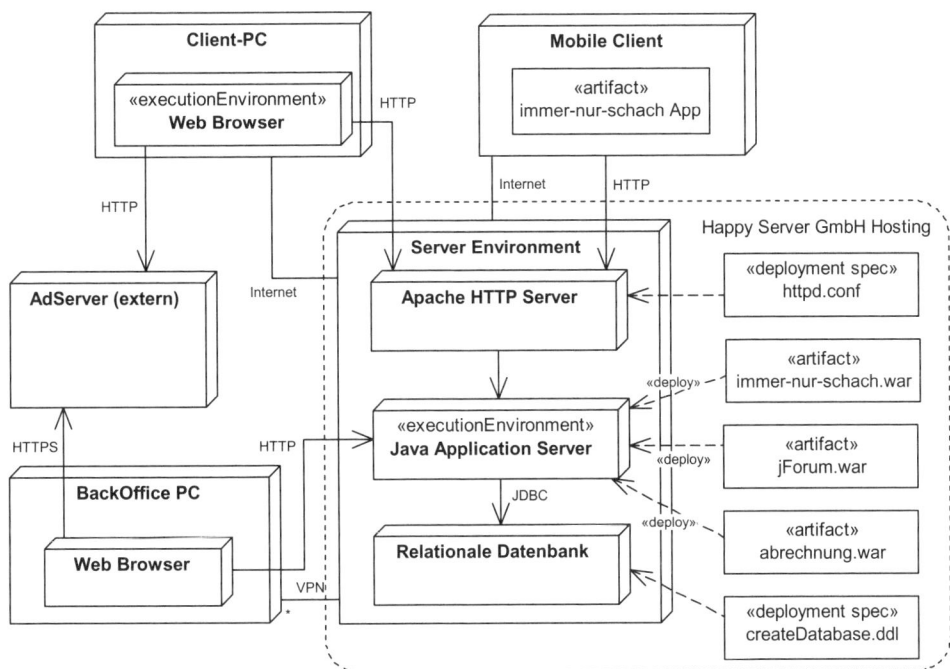

BILD 5.27 Verteilung der Artefakte auf die Zielumgebung, beteiligte Systeme

Bild 5.27 skizziert die geplante Zielumgebung, die sich auf den Hosting-Provider und die immer-nur-schach GmbH erstreckt, und skizziert die Verteilung der Web-Applikationen. Die Verbindungen zu den beteiligten Systemen (PCs und mobile Clients bei Mitgliedern, AdServer) sind ebenfalls dargestellt.

Ein Diagramm dieser Form kann in einer recht frühen Phase des Architekturentwurfs begonnen werden. Mit der Zeit (und getroffenen Entscheidungen) wird es weiter verfeinert. So zeigt Bild 5.27 weder konkrete Produktentscheidungen für den Applikationsserver und die Datenbank noch die ggf. redundante Auslegung irgendwelcher Softwarekomponenten.

 Übungsaufgabe 5: Verteilungssicht anfertigen

Fertigen Sie eine überblickhafte Verteilungssicht für den Squeezebox Server an. Ihre Lösung sollte zumindest eine grafische Darstellung einer Zielumgebung mit Server und Clients beinhalten, und wie diese miteinander verbunden sind. Stellen Sie innerhalb des Servers die zentralen Aspekte der Ablaufumgebung (Softwarepakete von Dritten) dar.

Um die Sicht skizzieren zu können, studieren Sie eine Installation, die Sie zum Beispiel auch auf einem PC vornehmen können, und/oder konsultieren Sie Foren und andere frei verfügbare Informationen im Netz. In Summe sollte Ihre Lösung 4 DIN-A4-Seiten nicht übersteigen. ∎

■ 5.5 Alternative Vorschläge für Sichten

Das Konzept der Sichten und Blickwinkel (englisch Views und Viewpoints) ist sehr verbreitet. Es ist integraler Bestandteil in der Begriffswelt des Dokumentationsstandards IEEE 1471 (siehe Kapitel 4) und hält dadurch Einzug in Vorgehensmodelle und Frameworks. In diesem Buch orientiere ich mich mit den Sichten und deren Benennung an [iSAQB2009] und [Starke2011]; diese finden auch in arc42 Verwendung.

Ich stelle Ihnen nun noch zwei alternative Sichtensätze vor. Der erste Satz „4+1" (Ursprünge in [Kruchten1995], später aufgegangen im RUP) ist der bekannteste. Ich behandle ihn hier, da Sie in der Praxis immer wieder auf entsprechende Ergebnisse treffen können (zum Beispiel in bestehender Dokumentation) und diese dann einordnen können.

4+1 Sichten im Rational Unified Process

Das Vorgehensmodell Rational Unified Process (RUP, [Kruchten2003]) beinhaltet den Begriff der Architektursicht explizit (architectural view) und schlägt vier Sichten aus dem Lösungsraum und eine aus dem Anforderungsraum vor; daher der Name 4+1. Der RUP ordnet jeder dieser Sichten eine oder mehrere vorrangige Zielgruppen zu (siehe Bild 5.28) und betont dadurch den Kommunikationsaspekt und die Idee des Blickwinkels.

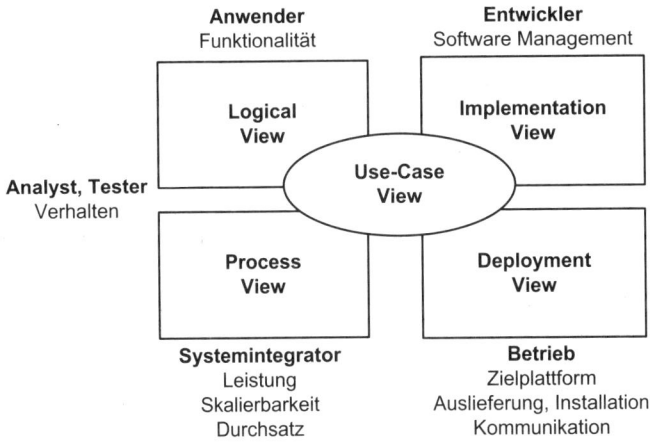

BILD 5.28 4+1 Sichten im Rational Unified Process (nach [Kruchten2003])

TABELLE 5.5 4+1 Sichten, Zweck und Inhalte

Name der Sicht	Zweck und Inhalte
Logical View	Zeigt den Entwurf in Form seiner Elemente (z. B. Klassen), deren Struktur und Verhalten. Wie bildet der Entwurf die geforderte Funktionalität ab?
Process View	Zeigt die Laufzeitaspekte des Systems (Prozesse, Threads) und wie die betreffenden Elemente interagieren. Wie werden Ziele bezüglich Skalierbarkeit, Effizienz etc. erreicht?
Implementation View	Zeigt die Implementierungselemente des Systems (Quelltexte, Programmdateien). Wie werden diese in der Entwicklungsumgebung verwaltet?
Deployment View	Zeigt die Verteilung lauffähiger Elemente (z. B. Programmdateien) auf die Zielplattform und deren Kommunikation untereinander.
Use-Case View	Zeigt einige wenige für die Architektur zentrale Anwendungsfälle (Szenarien). Diese treiben die Entwicklung der restlichen Views und erlauben es, diese „durchzuspielen".

Die Sichten zeigen architekturrelevante Teile der UML-Modelle, die im Rahmen des Vorgehensmodells als Repräsentation der Anforderungen und der Lösung erarbeitet werden. Kruchten vergleicht sie mit Schnitten durch ein Modell. Die Logical View ist beispielsweise eine Sicht auf das Design-Modell. Inhaltlich handelt es sich um UML-Diagramme und/oder erläuternden Text, Tabelle 5.5 stellt sie kurz vor. Im RUP werden sie in einem Dokument versammelt, in der Software Architecture Description.

Die Bausteinsicht aus Kapitel 5.1.3 deckt sich im Wesentlichen mit der Logical View. Die Implementation View zeigt, wie die Elemente der Logical View in Quelltext gegossen und verwaltet werden. Als UML-Diagrammart schlägt der RUP hierzu Paketdiagramme vor. Eine solche Darstellung ist vor allem dann wichtig, wenn die Umsetzungstechnologie oder -sprache keine Entsprechungen für Elemente der Logical View kennt und es daher nicht reicht, einfach die Entwicklungsumgebung zu öffnen, um die Elemente wiederzuentdecken.

Andernfalls genügt es, die zugrunde liegenden Konzepte (z. B. wie ein Subsystem grundsätzlich im Quelltext organisiert ist) an einer Stelle exemplarisch für alle Verwendungen zu beschreiben.

Stile in „Documenting Software Architecture"

Das umfassende Buch „Documenting Software Architecture" von Autoren des Software Engineering Institute [Clements+2010] führt den Begriff des Architekturstils (Style) ein. Ein Stil ist dabei eine praxisbewährte Sammlung von Entwurfsentscheidungen. Viele der beschriebenen Stile tragen die Namen von Architekturmustern, Letztere sind allerdings spezifischer als Stile und beinhalten konkrete Problembeschreibungen.[14]

Wird ein Stil im Rahmen des Entwurfs auf ein System angewendet, um Architekturziele zu erreichen, fällt eine Sicht ab. Das Buch schlägt keine konkreten Sichten vor, sondern beinhaltet stattdessen einen umfangreichen Katalog von 17 Stilen. Diese sind in drei Kategorien unterteilt; Bild 5.29 zeigt Kategorien und Stile im Überblick.

Die Idee: Auf ein konkretes System werden einige wenige Stile angewendet, um unterschiedliche Fragestellungen zu entscheiden. Ergebnis sind dann die Sichten, von denen für eine Dokumentation wiederum die für die Zielgruppe relevanten zusammengefasst werden.

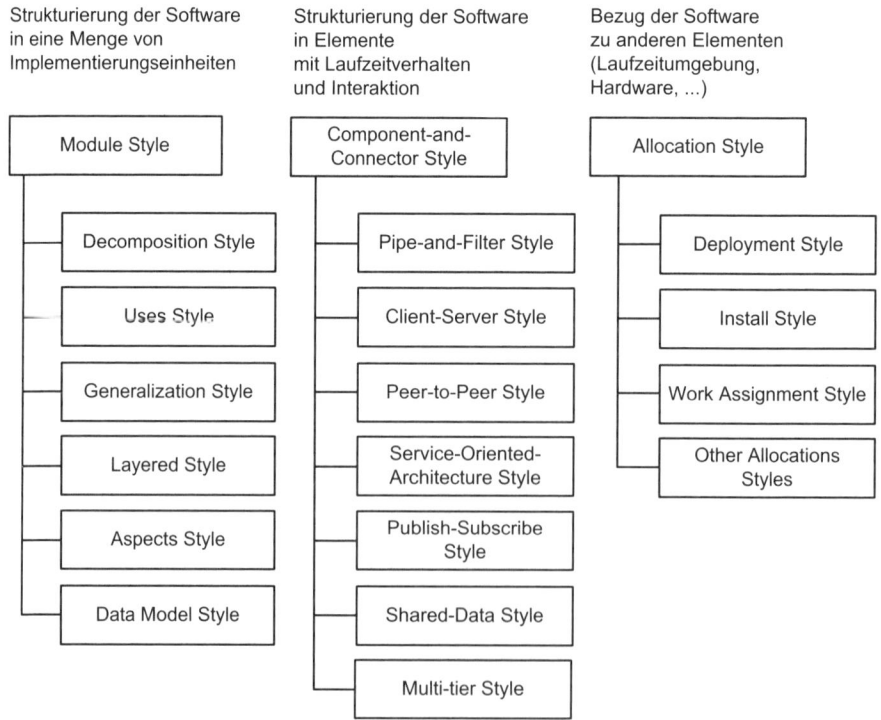

BILD 5.29 Stile in [Clements+2010], die dort zu Sichten führen

---

[14] Die Motivation für den Stilbegriff in [Clements+2010] ist meiner Meinung nach die Betonung des Dokumentationsaspektes gegenüber dem Entwurfsaspekt, der bei Mustern im Vordergrund steht.

Der Stilansatz ist vor allem konzeptionell spannend. Der umfangreiche Katalog vermittelt eine gewisse Vollständigkeit. Was im akademischen Umfeld interessant ist, kann Sie im Projektalltag allerdings schnell erschlagen. Das Buch zeigt viele Möglichkeiten auf, direkt anwendbar auf ein konkretes Vorhaben ist der Ansatz typischerweise nicht.

■ 5.6 Muster kommunizieren

Was macht ein Schotte mit einer Kerze vor dem Spiegel? Er feiert den 2. Advent! Zu den Dingen, die jeder sofort mit Schottland in Verbindung bringt, gehören neben der angeblichen Sparsamkeit natürlich die bunt gewebten Karos. Fraser, MacLeod, Campbell ... – jeder Clan hat seine eigenen Farben; Familien- oder Regimentszugehörigkeit wird durch das Tragen des gleichen Tartans signalisiert. Wer das Muster kennt, sieht sofort: Das ist ein MacDonald!

5.6.1 Muster in der Softwareentwicklung

Auch in der Softwareentwicklung sind Muster (neudeutsch Pattern) sehr verbreitet; wir finden sie auf vielen Ebenen (siehe Tabelle 5.6). Insbesondere Entwurfsmuster (Design Patterns) haben einen hohen Bekanntheitsgrad und zählen zum Rüstzeug eines jeden, der objektorientierte Software entwirft. Mit ihnen lassen sich nicht nur – falls angemessen – gute Lösungen reproduzieren. Die Kernidee der Lösung lässt sich mit dem Namen des Musters auch sehr effizient kommunizieren. Das setzt allerdings voraus, dass der Kommunikationspartner das Muster kennt. Aber auch dann sieht man im Klassendiagramm nicht sofort: Das ist ein Decorator! Unsere Entwürfe tragen keine Karos.

TABELLE 5.6 Ebenen von Mustern in der Softwareentwicklung

Ebene	Mustersammlungen (Beispiele)	Muster (Beispiele)
Analyse	Analysis Patterns [Fowler96]	Account, Party
Architektur	Pattern-Oriented Software Architecture [Buschmann+96], [Schmidt+2000], Patterns of Enterprise Application Architecture [Fowler2002a]	Layer, Remote Facade
Entwurf	Design Patterns [Gamma+94]	Proxy, Decorator, Adapter
Programmiersprachen (Idiome)	Effective C++ [Meyers2005], Effective Java [Bloch2008]	Typesafe Enum (vor Java 5)
Technologien (Best Practices)	J2EE Patterns [Alur2003], Microsoft Patterns & Practices [Microsoft2009], Enterprise Integration Patterns [Hohpe+2003]	Front Controller, Wire Tap

5.6.2 Wann sollte man Muster dokumentieren (und wo)?

Die Architekturdokumentation ist nicht immer die richtige Ebene, um den Einsatz von Mustern darzustellen. Es gibt aber Situationen, in denen eine Musterverwendung für die Kommunikation Ihrer Softwarearchitektur wichtig ist:

- Die Entscheidung für das Muster ist erfolgt, um zentrale Qualitätsziele zu erreichen.
- Die Kenntnis über die Musterverwendung hilft der Zielgruppe der Dokumentation dabei, die Struktur des Systems (oder Teile davon) besser zu verstehen.
- Die Zielgruppe soll sich an das Muster halten, um die Architektur nicht zu verwässern.

Beispielsweise adressieren verschiedene Muster das Qualitätsmerkmal Wartbarkeit (konkreter: Änderbarkeit, Erweiterbarkeit), wieder andere Portierbarkeit oder Effizienz. Architekturmuster sind oft strukturbildend für das Gesamtsystem oder für einen großen Teil davon (zum Beispiel für eine Schicht). Vergeben Sie nicht die Chance, dass sich die Architektur Dritten rasch erschließt. Und bewahren Sie Teammitglieder oder später Wartungskräfte davor, aus Unkenntnis gegen die Architektur zu verstoßen.

Muster in arc42

Der natürliche Dokumentationsort für viele Musterverwendungen ist die Bausteinsicht. Unter Umständen ist die Entscheidung für ein Muster so wichtig, dass Sie sie als Architekturentscheidung separat beschreiben wollen. Auf die Sichten wirkt sie sich trotzdem aus. Falls die Verwendung Baustein-übergreifend ist, kommt bei arc42 der Abschnitt 8 („Konzepte") ins Spiel. Frühere arc42-Fassungen (bis Version 5.0) hatten noch eine Trennung in „Typische Muster, Strukturen und Abläufe" und „Technische Konzepte". Bei Mustern mit sehr groben Strukturierungen (z. B. bei Schichten) und im Zusammenspiel mit anderen wichtigen Entscheidungen ist die Verwendung auch für die Lösungsstrategie (in arc42 Abschnitt 4) relevant.

5.6.3 Einsatz von Mustern dokumentieren

Beginnen wir auf Ebene der Design Patterns! Sie liegen im Grenzbereich der Architekturdokumentation. Die Entscheidung für ein Entwurfsmuster kann durchaus architekturrelevant sein. Die gezeigten Ideen sind auf andere Ebenen übertragbar.

Verwendung von Mustern in Namen und Bezeichnern verankern

Entwurfsmuster werden auf der Ebene von Klassen und Schnittstellen eingesetzt. Die Dokumentation sollte eben dort erfolgen, und die einfachste Art, den Einsatz eines Musters gut kenntlich zu machen, ist, ihn im Namen der Modellelemente zu verankern. Diese Technik ist auch bei der Benamsung in der Biologie sehr verbreitet. Was unterscheidet ein Hauspferd von einem Zebra? Klar: vor allem das einprägsame Muster. Was läge also näher, als ein Merkmal, an dem man eine Art erkennt, gleich im Namen zu benutzen? Die Tüpfelhyäne hat im Gegensatz zur Streifenhyäne Tüpfel, das Streifenhörnchen ebenfalls Streifen (wie das Zebra, das vielleicht besser Streifenpferd heißen sollte). Die Verwendung von Mustern in Namen setzt auf den hohen Wiedererkennungswert, den diese haben.

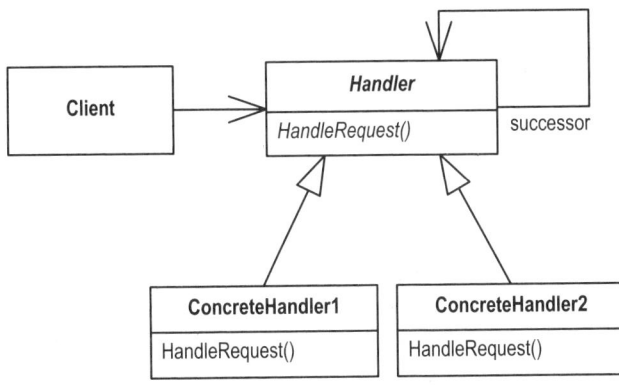

BILD 5.30 Struktur des Entwurfsmusters „Chain of Responsibility" nach [Gamma+94]

Unter Ausnutzung desselben Effektes ist es bei einigen Entwurfsmustern hilfreich und sehr üblich, sie als Bestandteil des Namens beteiligter Klassen zu verwenden. Die Java-Klassenbibliothek zum Beispiel enthält nicht umsonst ca. 100 Elemente mit der Endung „Factory". Auch bei Klassen wie `DocumentBuilder` (aus `javax.xml.parsers`) oder `WebSphereDataSourceAdapter` aus dem Spring Framework wird im Namen der Gebrauch eines Patterns angezeigt.

Rollennamen zuordnen

Die Benennung mit Musteranteil ist nicht immer angebracht und auch nicht immer so leicht möglich. Bei etwas umfangreicheren Mustern etwa spielen viele Beteiligte mit und nehmen unterschiedliche Rollen ein. Häufig werden Muster auch in einem Entwurf kombiniert.

Musterbeschreibungen führen in der Regel Rollennamen ein. Zur Illustration zeigt Bild 5.30 die Struktur des Entwurfsmusters „Chain of Responsibility" exakt, wie sie in [Gamma+94] dargestellt ist.[15] Die Rollen („Client", „Handler") werden dort ausführlich diskutiert.

Beim Dokumentieren gilt es, die Muster- und Rollennamen, wie die Beschreibungen sie einführen, geeignet mit dem eigenen Entwurf zu verknüpfen. Die UML kennt eine interessante Möglichkeit, das Zusammenspiel von Elementen in Form eines Musters darzustellen.[16] Die Musterverwendung wird dabei als Ellipse dargestellt und mit den beteiligten Elementen verbunden. An die Linien sind die Rollennamen, wie sie im Muster eingeführt wurden, notiert. Der Einsatz eines Entwurfsmusters lässt sich damit gut visualisieren. Weiter unten sehen Sie ein Beispiel dazu (Bild 5.31).

Auf höherer Ebene

Wie sieht es bei der Verwendung von Mustern anderer Kategorien oder Abstraktionslevel aus, vor allem bei Architekturmustern? Die Mittel dazu sind die gleichen wie bei Entwurfsmustern. Bei der Bildung von Schichten [Fowler2002a] kennt jeder die Benutzung des Namensteils „Layer", etwa bei Persistence Layer. Auch andere Architekturmuster sind beliebte Namensgeber, wie Interceptor [Schmidt+2000] oder Broker [Buschmann+96]. Und auch hier können Sie in entsprechenden Diagrammen die Verwendung analog zu den Entwurfsmustern „taggen".

---

[15] Ich habe mir erlaubt, die Originalabbildung nach UML zu übersetzen.

[16] Ganz formal wird das Muster zunächst als sogenannte Collaboration eingeführt. anschließend kann dessen Vorkommen (Collaboration Occurrence) im Entwurf verankert werden.

Der Einsatz von Stereotypen ist ebenfalls denkbar. Der Kern: Verwenden Sie den Namen des Musters und der darin beteiligten Rollen, wie in der Literatur üblich. So holen Sie Leser mit Vorwissen ab. Referenzieren Sie die Originalbeschreibung, um es Lesern zu erleichtern, die das Muster nicht kennen. Bei exotischeren Mustern lesen auch Kenner gerne nach. In vielen Projekten stehen die entsprechenden Bücher im Schrank. Und ganz wichtig: Wenn Sie in Ihrer Verwendung abweichen, sollten Sie dies unbedingt dokumentieren.

5.6.4 Fallbeispiel: DokChess

Innerhalb von DokChess setzt die Engine das Entwurfsmuster „Chain of Responsibility" [Gamma+94] ein. Sie fragt damit zunächst in der Eröffnungsbibliothek an, um anschließend eventuell eine echte Suche zu starten. Das Muster kommt zum Einsatz, um die Engine leicht um weitere Strategien erweitern zu können, insbesondere für Endspiele.

Bild 5.31 zeigt einen Teil der Lösung, wobei am Muster beteiligte Klassen mit den Rollennamen aus dem Strukturbild (vgl. Bild 5.30) gekennzeichnet sind. Um Eröffnungsbibliotheken als Handler verwenden zu können, wurde das Adapter-Muster [Gamma+94] eingesetzt, was im Diagramm ebenfalls eingezeichnet ist.

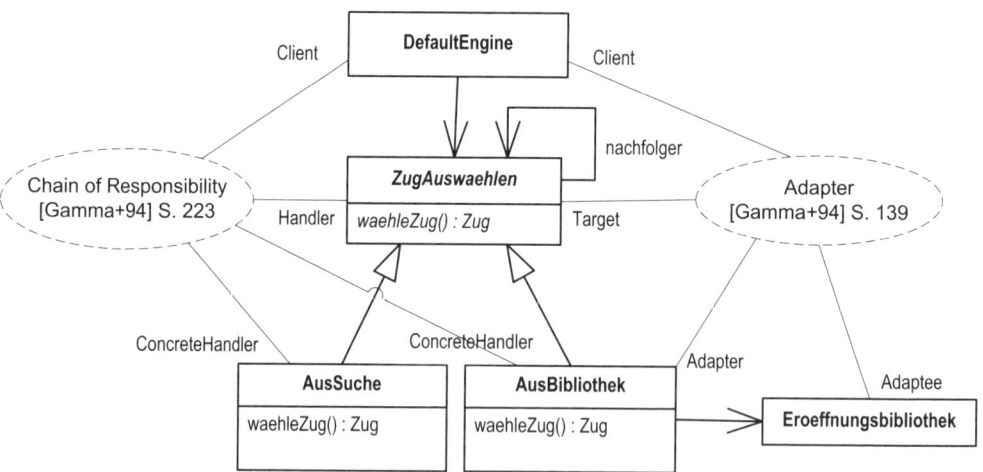

BILD 5.31 Einsatz zweier Entwurfsmuster in der DefaultEngine von DokChess

 Kernaussage dieses Kapitels

Viele Architekturaspekte lassen sich mit Bildern besser festhalten und kommunizieren als mit Text. Sichten erlauben es Ihnen, dabei auf bestimmte Aspekte zu fokussieren. Ein zugrunde liegendes Modell unterstützt Sie dabei, die Sichten untereinander konsistent zu halten. Das Ergebnis sind zielgruppengerechte Visualisierungen. Dazu gehören die richtigen Inhalte, ein angemessener Detaillierungsgrad und erläuternde Texte.

6 Übergreifende Konzepte

Die Bausteinsicht beschreibt das Gesamtsystem in seinen Bestandteilen und wie diese zusammenhängen. Weitere Sichten zeigen das dynamische Zusammenspiel der Bausteine und ihre Verteilung in die Laufzeitumgebung. Dieses Kapitel diskutiert die Dokumentation von übergreifenden Themen, die sich weniger gut in die Strukturierung in Bausteine einfügen. Oft zählen technische Aspekte wie Persistenz dazu. Ich beschreibe, wie Sie die Themen für Ihre Architektur und zugleich für Ihre Dokumentation finden und priorisieren, und schlage eine Gliederung für entsprechende Konzepte vor.

■ 6.1 Warum übergreifende Themen?

Wer mit dem Auto von Kiel nach Konstanz fährt, überquert dabei eine ganze Reihe von Ländergrenzen. In allen Bundesländern gelten die gleichen Verkehrsregeln. Steuert er einen Imbiss an, sieht er, egal wo, die gleichen Fußnoten auf der Speisekarte (z. B. 1 = Stabilisator, 2 = Säuerungsmittel ... usw.). Die Straßenverkehrsordnung ist nur eine von zahlreichen Gesetzen und Verordnungen, die unter das Bundesrecht fallen. Das wichtigste ist das Grundgesetz, aber auch die Kennzeichnung von Zusatzstoffen in Lebensmitteln fällt darunter. Niedersachsen kann im Rahmen des Landesrechts eigene Gesetze und Verordnungen erlassen, ist aber zum Beispiel nicht in der Lage, den Linksverkehr einzuführen oder die Prügelstrafe.

Gleiche Dinge auch gleich lösen

Auch im Rahmen eines Softwaresystems gibt es stets Punkte, die über Bausteingrenzen hinweg einheitlich gelöst werden. Zu den immer wiederkehrenden Themen zählen Persistenz, Fehlerbehandlung und Security. Es ergibt wenig Sinn, das Rad für jedes Subsystem neu zu erfinden. Wenn mehrere Entwickler eine funktionale Anforderung nach der anderen umsetzen, besteht die Gefahr, dass unterschiedliche Lösungen für übergreifende Themen entstehen. Die Softwarearchitektur wird inkonsistent. Unterschiedliche Lösungen für das gleiche Problem erhöhen den Erstellungs- und Pflegeaufwand, erschweren den Einstieg neuer Mitarbeiter und auch den Wechsel zwischen Teilteams. In Extremfällen verhindern sie sogar das reibungslose Zusammenspiel der Bausteine und deren gemeinsamen Betrieb.

Lösungen strukturiert erarbeiten

Die Anfertigung von Konzepten zwingt Sie und Ihr Team dazu, sich strukturiert mit dem entsprechenden Thema auseinanderzusetzen.

Leitfragen, die Sie (auch) bei der Dokumentation unterstützen, sind dabei: Warum ist dieser Aspekt für die Architektur relevant? Warum wollen wir dafür eine einheitliche Lösung etablieren? Welche Optionen gibt es? Wie viel Spielraum lassen uns Randbedingungen, bisher getroffene Entscheidungen und andere Einflussfaktoren bei der Lösungsfindung? Wie entscheiden wir uns? Wie halten wir die Lösung geeignet fest, damit sie gut an alle Beteiligte kommuniziert werden kann? Gibt uns die Lösung Spielraum für zukünftige Erweiterungen?

Es ist dabei unerheblich, ob sich ein Einzelner mit dem Thema auseinandersetzt oder die Fragestellung innerhalb eines Teams diskutiert wird. Auslöser für die Anfertigung eines einheitlichen Lösungskonzeptes kann eine Architekturentscheidung sein. Diese fordert beispielsweise eine bestimmte Technologie für Persistenz, lässt aber offen, wie diese im Detail eingesetzt wird.

Lösungen diskutieren und wiederverwenden können

Ist die Lösung erarbeitet und geeignet festgehalten, können Sie sie im Team und auch gegenüber anderen Teams kommunizieren. Das Konzept kann geteilt, tatsächlich wie gedacht umgesetzt und auch bei der Weiterentwicklung noch berücksichtigt werden. Konzepte für übergreifende, technische und/oder sonst besonders relevante Themen leisten einen wichtigen Beitrag zum Ziel, Softwarearchitekturen nachvollziehbar und bewertbar zu machen.

■ 6.2 Themen und Lösungsoptionen

Bild 6.1 stellt beispielhaft Themen für übergreifende Konzepte in verschiedenen Kategorien dar.[1] Die Zuordnung zu den Hauptästen ist sicherlich mehrdeutig – was hier aber keine Rolle spielt. Die Abbildung vermittelt auf jeden Fall ein Gefühl für die Vielfalt.

Im Folgenden motiviere ich die Kategorien kurz und skizziere anschließend den Lösungsraum für dazugehörige Fragestellungen. Das eröffnet einen guten Zugang zu den Themen.

6.2.1 Mögliche Themen für übergreifende Konzepte

Die Hauptäste aus Bild 6.1 zeigen potenzielle (nicht zwingende!) systemübergreifende Inhalte Ihrer Architekturdokumentation. Was heißt nun systemübergreifend? Architekturmuster strukturieren das Gesamtsystem, oder zumindest große Teile davon. Sie sind daher ein guter Einstiegspunkt, um übergreifende Themen zu identifizieren.

---

[1] Die Themen sind zu einem guten Teil [arc42] entnommen.

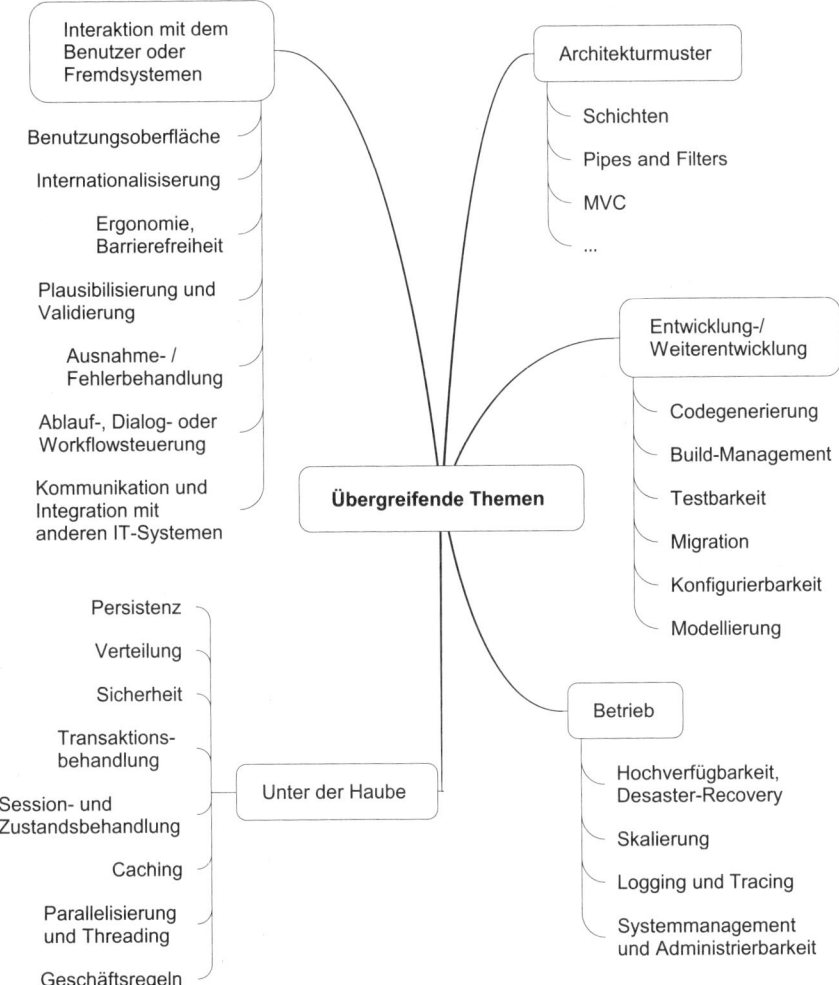

BILD 6.1 Themenkandidaten für technische/übergreifende Konzepte

Architekturmuster am Beispiel von Schichten

Eine Schichtung wie in Kapitel 5 für „immer-nur-schach.de" gezeigt (siehe Abbildung 5.17) steht orthogonal zum fachlichen Schnitt. Die Schichten erzeugen dadurch übergreifende Themen, auch die Schichtung selbst ist interessant. Soll es zum Beispiel eine stets gleiche Zerlegung für fachliche Bausteine gemäß den Schichten geben oder Konventionen für die Benennung der Pakete oder Namensräume? In einer strikten Schichtenarchitektur erfolgen Zugriffe grundsätzlich von oben nach unten und überspringen keine Schichten. Halten wir daran fest oder lassen wir Layer Bridging (das Überspringen von Schichten) oder die Verwendung von Entitäten in der Benutzeroberfläche (anstelle von Data Transfer Object [Fowler96]) zu? Ähnliche Diskussionen lassen sich auch für andere strukturbildende Architekturmuster führen. Bild 6.2 zeigt schematisch zwei weitere Beispiele: Analog zu den Schichten können Sie auch bei Filtern oder Blackboard-Modulen übergreifende Regeln etablieren.

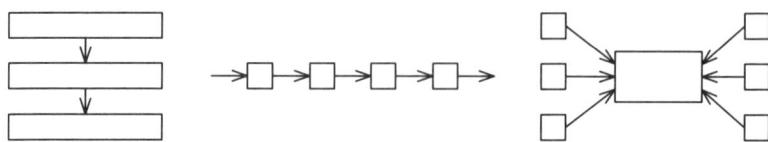

BILD 6.2 Einige Architekturmuster schematisch: Schichten, Pipes & Filters, Blackboard

Interaktion mit Benutzern oder Fremdsystemen

Bleiben wir bei den Schichten und stechen einmal durch. Einem Benutzer soll sich das System typischerweise gleichförmig darstellen, unabhängig von der fachlichen Teilfunktionalität. Und die betreffenden Konzepte sollten dementsprechend stets gleich umgesetzt sein. Stellen Sie sich vor, das Thema Internationalisierung wird von jedem Subsystem-Team anders angegangen. Im Rahmen eines neuen Release soll zusätzlich zu Deutsch und Englisch nun auch Spanisch unterstützt werden. Der Mehraufwand, die zu übersetzenden Texte zu extrahieren und später die spanischen Varianten in die Subsysteme zu integrieren, kann dann erheblich sein, von der Gefahr uneinheitlicher Übersetzungen gemeinsamer Begriffe ganz zu schweigen.

Unter der Haube

Bewegt man sich in den Schichten von der Oberfläche ausgehend tiefer, stößt man auf typische technische Themen wie Transaktionen, Sicherheit oder Persistenz. Hier ist die Zuordnung zu einer Schicht nicht immer eindeutig (siehe Sicherheit); das Übergreifende gilt also nicht nur in Bezug auf fachlich motivierte Subsysteme, sondern teilweise auch über Schichtengrenzen hinweg. Weitere Kandidaten von dieser Qualität sind Fehlerbehandlung und Logging.

Entwicklung-/Weiterentwicklung

Während sich die Konzepte bisher in der Lösung selbst niederschlugen, gibt es auch Themen, die Sie innerhalb Ihres Vorhabens vereinheitlichen wollen und die eher mit der Realisierung zusammenhängen. In diesen Bereich fallen Werkzeuge zur Erstellung und Verwaltung des Quelltextes, Code-Generierung, der Build-Prozess und das Thema Testen (Stichwort Continous Integration [Fowler2006], [Duvall+2007]).

Betrieb

Einige Themen wirken auf diejenigen, die das System betreiben. Übergreifende Konzepte sind hier ratsam, gerade weil dieser Personenkreis von Entwicklern gern vernachlässigt wird. Ein einheitliches Logging beispielsweise erleichtert die Eingrenzung eines Fehlers erheblich. Weitere Themen sind die Konfiguration der Lösung von Seiten des Betriebs und das Monitoring der laufenden Anwendung.

6.2.2 Typische Lösungsoptionen

Im Grunde löst jedes der gezeigten Themen eine Fragestellung der Form „Wie gehen wir mit X um?", „Wie machen wir X?" o.ä. aus. Im Folgenden skizziere ich wichtige Lösungskategorien.

Aus den Optionen wählen Sie eine geeignete aus, um Ihre Qualitätsziele zu erreichen (z. B. bezüglich Erweiterbarkeit, Wartbarkeit, ...) und/oder technische Aspekte innerhalb Ihrer Lösung auf konsistente Art und Weise zu realisieren.

Innerhalb Ihrer Architekturdokumentation stellen Sie diese Bezüge dar und weben so einen roten Faden hinein. Es genügt nicht, festzuhalten, dass Sie z. B. Framework XY benutzen. Wichtig ist, warum Sie es tun (ggf. dokumentiert in einer Architekturentscheidung) und welche Themen das Framework innerhalb Ihrer Lösung adressiert. Damit motivieren Sie die Verwendung des Frameworks (oder einer anderen Lösungsoption) und kommen zu einer nachvollziehbaren Architektur.

Verwendung von Komponenten, Bibliotheken oder Frameworks

Komponenten stellen Funktionalität für andere bereit. Sie erlauben es, bestimmte Dinge innerhalb des Systems stets auf die gleiche Art und Weise zu tun, indem die entsprechende Komponente dazu durchgängig verwendet wird. Bibliotheken als Sammlungen von Komponenten, Funktionen o.ä. fallen in dieselbe Kategorie. Prominente Beispiele für Bibliotheken finden sich beim Thema Logging (z. B. Apache log4j oder log4net).

Die Verwendung einer Bibliothek erfolgt durch Aufruf der Funktionalität aus dem eigenen Quelltext und hat daher typischerweise keinen großen Einfluss auf die Struktur der eigenen Anwendung (vgl. Bild 6.3 links). Im Unterschied dazu geben Frameworks in der Regel einen Rahmen vor und legen Spielregeln fest. Frameworks werden verwendet, indem sie erweitert werden. In objektorientierten Sprachen geschieht dies meist durch das Ableiten oder Implementieren von Framework-Elementen (abstrakte Klassen, Schnittstellen). Das Framework ruft dann die eigenen Systemteile auf (vgl. Bild 6.3).

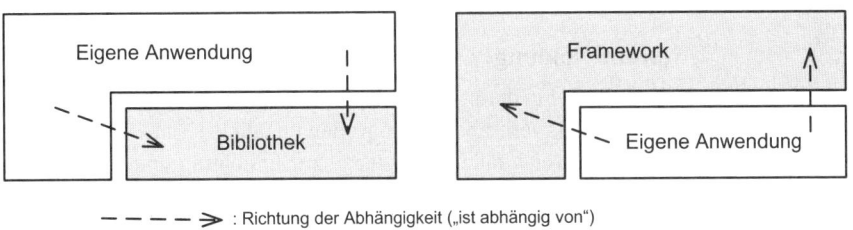

------ ➤ : Richtung der Abhängigkeit („ist abhängig von")

BILD 6.3 Beziehungen der eigenen Anwendung zu Bibliotheken und Frameworks

Übergreifende Themen beispielsweise in der Benutzeroberfläche sind oft projektneutral (wie zum Beispiel Menüführung) und daher gut mit Frameworks abdeckbar. Diese sind typischerweise in Ihrer Verwendung stark eingeschränkt (z. B. ein Framework für Web-Applikationen in Java).

Applikationsserver

Applikationsserver adressieren viele der in Bild 6.1 dargestellten Themen. Das ist ein Hauptgrund für ihren Einsatz. Ein Applikationsserver bietet Anwendungen eine Laufzeitumgebung mit vielen Services (je nach Produkt z. B. Persistenz, Sicherheit, Transaktionen), wobei er dazu im Tausch wie ein Framework Vorgaben für diese Anwendungen macht (z. B. Programmiersprache, Deployment-Format der Anwendung). Neben der Arbeitserleichterung beim

Erstellen von Anwendungen (Sie brauchen sich um viele Aspekte nicht selbst zu kümmern) sind Applikationsserver vor allem beim Erreichen von Qualitätszielen wie Zuverlässigkeit, Wartbarkeit (durch den Betrieb) und Effizienz (durch Lastverteilung und Caching) eine interessante Option.

Aspektorientierte Programmierung

Aspektorientierte Programmierung (AOP [Colyer2004]) als Ergänzung zur objektorientierten Programmierung verfolgt das Ziel, Lösungen für übergreifende Themen („cross-cutting concerns") jeweils an einer Stelle zu formulieren und diese Lösung an vielen Stellen im Programm anzuwenden. Mit diesem Ansatz wird vor allem die Wartbarkeit erhöht, da der eigene Quelltext von dem Aspekt befreit wird und Änderungen diesbezüglich nur noch an einer Stelle erfolgen müssen. Viele verbinden den Begriff AOP reflexartig mit Logging. Weitere typische Aspekte in Informationssystemen sind Transaktionen und Security. Sie stellen aus meiner Sicht bessere Beispiele für AOP dar.

Technisch erfolgt das Anwenden eines Aspektes auf die restliche Applikation durch Einweben in den Quelltext oder in den Binär- oder Bytecode (Instrumentierung) oder durch die Erzeugung von Proxies, die sich zum Beispiel beim Aufruf einer Methode davor- oder dahinterklemmen (Decorator-Pattern, vgl. [Gamma+94]).

■ 6.3 Themenauswahl

Nach der Darstellung möglicher übergreifender und/oder technischer Themen und allgemeiner Lösungsoptionen dazu stellt sich die Frage, welche Sie für Ihre Architekturdokumentation bearbeiten.

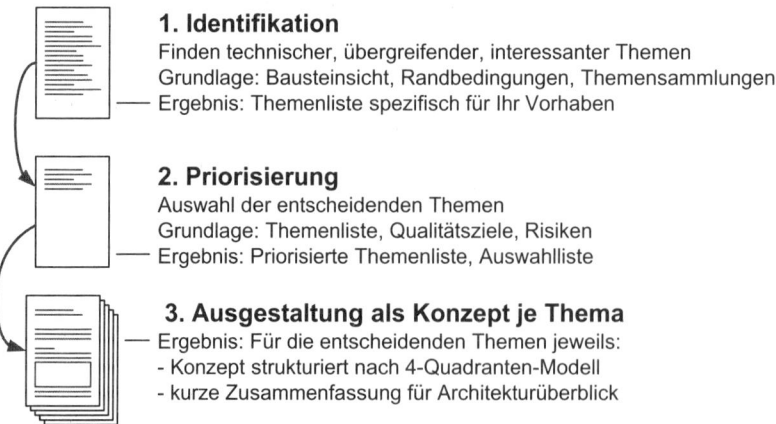

1. Identifikation
Finden technischer, übergreifender, interessanter Themen
Grundlage: Bausteinsicht, Randbedingungen, Themensammlungen
— Ergebnis: Themenliste spezifisch für Ihr Vorhaben

2. Priorisierung
Auswahl der entscheidenden Themen
Grundlage: Themenliste, Qualitätsziele, Risiken
— Ergebnis: Priorisierte Themenliste, Auswahlliste

3. Ausgestaltung als Konzept je Thema
— Ergebnis: Für die entscheidenden Themen jeweils:
- Konzept strukturiert nach 4-Quadranten-Modell
- kurze Zusammenfassung für Architekturüberblick

BILD 6.4 Schematisches Vorgehen für übergreifende Themen

6.3.1 Wie wählt man Themen für die Dokumentation aus?

Wenn Ihr System noch im Entstehen ist, empfehle ich das folgende Vorgehen, Bild 6.4 stellt es schematisch dar. Für bereits bestehende Systeme variiere ich es leicht (vgl. Kapitel 8).

Identifikation der relevanten technischen und/oder übergreifenden Themen

Initial finden Sie solche Themen durch die Beantwortung der beiden folgenden Fragen:

1. Welche übergreifenden Aspekte sollen innerhalb des Systems konsistent gelöst werden?
2. Welche technischen Fragestellungen sind darüber hinaus relevant?

Weitere Hilfsmittel, um zu entscheiden, was übergreifend ist, sind die Bausteinsicht (siehe Diskussion Architekturmuster oben) und Themenlisten wie die Mindmap in Bild 6.1. Keine Checkliste hat Anspruch auf Vollständigkeit. Zum weiteren Abgleich können Sie Ihre Qualitätsziele mit hinzuziehen und den Systemkontext „abwandern". Ihre Randbedingungen und bereits getroffene Entscheidungen beziehen Sie ebenfalls mit ein. Denn die Verwendung eines Applikationsservers oder eines Frameworks führt beispielsweise dazu, dass bestimmte Themen bereits adressiert werden.

Das Ergebnis ist eine Liste von Themen (nur Stichpunkte). Diese kann im weiteren Verlauf des Vorhabens noch wachsen. Bei der Umsetzung eines Bausteins kann z. B. die Entscheidung fallen, dass ein auf eine bestimmte Art gelöster Teilaspekt systemweit so implementiert werden soll. Das ist insbesondere in frühen Iterationen typisch.

Priorisierung der Themen

Im vorherigen Schritt ist eine ggf. recht lange Liste herausgekommen. Wo fangen Sie an? Es käme viel Arbeit auf Sie und Ihr Team zu, wenn Sie jetzt für alle Themen ein Konzept erarbeiten müssten. Daher gilt es zu priorisieren. Für eine Priorisierung sind folgende Leitfragen hilfreich:

- Welche Themen sind mit Risiken und Unsicherheiten verbunden?
- Welche Themen sind für viele (ggf. alle?) fachliche Funktionen wichtig?
- Welche Themen adressieren die Qualitätsziele?
- Was wäre für einen Neuen im Team besonders wichtig zu wissen?
- Wo weichen wir von einer Standardlösung ab?

Ein Beispiel für den letzten Punkt wäre eine individuelle Lösung anstelle einer von einem Framework bereits bereitgestellten. Auch diese Priorisierung „lebt"; die Entscheidung für eine Nicht-Standardlösung treffen Sie meist im Verlauf des Vorhabens.

Aus dieser Liste leiten Sie Aufgaben für Ihr Team und sich selbst ab. Bei Scrum überführen Sie diese ins Backlog („Persistenzkonzept erarbeiten"). Um beispielsweise einen Productowner in Scrum dazu zu bewegen, eine technische Fragestellung hoch zu priorisieren, können Sie mit den Risiken und Qualitätszielen argumentieren.[2]

---

[2] Zu Planungsaspekten von Architekturanforderungen siehe [Toth2010a].

Und was ist mit der Dokumentation?

Bis jetzt habe ich lediglich beschrieben, wie Sie übergreifende Themen im Rahmen eines Architekturprozesses identifizieren, priorisieren und die Bearbeitung veranlassen können. Die Dokumentation entsteht dann idealerweise gleich mit. Sie erhalten im weiteren Verlauf des Kapitels Hinweise für mögliche Gliederungen der Konzepte, die dann als eigenständige Dokumente im Repository landen.

In einen Architekturüberblick nehmen Sie nicht alle entstandenen Konzepte vollständig auf. In der Praxis hat es sich bewährt, stattdessen Kurzfassungen für interessante Themen anzufertigen. Die Auswahl wie auch die Pflege der obigen Themenliste kann der „Doctator" (vgl. Praxistipp Seite 22) übernehmen. Er lässt sich dabei von den gleichen Fragen leiten wie bei der Priorisierung (Qualitätsziele, Risiken, ...).

 Praxistipp: Die üblichen Verdächtigen

Die eben beschriebenen Techniken setzen Sie ein, um übergreifende und/oder technische Themen *individuell für Ihr System* zu identifizieren und anzugehen. Nichtsdestotrotz gibt es Erfahrungswerte für typische Kandidaten, die sehr oft mit Konzepten bedacht werden. Im Folgenden nenne ich für zwei Systemtypen jeweils fünf übliche Verdächtige. Wenn das in Ihrem konkreten Fall keine Themen sind, sollten Sie es zumindest begründen können.

Die fünf üblichen Verdächtigen für Informationssysteme:

- Schichten
- Benutzeroberfläche
- Persistenz
- Transaktionsbehandlung
- Sicherheit

Die fünf üblichen Verdächtigen für mobile Applikationen:

- Benutzeroberfläche
- Session- und Zustandsbehandlung, lokale Persistenz
- Datenaustausch/-übertragung (an das Backend)
- Sicherheit
- Plattformabhängigkeit, -unabhängigkeit

6.3.2 Fallbeispiel: Übergreifende Themen „DokChess"

Im Folgenden wende ich die Themenauswahl auf die Schach-Engine „DokChess" an, um Kandidaten für übergreifende/technische Konzepte zu finden. Anschließend leite ich her, welche besonders wichtig sind.

Schritt 1: Kandidaten für übergreifende/technische Konzepte finden

Gehen wir die Mindmap in Bild 6.1 durch, und beantworten die beiden Leitfragen:

- Welche übergreifenden Aspekte sollen innerhalb des Systems konsistent gelöst werden?
- Welche technischen Fragestellungen sind darüber hinaus relevant?

Klassische Architekturmuster kommen bei DokChess nicht zum Einsatz, die fachliche Zerlegung (vgl. Bausteinsicht Ebene 1 und 2) hilft aber, Kandidaten für übergreifende Themen zu identifizieren:

- Zusammenspiel der Bausteine
- Build-Management, Testbarkeit, Konfigurierbarkeit
- Logging, Protokollierung, Tracing
- Benutzungsoberfläche, Plausibilisierung und Validierung, Ausnahme-/Fehlerbehandlung, Kommunikation und Integration mit anderen IT-Systemen
- Session- und Zustandsbehandlung, Caching, Parallelisierung und Threading, Geschäftsregeln

Bei der Interaktion mit Benutzern und Fremdsystemen sind UI-nahe Themen wie Ergonomie und Dialogsteuerung irrelevant, da DokChess über keine grafische Oberfläche verfügt. Eine textbasierte Benutzeroberfläche ist durch das XBoard-Protokoll vorhanden. Auch beim Betrieb fallen die meisten Themen weg; DokChess wird ja Standalone auf einem PC betrieben. Klassische Themen wie Sicherheit und Verteilung fallen ebenfalls raus.

Schritt 2: Priorisierung

Um die Anzahl der Themen und den Umfang der Konzepte für einen Architekturüberblick gegliedert nach arc42 kompakt zu halten, beschränken wir uns auf eine Auswahl. Sie erfolgt anhand der Relevanz für die Qualitätsziele (QZ) und Risiken (R) von DokChess (vgl. Kapitel 2), da diese die Architektur maßgeblich geformt haben. Die treibenden Kräfte sind jeweils in Klammern hinter dem Thema angegeben.

- Zusammenspiel der Bausteine (QZ „Analysierbarkeit", QZ „Änderbarkeit")
- Testbarkeit (QZ „Änderbarkeit", QZ „Attraktivität", QZ „Effizienz")
- Logging, Protokollierung, Tracing (QZ „Analysierbarkeit", QZ „Änderbarkeit")
- Benutzungsoberfläche (QZ „Interoperabilität", R „Anbindung an das Frontend")
- Plausibilisierung und Validierung (R „Anbindung an das Frontend", R „Aufwand der Implementierung")
- Ausnahme- und Fehlerbehandlung (QZ „Analysierbarkeit", QZ „Änderbarkeit", R „Anbindung an das Frontend")
- Parallelisierung und Threading (QZ „Effizienz", R „Erreichen der Spielstärke", R „Aufwand der Implementierung")
- Caching (QZ „Effizienz", R „Erreichen der Spielstärke")

Schritt 3: Ausgestaltung

Zu den wichtigsten Themen sind jeweils kurze Konzepte im Architekturüberblick zu DokChess in Kapitel 9 enthalten. Im Folgenden stelle ich vor, wie Sie umfassende Konzepte aufbauen können.

■ 6.4 Eine Gliederungstechnik für Konzepte

Für Ihre Konzepte haben Sie in der Regel verschiedene Zielgruppen. Es ist zu aufwändig, für diese Zielgruppen jeweils eigene Fassungen zu erstellen, vor allem im weiteren Verlauf bei der Wartung und Pflege. Darüber hinaus besteht die Gefahr, dass die Dokumente auseinanderdriften und inkonsistent werden. Ich schlage daher vor, dass Sie sich auf zwei wichtige Fälle, die verschiedene Zielgruppen zusammenfassen, konzentrieren:

- Adressaten, die sich einen Überblick über die Architektur verschaffen wollen
- Adressaten, die an den Details interessiert sind

Zur zweiten Gruppe zählen insbesondere Entwickler, die das Konzept innerhalb der Lösung umsetzen, und technisch Versierte außerhalb des Projektes, die erwägen, die Lösung innerhalb ihres Vorhabens zu adaptieren.

Für diese zweite Adressatengruppe fertigen Sie im Rahmen des Lösungsentwurfes ein Konzept an, dessen Struktur Sie sowohl bei der Erarbeitung unterstützt als auch anschließend bei der Kommunikation der Lösung. Ich schlage dazu einen Ansatz vor, welcher der Dokumentation von Architekturentscheidungen ähnelt. Es gibt aber einen wichtigen Unterschied. Bei einer Architekturentscheidung geht es darum, nachvollziehbar festzuhalten, wie eine bestimmte Entscheidung gefällt wurde. Sie beantwortet Fragen des neuen Mitarbeiters der Art:

- Warum habt ihr das so gemacht?

Bei den übergreifenden Konzepten ist das vorherrschende Thema, wie eine bestimmte Lösung einheitlich umgesetzt wird. Typische Fragen, die beantwortet werden, sind daher:

- Was muss ich beachten, wenn ich ...?
- Wie mache ich ...?

6.4.1 Werkzeug: Warum? Was? Wie? Wohin noch?

Eine bewährte Strukturierung, um Inhalte aller Art an unterschiedliche Empfänger zu kommunizieren, basiert auf dem Vier-Quadranten-Modell der Lerntheorie (siehe Kasten Hintergrund). Es umfasst entsprechend vier Gliederungspunkte, abgeleitet aus den Quadranten, die der Reihe nach durchwandert werden, um unterschiedliche Bedürfnisse (z. B. nach Hintergrundinformationen, nach praktischen Handlungsanweisungen) zu adressieren.

Sie können diese Struktur auch für kurze Vorträge verwenden (z. B. zur Kommunikation Ihrer Architektur insbesondere an heterogene Zielgruppen). Ich selbst nutze sie beim Schreiben von Artikeln und orientiere mich mit der Struktur dieses Buches daran. In unserem konkreten Fall gliedern die vier Punkte ein technisches und/oder übergreifendes Konzept. Sie heißen nach W-Fragen: Warum, Was, Wie und Wohin noch ...

1. Warum?

Skizzieren Sie kurz das Thema. Worum geht es? Arbeiten Sie heraus, warum dieses Thema für die beschriebene Architektur relevant ist. Beziehen Sie sich dabei auf Anforderungen (insbesondere auf Qualitätsziele), Risiken, Architekturentscheidungen und/oder Randbedingungen, die Treiber dieses Themas sind.

Stellen Sie dar, warum es wichtig ist, das betreffende Thema einheitlich anzugehen, und an einer Stelle (nämlich dieser) zentral zu beschreiben.

2. Was?

Beschreiben Sie den Kontext, für den dieses Konzept gilt (z. B. eine bestimmte Schicht des Systems). Zählen Sie wichtige Einflussfaktoren (z. B. Randbedingungen, geforderte Qualitätsmerkmale) auf. Nennen Sie kurz die Optionen, die Sie bei der Ausgestaltung des Konzeptes in Betracht gezogen haben (falls Sie es getan haben). Konzentrieren Sie sich in der Darstellung aber auf die gewählte Alternative. Beschreiben Sie das Konzept im Detail. Geben Sie Hinweise, wo ein Leser Hintergrundinformationen zu dem Thema findet, die Sie ggf. auch für die Erarbeitung des Konzeptes herangezogen haben. Das können zum Beispiel Verweise auf Quellen im Web oder Bücher im Projektschrank sein.

3. Wie?

Geben Sie konkrete Hinweise, wie das Konzept umgesetzt wird. Die Beschreibung soll den Leser unterstützen, es schnell und korrekt auf die eigene Situation anzuwenden. Zeigen Sie dazu am besten konkrete Beispiele. Je nach Thema können das Code-Schnipsel, Tutorials, Screenshots und/oder „Walkthroughs" für Szenarien sein.

4. Wohin noch?

Geben Sie einen Ausblick, wohin die Reise mit diesem Lösungskonzept noch geht. Beschreiben Sie bereits eingeplante Erweiterungspunkte. Skizzieren Sie angedachte Weiterentwicklungen. Ermutigen Sie die Adressaten, Rückmeldungen zur Lösung selbst und zur Beschreibung (also zu diesem Konzept) zu geben. Vielleicht können die Leser Beispiele und neue Ideen beisteuern (was man mit dem Konzept noch so alles anstellen kann).

 Hintergrund: Das Vier-Quadranten-Modell

Das Vier-Quadranten-Modell ist ein Hilfsmittel, um Inhalte an unterschiedliche Lerntypen zu kommunizieren. Es strukturiert einen Vortrag, ein Konzept oder eine Lerneinheit in vier Quadranten (siehe Bild 6.5). In der Lerntheorie ist das Modell unter dem Namen *4MAT-System* bekannt. „Soft Skills für Softwareentwickler" [Vigenschow+2010] stellt die theoretischen Grundlagen dazu auch für IT-ler verständlich dar.

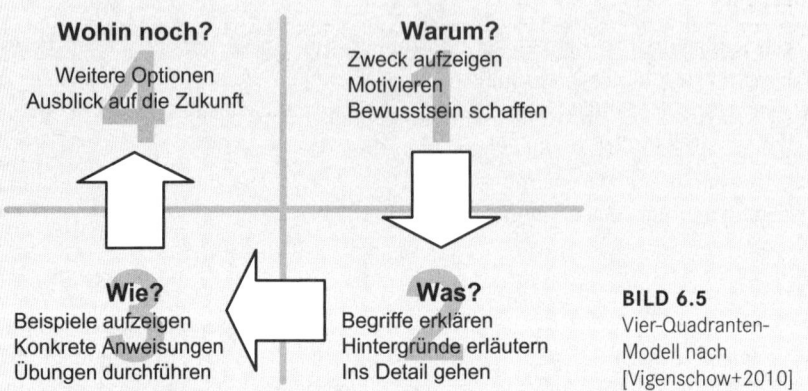

BILD 6.5
Vier-Quadranten-
Modell nach
[Vigenschow+2010]

Wenn Sie beispielsweise Ihre neue Anwendungsarchitektur einer heterogenen
Zuhörerschaft vorstellen, hören Sie an den Zwischenfragen der Teilnehmer,
wo diese stehen.

- Warum brauchen wir überhaupt eine neue Anwendungsarchitektur?
- Was für Produkte genau haben Sie evaluiert? Nach welchen Kriterien?
  Nur die zwei?
- Wie stellt sich das Webframework für Entwickler dar? Haben Sie Quelltext-
  beispiele da?

Das Vier-Quadranten-Modell schlägt vor, den Vortrag in der Reihenfolge aufzu-
bauen, die in Bild 6.5 mit Pfeilen angedeutet ist. Wenn Sie beispielsweise Zuhörer,
die noch im „Warum?"-Quadranten hängen, nicht gleich am Anfang „abholen",
verlieren Sie sie nach wenigen Minuten.

Der Top-Entscheider wird in Ihrem Vortrag übrigens erst gegen Ende munter.
Typische Frage aus der „Wohin noch?"-Ecke:

- Wir gehen in Zukunft strategisch mit XY zusammen, berücksichtigt Ihre Lösung
  das schon?

Es kann durchaus sein, dass diese Information für alle anderen im Raum neu ist
und auch Sie erst in diesem Moment davon erfahren.

6.4.2 Gliederung für ein Konzept

Wenn Sie ein konkretes Konzept erstellen, gliedern Sie es unter der Haube nach dem gezeigten
Schema. Von den W-Fragen (Warum, Was ...) als Überschriften rate ich ab, und Sie brauchen
auch nicht auszubreiten, dass Sie so vorgehen. Eine gute Gliederung funktioniert, auch ohne
erklärt zu werden (vgl. Kapitel 4).

Als Überschriften innerhalb Ihres Konzeptes können Sie stattdessen die Vorschläge aus Tabelle 6.1 verwenden, wobei Sie auch mehrere Unterkapitel pro Quadrant (und entsprechend
mehrere Überschriften) wählen können. Halten Sie aber auf jeden Fall die Reihenfolge der
Quadranten ein!

TABELLE 6.1 Gliederungspunkte in einem Konzept

Quadrant	Mögliche Überschriften für Abschnitte im Konzept
Warum?	Motivation, Aufgabenstellung
Was?	Kontext, Einflussfaktoren, Alternativen, Lösung, Hintergrund
Wie?	Beispiele, Anwendung, Schritt für Schritt
Wohin noch?	Nächste Schritte, Erweiterungen, Rückmeldungen, Ausblick

Wenn Sie eine einheitliche Struktur für alle Konzepte etablieren und vier knappe, allgemeingültige Hauptüberschriften suchen, ist dies mein Vorschlag:

1. Aufgabenstellung

2. Lösung

3. Anwendung

4. Ausblick

Die einzelnen Kapitel gliedern Sie dann anhand der Vorschläge aus Tabelle 6.1 weiter auf; Bild 6.6 zeigt ein Beispielinhaltsverzeichnis.

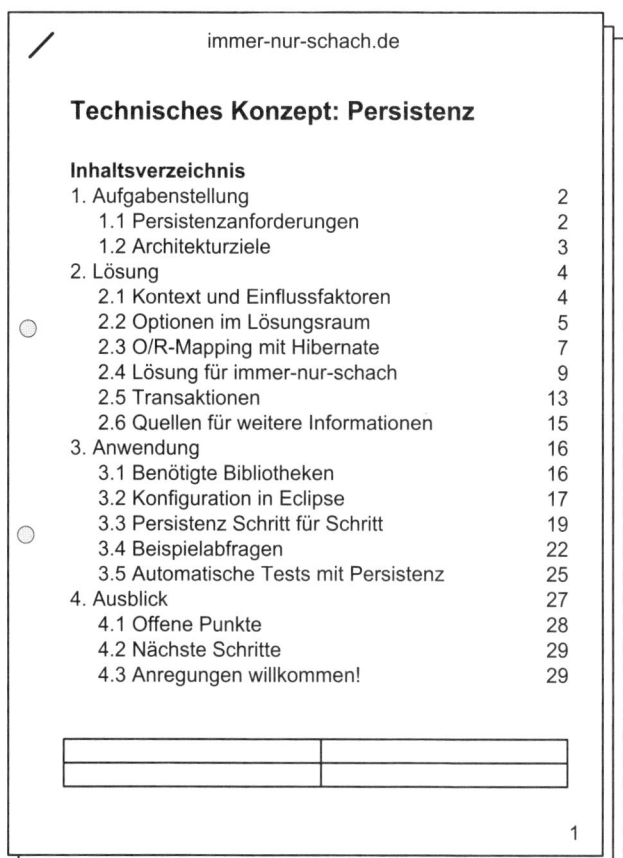

BILD 6.6 Beispiel eines Inhaltsverzeichnisses für ein technisches Konzept

6.4.3 Informeller Text für den Architekturüberblick

Der Gliederungsvorschlag nach dem Vier-Quadranten-Modell ist insbesondere deswegen für technische Konzepte angemessen, da verschiedene Zielgruppen adressiert werden sollen und das Modell genau dies gut leistet. Es holt unterschiedliche Typen ab, versorgt sie mit Wissen, zeigt, wie es geht, und lässt sie weiterdenken. Sie können mit nur einem Dokument problemlos mehrere Zielgruppen adressieren.

Die Konzepte sind für einen Architekturüberblick aber zu umfangreich, insbesondere wenn sie Beispiele enthalten (was sie sollen). Ich erwarte keine langen Pamphlete, aber je nach Thema und Detailtiefe vor allem im „Wie"-Teil kommen leicht fünf bis 20 Seiten zusammen. Und bei fünf bis zehn Themen sprengen Sie die anvisierte Länge eines Überblicks schnell.

Für einen Architekturüberblick empfehle ich daher eine knackige Zusammenfassung der Konzepte jeweils für die wichtigsten Themen. „Persistenz kurz und knapp", „Security kurz und knapp" und so weiter. Der Umfang bewegt sich zwischen einer halben und maximal 1,5 Seiten (z. B. falls Abbildungen beim Überblick hilfreich sind). Die Zusammenfassungen enthalten stets einen Hinweis auf das jeweilige vollständige Konzept für Interessierte.

In einer kurzen Zusammenfassung entfällt eine strikte Gliederung mit Überschriften. Das Vier-Quadranten-Modell unterstützt Sie trotzdem bei der Anordnung der Inhalte. Seine Anwendung ist bei informellen Inhalten sogar besonders wertvoll, da sie Struktur gibt, wo aufgrund fehlender Überschriften sonst keine wäre.

Bei den Inhalten der Zusammenfassung spielen „Warum?"- und „Wohin noch?"-Quadrant eine größere Rolle als „Was?" und „Wie?", denn an Details Interessierte verweisen Sie ohnehin auf das vollständige Konzept. Halten Sie die Zusammenfassung deutlich abstrakter als das Konzept, dann müssen Sie sie seltener anpassen.

Im Repository halten Sie Konzept und Zusammenfassung beisammen, das erleichtert Ihnen und Ihrem Team, die beiden Fassungen konsistent zu halten. Sie können die Zusammenfassung an den Anfang des vollständigen Konzeptes stellen. Gute Werkzeugunterstützung vorausgesetzt, generieren Sie den Architekturüberblick aus dem Repository und ziehen dabei lediglich die Zusammenfassung an.

 Steckbrief: Dokumentationsmittel „Übergreifendes Konzept"
Synonym: Technisches Konzept

Zweck:
Ausarbeitung und Darstellung eines übergreifenden Themas, z. B. Persistenz, Sicherheit.

Form:
Prosatext pro Thema, bedarfsgerecht angereichert um Abbildungen, Quelltextbeispiele und Ähnliches, gegliedert stets nach gleichem Muster. Bei wichtigen Themen für den Architekturüberblick: separate Zusammenfassung.

Checkliste:

- Wird klar, warum das Thema architekturrelevant ist?
- Sind Bezüge zu Randbedingungen und anderen Einflussfaktoren klar?
- Finden Interessierte Hinweise zu detaillierteren Informationen zum Thema?
- Reicht die Beschreibung aus, um das Konzept umzusetzen? Findet ein Entwickler konkrete Hilfestellung, um die Lösung konsistent zu implementieren?

Weiterführende Literatur:

- Für die Inhalte Ihrer Konzepte allgemeine Literatur zu Softwarearchitektur, zusätzlich Spezialliteratur zu den in den Konzepten betrachteten Technologien.
- Für technisches Schreiben z. B. [Rechenberg2006], für den Schreibstil im Deutschen z. B. [Reiners2007], im Englischen z. B. [Strunk+99].

Ablageort arc42:

Abschnitt 8: „Konzepte", in arc42-Versionen bis 5.0: „Technische Konzepte", dort ggf. auch Abschnitt „Typische Muster, Strukturen und Abläufe"

■ 6.5 Tipps zur Erstellung übergreifender Konzepte

Zusammenspiel mit den anderen Dokumentationsteilen

Für eine in sich geschlossene und schlüssige Architekturdokumentation verzahnen Sie die Konzepte mit anderen Zutaten. Hier sind neben den bereits angesprochenen Architekturentscheidungen vor allem die Randbedingungen und Qualitätsziele von Interesse.

Die Randbedingungen grenzen den Lösungsraum ein und haben großen Einfluss auf die Konzepte. Unter Umständen ist der Einsatz bestimmter Lösungen explizit unzulässig oder nur eingeschränkt möglich (z. B. Open Source), die Verwendung spezieller Technologien gefordert (Programmiersprachen, Frameworks ...) oder der Betrieb innerhalb einer bestimmten Laufzeitumgebung (Betriebssysteme, Applikationsserver, ...) vorgegeben. Solche Punkte sind typische Andockpunkte für die Konzepte, denn die Vorgabe lässt oft noch Spielraum für die Ausgestaltung der Verwendung.

Je mehr Spielraum die Randbedingungen Ihnen lassen, umso wichtiger wird es, auf die geforderten Qualitätsmerkmale zu achten. Sie liefern in den Konzepten oft die besten Argumente.

> **Übungsaufgabe 6: Übergreifende Themen**
>
> Identifizieren Sie im Rahmen eines Brainstormings Kandidaten für technische und/oder übergreifende Themen für den Squeezebox Server. Wählen Sie anschließend aus diesen Kandidaten die aus Ihrer Sicht fünf wichtigsten Themen aus. Erarbeiten Sie für eines dieser fünf Themen ein kurzes Konzept, das Sie nach dem Gliederungsvorschlag aus diesem Kapitel strukturieren. Orientieren Sie sich für diese Aufgabe am Vorgehen in Bild 6.4!
>
> Ihre Lösung nennt die fünf Topthemen und begründet, warum diese besonders wichtig sind. Außerdem enthält sie das Konzept für das von Ihnen ausgewählte Thema. Insgesamt sollte Ihre Lösung (inklusive Abbildungen, die Sie gegebenenfalls anfertigen) 4 DIN-A4-Seiten nicht übersteigen.

Spannungsfeld Wiederverwendung

Das Herausziehen der Konzepte aus den Bausteinbeschreibungen eröffnet eine potenzielle Wiederverwendung in anderen Vorhaben. Als Ziel steht das allerdings im Widerspruch zum vorherigen Hinweis, der eine gute Verzahnung mit projektspezifischen Punkten wie Randbedingungen und Qualitätszielen empfiehlt.

Der Widerspruch lässt sich nur dadurch auflösen, dass Sie für sich entscheiden, was Ihnen wichtiger ist. Eins ist dabei klar: Wenn Ihre Lösung für ein technisches Thema stark von den Randbedingungen und Qualitätszielen beeinflusst wurde, wird sie zu einem Projekt, das sich in diesen Punkten von Ihrem unterscheidet, nicht gut passen. Sie können vielleicht einzelne Ideen wiederverwenden, sicher aber nicht das Konzept in unveränderter Form. Wenn die relevanten Randbedingungen und Qualitätsziele in vielen Vorhaben Ihrer Organisation gleich (oder sehr ähnlich) sind, ist eine Wiederverwendung am erfolgversprechendsten. In diesem Fall können Sie Ihr projektspezifisches Lösungskonzept zu einer Unternehmenslösung befördern. Es lohnt sich dann, das Konzept zu extrahieren und es zu überarbeiten, um die Lösung in die Breite zu tragen.

Übergreifende Konzepte in Architekturüberblicken und arc42

Bei einer nach arc42 gegliederten Architekturdokumentation können Sie Ihre Konzepte (bzw. die kurzen Zusammenfassungen) „abheften": in Version 6.0 sieht arc42 den Abschnitt 8 „Konzepte" dafür vor. Bis einschließlich Version 5.0 waren zwei verschiedene Abschnitte als Ziel für übergreifende Konzepte vorgesehen: die Abschnitte „Typische Muster, Strukturen und Abläufe" und „Technische Konzepte". Es war im Einzelfall nicht immer klar, in welchen der beiden Abschnitte es besser passt – eine Motivation, sie in Version 6.0 zusammenzufassen. Falls Sie noch eine alte Fassung nutzen und sich unsicher sind: Lassen Sie sich von logischen Bezügen der Konzepte untereinander leiten. Welche Reihenfolge ist für den Leser schlüssig?

Bei der Auswahl der Lösungskonzepte für einen Architekturüberblick empfehle ich, wenn der Platz knapp wird (Stichwort 30 Seiten), insbesondere solche Themen aufzunehmen, für die Sie keine Architekturentscheidung im Dokument haben, die aber trotzdem von Interesse sind (siehe zum Beispiel die „üblichen Verdächtigen" in diesem Kapitel). So entsteht für den Leser insgesamt ein klareres Bild.

Kernaussage dieses Kapitels

Für verschiedene technische, übergreifende und/oder besonders relevante Themen entwerfen Sie Lösungen, die Sie in entsprechenden Konzepten darstellen.
Leiten Sie die Lösungskonzepte aus den Einflussfaktoren (Randbedingungen,
Qualitätsziele, Risiken) her, um einen roten Faden in Ihre Architekturdokumentation zu weben und das Ziel der Nachvollziehbarkeit zu erreichen. Die Verwendung
bewährter Strukturierungsideen ermöglicht es Ihnen, mit einem Konzept sehr
unterschiedliche Zielgruppen anzusprechen.

7

Werkzeuge zur Dokumentation

Die gezeigten Zutaten für Ihre Architekturdokumentation müssen erstellt, gepflegt, weiter-entwickelt, organisiert und kommuniziert werden. Das wirft Fragen nach der Form einzelner Inhalte auf; schnell stellt sich auch die Frage nach geeigneten Werkzeugen. Dieses Kapitel diskutiert gängige Alternativen und häufig damit verbundene Probleme. Ich beschreibe Kri-terien und ein Vorgehen, mit dem Sie eine Toollösung für Ihr Vorhaben auswählen können. Wikis und UML-Werkzeuge vergleiche ich dabei als Extrempositionen.

■ 7.1 Notationen passgenau wählen

Im Rückblick auf die vorangegangenen Kapitel waren die gezeigten Zutaten zum großen Teil in Worte und nicht in Bilder gefasst. Text ist weitaus häufiger gut geeignet, als vielleicht zunächst gedacht. Gegen eine Laufzeitsicht mit Schritten als Aufzählung beispielsweise ist prinzipiell nichts einzuwenden. Wo sind Bilder sinnvoll? Oder ab wann? Und in welcher Notation?

Visuell oder verbal?

Informationen lassen sich sowohl in Bilder als auch in Worte fassen[1]. Im Rahmen der Doku-mentation halten wir sie in Form von Abbildungen und Texten fest, um die Informationen zu bewahren, aber vor allem auch, um sie effizient vermitteln zu können.

Kommunizierte Inhalte bleiben je nach Darstellungsart und Adressat verschieden gut haf-ten. Es ist ein Unterschied, ob man einen Text selber liest oder von jemandem vorgetragen bekommt, oder ob man Schritte nur erklärt bekommt oder selber tut. Zudem präferiert jeder Mensch bestimmte Eingangskanäle (visueller Typ vs. auditiver Typ). Diese wichtigen „weichen" Aspekte sollen hier aber nicht im Vordergrund stehen.

Die visuellen und verbalen Gestaltungsmöglichkeiten sind vielfältig. Zu textbasierten Dar-stellungen zählt Prosa genauso wie Pseudocode, zu grafischen Formen UML-Diagramme ebenso wie Screenshots und Dialogprototypen. Bild 7.1 spannt mögliche Darstellungsformen in einer Mindmap[2] auf.

---

[1] Das Duden-Fremdwörterbuch [Duden2010] erklärt den Begriff „visualisieren" treffend als „Ideen in ein Bild umsetzen". „Verbal" bedeutet „mit Worten".

[2] Mindmaps [Buzan2005] sind übrigens selbst eine interessante Darstellungsmischform.

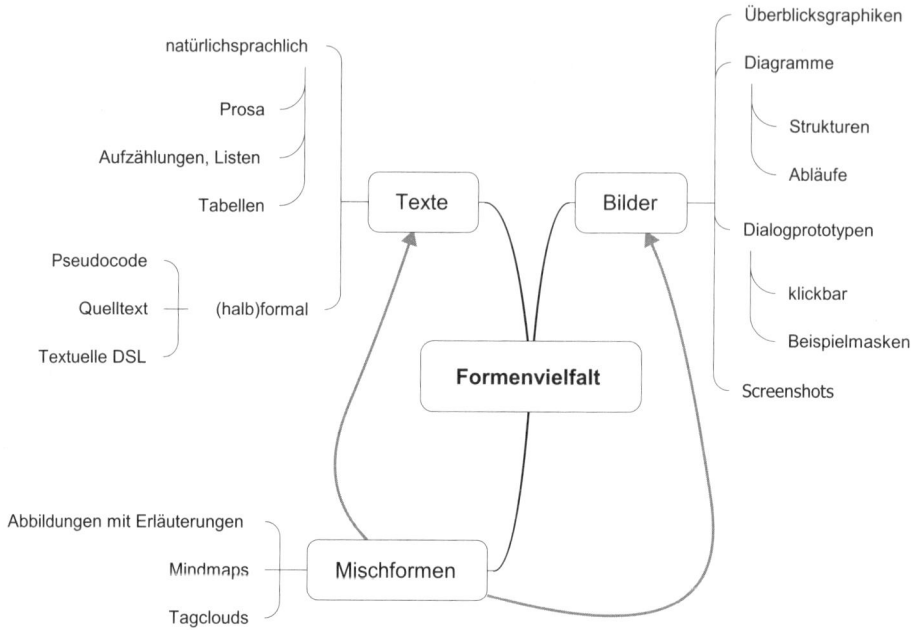

BILD 7.1 Darstellungsformen in (Architektur-)Dokumentation

Die Begriffe textuell und grafisch klingen zunächst klar abgegrenzt. In der Praxis greifen Sie und Ihr Team bei Dokumentationsmitteln oft auf Mischformen zurück. Ein als Text verfasstes Konzept wird um Abbildungen angereichert, kaum eine Grafik in einer Architekturdokumentation kommt ohne Beschriftungen und zusätzliche Beschreibungen aus. Auch beim grafiklastigen Systemkontext in Kapitel 2 habe ich zusätzlich zum Diagramm Kurzbeschreibungen zu den Akteuren gefordert.

Wo eignet sich Text besonders gut?

Es gibt viele Dokumentationsszenarien, wo sich Text als Format gut eignet, zum Beispiel:

- Lose Ideen und Gedanken
- Wiedergabe wortwörtlicher Aussagen (z. B. Interviews)
- Darstellung von Geschehnissen und Abfolgen von Ereignissen
- Geordnete Aufzählung von Dingen (Listen wie diese)
- Strukturierte Aufbereitung von Inhalten in Tabellen

Entsprechend sind viele der gezeigten Zutaten textlastig, beispielsweise Randbedingungen, Qualitätsziele und -szenarien, Architekturentscheidungen und Konzepte.

Das Erfassen und Bearbeiten von Texten mit elektronischen Werkzeugen ist nicht nur einfach; Text kann gegenüber Grafik handfeste technische Vorteile ausspielen:

- Änderungen in Texten sind bei Verwendung geeigneter elektronischer Werkzeuge leichter zu verfolgen. Denken Sie an das „diff" in CVS, Subversion, Git. Oder an die Versionshistorie in Wikis. Änderungen in Diagrammen von Version zu Version lassen sich weitaus schwieriger ermitteln.

- Texte oder Teile daraus lassen sich in der Regel auch leichter elektronisch weiterverarbeiten. Hierzu zählt die Pflege, aber auch Verwertung an anderer Stelle. Sie können problemlos Teile in Tabellen, Mindmaps, Präsentationen oder auch Mails einbinden. Haben Sie in Ihrem Projekt schon die Frage „Mit welchem Werkzeug ist das denn erstellt worden?" gehört. Ich schon, aber immer nur bei Bildern.

Bei Texten kann die Sprachwahl ein Problem sein. Brauchen wir die Dokumentation auch auf Englisch? Vielleicht Teile davon? Wie halten wir die unterschiedlichen Fassungen konsistent? Gibt es ein verbindliches Glossar mit Übersetzungen?

Wo eignen sich Bilder besonders gut?

Der Ausspruch „Ein Bild sagt mehr als tausend Worte" wird allgemein akzeptiert. Nicht immer transportiert ein Bild aber tatsächlich mehr Informationen als Text oder kommuniziert sie effizienter. Nehmen Sie als Beispiel folgenden Satz:

Das System XY besteht aus den drei Subsystemen A, B, und C.

Den Satz versteht jeder im XY-Projekt Involvierte, vorausgesetzt, er kann Deutsch und weiß, was ein Subsystem ist. Vergleichen Sie ihn mit Bild 7.2.

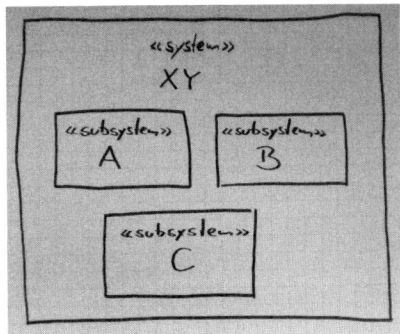

BILD 7.2 System XY besteht aus den drei dargestellten Subsystemen

Auf den ersten Blick ist die Abbildung hübsch anzusehen und beinhaltet die gleichen Informationen wie der Satz oben. Für das Bild muss man die Notation verstehen, sie ist hier noch recht intuitiv. Wer die UML kennt, weiß, wie viel Deutungsspielraum in dem Diagramm liegt. So könnte es beispielsweise noch weitaus mehr Subsysteme von XY im Modell geben, das Diagramm zeigt lediglich drei davon. Um das abzusichern, könnte man das Diagramm mit einem beschreibenden Text versehen, wie in der Bildunterschrift bereits geschehen. Das Diagramm liefert nun gegenüber dem ursprünglich zitierten Satz oder einer Aufzählungsliste kaum einen Mehrwert.

Dieses Beispiel soll Sie keineswegs davon abhalten, Ihre Architektur zu visualisieren. Aber Sie sollten sich gut überlegen, ob es immer ein Bild sein muss. Eine Darstellung wie Bild 7.2 ist ein guter Ausgangspunkt, um Abhängigkeiten und Schnittstellen herauszuarbeiten, wie in Kapitel 5 gezeigt. Grafische Darstellungen spielen ihre Stärken in Situationen aus, die über das bloße Aufzählen weniger Elemente wie oben hinausgehen:

- Hierarchische Strukturen, Verfeinerungen
- Abläufe, insbesondere Alternativen, Wiederholungen, Parallelität

- Beziehungen zwischen Strukturelementen (z. B. auch Spezialisierung, Verwendung)
- Kategorisierung von Elementen, z. B. durch unterschiedliche Symbole
- Auszeichnen von Elementen und Anreichern mit Informationen
- Anordnen von Elementen in Gruppen, Schichten, nach ihrer Geographie ...

Beispielsweise verschafft ein Systemkontext als Diagramm nicht nur rasch einen Überblick über die beteiligten Akteure. Unterschiedliche Symbole differenzieren zwischen Benutzern und Fremdsystemen, Kanten können um Multiplizitäten und Protokolle angereichert werden.

Standardnotationen

Die durchgängige Verwendung einer einheitlichen Notation für grafische Dokumentations-mittel bringt Ihrem Vorhaben (und größer gedacht Ihrer Organisation) ähnliche Vorteile wie einheitliche Gliederungen (siehe Kapitel 4):

- Aufwandsersparnis, verglichen mit der Entwicklung und Etablierung einer eigenen Notation
- Wiedererkennungswert z. B. bei Ergebnissen anderer Teilteams, für neue Mitarbeiter und andere Beteiligte aller Art (vor allem bei projektübergreifender Verwendung)
- Darüber hinaus bietet eine standardisierte Notation wie die UML potenziell weitere Vorteile:
- Die Notation ist verbreitet und vielen bekannt (z. B. aus dem Studium).
- Falls sie nicht bekannt ist, sind reichhaltige Informationen verfügbar (Bücher, Internet, ...).
- Es gibt leistungsfähige Werkzeuge, die Ergebnisse lassen sich damit auch weiterverarbeiten.

Bekannt bedeutet dabei nicht unbedingt *beherrscht*. Gerade bei der sehr umfangreichen UML ist meiner Erfahrung nach selbst bei Entwicklern mit OO-Hintergrund oft nur Grundwissen vorhanden. Sie können die Inhalte aus Klassen- und Sequenzdiagrammen grob erfassen, beim Erstellen werden sie bereits unsicher.

Für Ihre Arbeitsergebnisse heißt das in der Praxis, dass Sie auch bei Verwendung einer Standardnotation davon ausgehen müssen, dass Ihre Adressaten Hilfestellung bezüglich der Notation benötigen (siehe hierzu Praxistipp „Simplified UML"). Ein Verweis auf die UML-Spezifikation beispielsweise ist dabei für die allermeisten Ihrer Zielgruppen nicht angemessen. Fügen Sie stattdessen bei einfachen Diagrammen eine zielgruppengerechte Legende ein. Bei wiederkehrenden Diagrammarten (z. B. in der Bausteinsicht) lohnt die Erstellung einer Kurznotationsübersicht, auf die Sie dann jeweils verweisen. Generell kann die Auswahl der Notation nicht völlig losgelöst von der Werkzeugfrage erfolgen.

Praxistipp: „Simplified UML"

Die UML ist sehr umfangreich, was die Anzahl der unterschiedlichen Diagrammarten und Modellelemente angeht. Die Toolpaletten der Werkzeuge können einen
schon abschrecken. Die Diagramme Ihrer Architekturdokumentation sollten das
nicht tun.

Wenn Sie Ihre Entwürfe und Ideen mit UML an unterschiedliche Zielgruppen kommunizieren, empfehle ich die Verwendung einer vereinfachten Form. In Anlehnung
an „Simplified Chinese", der Kurzschreibweise der chinesischen Schrift, welche
unter anderem die Anzahl der nötigen Striche für wichtige Zeichen verringert,
bezeichne ich den Ansatz als „Simplified UML".

Die Idee ist einfach: Sie verwenden nur wenige unterschiedliche Modellelemente
in Ihren Diagrammen, die aber korrekt. Daraus ergeben sich verschiedene Vorteile: Ein Leser ohne UML-Kenntnisse wird nicht von einer Symbolflut erschlagen;
Sie müssen ihm nur wenige Elemente erklären. Gleichzeitig findet sich ein Leser
mit UML-Kenntnissen trotzdem zurecht, und Sie profitieren auch von den übrigen
UML-Vorteilen. Hierzu zählen die Werkzeugunterstützung und vor allem das zugrunde liegende konsistente Modell, das Sie mit Hilfe der Sichten aus unterschiedlichen Blickwinkeln beleuchten.

Die Idee steht übrigens nicht im Widerspruch zu den Ansichten des UML-Vaters
Grady Booch. Ganz im Gegenteil, wie folgendes Zitat belegt:

> *„One needs about 20 % of the UML to attend to 80 % of most modeling problems.
> So, there is value in spending energy on what you can remove from the UML
> rather than what you can add." (Grady Booch)*[*]

Sie verlieren durch den Ansatz natürlich Ausdrucksmöglichkeiten, die Sie sonst
in der UML hätten. Je nachdem, wie Sie Ihre Arbeitsergebnisse weiterverarbeiten
wollen, fällt die Vereinfachung unterschiedlich stark ins Gewicht. Falls die Diagramme primär dazu dienen, grundlegende Architekturideen zu kommunizieren,
ist ein Kompromiss zugunsten der Einfachheit in jedem Fall praktikabel.

---

[*] Im persönlichen E-Mail-Austausch. Anlass war eine Diskussion über die Zukunft der UML auf
einer Mailing-Liste der OMG.

■ 7.2 Toolparade zur Architekturdokumentation

Um die Text- und Grafikinhalte Ihrer Architekturdokumentation anzufertigen und zu verbreiten, steht Ihnen ein großes Arsenal an Werkzeugen zur Verfügung. Unser Ziel ist schlussendlich eine digitale Dokumentation, die insbesondere auch im Team erarbeitet und weiterverwendet werden kann. Hier lässt sich nach unterschiedlichen Aktivitäten differenzieren:

- Erstellen und Pflegen von Inhalten
- Verwalten der Ergebnisse („Repository")
- Kommunizieren an unterschiedliche Zielgruppen

Bild 7.3 gibt einen Überblick über in der Praxis gebräuchliche Tools, deren Stärken und Schwächen ich im Folgenden diskutiere.

BILD 7.3 Gebräuchliche Tools für Architekturdokumentation

7.2.1 Erstellung und Pflege

Den Anfang der Toolparade machen Werkzeugtypen zur Erstellung und Pflege von Inhalten. Zur Sprache kommen dabei auch analoge Werkzeuge, die insbesondere bei der initialen Erstellung gute Dienste leisten.

Papier, Bleistift, Radiergummi

Fangen wir klein an: Ideen textuell oder in Form von Grafiken und Notizen mit dem Bleistift auf Papier zu bringen, ist ein guter Start. Das Werkzeug ist intuitiv zu bedienen und mein Favorit fürs Flugzeug. Beim Arbeiten zu zweit oder zu dritt funktioniert es auch, weiter skaliert es nicht. Auch das dauerhafte Festhalten der Ergebnisse und das Arbeiten und Verbreiten im Team gestalten sich mit Zetteln schwierig. Die Inhalte werden daher schnell in elektronische Formate überführt. Eingescannt lassen sie sich im Nachhinein aber nur schwer ändern, ein generelles Problem von abfotografierten Ergebnissen.

Flipcharts

Gerade in gemeinsamen Workshops sind Flipcharts ein exzellentes Mittel, um Ergebnisse zu erarbeiten und festzuhalten. Sei es in einer moderierten Diskussionsrunde oder in einem Brainstorming. Alle Teilnehmer können den aktuellen Stand sehen. Auf einem Flipchart lesbar zu schreiben, erfordert allerdings etwas Übung. Oft landen Stichpunkte auf den Blättern, ggf. auch einfache Diagramme oder Mindmaps. Das Sichern der Ergebnisse erfolgt in der Regel durch Abfotografieren. Bei Flipcharts sind Änderungen bereits während der Erstellung heikel.

Typische Einsatzbeispiele in der Architekturdokumentation:

- Sammeln von Technischen Risiken, Stakeholdern, Qualitätszielen, … (Brainstorming)
- Erster Wurf für die Kontextsicht (Moderator visualisiert Fremdsysteme und Benutzer)

Whiteboard

Gegenüber Flipcharts haben Whiteboards den Vorteil, dass man leichter Änderungen am Ergebnis vornehmen kann. Außerdem sind sie oft großformatig und erlauben dadurch größere Diagramme. Entsprechend werden sie gern von Teams benutzt, die gemeinsam entwerfen. Whiteboards sind nicht so leicht abzufotografieren wie Flipcharts, und die Entwürfe sind schwer aufzuheben.

Typisches Einsatzbeispiel in der Architekturdokumentation:

- Initiales Erarbeiten der Bausteinsicht (Ebene 1) mit Interaktion der Elemente

Moderationskarten und Pinnwände

Moderationskarten (auch Metaplankarten) komplettieren die analogen Moderationsmittel. Sie lassen sich an entsprechende Wände pinnen und sind interessant, weil sich im Team schnell Inhalte sammeln („Kartenabfrage") und diese auch leicht an der Wand umgruppieren lassen. Damit sind sie flexibler als ein Flipchart, aber ähnlich gut abzufotografieren. Die Karten lassen sich gut aufheben, zum Beispiel um die Inhalte beim nächsten Workshop wieder anzuheften oder später in ein anderes Werkzeug zu überführen. Die Beweglichkeit der Karten und das freie Anordnen an der Wand erlauben beispielsweise einen recht lebendigen Entwurf von Sichten, vgl. Bild 7.4.

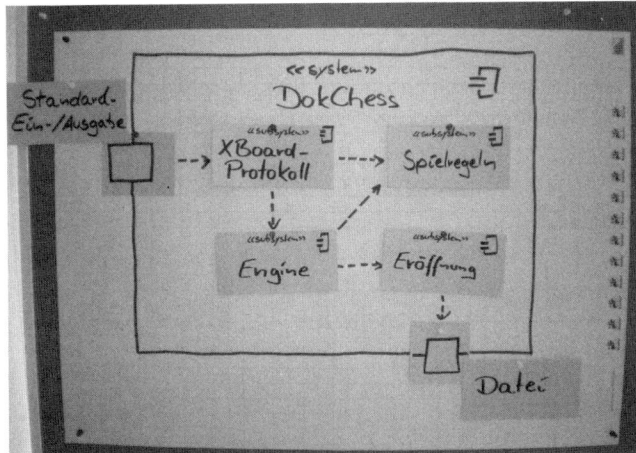

BILD 7.4 Pinnwand als Modellierungswerkzeug

Mindmap-Tools

Bei elektronischen Tools entfällt generell das Abfotografieren. Das wäre der erste Vorteil von Mindmapping-Programmen gegenüber Flipcharts, auf denen sich Mindmaps gerade in der Gruppe natürlich auch gut erarbeiten lassen. Das leichte Umsortieren und Umhängen einzelner Blätter und ganzer Äste und das Ausblenden vorübergehend uninteressanter Äste sind weitere Vorteile, die insbesondere zum Tragen kommen, wenn Sie Inhalte im Team erarbeiten und den Bildschirm mit dem Beamer an die Wand projizieren. Der Praxistipp in Kapitel 2 (auf Seite 51) nennt konkrete Mindmap-Tools.

Mindmaps eignen sich gut zum Sammeln, Gruppieren und In-Beziehung-Setzen von Dingen aller Art (Benutzer und Fremdsystemen, Rahmenbedingungen, Risiken ...). Eine spätere Weiterbearbeitung mit dem entsprechenden Werkzeug ist ebenso möglich wie das Exportieren der Inhalte in andere Formate.

Typisches Einsatzbeispiel in der Architekturdokumentation:

▪ Sammeln von Szenarien und Zuordnung zu Qualitätsmerkmalen im Utility Tree

Wikis

> *„Wikis ermöglichen das gemeinschaftliche Arbeiten an Texten. Ziel eines Wikis ist es im Allgemeinen, die Erfahrung und den Wissensschatz der Autoren kollaborativ auszudrücken."* (aus Wikipedia, selbst ein Wiki)

Viele Unternehmen und Organisationen betreiben entsprechende Lösungen und stellen sie Teams für ihre projektinterne Kommunikation zur Verfügung. Mit Wikis lassen sich vornehmlich Texte als Inhalte erfassen. Es gibt aber auch Werkzeuge, die das Anfertigen einfacher Grafiken erlauben, zum Beispiel durch spezielle Plugins. Klassischerweise erfolgt die Eingabe von Text in einem speziellen Markup zur Auszeichnung von Text und zur Verlinkung mit anderen (internen und externen) Inhalten. Wikis sind primär Werkzeuge zur Zusammenarbeit von Teams. Jeder mit Zugang kann Inhalte erstellen, ohne ein spezielles Programm zu installieren. Er kann Beiträge anderer kommentieren und weiter bearbeiten. Änderungen auf den Seiten lassen sich verfolgen und darstellen, Inhalte verschlagworten und suchen, auch Benachrichtigungsfunktionen per E-Mail oder RSS-Feeds sind üblich.

Wikis sind zur Anfertigung von Architekturdokumentation sehr beliebt. Ich diskutiere sie in Kapitel 7.3 gesondert. Dort erfahren Sie mehr über Stärken und Schwächen, und auch zur Auswahl eines konkreten Produktes.

Blogs

Nicht ganz so verbreitet wie das Wiki ist die Verwendung von Blog-Software zur Erstellung von Inhalten für die Architekturdokumentation. Damit ist hier die projektinterne Verwendung entsprechender Blog-Software gemeint (kein frei zugängliches Internet-Tagebuch).

Im Unterschied zu einem Wiki entstehen die Blogeinträge nicht kollaborativ, sondern als das Werk Einzelner, um die anderen zu informieren und zur Diskussion einzuladen. Wie bei Wikis kann das Team räumlich verteilt arbeiten; aufgrund des Blogcharakters entsteht automatisch eine chronologische Dokumentation („Projekttagebuch"). Mit Forensoftware lässt sich Ähnliches erreichen, einige Wikis bringen entsprechende Blog- und Foren-Funktionalität bereits mit.

Typisches Beispiel für den Einsatz:

- Vorschlag für eine anstehende Architekturentscheidung, Diskussion im Team

Bugtracking-Tools

Manche Projekte missbrauchen Bugtracking-Werkzeuge zur Architekturdokumentation. Damit ist nicht das Planen der Erstellung von Inhalten gemeint, in das Werkzeug kommen die Inhalte selbst! Als Vorteile kann ähnlich wie bei Wikis das kollaborative Erarbeiten und Kommentieren angeführt werden, insbesondere in verteilten Teams. So können beispielsweise Szenarien mit einem Issue-Tracking erarbeitet, Qualitätsmerkmale zugeordnet, kommentiert, priorisiert, und gefiltert werden. Bild 7.5 zeigt zur Illustration die Qualitätsszenarien von DokChess in Atlassian JIRA.

Die Benennung der Bedienelemente einer Fehlerverwaltung („Neuen Fehler berichten") führt unter Umständen zu geringerer Akzeptanz. Manche Tools lassen sich diesbezüglich aber anpassen.

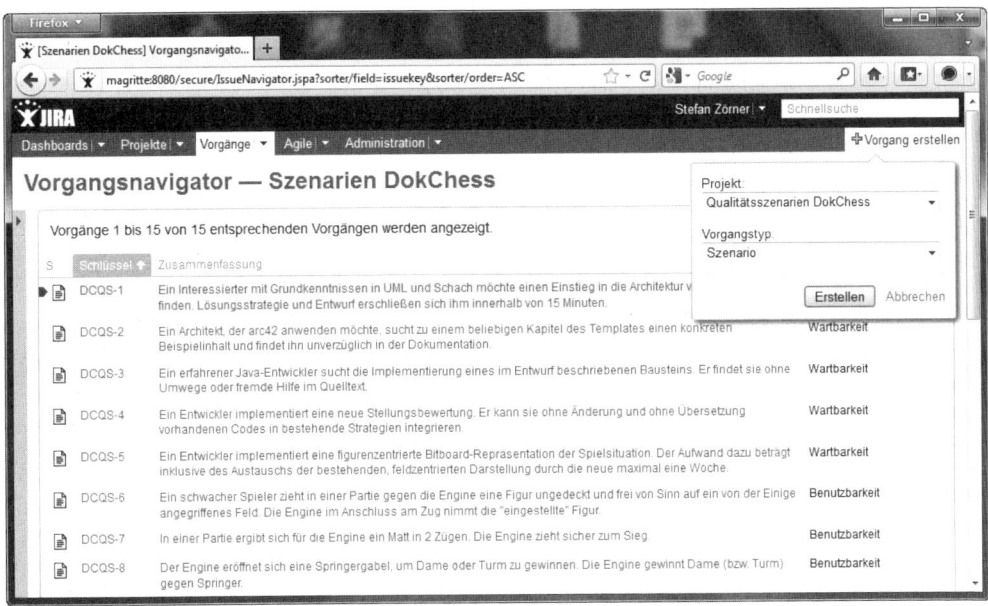

BILD 7.5 Qualitätsszenarien, erfasst in einem Bugtracking-Werkzeug

Textverarbeitungen

Die wohl am weitesten verbreitete Lösung zur Erfassung von textlastigen Inhalten sind Textverarbeitungen wie Microsoft Word. Sie genießen bei vielen Autoren eine höhere Akzeptanz als z. B. ein Wiki mit speziellem Markup. Texte lassen sich beliebig auszeichnen, mit Abbildungen und Tabellen versehen und gut in eine druckbare Form bringen.

Zu den Problemen bei Architekturdokumentation und Textverarbeitungen zählt das Arbeiten im Team, konkret das Verfolgen von Änderungen oder das Vergleichen unterschiedlicher Versionen in der Versionsverwaltung. Eine Möglichkeit, dem zu begegnen, stellt die Verwendung textbasierter Formate wie LaTeX oder DocBook dar.

Typisches Einsatzbeispiel in der Architekturdokumentation:

- Erarbeiten und Festhalten eines Konzeptes zur Persistenzfrage

Tabellenkalkulationen

Tabellenkalkulationen sind für die Erfassung und Pflege bestimmter textbasierter Zutaten eine interessante Option. Bei kleinteiligen Inhalten kann man durch die Möglichkeiten des (Um-)sortierens, Kategorisierens und Filterns gut den Überblick behalten. Binäre Formate aus diesem Bereich machen sich ähnlich wie bei Dateien aus Textverarbeitungen nicht gut in Versionsverwaltungen; sie lassen sich schlecht vergleichen.

Typisches Einsatzbeispiel in der Architekturdokumentation:

- Sammeln von Szenarien in einem Workshop, Zuordnung zu Qualitätsmerkmalen, Priorisierung

Präsentationsprogramme

Der Einsatz von Präsentationsprogrammen (z. B. Microsoft PowerPoint, OpenOffice Impress, Apple Keynote) zur Erstellung von Architekturbildern und knappen Texten dazu ist sehr verbreitet. Oft ist die Software auf den Unternehmensrechnern direkt verfügbar und daher die naheliegende Wahl. Manchmal ist ein Foliensatz die einzige Architekturbeschreibung, die ein Projekt hat.

Grundsätzlich können Sie die Abbildungen für die in Kapitel 5 vorgeschlagenen Sichten auch mit einem Präsentationsprogramm erstellen. In der Praxis ist die bei einigen Programmen vorgegebene Foliengröße ein Hindernis, auch wenn man gleichzeitig argumentieren kann, dass die Größenbegrenzung verhindert, dass zu komplizierte Abbildungen entstehen.

Wer auf eine bestimmte Notation Wert legt, kann sie mühsam nachbilden, UML-Vorlagen beispielsweise gibt es für Präsentationsprogramme kaum. Die größte Schwäche bei der Anfertigung von Sichten ist aber das fehlende Modell, und damit die Gefahr, bei Änderungen zu inkonsistenten Diagrammen zu gelangen.

Typisches Einsatzbeispiel in der Architekturdokumentation:

- Informelles Überblicksdiagramm

Zeichenprogramme

Zeichenprogramme wie z. B. Microsoft Visio werden ebenfalls gern für informelle Abbildungen herangezogen. Ähnlich wie Präsentationssoftware sind sie oftmals direkt im Projekt verfügbar und haben nicht den Nachteil einer begrenzten Zeichenfläche. Deshalb kommen sie auch bei detaillierteren Arbeitsergebnissen gern zum Einsatz. Der Nachteil des fehlenden Modells besteht bei diesen Programmen zwar auch, allerdings gibt es eher Vorlagen für standardisierte Notation wie beispielsweise UML.[3]

Typisches Einsatzbeispiel in der Architekturdokumentation:

- Detaillierte Visualisierung der Systemlandschaft

---

[3]   Pavel Hruby stellt auf http://softwarestencils.com/uml/ exzellente UML-Vorlagen für Microsoft Visio bereit.

UML-Modellierungswerkzeuge

Zur Erstellung von UML-Modellen und -Diagrammen sind die Werkzeuge erste Wahl. Die Bedienung will gelernt sein, anschließend geht das Anfertigen von Abbildungen für die Sichten aber leicht von der Hand. Die Suche nach Vorlagen erübrigt sich hier. Das zugrunde liegende Modell erleichtert das Anfertigen von Sichten, die auf bereits bestehende Elemente (z. B. Bausteine) referenzieren, ungemein. Auf die Verwendung von UML-Werkzeugen als Repository geht Kapitel 7.3 ausführlicher ein.

Praxistipp: UML auf der Serviette

Einige UML-Werkzeuge verfügen über eine Diagrammdarstellung, die Modell-elemente wie von Hand gezeichnet aussehen lässt. Bild 7.6 zeigt Beispiele aus Enterprise Architect, wo dieser Stil „Handdraw" heißt. Eine andere gängige Be-zeichnung ist „Napkin" (englisch für Serviette), da die Diagramme wie auf eine Serviette gemalt aussehen.

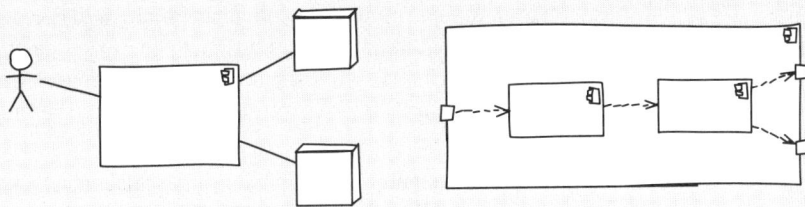

BILD 7.6 UML-Elemente im Handdraw-Modus von Enterprise Architect

Die Diagramme vermitteln einen lebendigen, aber auch etwas unfertigen, vorläu-figen Eindruck. Sie können diesen Stil benutzen, um Ideen und Diskussionsgrund-lagen bewusst als solche zu visualisieren und zu kommunizieren.   ∎

Anders als Präsentations- oder Zeichenprogramme wie Microsoft Powerpoint oder Visio ist ein UML-Werkzeug in vielen Projekten erst auszuwählen und zu beschaffen, es sei denn, die Entscheidung wurde bereits innerhalb des Unternehmens übergreifend getroffen.

Generatoren für Diagramme

Generatoren zur Erzeugung von Abbildungen zählen zu den originelleren Lösungen. Bei Graphviz[4] beispielsweise fertigen Sie eine textuelle Beschreibung eines Graphen mit Knoten und Kanten an, und das Programm erzeugt daraus eine Grafik. Ein Vorteil dieses Ansatzes besteht darin, dass Sie die textuelle Beschreibung gut in einem Wiki oder einer Versions-verwaltung halten können. Unterschiede lassen sich leicht nachhalten.

Haupteinsatzzweck ist die Visualisierung komplizierter Inhalte, die bereits elektronisch vorliegen und sich leicht in die geforderte Form transformieren lassen.

Typisches Einsatzbeispiel in der Architekturdokumentation:

- Visualisierung der Abhängigkeiten innerhalb des automatischen Builds

---

[4] Homepage: http://www.graphviz.org/

7.2.2 Verwaltung von Inhalten

Kapitel 4 hat bereits mögliche Gliederungen für Architekturdokumentationen diskutiert. Strukturierungsideen wie arc42 können Sie sowohl auf einzelne Dokumente anwenden als auch Ihre Ergebnisse insgesamt danach organisieren. Hierbei können Sie auf unterschiedliche technische Werkzeuge zurückgreifen.

Textverarbeitungen

Die Speicherung von Inhalten innerhalb einer Textverarbeitung ist naheliegend und für einfache Vorhaben auch diskutabel. Doch eine einzelne Datei stößt schnell an Grenzen. Auch das Arbeiten im Team gestaltet sich schwierig, eine Präsentation der Inhalte in unterschiedlicher Zusammenstellung oder Detailtiefe für verschiedene Zielgruppen ebenso. Die Änderung eingebetteter Grafiken stellt in der Praxis ebenfalls oft ein Problem dar.

Es bietet sich daher an, die Inhalte in einzelnen Dokumenten zu halten und bei Bedarf zielgruppengerecht zusammenzustellen. Je nach Textverarbeitung ist das entweder ein manueller Schritt oder er wird durch die Software unterstützt. Microsoft Word beispielsweise kennt sogenannte Zentral- und Filialdokumente, für LaTeX und DocBook ist das Zusammenstellen aus kleineren Teilen („include") typisch.

Die einzelnen Dateien legen Sie in einer Ordnerstruktur ab, die zum Beispiel nach den Ideen von Kapitel 4 gegliedert ist. Bild 7.7 zeigt eine entsprechende arc42-Gliederung für DocBook. Mit diesem Ansatz können Sie unterschiedliche Dokumente in verschiedenen Formaten aus Ihrem Repository ableiten, bei DocBook unter anderem HTML, PDF und ePUB.

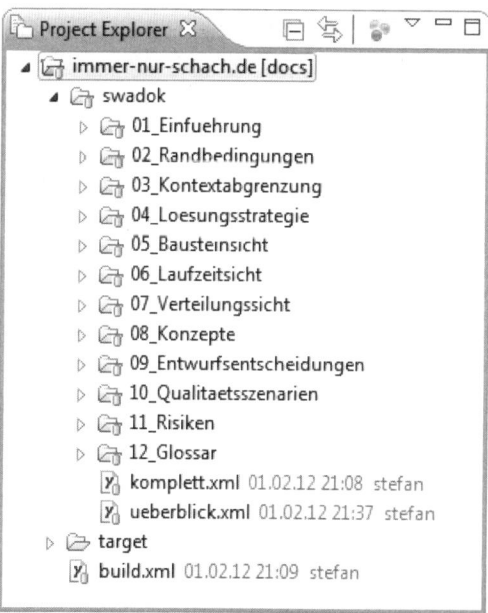

BILD 7.7 Eine Ordnerstruktur für Architekturdokumentation (hier: arc42 und DocBook)

Ordnerstruktur im (verteilten) Dateisystem

Wenn Sie die Inhalte Ihrer Dokumentation in unterschiedlichen Dateien (Texte, Abbildungen) verwalten und das Ganze mit Hilfe von Ordnern strukturieren, müssen Sie jetzt „nur noch" im Team darauf zugreifen können.

In der Praxis sehe ich in diesem Zusammenhang regelmäßig die Verwendung von Netzwerklaufwerken (Synonyme: „Share", Projektlaufwerk). Die Infrastruktur dafür ist im Unternehmen bereits etabliert, Projektbeteiligte greifen mit ihren Arbeitsplatzrechnern oder Laptops darauf zu.

Dieser Ansatz hat folgende Stärken:

- Die gespeicherten Inhalte werden in der Regel gesichert (Backup).
- Zugriffsrechte können bei Bedarf von den Administratoren fein eingestellt werden.
- Der Mechanismus ist allen Beteiligten bekannt, es muss keine zusätzliche Software installiert werden, um auf die Inhalte zuzugreifen.

Dem stehen allerdings auch Schwächen gegenüber:

- Das Arbeiten im Team gestaltet sich schwierig, Änderungen an den Inhalten können im Nachhinein nur schwer nachvollzogen werden.
- Die Erstellung und Pflege unterschiedlicher Versionen der Dokumentation wird nicht unterstützt.
- Die Inhalte können offline nicht bearbeitet werden.
- Bei unbeabsichtigten Änderungen ist der Rückgriff auf das Backup nicht immer möglich und in der Regel mit Aufwand beim Betrieb und Wartezeiten verbunden.

Auch wenn für die Probleme zum Teil Workarounds existieren, setzen die meisten Teams deshalb nicht auf Netzwerklaufwerke, um die Architekturdokumentation zu verwalten. Ich rate Ihnen ebenfalls davon ab.

Versionsverwaltungen

Eine im Vergleich zum Netzwerklaufwerk ähnlich einfache Lösung, um gemeinsam Inhalte für Ihre Architekturdokumentation zu erstellen, ist eine Versionsverwaltung. Überall dort, wo Software im Team entsteht, ist ein solches Werkzeug ohnehin verfügbar, als nichtkommerzielle Lösungen sind beispielsweise Subversion und Git verbreitet.

Die Inhalte Ihrer Architekturdokumentation, in Ordnern gegliedert wie oben beschrieben, legen Sie einfach gemeinsam mit den Quelltexten und anderen projektspezifischen Artefakten dort ab. Die Vorteile:

- Eine Bearbeitung ist auch offline möglich (in Abhängigkeit von der konkreten Versionsverwaltung und deren Konfiguration).
- Sie haben alles beisammen und können die Architekturdokumentation gemeinsam mit der realisierten Software versionieren, branchen, ...
- Falls gewünscht und inhaltlich sinnvoll, können Teile der Architekturdokumentation leicht Bestandteil einer Auslieferung werden (z. B. ein Architekturüberblick bei einem Framework), die Teile können automatisch mitgebaut werden.
- Ein Zugriff auf ältere Fassungen der Inhalte ist einfach.
- Ein Verfolgen von Änderungen ist möglich, je nach Dateiformat zum Teil sogar inhaltlich.

Die Nachteile gegenüber einem Netzwerklaufwerk: Es ist in der Regel ein spezieller Client erforderlich, um auf die Versionsverwaltung zuzugreifen,[5] und bestimmte Beteiligte (vor allem Nichtentwickler) könnten mit der Lösung noch nicht vertraut sein und sie deshalb ablehnen („Netzwerklaufwerk ist doch viel einfacher").

Wikis, UML-Tools, Dokumentenmanagement

Der Einsatz eines Wikis oder eines UML-Tools als Repository für Architekturdokumentation ist so gebräuchlich, dass sich Kapitel 7.3 ausschließlich den damit verbundenen Stärken und Schwächen widmet. Neben diesen beiden und Versionsverwaltungen sind in der Praxis noch Softwarelösungen als Repository im Einsatz, deren primäre Aufgabe das Verwalten von Dokumenten ist: Dokumentenmanagementsysteme. Gemeint sind hier nicht Lösungen, die primär papiergebundene Schriftstücke von hoher Bedeutung (z. B. wichtigen Briefverkehr) digital ablegen, sondern solche, die bereits digital vorliegende Dateien verwalten, Arbeitsabläufe und Kollaboration unterstützen.

Auf ein solches Werkzeug wird dort zurückgegriffen, wo es ohnehin verfügbar und die Verwendung vielleicht sogar obligatorisch ist. Konkrete Beispiele für Tools sind Microsoft SharePoint und Alfresco. Der wesentliche Erfolgsfaktor für ihren Einsatz als Repository ist die Akzeptanz bei allen Beteiligten.

7.2.3 Kommunikation von Lösungen

Werkzeuge können Ihnen dabei helfen, Ihre Entscheidungen und Ideen im Team und gegenüber anderen Interessierten zu kommunizieren. Einige der besprochenen Tools unterstützen dies bereits während der Erstellung, beispielsweise beim gemeinsamen Entwurf am Whiteboard. Der Fokus soll im Folgenden aber auf der Vermittlung der Architektur an andere Beteiligte liegen.

Synchron vs. asynchron

Es ist ein Unterschied, ob Sie sich die Zeit nehmen und Ihre Ideen synchron vermitteln oder den Interessierten die Informationen zum Selbststudium zur Verfügung stellen. Als Wege für eine unmittelbare Kommunikation stehen Ihnen Durchsprachen zu zweit, Vorträge, Videokonferenzen und Telefonate zur Verfügung. In all diesen Fällen nutzen Sie die erstellten Ergebnisse aus der Architekturdokumentation. Sie bereiten diese auf, verteilen sie ggf. an die Adressaten und führen durch die Inhalte. Teilnehmer und Zuhörer haben unmittelbar die Möglichkeit, Rückmeldungen zu geben und Fragen zu stellen.

Wenn Sie Ihre Architekturdokumentation asynchron zur Verfügung stellen, also beispielsweise ausgedruckt oder elektronisch gemailt als PDF oder per Wiki oder Intranet, hat das positive Konsequenzen:

---

[5] Für einen lesenden Zugriff kann man leicht eine Webbrowserlösung schaffen und damit auch technisch weniger versierte Zielgruppen erreichen.

- Sie sparen Zeit.
- Die Adressaten können die Sachen durchsehen, wann sie wollen, und sich so viel Zeit nehmen, wie sie brauchen.

Gleichzeitig birgt es Gefahren:

- Die Adressaten finden sich in den Inhalten nicht zurecht, da Ihre Führung fehlt.
- Die Adressaten verstehen Inhalte nicht, stellen aber auch keine Rückfragen, da Sie als Ansprechpartner fehlen.
- Sie erhalten keine Rückmeldungen, weder Hinweise zu Fehlern oder Risiken noch neue Ideen oder Anregungen.

Wenn Sie bei einzelnen Zielgruppen auf asynchrone Kommunikation setzen, müssen Sie den Inhalten mehr Struktur und den Adressaten damit mehr Orientierung geben. Und Sie müssen Wege aus der Gefahr finden, dass die Kommunikation zur Einbahnstraße wird.

Gedruckte Dokumente

Dokumentation in Form eines gedruckten oder druckbaren Dokuments ist oft durch Auftraggeber oder das Vorgehensmodell gefordert. Unabhängig davon mögen einige Adressaten Dokumente, da das ihren Lese- und Arbeitsgewohnheiten entspricht. Die Gliederungsvorschläge aus Kapitel 4 (für Architekturüberblicke oder -dokumentationen als Ganzes) und Kapitel 6 (für Konzepte zu Einzelthemen) geben den Dokumenten Struktur.

Ob Sie in der Lage sind, Ihre Architekturdokumentation oder (häufiger gefordert) zielgruppengerecht nur bestimmte Teile daraus als Dokument herauszugeben, hängt vor allem von der Wahl Ihres Repositories ab. Wenn Sie die Inhalte ohnehin in Dokumenten verwalten, steht nur noch die Frage aus, ob und wie einfach man unterschiedliche Varianten ableiten kann. Bei einer Speicherung in Wiki oder UML-Tool sind die Möglichkeiten toolspezifisch.

Das Verteilen von Dokumenten birgt die Gefahr, dass mit der Zeit veraltete Fassungen im Umlauf sind. Sie müssen daher Lösungen finden, Adressaten über neue Versionen zu informieren und sie ihnen zukommen zu lassen.

Außerdem sollten Sie die Adressaten zu Rückfragen ermuntern und generell um Feedback bitten. Das kann im Dokument selbst an prominenter Stelle erfolgen (unter Angabe von Kontaktdaten), wichtige Beteiligte laden Sie aber explizit dazu ein (siehe Kapitel 10: Reviews). Als Kanäle für Rückmeldungen eignen sich neben persönlichen E-Mails oder Telefonaten auch Mailinglisten, Bugtracking-Tools und projektbezogene Foren. Letztere ermöglichen es den Beteiligten, untereinander in Kontakt zu treten und sich auszutauschen. Das wirkt der Gefahr von Einbahnstraßenkommunikation, die das Verteilen von Dokumenten mit sich bringt, (ein wenig) entgegen und verteilt auch die Last zu antworten auf mehrere Schultern.

Wenn Sie Rückmeldungen zu den Dokumenten erhalten, reagieren Sie darauf. Sie bedanken sich zeitnah, klären die Fragen des Beteiligten, stellen wenn nötig selbst Rückfragen und berücksichtigen sinnvolle Anregungen in der nächsten Fassung des Dokuments. Das klingt banal, aber wenn Sie das nicht tun, versiegt der Informationsfluss.

Veröffentlichung im Intranet

Statt ein Dokument zu verteilen, können Sie die Inhalte auch als Webseiten im Intranet veröffentlichen. Die Verteilung neuer Fassungen gestaltet sich dann einfacher als bei Dokumenten. Auch hier liegt es an Ihrem Repository, ob und in welcher Form Sie HTML-Seiten generieren können. Die Adressaten können Lesezeichen in ihrem Browser setzen und Links an andere Beteiligte mailen, vorausgesetzt, die Links bleiben stabil.

Um der Architekturdokumentation Struktur zu geben, setzen Sie auf die beschriebenen Gliederungstechniken, können aber ergänzend für unterschiedliche Zielgruppen passende Einstiegsseiten erstellen, die diese durch die relevanten Teile führen.

Aus den Zugriffsstatistiken Ihres Webservers lassen sich Rückschlüsse ziehen, ob Ihre Architekturdokumentation gelesen wird. Um den Austausch zu fördern, setzen Sie beispielsweise auf Foren und Mailinglisten; Sie können sie direkt aus der Dokumentation verlinken.

Die Leser müssen auf das Intranet zugreifen können, was je nach Zielgruppe aufgrund von Zugriffsrechten und -möglichkeiten (offline, von außerhalb) ein Hindernis darstellen kann. Setzen Sie in solchen Fällen auf die Download-Möglichkeit von druckbaren Dokumenten als Ergänzung.

Wiki zur Kommunikation an alle Zielgruppen?

Ein Wiki hat gegenüber statischen Intranetseiten den Vorteil, dass Kollaboration bereits eingebaut ist. Wenn Sie ein Wiki als Repository für Ihre Architekturdokumentation einsetzen, können Sie es für bestimmte Zielgruppen auch zur Kommunikation nutzen. Prüfen Sie aber, auf welche es passt, und haben Sie für den Rest andere Wege parat.

Podcasts

Die Anfertigung von Podcasts (Audio oder Video) erspart es Ihnen ggf., den gleichen Vortrag ständig zu wiederholen. Die Tonspur zu einem Architekturüberblick aufzuzeichnen, mit Folien zu verknüpfen und bereitzustellen, ist allerdings ein aufwändiges Unterfangen. Es lohnt sich nur, wenn es genug potenzielle Interessenten gibt (zum Beispiel regelmäßig neue Mitarbeiter), und birgt zwei Gefahren:

- Änderungen sind im Nachhinein nur schwer möglich (hängt von der Art der Aufzeichnung ab).
- Sie erhalten wenig Feedback (siehe oben, asynchrone Kommunikation) oder müssen es aktiv einfordern.

■ 7.3 Repository: UML vs. Wiki

Mit den beschriebenen Werkzeugen steht ein ganzes Arsenal zur Verfügung, um die genannten Dokumentationsaufgaben zu bewältigen. In einem typischen Projekt kommt innerhalb des Teams in unterschiedlichen Phasen eine ganze Reihe zum Einsatz. Um Ordnung in die Sache zu bringen, entscheiden sich viele Projekte für *eine* technische Lösung als „Klammer", um die Architekturdokumentation zusammenzuhalten. Sie übernimmt die Rolle des Repositorys.

Kathedrale oder Basar?

Meiner Erfahrung nach sind in diesem Zusammenhang zwei Alternativen besonders verbreitet. Sie stellen gleichzeitig Extrempunkte im Spektrum dar, entsprechend kontrovers wird über ihren Einsatz diskutiert. In Anlehnung an den berühmten Essay „The Cathedral and the Bazaar"[6] [Raymond2001] könnte beim UML-Werkzeug vom Kathedralansatz gesprochen werden, beim Wiki von einem Basar. In diesem Kapitel stelle ich Stärken und Schwächen beider Alternativen einander gegenüber und diskutiere ihre Kombination.

7.3.1 Steht alles im Wiki?

Gemäß der strengen Philosophie dieser Werkzeuge sind Wikis für die Ordnung von Inhalten zur Architekturdokumentation eigentlich ungeeignet. Manche Produkte erlauben jedoch Teilbereiche und sogar eine hierarchische Gliederung der Seiten, etwa orientiert an arc42, wie in Bild 7.8 am Beispiel Confluence zu sehen.

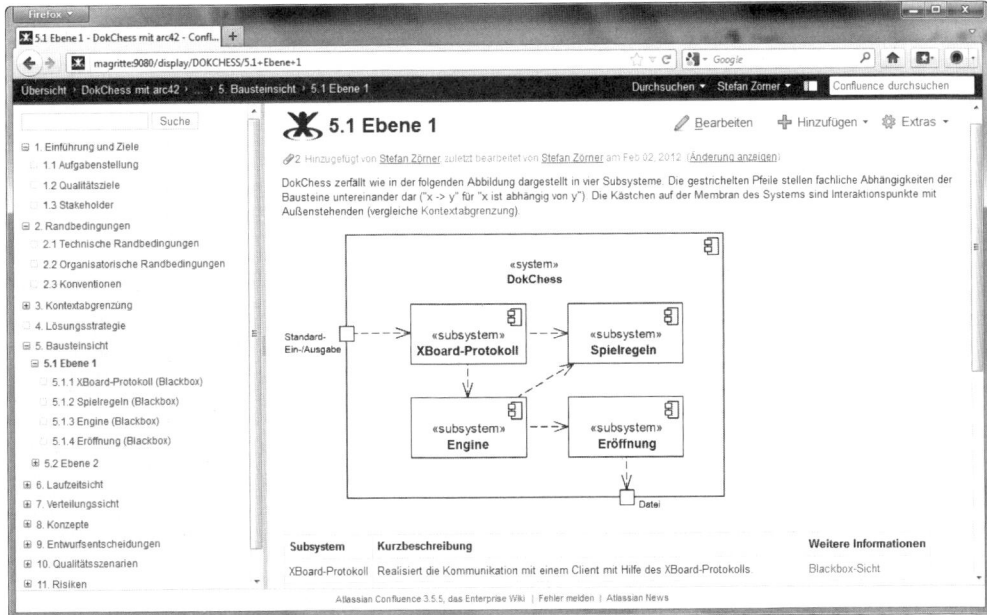

BILD 7.8 Confluence Wiki mit einem Bereich („Space"), strukturiert nach arc42

Stärken eines Wikis als Repository

Wikis punkten vor allem beim Aspekt der Zusammenarbeit. Teamunterstützung ist nicht nur eingebaut, sondern primärer Zweck dieser Software. Ein Wiki kann gleich alle drei Werkzeugaufgaben übernehmen (Erstellung, Verwaltung, Kommunikation), vorausgesetzt, alle Leser der Dokumentation haben Zugriff.

---

[6] Eric Raymond vergleicht darin Entwicklungsmethoden und Zusammenarbeit in der Softwareentwicklung mit der Art, wie Kathedralen gebaut werden, und damit, wie es auf einem Basar zugeht.

Bei technisch versierten Benutzern (Entwickler, Architekten, ...) genießen Wikis eine hohe Akzeptanz. Die Produkte lassen sich oft durch ein Plugin-Konzept erweitern. Diese Benutzergruppe weiß das zu nutzen, passt die Software an ihre Bedürfnisse an und umschifft auf diese Weise auch einige der später noch angesprochenen Schwächen.

Viele Wikis erlauben das Definieren eigener Seitenvorlagen, was für einige der im Buch vorgestellten Dokumentationsmittel sehr interessant ist (z. B. Schnittstellenbeschreibungen, Architekturentscheidungen). Die Kollaborationsfunktionalität eines Wikis ist gerade in Teams, welche die Architektur gemeinsam erarbeiten, von unschätzbarem Wert. Änderungshistorie, das Kommentieren und die Benachrichtigungsmöglichkeiten werden gerne genutzt. Insbesondere für Änderungen an wichtigen Seiten wie den Qualitätszielen oder den Architekturentscheidungen unterstützen diese Funktionen die Kommunikation im Team.

Schwächen und offene Punkte

Bei aller Euphorie ist nicht zu übersehen, dass der Einsatz eines Wikis zur Architekturdokumentation eine Reihe von Fragen aufwirft.

Für wichtige Dokumentationsmittel wie die Bausteinsicht sind Diagramme erforderlich. Da sich mit einem Wiki in der Regel keine Abbildungen anfertigen lassen, müssen diese mit anderen Werkzeugen erstellt und anschließend als Grafiken in die Seiten eingebettet werden. Wiki-Text lässt sich unmittelbar beim Lesen ändern, das Anpassen einer Abbildung kann im Vergleich dazu im Wiki zur Tortur werden: Wo kommt das Bild her? Mit welchem Werkzeug wurde es erstellt? ... Das führt schnell dazu, dass Abbildungen im Wiki nicht aktualisiert werden. Sie werden inkonsistent untereinander, zum beschreibenden Text im Wiki und auch zur Umsetzung.

Für einige Dokumentationsmittel sind Tabellen eine angemessene Form, etwa für Qualitätsszenarien. Ob Tabellen in Wikis effizient bearbeitet werden können, hängt vom Produkt und ggf. den installierten Erweiterungen ab.

Ein weiteres Problem ist die Versionierung der Inhalte. Viele Wiki-Produkte halten Revisionen für einzelne Seiten vor und können Änderungen zwischen diesen genau sichtbar machen. Will man die Dokumentation im Wiki gemeinsam mit der Software versionieren, reicht dieser seitenweise Ansatz aber nicht aus. Als Workaround wird der Wiki-Inhalt dann in einem geeigneten Format als Schnappschuss ins Dateisystem exportiert. Muss man die Dokumentation für unterschiedliche Releases der Software weiterpflegen, werden als Behelf versionsspezifische Bereiche im Wiki eingerichtet (falls die Wiki-Software das erlaubt) und bei einem Release eine Kopie in einem neuen Bereich angelegt.

Im Extremfall bieten Wikis keine Möglichkeit, die Inhalte zu organisieren. Alle Seiten liegen flach auf einer Ebene und sind lediglich untereinander verlinkt. Pro Seite lassen sich Schlagworte („Tags") vergeben und so zumindest Kategorien von Seiten (z. B. „Architekturentscheidungen") bilden. Wenn sich aber mehrere Vorhaben innerhalb einer Organisation eine Wiki-Installation teilen und ihre Inhalte jeweils je nach Zielgruppe oder gemäß arc42 gliedern wollen, reicht diese geringe Struktur nicht aus. Viele Wikis (z. B. solche, die sich „Enterprise Wiki" nennen) kennen jedoch weitere Strukturierungsmittel als Links und Tags. Hierzu zählen das Zerlegen des Gesamtwikis in Bereiche (ggf. sogar mehrstufig), die hierarchische Strukturierung von Seiten und eine Navigation basierend auf dieser Struktur („Inhaltsverzeichnis").

Ein letzter wichtiger Punkt ist die Möglichkeit, Wiki-Inhalte auszudrucken bzw. in druckbarer Form zu exportieren. Wenn es gut läuft, purzelt ein geschlossener Architekturüberblick, gegliedert z. B. nach arc42, als ansehnlicher PDF-Export aus dem Wiki. Er hat Kopf- und Fußzeilen, Seitenzahlen und ein verlinktes Inhaltsverzeichnis. In weniger glücklichen Fällen hat man die Seiten in loser Schüttung oder muss sie einzeln über den Webbrowser drucken.

Wie schwer die beschriebenen Probleme wiegen, hängt von der konkreten Wiki-Software und Ihren Anforderungen und Ansprüchen ab.

Typische Risiken beim Einsatz eines Wikis für Architekturdokumentation

Neben den oben genannten Schwächen, die sich sehr negativ auf Ihre Architekturdokumentation auswirken können, gilt es weitere Risiken zu beachten. So kann eine geringe Akzeptanz des Wikis bei technisch weniger versierten Benutzern dazu führen, dass sich der Erfolg, den der Einsatz kollaborativer Software verheißt, nicht einstellt. Das kann auch geschehen, wenn die Inhalte von den betreffenden Benutzern nicht erstellt und gepflegt, sondern „lediglich" gereviewed und kommentiert werden sollen. Einige Wiki-Produkte adressieren diese Benutzergruppe mit WYSIWYG-Editoren[7] als Alternative zum Wiki-Markup. Lösungen ganz ohne Markup-Editor sind wiederum bei technisch versierten Benutzern verpönt.

Ein Risiko, das mit dem gemeinsamen Erstellen der Inhalte und deren niedriger Strukturierung zusammenhängt, ist das Verrotten der Dokumentation. Die Inhalte veralten, werden zueinander inkonsistent, der Überblick geht verloren und die Struktur verwahrlost. Abhilfe schaffen kann die frühzeitige Ernennung eines Verantwortlichen mit weitreichenden Rechten und Pflichten (siehe Praxistipp „Doctator" in Kapitel 2).

Schließlich ist noch das Vendor-Lock-in bei der Entscheidung für ein bestimmtes Wiki zu beachten. Das Migrieren großer Mengen von Wiki-Seiten inklusive Struktur und angehängten Abbildungen von einem Wiki-Produkt in ein anderes kann einen großen Aufwand bedeuten. So hat zum Beispiel jedes Wiki eine spezifische Markup-Syntax.

Loslegen mit einem Wiki

Wenn Sie sich von den Problemen und Risiken nicht abschrecken lassen und Ihre Architekturdokumentation im Wiki erfassen und pflegen wollen, sind Sie in guter Gesellschaft. Die meisten Projekte, denen ich begegnet bin, machen das so und haben die obigen Klippen mehr oder weniger elegant umschifft.

Sollten Sie Freiheit bei der Produktentscheidung haben, lege ich Ihnen ans Herz, sich angemessen Zeit dafür zu nehmen. Im Kasten „Auswahl einer Wiki-Software" finden Sie Hinweise dazu. Um Ihnen den Start mit arc42 innerhalb eines Wikis zu erleichtern, habe ich auf der Webseite zum Buch (http://www.swadok.de) Tipps für konkrete Wiki-Produkte hinterlegt und auch Vorlagen beziehungsweise Plugins, die Ihnen das initiale Anlegen einer Gliederung im Wiki abnehmen. Wählen Sie ein Wiki aber nicht nur deswegen aus, weil die Struktur für arc42 bereitsteht.

---

[7] WYSIWYG steht für „What You See Is What You Get", siehe http://de.wikipedia.org/wiki/WYSIWYG

Praxistipp: Auswahl einer Wiki-Software

Mit der WikiMatrix (http://www.wikimatrix.org) steht eine exzellente Seite zur Auswahl eines Wikis bereit. Die Datenbank beinhaltet nicht nur gut aufbereitete Informationen zu vielen Produkten, sondern auch die Möglichkeit, konkrete Wikis nebeneinander zu stellen und zu vergleichen. Um die Auswahl auszudünnen, kann man folgende Leitfragen heranziehen:

- Benötigen Sie eine Seitenhistorie?
- Benötigen Sie einen WYSIWYG-Editor?
- Benötigen Sie professionellen Support?
- In welchen Sprachen soll die Benutzeroberfläche zur Verfügung stehen?
- Soll das Wiki gehosted oder bei Ihnen betrieben werden?

Falls gehosted:

- Muss die Oberfläche an Ihr Unternehmen angepasst werden (Branding)?
- Soll das Wiki unter Ihrer Internet-Domäne laufen?

Falls selbst betrieben:

- Haben Sie Vorgaben, wie die Seiten gespeichert werden (Dateisystem, Datenbank, ...)?
- Soll es eine freie und/oder Open-Source-Lösung sein?
- Gibt es Vorgaben bezüglich Programmiersprache und/oder Ablaufumgebung?

Die Anzahl der zu betrachtenden Wikis reduziert sich auf diese Weise drastisch. ■

7.3.2 Steht alles im UML-Tool?

Die UML stellt als grafische Notation einen Gegenpunkt zum textlastigen Wiki dar. Die dringliche Frage bei Wikis, wie man Abbildungen für die Sichten erstellt, beantwortet sich bei UML-Werkzeugen von selbst. Mit UML-Tool ist im Folgenden ein Werkzeug gemeint, das die Elemente (z. B. Bausteine) in einem Modell speichert und mit Diagrammen unterschiedliche Sichten darauf ermöglicht. Nicht gemeint sind „Malprogramme", die zwar durch Vorlagen die UML-Notation unterstützen, deren Einzelgrafiken aber gerade kein einheitliches Modell zugrunde liegt. Sie eignen sich nicht als Repository (zumindest nicht allein).

Stärken eines UML-Werkzeugs als Repository

Ein UML-Modell lässt sich mit Paketen und anderen Elementen (z. B. Komponenten) hierarchisch strukturieren. Die Werkzeuge stellen die Gliederung als Baum in einer Browsersicht dar (vgl. Bild 7.9) und erlauben es so, im Modell zu navigieren. Die Strukturierung lässt das Nachbilden einer Gliederung zu, die Bausteinsicht lässt sich direkt aufbauen und verfeinern.

In einem UML-Modell gibt es jedes Element genau einmal. Die verschiedenen Diagramme, in denen es vorkommt, referenzieren es lediglich. Auf diese Weise bleiben die Sichten auf Ihre Architektur konsistent, das Umbenennen eines Bausteins beispielsweise wird in einem Diagramm der Verteilungssicht vom Werkzeug automatisch nachgezogen.

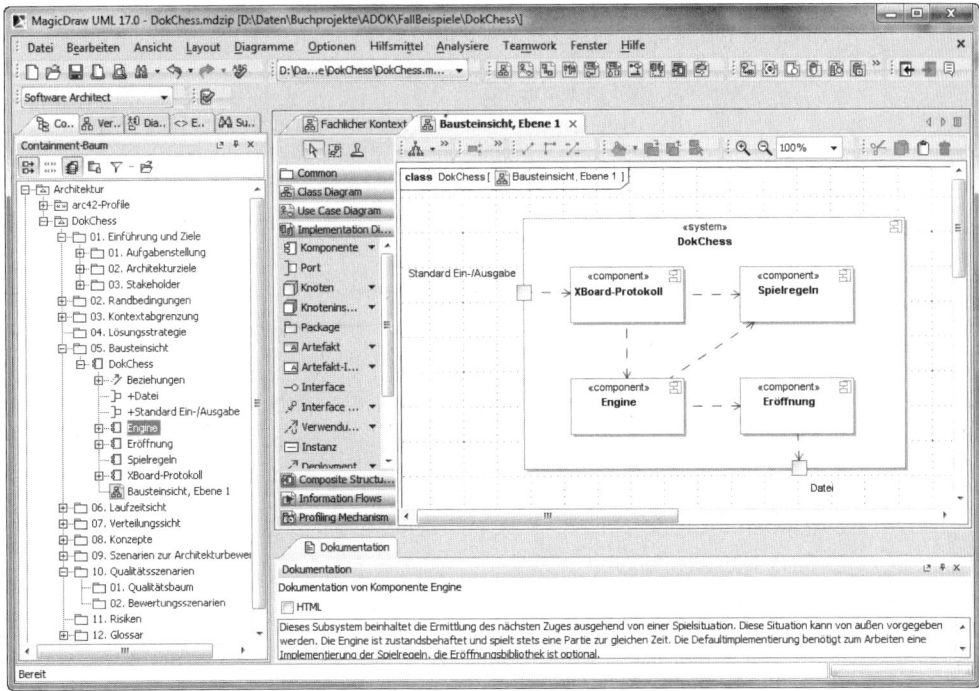

BILD 7.9 UML-Werkzeug MagicDraw mit einem Modell, gegliedert nach arc42

Da ein Diagramm stets nur einen Ausschnitt des Modells zeigen muss, können in einem Werkzeug unterschiedliche Diagramme zum gleichen Thema enthalten sein. Sie haben dann einen unterschiedlichen Fokus (z. B. mehrere exemplarische Abläufe in der Laufzeitsicht) oder einen je nach Zielgruppe unterschiedlichen Detaillierungsgrad. Auch sie bleiben konsistent.

Innerhalb eines UML-Werkzeuges lassen sich Beziehungen aller Art verwalten, insbesondere Beeinflussungen und Abhängigkeiten. Sie lassen sich nachverfolgen und visualisieren, z. B. in einer Matrix wie in Bild 3.4.

Die Informationen im Modell und die zugehörigen Diagramme können Sie neben dem Architekturentwurf auch für weitere Zwecke nutzen. Die Generierung von Quelltext fällt beim Detaillierungsgrad einer Architekturdokumentation oftmals weg. Aber das Ableiten von Regeln für die Umsetzung, beispielsweise aus den modellierten Abhängigkeiten, ist möglich und die anschließende Überwachung automatisierbar. Druckbare Dokumentation in Form eines PDF oder eine Veröffentlichung des Modells als HTML ist ebenfalls möglich. Je nach Werkzeug können auch zielgruppengerecht Ausschnitte exportiert werden und die Ergebnisse sehr ansehnlich sein. Damit kann das UML-Werkzeug neben der Erstellung und Verwaltung von Inhalten auch bei der Kommunikation der Lösung unterstützen.

Schwächen und offene Punkte

Auch ein UML-Werkzeug hat als Repository für Architekturdokumentation seine Tücken. Ob und wie stark sich die im Folgenden skizzierten Probleme zeigen, hängt stark vom Produkt ab. Bei der Auswahl eines UML-Tools spielt oft der Preis eine große Rolle. Die Anschaffungskosten bewegen sich zwischen kostenlos und Kleinwagenniveau. Sie werden insbesondere dann ein Thema, wenn das Werkzeug flächendeckend im Team eingesetzt werden soll. In vielen Projekten wird Softwarearchitektur heutzutage gemeinsam erarbeitet.

Gerade die gemeinsame Arbeit an einem UML-Modell gestaltet sich je nach Werkzeug unterschiedlich schwierig. Knackpunkt ist dabei die Frage, wie und wo das Modell gespeichert wird. Die Bandbreite liegt zwischen zentralem Repository in einer Datenbank, auf das die Werkzeuge als Clients zugreifen, und einer einzelnen Datei. Die bei Wikis eingebaute Teamfähigkeit fehlt bei manchen UML-Tools völlig, bei anderen ist sie optional und mit Zusatzkosten verbunden, bei wieder anderen existieren lediglich Workarounds.

Je nach Produkt variiert auch die Nachvollziehbarkeit von Änderungen am Modell. Manche Werkzeuge visualisieren Unterschiede zwischen Versionen, andere unterstützen nicht einmal Versionen. Diese Frage hängt oft mit der Teamfähigkeit zusammen, in diesem Kontext ist sie auch besonders relevant.

Das Erstellen und Bearbeiten von Diagrammen ist eine Stärke der UML-Werkzeuge. Bausteine lassen sich beispielsweise aus der Baumdarstellung einfach auf die Zeichenfläche ziehen. Bei Dokumentationsmitteln, die primär aus Text bestehen, kann der Komfort stark nachlassen. Die meisten UML-Tools erlauben das Erfassen von Beschreibungen zu Modellelementen und Diagrammen. Eine globale Suche in Texten beispielsweise bietet nicht jedes Tool.

Typische Risiken

Weiterhin gibt es typische Risiken, die im Zusammenhang mit dem Einsatz von UML-Werkzeugen immer wieder auftreten. UML ist als Notation sehr umfangreich, auch die zugehörigen Werkzeuge bieten oft eine beeindruckende Funktionsvielfalt. Der Lernaufwand zum Beispiel für neue Mitarbeiter kann erheblich sein. Der Leistungsumfang führt regelmäßig zum Verzetteln. Ein UML-Modell strukturiert sich nicht von allein. Das Zurechtrücken der Elemente und das Layout der Beziehungen in Diagrammen kostet in einigen Projekten zu viel Zeit, die dann anderswo fehlt. Ohne Disziplin und den nötigen Pragmatismus besteht das Risiko, dass die Erreichung des eigentlichen Ziels des Vorhabens (typischerweise funktionierende Software) behindert wird.

Das in der Praxis am häufigsten auftretende Problem ist das Auseinanderdriften von UML-Entwurf und der Umsetzung im Quelltext. In einem Projekt erhielt ich auf die Frage, warum die Überblicksdiagramme die Realität nur sehr unvollständig widerspiegeln, eine verblüffende Antwort: „Der Testzeitraum für das UML-Werkzeug ist abgelaufen." Aber natürlich werden Änderungen auch aus anderen Gründen nicht im Modell nachgepflegt. Wenn der Start eines Werkzeuges Minuten dauert, nur um dann zu verkünden, dass gerade alle Floating-Lizenzen belegt sind, ist das durchaus nachvollziehbar. Generell steigt die Wahrscheinlichkeit mit der Schwerfälligkeit der Werkzeuge. Eine Möglichkeit der Risikominderung besteht bei Architekturbeschreibungen darin, die zugehörigen UML-Modelle deutlich abstrakter zu halten als den Quelltext.

Das Risiko des Vendor-Lock-in ist bei UML-Werkzeugen ähnlich hoch einzuschätzen wie bei Wiki-Software. Es manifestiert sich zum Beispiel, wenn der Toolhersteller das Produkt nicht weiterpflegt oder er aufgekauft wird. Zwar gibt es ein standardisiertes Austauschformat für UML-Modelle (XMI), das seit der UML 2 auch Diagramme berücksichtigt, doch wird es von den Herstellern teilweise unterschiedlich ausgelegt und unterstützt. Bei einem Wechsel kann trotzdem Gefahr für die Dokumentationsergebnisse drohen. Bezeichnend ist die Geschichte eines Unternehmens, das bis vor Kurzem ein UML-Modell in einem Windows-98-VMWare-Image pflegte. Das Werkzeug lief in neueren Windows-Versionen nicht mehr, der Hersteller war vom Markt verschwunden.

Loslegen mit einem UML-Werkzeug

Wenn Sie ein Repository innerhalb eines UML-Werkzeuges aufbauen, sollten Sie die Gliederung planen. Die Gefahr des Verrottens von Dokumentation ist kein Wiki-Monopol. Falls Sie sich für arc42 entscheiden: Für einige UML-Werkzeuge sind eine Modellstruktur und Vorlagen für den Export der Dokumentation in verschiedenen Formaten verfügbar.[8] Typischerweise werden Sie die Templates an Ihre Bedürfnisse anpassen, aber den Start erleichtern Sie in jedem Fall.

Für die Auswahl eines UML-Werkzeuges gilt das Gleiche wie für Wiki-Software und Tool-Evaluierungen generell. Sie sollten sie nicht isoliert betrachten, sondern das große Ganze im Blick haben. Beachten Sie hierzu die Vorschläge in Kapitel 7.4. Auf der Webseite zum Buch habe ich Links zu Tool-Überblicken gesammelt, die Ihnen ein wenig Orientierung geben.

7.3.3 UML-Tool + Wiki == Traumpaar?

Wikis und UML-Werkzeuge haben ihre spezifischen Vor- und Nachteile beim Einsatz als Repository. Die Stärke des einen ist mitunter genau eine Schwäche des anderen. Als Beispiele seien die Teamfähigkeit (Wiki liegt hier vorn) und die Verwaltung konsistenter Diagramme (UML-Tool) genannt. Das führt Projekte dazu, die beiden Produktkategorien für Ihre Architekturdokumentation zu kombinieren.

Was ist bei einer Kombination zu beachten?

Eine Werkzeugkette Wiki + UML-Werkzeug erfordert eine Festlegung, welche Inhalte wo erfasst und gepflegt werden. Typisch ist eine Verwendung des Wiki für das kollaborative Erarbeiten sämtlicher testbasierter Inhalte. Das UML-Werkzeug wird dann ausschließlich für Abbildungen herangezogen, auch die Erläuterungen zu Diagrammen liegen im Verantwortungsbereich des Wikis. Man kann auch anders entscheiden, und für die Beschreibungen zu Diagrammen und anderen Elementen (Bausteine, Akteure) das UML-Tool zum führenden System erklären. In jedem Fall brauchen Sie hier eine klare Regelung, denn die Gefahr von Doppeltpflege und Inkonsistenzen zwischen UML-Diagrammen und Erläuterungen im Wiki ist immens. Ein Grund mehr für jemanden, der sich für die Architekturdokumentation als Ganzes verantwortlich fühlt.

Wenn Sie Inhalte in zwei Werkzeugen pflegen, benötigen Sie Lösungen, um diese zu einer Architekturdokumentation zusammenzuführen. Manuelle Schritte sind mühsam und fehleranfällig. In einem mir bekannten Projekt wird das UML-Modell in einer Versionsverwaltung gehalten. Bei jedem Einchecken werden alle Diagramme automatisch als Grafiken auf einen Webserver im Intranet exportiert. Die Abbildungen werden per Image-Tag in das Wiki eingebunden und bleiben so stets konsistent zum Modell.

---

[8] Teilweise finden sich die Vorlagen bei arc42 direkt, teilweise bei Dritten.

Das Beispiel soll Sie nicht automatisch dazu veranlassen, es in Ihrem Vorhaben genauso zu handhaben. Auch dieser Ansatz birgt die Gefahr von Inkonsistenzen zwischen UML-Diagrammen und Wiki-Texten. Das Beispiel belegt aber, dass Brücken zwischen den Tools möglich sind. Oft ist dies mit Individualentwicklung (Plugin-Entwicklung) auf Seiten des Wikis und oder des UML-Werkzeuges verbunden. Das erhöht das Risiko eines Vendor-Lock-ins noch einmal. Es ist kein Zufall, dass als Integrationsplattform die Versionsverwaltung gewählt wurde. Nach Wiki und UML-Tool ist sie die am häufigsten eingesetzte technische Lösung für ein Repository für Architekturdokumentation.

■ 7.4 Wie auswählen?

„But choose wisely, for while the true Grail will bring you life, the false Grail will take it from you. "

aus dem Film „Indiana Jones und der letzte Kreuzzug", 1989

Sie haben in diesem Kapitel eine ganze Reihe von Werkzeugoptionen kennengelernt. Für Ihr konkretes Vorhaben gilt es nun, Notationen und Tools auszuwählen, um die Dokumentationsmittel zu erstellen, zu verwalten, und die Inhalte zu vermitteln. Wenn Sie sich falsch entscheiden, kann das zum Beispiel dazu führen, dass Sie Inhalte mit anderen Werkzeugen neu erstellen müssen oder später immer wieder aufwändige manuelle Schritte erforderlich sind. Im Extremfall verfehlen Sie die Ziele von Architekturdokumentation (Kapitel 1) und gefährden damit Ihre Projektziele.

Dieses Risiko rechtfertigt es, sich bei der Auswahl am Vorgehen zu Architekturentscheidungen (vgl. Kapitel 3) zu orientieren. Wir hangeln uns im Folgenden an den Ästen der Mindmap (Bild 3.1) entlang.

Zur Fragestellung

Machen Sie sich klar, welche Ziele Sie mit Architekturdokumentation innerhalb Ihres Vorhabens verfolgen. Orientieren Sie sich an den allgemeinen Zielen aus Kapitel 1, und schärfen Sie sie für Ihre Situation.

- Wer ist am Architekturentwurf beteiligt?
- Wer sind die Adressaten (Zielgruppen) der Lösung?
- Welche Inhalte müssen Sie und Ihr Team erstellen?
- Wie werden die Inhalte weiterverarbeitet?

Das sich anschließende Kapitel 8 geht auf das Thema Vorgehen und insbesondere auch die obigen Fragen noch genauer ein.

Relevante Einflussfaktoren

Identifizieren Sie die Randbedingungen für Ihre Entscheidung. Wie gehen Sie generell vor, um die Architektur zu entwerfen? Wer trifft Entscheidungen und wie? Gibt es organisatorische oder technische Vorgaben Ihres Unternehmens? In welcher Umgebung arbeiten Sie (z. B. geographisch verteilt)? Welche Skills haben die Beteiligten?

Formulieren Sie Qualitätsziele. Das Werkzeug der Qualitätsszenarien (Kapitel 2) hilft Ihnen, Anforderungen beispielsweise bezüglich Wartbarkeit (der Dokumentation), Benutzbarkeit (der Tools und der Dokumentation) oder Revisionssicherheit zu konkretisieren.

Annahmen

Treffen Sie sinnvolle Annahmen, wo der Aufwand nicht gerechtfertigt ist, tiefer hinein zu forschen. Unsicherheiten und Risiken lassen sich oft nur durch prototypenhaftes Ausprobieren beseitigen. Bleiben Sie pragmatisch. Vergessen Sie nicht: Das Ziel Ihres Vorhabens ist nicht die Architekturdokumentation, sondern steht auf dem Produktkarton.

Betrachtete Alternativen

Dieses Kapitel liefert Ihnen einen reichen Schatz an Optionen. In vielen Fällen sind es allerdings lediglich Produktkategorien. Ihre spezifischen Randbedingungen dünnen die Alternativen aus und sorgen zum Teil für konkrete Produktvorgaben.

Halten Sie die verbleibenden Werkzeuge gegen Ihre Anforderungen, und bewerten Sie sie. Arbeiten Sie Kompromisse heraus. Diese können darin bestehen, dass Sie mehrere Werkzeuge einsetzen müssen, um alle Anforderungen bzgl. Erstellung, Verwaltung und Kommunikation abzudecken, oder darin, dass bestimmte niedrig priorisierte Szenarien nicht oder nicht gut erreicht werden.

Entscheidung

Das Durchlaufen der Schritte soll zu einer nachvollziehbaren Entscheidung in der Toolfrage führen. Am Ende stehen Antworten der Form:

- Für die Erstellung der Architekturdokumentation nehmen wir bei Texten A, bei Abbildungen B.
- Die Inhalte führen wir in C zusammen und verwalten dort auch unterschiedliche Versionen.
- Die Inhalte kommunizieren wir in Form von D, bei bestimmten Zielgruppen E.
- Rückmeldungen zur Architekturdokumentation sammeln und verfolgen wir in F.

Kernaussage dieses Kapitels

Werkzeuge unterstützen bei der Erstellung und Pflege von Architekturdokumentation, bei der Verwaltung und Ordnung von Inhalten und bei der Kommunikation Ihrer Lösungen an verschiedene Empfänger. Im ungünstigen Fall behindern Werkzeuge eine oder sogar mehrere dieser Aufgaben. Mindern Sie dieses Risiko, indem Sie die Toolfrage bewusst beantworten. Sie können sich dabei an den Bestandteilen einer Architekturentscheidung orientieren.

8 Lightfäden für das Vorgehen zur Dokumentation

Die bisherigen Kapitel haben einzelne Zutaten für eine Architekturdokumentation vorgestellt und Hinweise gegeben, wie Sie diese anfertigen. Dieses Kapitel betrachtet den Dokumentationsvorgang als Ganzes, kombiniert die Zutaten also und enthält Rezepte für unterschiedliche Anlässe – leichtgewichtige Leitfäden. Es adressiert insbesondere den signifikanten Unterschied zwischen Dokumentation während Entwurf und Implementierung sowie der Dokumentation im Nachhinein. Den ersten Fall kann ich recht zügig abhandeln, denn das bisherige Buch ging von diesem Ideal aus. Den zweiten Fall hingegen, Dokumentation im Nachhinein, sehen wir uns genauer an.

Neben der bisher vorherrschenden impliziten Annahme, dass entlang des Entwurfes dokumentiert wird, liegt dem Buch eine zweite zugrunde: Wir dokumentieren ein einzelnes System. Auch das hebe ich in diesem Kapitel auf und diskutiere kurz Varianten davon. Hierzu zählen Systemlandschaften und „Nicht-Systeme" wie zum Beispiel Frameworks.

■ 8.1 Während der Entwicklung dokumentieren

Ich beschreibe in diesem Unterkapitel, wie Sie das Thema „Architekturdokumentation" angehen können, wenn Sie an einem frühen Zeitpunkt Ihres Vorhabens stehen, im Idealfall am Anfang. Je später Sie das Thema adressieren, umso mehr rutschen Sie in den in Kapitel 8.2 beschriebenen Fall, im Extremfall in die Rekonstruktion einer Softwarearchitektur.

8.1.1 Zielgruppen Ihrer Dokumentation

Ich möchte Ihnen dringend ans Herz legen, die folgenden Schritte im Vorfeld durchzuführen, die Ergebnisse festzuhalten und an alle zu kommunizieren, die an der Architektur beteiligt sind. Ansonsten entsteht Dokumentation, die wahlweise keiner liest, keiner versteht oder keiner findet (z. B. weil sie fehlt). Idealerweise bearbeiten Sie die folgenden Schritte bereits in einem kleinen Team, das sorgt von Anfang an für eine breitere Akzeptanz und Bekanntheit des Themas „Dokumentation".

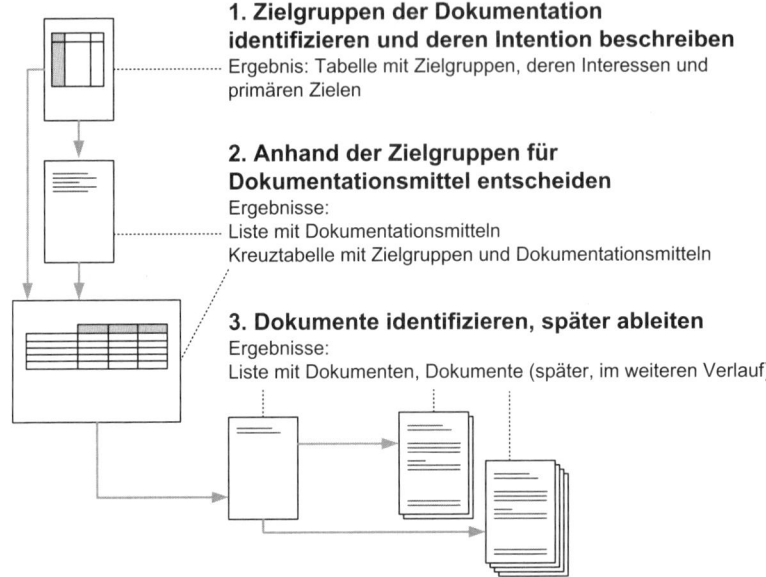

1. Zielgruppen der Dokumentation identifizieren und deren Intention beschreiben
Ergebnis: Tabelle mit Zielgruppen, deren Interessen und primären Zielen

2. Anhand der Zielgruppen für Dokumentationsmittel entscheiden
Ergebnisse:
Liste mit Dokumentationsmitteln
Kreuztabelle mit Zielgruppen und Dokumentationsmitteln

3. Dokumente identifizieren, später ableiten
Ergebnisse:
Liste mit Dokumenten, Dokumente (später, im weiteren Verlauf)

BILD 8.1 Vorbereitende Schritte für das Dokumentieren während des Entwickelns

Zielgruppen der Dokumentation identifizieren und deren Intention beschreiben

Von den berühmten „Sieben Regeln für gute Dokumentation" (siehe Kasten) lautet die erste und wichtigste: „Schreibe Dokumentation aus Sicht des Lesers". Wenn Sie Ihren Leser nicht kennen, fällt das schwer. Wenn Sie umgekehrt niemanden identifizieren, den die Informationen interessieren, brauchen Sie diese auch nicht festzuhalten. Da Projekte sehr unterschiedlich sind und vorgehen und unterschiedliche organisatorische Rahmenbedingungen einhalten müssen, erarbeiten Sie die Zielgruppen für Ihr Vorhaben individuell. Dazu gebe ich Ihnen Hinweise mit auf den Weg.

 Sieben Regeln für gute Dokumentation

Paul Clements und seine Mitautoren vom Software Engineering Institute stellen in ihrem umfassenden Buch „Documenting Software Architectures" [Clements+2010] die folgenden sieben Regeln für gute (im Englischen wörtlich „sound") Dokumentation an den Anfang.

1. Schreibe Dokumentation aus der Sicht des Lesers.

2. Vermeide unnötige Wiederholungen.

3. Vermeide Mehrdeutigkeit.

   3. a) Erkläre Deine Notation.

4. Verwende eine Standardstrukturierung.

5. Halte Begründungen fest.

6. Halte die Dokumentation aktuell, aber nicht zu aktuell.

7. Überprüfe die Dokumentation auf Gebrauchstauglichkeit.

> Ich finde sie an dieser Stelle, wo das Vorgehen in unterschiedlichen Situationen diskutiert wird, sehr passend. Doch diese Punkte ziehen sich durch das ganze Buch. Zu einigen der Regeln finden Sie sogar passende Kapitel, etwa Kapitel 4 („Gliederung") für Regel 4 oder Kapitel 3 („Entscheidungen") für Regel 5. ∎

Die Zielgruppen rekrutieren Sie aus den Stakeholdern Ihres Vorhabens. Wenn Sie diese bereits identifiziert haben, nehmen Sie das Ergebnis als Grundlage. Andernfalls lassen Sie sich von der Mindmap in Kapitel 2 (Bild 2.14) inspirieren. Stellen Sie sich die Frage: Wer interessiert sich für Aspekte der Architektur? An wen müssen wir unsere Ideen, Entscheidungen und Ergebnisse kommunizieren, und warum? Dabei sind die Ziele für Architekturdokumentation aus Kapitel 1 ein guter Anhaltspunkt:

1. Architekturarbeit unterstützen
2. Umsetzung und Weiterentwicklung leiten
3. Architektur nachvollziehbar und bewertbar machen

Ihre Zielgruppen hängen vorrangig von der Art Ihres Vorhabens ab. Bei einer Produktentwicklung sieht das beispielsweise anders aus als in einem Inhouse-Projekt. Typische Kandidaten sind die Rollen Ihrer Organisation bzw. Ihres Vorgehensmodells. Wenn Sie zwischen Architekten und Entwicklern differenzieren, sind das unterschiedliche Zielgruppen. In Scrum-Projekten ist das unüblich, hier wäre dann „das Team" eine Zielgruppe, die beide Disziplinen umfasst. Üblicherweise erstellen einzelne Zielgruppen auch Teile der Architekturdokumentation.

Das Ergebnis Ihrer Überlegungen halten Sie in einer Tabelle fest. Das Beispiel in Tabelle 8.1 zeigt, wie so etwas aussehen kann. In der letzten Spalte ist das Ziel angegeben, das für den Stakeholder besonders relevant ist und dessen Erreichung die Architekturdokumentation primär unterstützen soll.

Nehmen Sie nur solche Stakeholder in Ihre Liste der Zielgruppen auf, die ein Interesse an der Architektur haben.

Differenzieren Sie Zielgruppen, bei denen sich Interessen stark voneinander unterscheiden. Bestimmte Mitarbeiter des Auftraggebers beispielsweise sind vielleicht für die Anforderungen zuständig, andere für den Betrieb usw. Die Spalte mit dem Ziel brauchen Sie nicht zwingend aufzunehmen, genauso wenig brauchen Sie sich nicht zwingend auf eines zu beschränken.

TABELLE 8.1 Beispiel: Zielgruppen für Dokumentation

Zielgruppe	Interesse an der Architektur(-Dokumentation)	Primäres Ziel
Architektur-team	Lösung erarbeiten, festhalten und kommunizieren	1. Architekturarbeit unterstützen
Entwickler	Orientierung finden, Vorgaben und Prinzipien entnehmen, Freiheitsgrade verstehen	2. Umsetzung und Weiterentwicklung leiten
Auftraggeber	Das „große Ganze" der Lösung begreifen, Einflussfaktoren überprüfen, einzelne Entscheidungen und Kompromisse nachvollziehen, Szenarien priorisieren	3. Architektur nachvollziehbar und bewertbar machen
...		

Auch drei Spalten (Ziel 1–3) mit der Möglichkeit, anzukreuzen, sind eine Option. Ich empfinde *ein* Ziel aber als hilfreich, um zu fokussieren. Im Zweifelsfall differenzieren Sie lieber die Zielgruppe aus.

8.1.2 Dokumentationsmittel und Dokumente

Die im Buch vorgestellten Dokumentationsmittel dienen den genannten Zielen. Tabelle 8.2 zeigt für wichtige Zutaten, welche Zielsetzung diese vorrangig adressieren, also ihre besonderen Stärken. Ein fehlendes Kreuz bedeutet also nicht, dass das Mittel zu dem Ziel überhaupt nichts beiträgt.

TABELLE 8.2 Ausgewählte Dokumentationsmittel und ihre vorrangigen (!) Ziele

	Ziel 1: Architekturarbeit unterstützen	Ziel 2: Umsetzung/ Weiterentwicklung leiten	Ziel 3: Architektur nachvollziehbar und bewertbar machen
Systemkontext	X		
Qualitätsziele	X		
Technische Risiken	X		
Architekturentscheidungen	X		X
Bausteinsicht	X	X	
Übergreifende Konzepte		X	
Verteilungssicht		X	
Randbedingungen	X		X
Qualitätsszenarien			X

Entscheidung für Dokumentationsmitteln anhand der Zielgruppen

Meine generelle Empfehlung, wie Sie vorgehen sollten, um zu entscheiden, welche Zutaten Sie in Ihrem Vorhaben anfertigen: Beginnen Sie mit einer minimalen Menge (im Extremfall leer, oder nur Systemkontext und Top 3 Qualitätsziele), und entscheiden Sie sich bewusst für Dokumentationsmittel, die Ihren Zielen und Zielgruppen dienlich sind. Der andere Ansatz – mit einer Liste aller vorgestellten Zutaten zu starten und wegzustreichen, was Sie in Ihrer konkreten Situation nicht benötigen – birgt zwei Gefahren:

- Vorsichtige Architekten streichen wenig und haben dann am Ende viel Arbeit.
- Dinge nur zu erstellen, weil sie „übrig geblieben sind", motiviert nicht.[1]

Die bewusste Entscheidung für Dokumentationsmittel zu Beginn ist dabei lediglich ein erster Wurf. Sie können sich später entscheiden, weitere Dinge hinzunehmen oder bestehende zu vertiefen. Genauso können Sie im Verlauf des Vorhabens zu dem Schluss kommen, dass

---

[1] Dokumentation hat ohnehin wenig Motivation eingebaut. Gemeinsam mit diesem Punkt ist das eine explosive Mischung.

Sie einzelne Teile nicht weiterpflegen, da sie ihren Zweck erfüllt haben und der Aufwand, sie weiterzupflegen, in keinem Verhältnis zum Nutzen steht.

Zur initialen Entscheidung, welche Dokumentationsmittel Sie für welche Zielgruppe in welcher Tiefe erstellen, können Sie sich an einer Methode orientieren, die in [Clements+2010] beschrieben wird („A method for choosing views"). Dazu fertigen Sie eine Kreuztabelle an, in deren Spalten- und Zeilenüberschriften Sie Ihre individuellen Zielgruppen und die Dokumentationsmittel aufnehmen (siehe Beispiel in Tabelle 8.3). In den Kreuzungspunkten notieren Sie den jeweiligen Informationsbedarf, beim „Ankreuzen" variieren Sie zwischen „Überblick" und „detailliert".[2] Eine leere Zelle bedeutet, dass die Zielgruppe die Informationen im Dokumentationsmittel überhaupt nicht benötigt. Beim Ausfüllen sind Ihr Entwicklungsprozess und die Aufteilung der Verantwortlichkeiten zwischen den Rollen von großer Bedeutung.

TABELLE 8.3 Beispiel (Ausschnitt): Zielgruppen, Dokumentationsmittel, Informationsbedarf

	Architekturteam	Entwickler	Auftraggeber	...
Bausteinsicht	Überblick	detailliert	Überblick	...
Übergreifende Konzepte	Überblick	detailliert		...
Technische Risiken	detailliert		Überblick	...
...	...	...	...	...

Auf diese Weise gewinnen Sie einen guten Überblick, welche Dokumentationsmittel Sie für welche Zielgruppe als Kommunikationsmittel einsetzen. Im Einzelfall sind verschiedene Detaillierungen derselben Zutat erforderlich. Bei der Bausteinsicht ist das gut über die Ebenen realisierbar, bei anderen Zutaten ist ggf. die Anfertigung eines Überblicks erforderlich. Bei übergreifenden Konzepten ist beispielsweise jeweils eine Zusammenfassung angemessen, die das Gesamtkonzept einleitet und sich leicht (idealerweise automatisch) herauslösen lässt. So begegnen Sie der Gefahr der Inkonsistenzen durch Redundanzen (vgl. Kapitel 6, sowie den Kasten „Sieben Regeln für gute Dokumentation").

Ableiten von Dokumenten

Die Dokumentationsmittel verwalten Sie zentral in Ihrem Repository (Wiki, UML-Tool, Versionsverwaltung). Anhand Ihrer Ergebnisse (in Form vom Beispiel in Tabelle 8.3) leiten Sie ab, in welchen Dokumenten Sie die Dokumentationsmittel für die unterschiedlichen Zielgruppen zusammenfassen. Der einfachste Ansatz ist, pro Zielgruppe eine eigene Dokumentation aus dem Repository abzuleiten.[3] Idealerweise fassen Sie Zielgruppen zusammen und kommunizieren die Architektur mit weniger Dokumenten.

Manche Zielgruppe benötigt ggf. gar kein geschlossenes Dokument, sondern schaut lieber in eine Intranet-Veröffentlichung oder direkt ins Repository. Im Falle von Intranet oder Wiki empfehle ich das Anlegen spezieller Einstiegsseiten für die Zielgruppen („Tracks"), insbesondere auch für neue Mitarbeiter.

---

[2]   [Clements+2010] empfehlen drei Abstufungen: detailed information, some details, overview information.
[3]   Eine schöne Gelegenheit, an die Duden-Definition von Dokumentation als „Zusammenstellung u. Ordnung von Dokumenten und Materialien jeder Art, durch die das Benutzen und Auswerten ermöglicht oder erleichtert wird" zu erinnern.

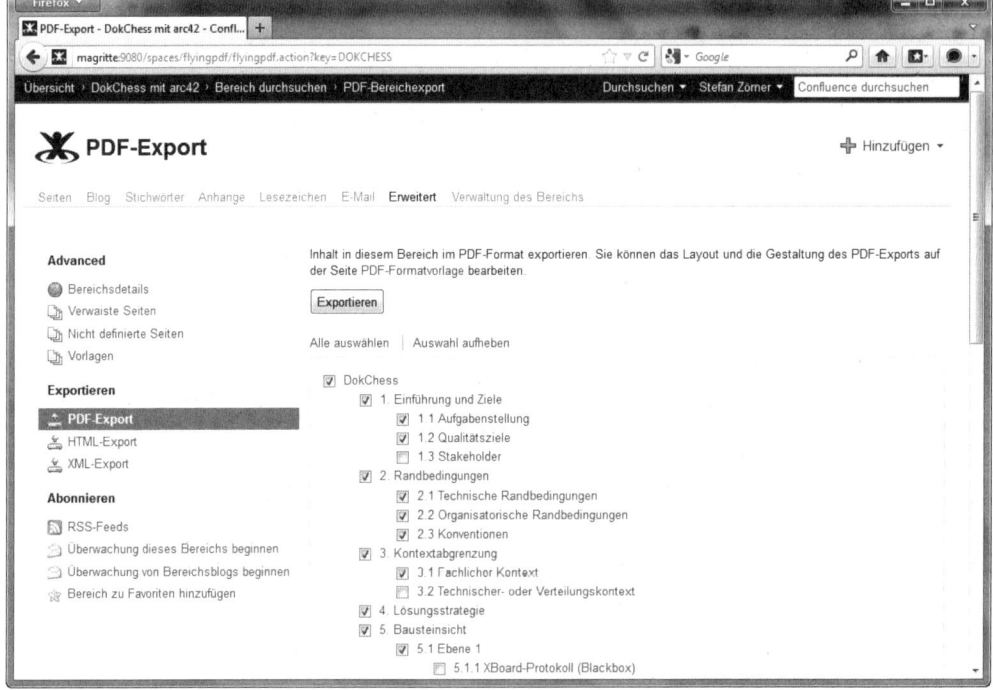

BILD 8.2 Gezielter Export von Dokumentationsinhalten aus einem Wiki-Repository

Hier beispielhaft einige konkrete Ideen für Dokumente, die Sie im Verlauf des Vorhabens aus dem Repository ableiten können bzw. für welche das Repository Inhalte beisteuert:

- Architekturüberblick (PDF, < 30 Seiten)
- Architekturüberblick als Folienvortrag (< 20 Folien)
- Architekturdokumentation für Entwickler
- Architekturdokumentation für Qualitätssicherung und Test
- Betriebshandbuch
- Externe Schnittstellenvereinbarungen
- Dokumentation des Systems für externe Partner

Einige Vorgehensmodelle, insbesondere im regulativen Umfeld, fordern Pflichtdokumente ein.

Kreieren Sie zu Beginn nicht zu viele Dokumente. Starten Sie mit zweien: Architektur-überblick und Architekturdokumentation (komplett). Wenn Sie die Architektur in die Breite tragen, können Sie weitere bedarfsgerecht aus dem Repository ableiten, nachdem Sie bereits Rückmeldungen zu den Inhalten bekommen haben.

Als Vorbereitung für Ihre Architekturdokumentation reicht das Gezeigte aus. Beginnen wir endlich mit den Inhalten. Entwerfen wir die Architektur.

8.1.3 Womit anfangen?

Sie haben identifiziert, welche Dokumentationsmittel Sie verwenden wollen, um Ihre Architektur zu entwerfen, festzuhalten und an Ihre Zielgruppe zu kommunizieren. Nun ist dies kein Buch über Vorgehen in der Softwarearchitektur, aber die Frage liegt auf der Hand: Womit fangen Sie an? Ein wenig Orientierung für den Start möchte ich Ihnen also doch an die Hand geben.

Angelehnt an den kurz skizzierten Ablauf, wie Softwarearchitektur entsteht (Kapitel 2.1.2, Bild 2.1), benötigen Sie bestimmte Ergebnisse früh, um das Vorhaben grob schätzbar und planbar zu machen und um wichtige Risiken zu kennen. In einem ersten Durchlauf durch den Architekturzirkel (Bild 2.1 auf Seite 19), einer „Iteration 0", erarbeiten Sie und Ihr Team erste Ergebnisse der Architektur, die Sie im weiteren Verlauf nach Erkenntnissen aus Bewertung und Umsetzung verfeinern können. Bild 8.3 gibt Ihnen eine grobe Orientierung, welche Dokumentationsmittel tendenziell früh entwickelt werden, also (falls Sie diese anfertigen wollen) gute Startpunkte darstellen.

Zutaten der Anforderungsseite liegen früher an als solche der Lösungsseite; Entscheidungen können Sie nur treffen, wenn Sie die Einflüsse kennen. Nichtsdestotrotz können Sie aber beispielsweise die Fragestellungen bereits früh identifizieren und Alternativen sammeln.

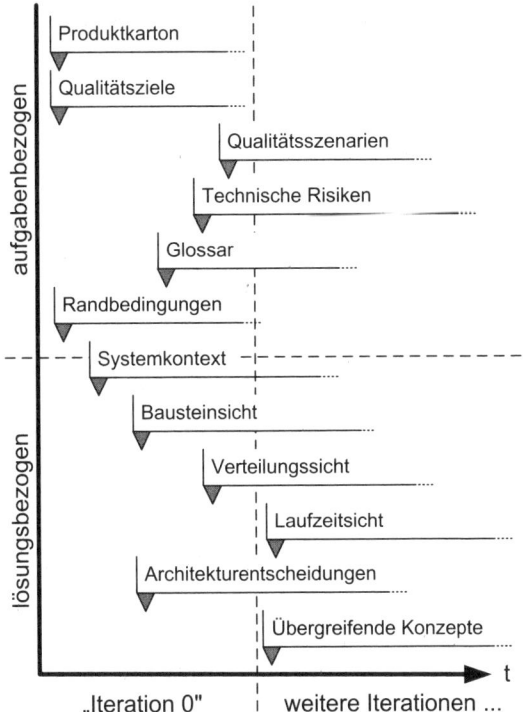

BILD 8.3 Grobe Orientierung beim Start von Dokumentationsmitteln

8.1.4 Während der Arbeit: Kommunizieren und Pflegen

Die Architekturdokumentation unterstützt Sie beim Entwurf der Architektur, begleitet die Umsetzung und Bewertung und erfüllt im Idealfall auch noch nach Inbetriebnahme und während der Weiterentwicklung Ihren Zweck.

Kommunizieren und Rückmeldungen einholen

Im Kasten „Sieben Regeln für gute Dokumentation" findet sich als letzter Punkt „7. Überprüfe Dokumentation auf Gebrauchstauglichkeit". Damit ist schlicht gemeint, dass Sie Ihre Dokumentation testen sollen. Holen Sie Rückmeldungen Ihrer Zielgruppen ein! Fragen Sie, welche Inhalte hilfreich waren und welche überflüssig. Welche Informationen vermisst der Leser? Welche Begriffe fehlen im Glossar? Welche Diagramme sind inkonsistent zu Erläuterung oder Umsetzung? Neue Mitarbeiter bringen sich an dieser Stelle gern ein, können sie doch auf diese Weise späteren Neulingen das Leben deutlich erleichtern. Wenn Sie einen Überblicksvortrag halten, planen Sie genügend Zeit innerhalb des Vortrags für Fragen ein und Zeit danach für eine Nachbearbeitung. Mehr zu Reviews von Architekturdokumentation lesen Sie in Kapitel 10.

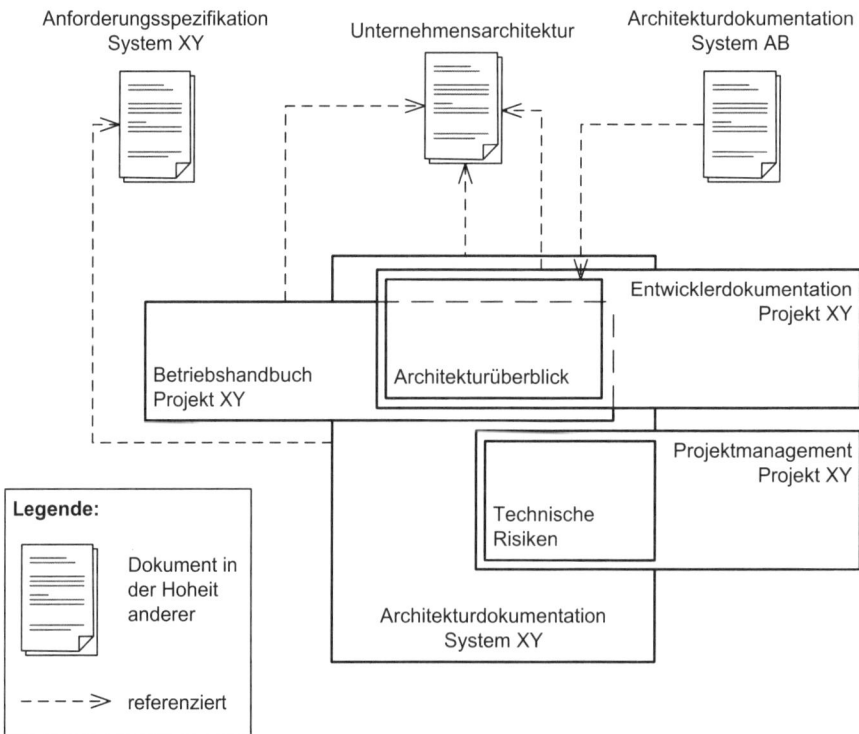

BILD 8.4 Dokumentationslandkarte zum Überblick über Dokumente eines Vorhabens

Den Überblick behalten

Nach längerer Laufzeit haben manche Projekte, insbesondere große, nicht zu wenig Dokumentation, sondern zu viel. Was wie ein Luxusproblem klingt, kann handfeste Schwierigkeiten bereiten. Sie verlieren den Überblick, haben mit Inkonsistenzen und veralteten Ständen zu rechnen. Die Antwort „Steht alles im Wiki" kommt nicht von ungefähr.

Idealerweise bestellen Sie schon früh einen Kümmerer („Doctator"), der die zu Beginn des Kapitels empfohlenen vorbereitenden Schritte sowie die Weiterpflege der Ergebnisse verantwortet. Ein in der Praxis erprobtes Hilfsmittel, um einen Überblick über die vorhandenen Dokumente zu geben, ist eine sogenannte Dokumentationslandkarte. Sie visualisiert, welche Dokumentation es gibt (nicht nur Architekturdokumentation), welche Abhängigkeiten (z. B. Referenzen) sie enthalten und auch welche Überschneidungen es gibt. Letzteres können Sie durch Überlagerung der Dokumente in der Abbildung darstellen. Bild 8.4 stellt schematisch eine solche Landkarte dar. Alternativ (oder zusätzlich) können Sie auch eine Tabelle mit den Informationen anfertigen. Nehmen Sie mit auf, wo die Dokumente zu finden sind (Pfad, Zugangsinformationen).

Loslassen können

Ein Mechanismus, um nicht in zu detaillierter Dokumentation zu ersticken, ist die Entscheidung, Dokumentationsmittel in der Form nicht weiter zu pflegen. Die Inhalte haben ihren Zweck erfüllt, Ideen haben ihren Niederschlag in der Umsetzung gefunden oder sind vielleicht verworfen worden. Jetzt steht für Sie (oder ein anderes Teammitglied, z. B. der Doctator) eine der folgenden Aktionen an:

- Löschen des Dokumentationsmittels (die Versionsverwaltung vergisst nichts).
- Erstellung einer gröberen Fassung des Dokumentationsmittels, bei dem der Aufwand zur Pflege und der Nutzen in einem gesunden Verhältnis stehen (danach Löschen der detaillierten Fassung, siehe oben).
- Deutliche (!) Kennzeichnung des Dokumentationsmittels als „veraltet".

In der Praxis gibt es leider regelmäßig eine vierte (unerwünschte) Variante: Nichtstun. Wenn Sie ein neuer Mitarbeiter mit Fragen zu einem Fundstück zum Beispiel aus dem Wiki konfrontiert und Sie sich denken: „Wo hat er das denn gefunden, das machen wir seit Ewigkeiten nicht mehr", ist offensichtlich eine der obigen drei Aktionen fällig. Der beschriebene Fall ist übrigens noch gutartig, Sie bekommen es immerhin mit.

■ 8.2 Der Softwaredetektiv: Bestehendes Dokumentieren

Das vorherige Unterkapitel skizzierte eine schöne Welt, in der das Team mit dem Dokumentieren der Architektur bereits während der Erstellung des Softwaresystems beginnt (in der besonders schönen Welt wird die Erstellung vorab grob geplant). Das Entwerfen, Realisieren und Festhalten der Lösung wird eins. Kommen wir nun zu dem Fall, in dem das System bereits entwickelt und im Extremfall schon länger in Betrieb ist, in dem aber keine angemessene Architekturdokumentation vorliegt.

Hier müssen Sie anders vorgehen, denn zum einen fehlen in der Regel wichtige Informationen (wenn Sie viel Pech haben sämtliche Ansprechpartner), auf der anderen Seite stehen Dinge zur Verfügung, die es zu Beginn eines Vorhabens nicht gibt. Zu den Indizien zählen im Idealfall eine lauffähige Lösung und ihr Quelltext. Gerade diese Tatsache führt oft zum verlockenden Ansatz, mit entsprechenden Werkzeugen eine Dokumentation zu generieren. Bei solchem Aktionismus entstehen oft zwar Unmengen von Daten und Diagrammen, aber nicht automatisch hilfreiche Informationen. Als Einstieg empfehle ich daher eine andere Herangehensweise. Tools kommen bei Bedarf später zum Einsatz.

8.2.1 Auslöser für Dokumentationsbedarf

Im Fall des Dokumentierens von Entstehendem habe ich in Kapitel 1 mögliche Ziele ausführlich besprochen und in Kapitel 8.1 wieder aufgegriffen. Im Grunde gelten diese Ziele auch in dem Fall, in dem keine oder nur unzureichende (z. B. völlig veraltete) Architekturdokumentation vorliegt. Wenn Sie jetzt zu dokumentieren beginnen, können Sie diese Ziele nicht immer vollständig erreichen (Stichwort Nachvollziehbarkeit). Sie müssen entscheiden, wann es sinnvoll ist, in die Erreichung zu investieren.

Falls an Sie der Wunsch herangetragen wird, Architekturdokumentation im Nachhinein zu erstellen, oder die Idee innerhalb Ihres Teams aufkommt, klären Sie zunächst das Warum. Das Argument „Weil keine da ist" lasse ich nicht gelten. Es gibt typische Auslöser, die Sie erforschen sollten, bevor Sie mit der Architekturdokumentation beginnen.

Veränderter Kommunikationsbedarf, veränderte Einflüsse

In vielen Fällen ist der Auslöser ein konkretes Ereignis, das ein Projekt vor die Aufgabe stellt, Architekturaspekte an neue Zielgruppen zu kommunizieren. Einige Beispiele:

- Neue Mitarbeiter kommen hinzu und möchten sich einarbeiten.
- Die Lösung wird zum Blue Print für die Unternehmensarchitektur „befördert" und muss in die Breite getragen werden.
- Das Outsourcing von Wartung, Weiterentwicklung und/oder Betrieb der Lösung steht an, die Lösung muss „übergeben" werden.

Daneben gibt es weitere Einflussfaktoren, deren Änderung zu einer Neubewertung der Dokumentationssituation führen kann. Auch hier einige Beispiele:

- Wichtige Wissensträger verlassen das Projekt (organisatorische Rahmenbedingung).
- Neue Performanceanforderungen werfen die Frage auf, ob und wenn ja wie die Lösung diese erreichen kann (gefordertes Qualitätsmerkmal).
- Ein Fremdsystem kommt hinzu, oder ein bestehendes ändert sich stark.
- Eine zugekaufte Komponente wird vom Hersteller nicht weiterentwickelt. Es stellt sich die Frage, wie aufwändig der Ausbau wäre, die Abhängigkeiten sind unklar.

In solchen Situationen manifestiert sich der Dokumentationsmangel und gibt Anlass zum Handeln. Im Folgenden diskutiere ich typische Szenarien und zugehörige Ziele, die das Anfertigen von Architekturdokumentation rechtfertigen können, um das Erreichen der Ziele zu unterstützen.

8.2.2 Mögliche Szenarien und Ziele des Dokumentierens im Nachhinein

Die folgenden vier ausgewählten Szenarien schließen einander nicht aus, mitunter folgen sie in der Praxis aufeinander. Einer Bewertung folgt zum Beispiel oft eine Überarbeitung oder eine Ablösung. Halten Sie die beschriebenen Situationen gegen Ihre eigene. Erkennen Sie sich wieder? Ich empfehle Ihnen, sich darüber Klarheit zu verschaffen, warum Sie nachdokumentieren wollen und welches Ziel Sie anstreben. Ansonsten besteht die Gefahr, zu viel oder das falsche anzufertigen.

Zukünftige Wartung, Pflege oder Weiterentwicklung des Systems unterstützen

Das bestehende System wird an die Wartung übergeben und von dieser gepflegt und bei Bedarf weiterentwickelt. Die zukünftigen Entwickler sollen zu ändernde bzw. zu ergänzende Stellen leicht identifizieren und ohne unerwünschte Effekte anpassen können. Die Lösung soll konsistent bleiben. Im Moment steht lediglich der Quelltext zur Verfügung.

Integration oder Verwendung der Lösung vereinfachen

Die bestehende Lösung oder Teile davon sollen von anderen nicht verändert, sondern verwendet werden. Entweder das System als Ganzes wird als Fremdsystem angebunden und bietet dazu Schnittstellen an (die nicht dokumentiert sind). Oder Teile davon werden als Bibliothek integriert. Oder beim betreffenden Systemteil handelt es sich um ein Framework, das von anderen verwendet wird, indem es erweitert wird.

Bewertung vorbereiten

Für das bestehende System soll eine Architekturbewertung durchgeführt werden. Dabei soll die bestehende Lösung gegen die Anforderungen gehalten und daraus Maßnahmen abgeleitet werden. Weder die Anforderungen noch die Lösung sind in verwertbarer Form dokumentiert. Typischer Auslöser hierfür ist, dass neue Anforderungen an das System gestellt werden. Es kann sich sowohl um neue Funktionen als auch um neue Qualitätsziele handeln. Konkrete Fragestellung ist häufig: Können wir das System mit vertretbarem Aufwand anpassen, oder lösen wir es ab?

Massive Überarbeitung oder Ablösung unterstützen

Die bestehende Lösung soll in größerem Umfang geändert werden. Teile sollen beibehalten, andere ersetzt werden. Die Situation, dass keine Architekturdokumentation vorliegt, soll in diesem Zusammenhang abgestellt werden. Im Extremfall ersetzt ein neues System das alte komplett.

8.2.3 Sherlock Holmes vs. Die drei ???

Sherlock Holmes arbeitet allein, Dr. Watson kann ihm nicht helfen.[4] Wenn Sie ein Ihnen wenig bekanntes System erkunden, etwa in einer der vier beschriebenen Situationen, gleicht das Detektivarbeit, und die Aufgabe lässt sich zu Beginn ebenfalls schwer parallelisieren. Sie ziehen zunächst die Systemgrenze (Systemkontext) und finden sich in das System ein. Interviews dazu und das Sichten von Material können Sie zwar im Team durchführen, am Anfang aber nur gemeinsam. Bevor Sie unabhängige Aufgaben an einzelne Detektivkollegen vergeben wie bei den drei Fragezeichen, benötigen Sie einen groben Überblick (Bausteinsicht, Ebene 1). Als abgrenzbare Themen eignen sich anschließend einzelne Subsysteme und deren Schnittstellen untereinander oder übergreifende Konzepte. Lassen Sie Ihr ???-Team erst ausschwärmen, wenn der Rahmen und die Zielsetzung geklärt sind, und vor allem auch die gewünschten Zeitpunkte, welche die zukünftige Dokumentation widerspiegeln soll.

Ziel(zeit)punkte – Geschichtsschreibung oder Zustandsbeschreibung?

Beim Dokumentieren während des Entwurfs halten Sie Ihre Ideen für die Umsetzung fest, beschreiben also gewissermaßen die Zukunft. Bei einem iterativ/inkrementellen Vorgehen gleichen sich dann Ist- und Sollzustand an. Dennoch nehmen Sie in der Dokumentation die Realisierung vorweg.

Beim Dokumentieren im Nachhinein ist das anders. Sie müssen sich entscheiden, welchen Zustand genau Sie beschreiben wollen. Drei Zeitpunkte könnten dabei interessant sein:

- Das ursprünglich geplante System (der alte Soll-Zustand)
- Das tatsächlich umgesetzte System (der Ist-Zustand)
- Das zukünftig gewünschte System (der neue Soll-Zustand)

Je nach Zielsetzung benötigen Sie Dokumentationsmittel zu einem dieser Zeitpunkte, ggf. einzelne auch für mehrere Zeitpunkte. Bei der Bewertung eines bestehenden Systems beispielsweise halten Sie die aktuelle Lösung gegen neue Anforderungen und vergleichen neue Lösungsansätze damit.

Seien Sie sich in jedem Fall beim Erstellen bewusst, welchen Zustand beispielsweise eine Sicht zeigen soll, und halten Sie das in den Erläuterungen dazu fest. Informationsquellen ordnen Sie ebenfalls in diese Zeitschiene ein, um sie verarbeiten zu können. Alte Anforderungsdokumente spiegeln in der Regel das ursprünglich angedachte System wider, aktuelle Fehlermeldungen von Benutzern weisen auf Diskrepanzen zwischen dem ursprünglich angedachten und dem jetzigen System hin, oder zwischen dem jetzigen und einem zukünftigen. Aber sehen wir uns potenzielle Informationsquellen zunächst einmal allgemein an!

---

[4] Zugegeben: Der Vergleich hinkt. Dr. Watson hat ein Skillproblem.

8.2.4 Informationsquellen identifizieren

Wenn Sie Dokumentation im Nachhinein erstellen, identifizieren Sie im Anschluss an die Zielsetzung die vorhandenen Informationsquellen. Um im Detektivbild zu bleiben: Hinweise können von Zeugen kommen („Wer hat zuletzt mit dem Opfer gesprochen?"), typischerweise gibt es weitere Indizien in Form von Dokumenten und anderen Materialien („Am Messer klebt noch Blut").

Es folgen die wichtigsten Hinweislieferanten. Später zeige ich, für welche Dokumentationsmittel Sie diese jeweils als Hauptquellen heranziehen können.

Zeugen

Menschen, die am Entwurf oder der Entwicklung beteiligt waren, sind die erfolgversprechendsten Informanten. Befragen Sie diese, solange Sie noch Zugriff auf sie haben. Der Quelltext läuft Ihnen nicht davon. Gerade für einen groben Überblick können Beteiligte weitaus bessere Bilder malen, als Sie sie mit Analysewerkzeugen aus dem Quelltext ableiten können. Auch Benutzer der Anwendung und Mitarbeiter des Betriebs haben oftmals wertvolle Informationen parat.

Laufendes System

Falls sich das System, das Sie dokumentieren wollen, in Betrieb befindet, ist es als Blackbox ein interessanter Betrachtungsgegenstand. Das gilt insbesondere für Informationssysteme. Lassen Sie sich von einem Benutzer die Oberfläche zeigen oder von einem Operator das Monitoring. Vielleicht schreibt die Anwendung Protokolldateien oder hinterlässt andere Spuren oder Angriffspunkte für eine dynamische Analyse.

Quelltexte des Systems

Die Quelltexte repräsentieren die Bausteine der Lösung, eine statische Analyse kann Struktur und Abhängigkeiten zutage befördern. Oft sind Quelltextelemente (Verzeichnisse, Dateien, Pakete, Klassen, ...) gut benannt, teilweise sogar kommentiert. Automatisierte Tests sind besonders informative Quelltextartefakte.

Viele Programmiersprachen erlauben spezielle Quelltextkommentare zur Dokumentation. Das Generieren von Dokumentation (z. B. verlinktes HTML wie in Bild 8.5) mit entsprechenden Werkzeugen erleichtert die Exploration der Quelltexte selbst dann, wenn sie keine Kommentare führen. Vererbungsbeziehungen und Paketstrukturen können trotzdem dargestellt werden. Einige Werkzeuge generieren einen Index.

Wenn Sie nicht nur den Quelltext als Dateien zur Hand haben, sondern auch Zugriff auf die verwendete Versionsverwaltung, eröffnet Ihnen das durch die Chronologie weitere Möglichkeiten. Frühe Releases beispielsweise sind weniger umfangreich und oftmals noch frei von Nachbesserungen. Aus ihnen lässt sich vielleicht noch die gewollte Architektur ableiten. In Kapitel 8.2.6 gehe ich auf Analysewerkzeuge für Quelltexte noch genauer ein.

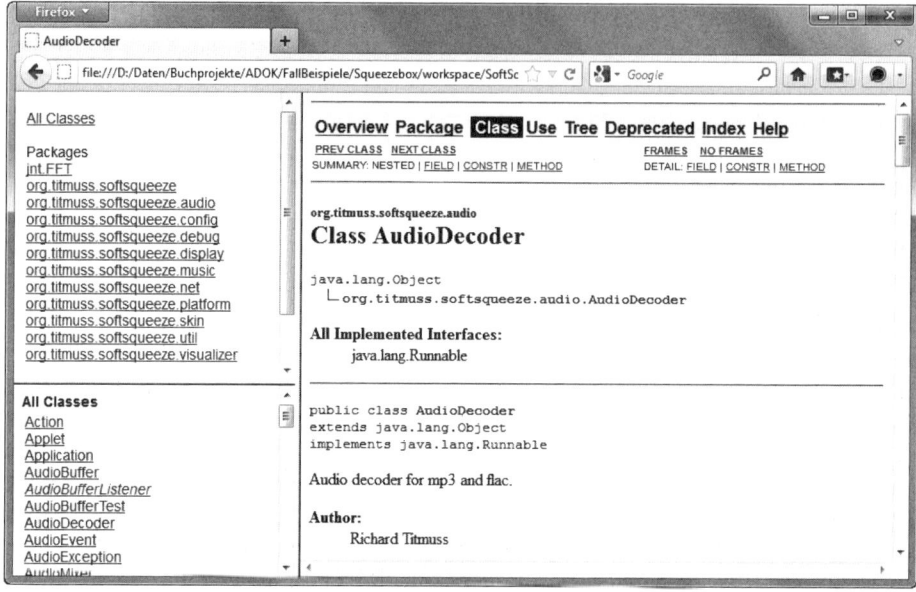

BILD 8.5 Generierte Quelltextdokumentation erleichtert die Detektivarbeit

Dokumente

Auch wenn Ihnen keine Architekturdokumentation vorliegt, gibt es oft auswertbares Material in Form von Konzepten, Projektplänen und alten Anforderungsdokumenten (z. B. Lastenheft). Begutachten Sie diese mit Misstrauen. Die tatsächliche Implementierung kann sich drastisch vom Pflichtenheft unterscheiden. Unter Umständen bieten sie trotzdem einen schnelleren Einstieg und beinhalten wertvolle Informationen. Spannend können auch Benutzer- und Betriebshandbücher sein. Dokumente, mit denen tatsächlich gearbeitet wird, sind näher an der Realität als Anforderungsdokumente.

Inhalte elektronischer Tools

Oft ziehen Sie alte Inhalte elektronischer Tools, etwa Modellierungswerkzeuge, hinzu oder Mails. Im Einzelfall sind Projektwikis und Bugtracking-Werkzeuge des Projektes, die die betrachtete Software erstellt hat, interessant. Ähnlich wie Versionsverwaltungen enthalten sie chronologische Informationen. Insbesondere Bugtracking-Werkzeuge geben ein lebendiges Bild vom Vorhaben über die Zeit. Je nachdem, wie gut die Probleme verwaltet und Komponenten zugeordnet wurden, lassen sie verschiedene Rückschlüsse zu (z. B. besonders problematische Features).

8.2.5 Dokumentationsmittel unter der Lupe

Nachdem Sie das „Warum" geklärt haben, können Sie die zu adressierenden Zielgruppen und deren Dokumentationsbedarf genauso erarbeiten wie in Kapitel 8.1. Sie und Ihr Team sind stets selbst eine der Zielgruppen der Dokumentation, da Sie diese zum Festhalten Ihrer Ergebnisse und zum Austausch untereinander verwenden.

Die folgenden Fragen helfen Ihnen zu entscheiden, ob es sinnvoll ist, ein Dokumentations-mittel im Nachhinein anzugehen, und geben Orientierung, wie detailliert Sie sie erstellen:

- Hilft mir die Erstellung beim Verstehen des Systems?
- Kann ich das Ergebnis bei der Kommunikation verwenden?
- Ist das Ergebnis für die Wartung und Weiterentwicklung hilfreich?

Je nach Zutat und Umfeld ist die Recherche echte Detektivarbeit. Bei einigen Dokumentations-mitteln müssen Sie Besonderheiten beachten, wenn Sie sie im Nachhinein erstellen. Gehen wir sie der Reihe nach durch, und stellen wir einen Bezug zu den Informationsquellen her!

Produktkarton

Der Produktkarton als Werkzeug zur Beschreibung der Systemidee passt auch für bestehende Systeme. Er bietet sowohl Ihnen beim Erarbeiten als auch später Ihren Lesern einen guten Einstiegspunkt. Wozu das System da ist, ist in jedem Fall gut zu wissen; wozu es ursprüng-lich geplant war, ggf. auch. Erster Anlaufpunkt, um die Informationen zu erheben, sind die Benutzer: „Wozu verwenden Sie das System?" „Was würde passieren, wenn das System nicht mehr da wäre?" Falls Sie Zugriff auf alte Anforderungsdokumente haben, sind diese nützlichen Quellen aber mit Vorsicht zu genießen (siehe oben).

Systemkontext

Der Systemkontext ist der zweite gute Einstiegspunkt. Mit diesem Dokumentationsmittel lassen sich viele Informationen festhalten, weswegen ich es auf jeden Fall anfertige. Am schnellsten erarbeiten Sie ihn am Whiteboard mit einer Runde von Entwicklern und/oder Anwendern, in dem Sie Fragen stellen wie: „Wer arbeitet mit dem System?", „Was passiert, wenn das System ausfällt?" Hüten Sie sich vor Synonymen für Benutzergruppen und Fremd-systemen, die sich insbesondere dann schnell einschleichen, wenn man mit verschiedenen „Zeugen" nacheinander spricht.

Randbedingungen

Es ist schwer, im Nachhinein festzustellen, welche Randbedingungen bei der Entwicklung vorherrschten. Wenn sich kein Ansprechpartner erinnert und nichts festgehalten wurde, können Sie kaum unterscheiden, ob es sich bei einer Tatsache (z. B. der Verwendung eines Frameworks) um eine Vorgabe oder das Ergebnis einer Entscheidung handelt. Klären Sie, ob der Punkt (z. B. die Laufzeitumgebung) bei einer künftigen Weiterentwicklung als Rand-bedingung gelten soll oder beweglich ist.

Qualitätsziele

Die ursprünglichen Qualitätsziele zu ermitteln, ist ebenfalls schwierig. Oftmals ist die Nichterreichung eines aktuellen (ggf. neuen) Qualitätsziels der Auslöser dafür, dass Sie sich wieder eingehend mit dem System beschäftigen. Um die aktuell erreichten Qualitätsziele zu ermitteln, befragen Sie Benutzer, Entwickler und/oder Operator: „Was kann die Software besonders gut? Was würden Sie auf jeden Fall beibehalten wollen?" Um Qualitätsziele zu ermitteln, die gegenwärtig verfehlt werden, machen Sie das Gleiche, fragen aber nach den Schmerzpunkten.

Qualitätsszenarien

Für Qualitätsszenarien gilt dasselbe wie für die -ziele, nur sind die zu erzielenden Ergebnisse präziser. In Interviews erleben Sie, dass Ihre Gesprächspartner oftmals bereits in Szenarien antworten. Machen Sie beispielsweise aus der Aussage eines Wartungsmitarbeiters „Bei einem neuen Tarif muss ich fünf Stellen im Quelltext anfassen" nicht nur das Qualitätsziel „Erweiterbarkeit", sondern halten Sie auch den Auslöser für das Szenario fest, und ermitteln Sie das gewünschte Resultat.

Persona

Persona und generell Stakeholder lassen sich zumindest für die Benutzer leicht im Nachhinein erarbeiten. Auch hier macht es einen Unterschied aus, ob Sie die ursprünglich angedachten, die aktuellen, oder die zukünftigen Benutzer beschreiben.

Technische Risiken

Zu Risiken, die zu Beginn der Entwicklung oder währenddessen identifiziert wurden, erhalten Sie ggf. durch Interviews noch Hinweise. Sie sind für die Nachvollziehbarkeit relevant, wenn sie Einfluss auf getroffene Entscheidungen hatten. Für die Weiterentwicklung sind typischerweise die aktuellen Risiken von großem Interesse.

Glossar

Falls kein Glossar vorliegt, sollten Sie es auf jeden Fall erstellen. Es erleichtert Ihre eigene Arbeit und ermöglicht es anderen, schneller einzusteigen. Beteiligte können Ihnen leicht Rückmeldung geben, ob Sie die Begriffe richtig verstanden haben, anders als einige andere Dokumentationsmittel brauchen Sie ein Glossar nicht zu erklären. Wichtige Begriffe ermitteln Sie aus Gesprächen mit Benutzern, mitunter auch aus dem Quelltext oder dem Datenmodell.

Architekturentscheidungen

Wie bereits bei den Randbedingungen ausgeführt, ist es im Nachhinein ohne Zeugen mitunter schwierig bis unmöglich, zwischen Entscheidung und Randbedingung zu differenzieren. Beim Festhalten von Entscheidungen im Nachhinein ist lediglich das Ergebnis („Wie wurde entschieden?") aus der Lösung ablesbar. Zur Fragestellung, zu den Einflussfaktoren und den in Betracht gezogenen Alternativen finden Sie in Interviews Hinweise. Um die bereits identifizierten Entscheidungen zu strukturieren, sie in Beziehung zu den Einflussfaktoren zu setzen und um eine sinnvolle Reihenfolge festzulegen, verwenden Sie Kreuztabellen.

Sichten

Aus Quelltexten lassen sich zwar in vielen Fällen Diagramme generieren, welche die Struktur visualisieren, etwa in Form von Klassen- und Paketdiagrammen (siehe Bild 8.6). Für einen groben Überblick sind sie meist zu detailliert. Als Außenstehender tun Sie sich schwer, daraus zum Beispiel eine Bausteinsicht der Ebene 1 abzuleiten. Meine Empfehlung ist daher, wann immer möglich zunächst mit Beteiligten zu sprechen und mit ihnen gemeinsam Diagramme zu skizzieren, zum Beispiel an einem Whiteboard. Die gewonnenen Erkenntnisse helfen Ihnen dann, schneller in Quelltext, generierte Diagramme oder Deployment einzutauchen, falls später erforderlich.

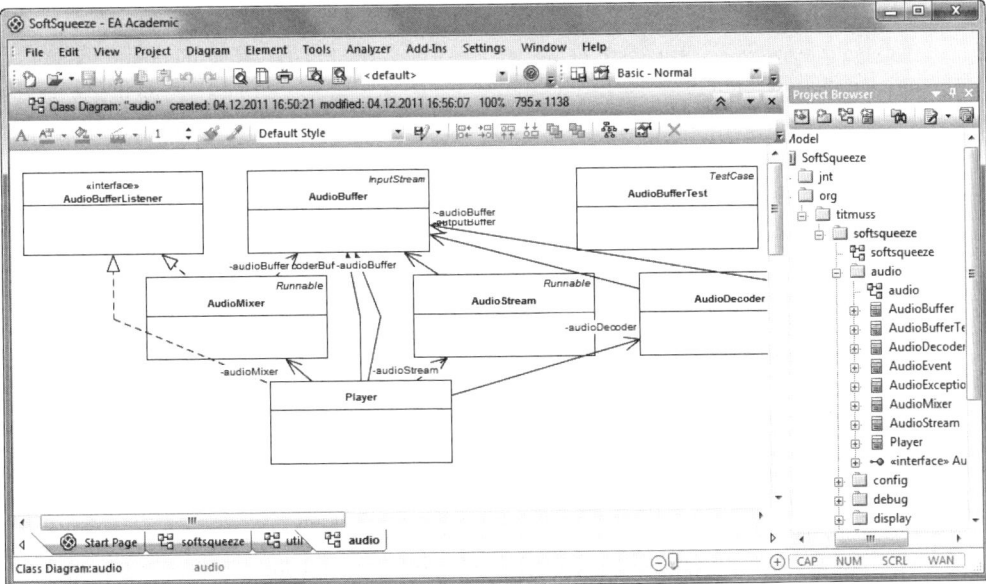

BILD 8.6 Aus Quelltexten generiertes Strukturdiagramm in einem UML-Werkzeug

Für die Bausteinsicht ist ein Entwickler der geeignete Gesprächspartner. Der Betrieb kann Ihnen grobe Abläufe beschreiben (z. B.: „Wie fährt das System hoch?") und kennt die Verteilungsaspekte. Benutzer skizzieren fachlich interessante Abläufe, die innerhalb des Systems zu Interaktionen zwischen Subsystemen führen können.

Übergreifende Konzepte

Wo querschnittliche Aspekte einheitlich angegangen werden, können Sie übergreifende Konzepte ableiten. Am schnellsten kommen Sie hier mit Interviews vor allem mit Entwicklern voran. Sie können gemeinsam die Themenliste aus Kapitel 6 durchgehen und Rückschlüsse aus der Verwendung von Fremdbibliotheken und Frameworks oder dem Betrieb innerhalb eines Applikationsservers ziehen.

Unter Umständen identifizieren Sie für ein Thema neben der präferierten Lösung Ausnahmen. Der Zugriff auf die relationale Datenbank erfolgt beispielsweise standardmäßig über einen O/R-Mapper. In bestimmten Fällen wird aber direkt mit SQL abgefragt. Erkunden Sie, ob es Richtlinien für solche (dann berechtigten) Ausnahmen gibt, oder ob es sich um „Quick-Hacks" handelt.

Orientierung

Tabelle 8.4 visualisiert, für welche Dokumentationsmittel welche Informationsquellen besonders wichtig sind. Die aus meiner Erfahrung erste Anlaufstelle ist mit „X" markiert, weitere Hinweise können typischerweise die mit „(X)" gekennzeichneten Quellen geben. Die Tabelle soll lediglich eine grobe Orientierung geben. In Ihrem Vorhaben können weitere Informationsquellen wertvolle Hinweise liefern, oder das entscheidende Wissen kommt von einer Quelle, deren Zelle in Tabelle 8.4 leer ist.

TABELLE 8.4 Dokumentationsmittel und wichtige Informationsquellen zur Recherche

	Zeuge Entwickler	Zeuge Benutzer	Zeuge Betrieb	Laufende Lösung	Quelltext
Produktkarton		X		(X)	
Systemkontext		X	X		
Randbedingungen	(X)		(X)	X	
Qualitätsziele	(X)	X	(X)		
Qualitätsszenarien	(X)	X	(X)		
Persona		X			
Technische Risiken	X		(X)		
Glossar		X			(X)
Architekturentscheidungen	(X)			X	X
Bausteinsicht	X				X
Laufzeitsicht		X		(X)	
Verteilungssicht			X	(X)	
Übergreifende Konzepte	X				X

Die üblichen Verdächtigen

Tabelle 8.5 zeigt zu den zu Beginn skizzierten Szenarien und Zielen die meiner Erfahrung nach jeweils drei[5] interessantesten Dokumentationsmittel. Ich empfehle Ihnen, sie unbedingt zu erstellen, wenn Sie in der jeweiligen Situation sind. Weitere kommen dann fallweise dazu.

TABELLE 8.5 Die jeweils drei wichtigsten Dokumentationsmittel für die vier Szenarien

Szenario zum Nachdokumentieren	Dokumentationsmittel
Zukünftige Wartung, Pflege oder Weiterentwicklung des Systems unterstützen	Produktkarton (inkl. Top-Qualitätsziele), Bausteinsicht, übergreifende Konzepte
Integration oder Verwendung der Lösung vereinfachen	Produktkarton, Systemkontext, Bausteinsicht
Bewertung vorbereiten	Qualitätsziele, Qualitätsszenarien, Architekturentscheidungen
Massive Überarbeitung oder Ablösung unterstützen	Systemkontext, Bausteinsicht, Verteilungssicht

Sie haben sich nun einen Überblick verschafft, welche Dokumentationsmittel Sie erarbeiten wollen, um Ihre Ziele zu erreichen. Sie können mit der Befragung der Zeugen beginnen und die Aussagen entsprechend festhalten. Beobachtungen am laufenden System finden ebenfalls ihren Platz, oder auch Untersuchungsergebnisse aus dem Quelltext. Das folgende Unterkapitel schlägt Werkzeuge dazu vor.

---

[5] Es fällt mir schwer, mich so stark zu beschränken. Aber die Aussage wird durch die Fokussierung aus meiner Sicht klarer.

Weiter geht's

Ihre recherchierten Erkenntnisse sammeln Sie in einem Repository wie sonst auch, zum Beispiel gegliedert nach arc42. Bei einer Weiterentwicklung gelingt es Ihnen auf diese Weise, schnell in die komfortable Situation zu kommen, die Architektur gut kommunizieren zu können, beispielsweise an neue Mitarbeiter.

Dokumentation, die Sie aus dem Repository ableiten, identifizieren Sie wie in Kapitel 8.1.2 beschrieben. Hier schließt sich der Kreis.

8.2.6 Exkurs: Werkzeuge zur Rekonstruktion

Um mit dem Quelltext arbeiten zu können, benötigen Sie zunächst einen effizienten Zugriff darauf. Sie müssen leicht darin navigieren und suchen können. An dieser Stelle sei noch eine scheinbare Selbstverständlichkeit erwähnt: Sie müssen die Quelltexte nicht nur lesen, sondern auch verstehen können. Konkret benötigen Sie zumindest Grundkenntnisse in der verwendeten Programmiersprache und in der natürlichen Sprache, in der Bezeichner und Kommentare verfasst sind. Falls eines oder beides fehlt, sorgen Sie hier zunächst für Abhilfe, bevor Sie tiefer einsteigen. Beispielsweise durch Delegation der Aufgabe.

Idealerweise besteht der erste Schritt darin, die Quellen in einer leistungsfähigen Entwicklungsumgebung (im Folgenden IDE, Integrated Development Environment) zu öffnen und bearbeiten zu können (Navigation, Suche). Bei alten, proprietären oder wenig verbreiteten Programmiersprachen ist dies bereits ein echtes Hindernis.

IDEs erlauben Ihnen ggf. schon eine erste Form der Abstraktion, indem sie beispielsweise Pakete und Namensräume visualisieren. In einigen Programmiersprachen spielen die Dateien und Verzeichnisse eine große Rolle. Ein gutes Beispiel dafür ist C, das keine expliziten Sprachmittel für Information Hiding und Komponentenbildung kennt. Headerdateien und die Verteilung von Funktionen auf Dateien sind dort der ideale Einstiegspunkt.

Dokumentationsgeneratoren für Quelltext

Dort, wo Sie keine IDE als Einstieg verwenden können, aber auch als Ergänzung zur IDE sind Dokumentationsgeneratoren ein wertvolles Werkzeug. Diese lesen die Quelltextdateien ein, analysieren enthaltene Elemente und generieren Dokumentation, die auf den Elementnamen und den Kommentaren zu den Elementen basiert und vorrangig die öffentliche Schnittstelle beschreibt. Die Werkzeuge nehmen Ihnen nicht die Arbeit ab, aussagekräftige Dokumentation auf Architekturebene zu erstellen, schließen den Quelltext aber für Sie auf und unterstützen Sie dabei.

Die Ergebnisse sind in der Regel navigierbare HTML-Seiten mit (je nach Produkt) Überblicksseiten, Seiten pro Element (z. B. Klasse) mit Schnittstellenbeschreibung, Index, Abhängigkeiten und Verwendungen und vielem mehr. Einige Programmiersprachen liefern ein entsprechendes Werkzeug im SDK (Software Development Kit) bereits mit, etwa Java (javadoc, siehe Bild 8.5) oder Scala. Darüber hinaus gibt es für viele andere Sprachen entsprechende Generatoren separat zu beziehen, sowohl freie als auch kommerzielle. Tabelle 8.6 zeigt exemplarisch einige Vertreter.[6]

---

[6] Auf der Webseite zum Buch (http://www.swadok.de) finden Sie eine ausführlichere Fassung inklusive Links.

TABELLE 8.6 Generatoren für Quelltextdokumentation (kleine Auswahl)

Name, URL	Programmiersprachen	frei/kommerziell
Doc-O-Matic, http://www.doc-o-matic.de	C/C++, C#, Delphi, VB.NET, IDL, Java, PHP, JavaScript, ASPX, JSP, MatLab	kommerziell
Doxygen, http://www.doxygen.org	C++, C, Java, Objective-C, Python, IDL, Fortran, VHDL, PHP, C#	frei (GPL-Lizenz)
Natural Docs, www.naturaldocs.org	C#, Perl, ActionScript und weitere	frei (AGPL-Lizenz)

Der Einsatz dieser Werkzeuge kann auch bei Programmiersprachen eine Bereicherung sein, die einen Generator von Haus aus mitliefern, da sie teilweise nützliche Zusatzfeatures bieten (z. B. statische Code-Analyse und Visualisierungen von Abhängigkeiten, siehe zum Beispiel Bild 8.7).

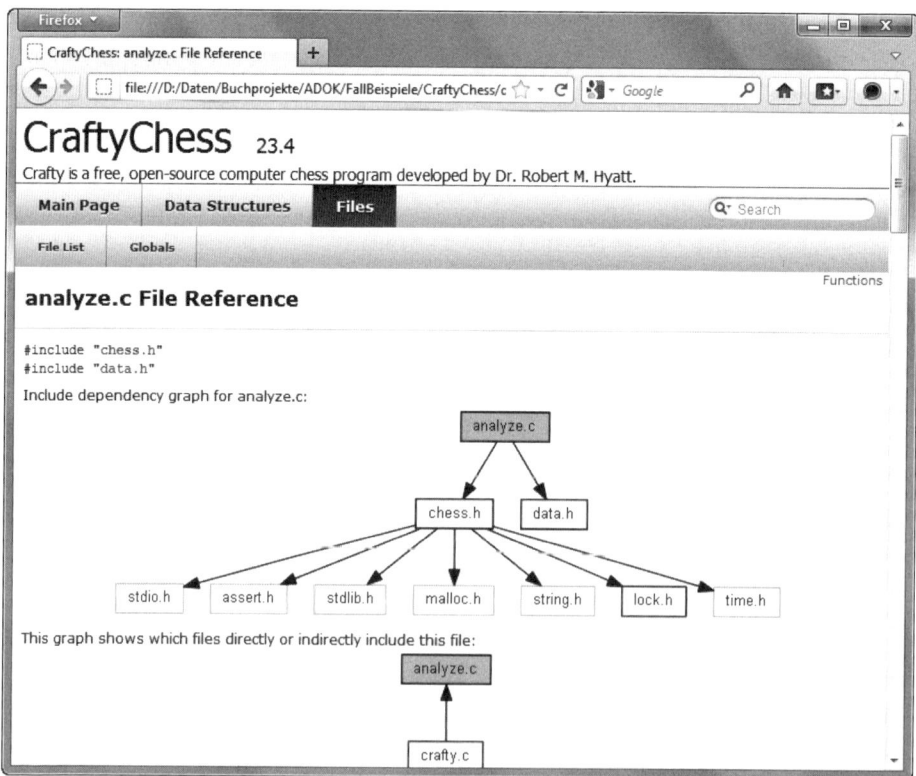

BILD 8.7 HTML-Ausgabe von Doxygen (Ausschnitt, eingelesene Quelle: C-Quelltexte)

Metriken, statische Codeanalyse, Abhängigkeitsmanagement

Mit Metriken sind hier Kennzahlen auf Basis des Quelltextes und der darin enthaltenen Elemente (Funktionen, Klassen, ...) gemeint. Die einfachsten zählen Dateien oder Codezeilen und sind mit simplen Werkzeugen zu ermitteln. Für spezifischere Kennzahlen (z. B. Anzahl Klassen oder Anzahl Quelltextzeilen ohne Kommentare und Leerzeilen) verwenden Sie spezielle, aber oftmals auch frei zugängliche Werkzeuge (siehe zum Beispiel Bild 8.8).

Solche Kennzahlen sind ein nützliches Hilfsmittel, um bei einer Rekonstruktion der Struktur schnell einen Überblick über die Größe des Systems oder Teilen davon zu gewinnen. Inhaltlich interessanter sind Kennzahlen für ein bestehendes System über einen längeren Zeitraum. Mit Hilfe der Versionsverwaltung lassen sich solche Werte auch im Nachhinein erheben. Sie können sich zum Beispiel auf die Suche nach Klassen machen, die extrem häufig geändert wurden.

Die für die Rekonstruktion relevantesten automatisch ermittelbaren Analyseergebnisse basieren auf Abhängigkeiten.[7] Nicht umsonst sieht Robert C. Martin Abhängigkeiten als Wurzel vieler pathologischer Phänomene im Softwareentwurf an [Martin2000]. In diesem Zusammenhang definiert er für objektorientierte Systeme Designmetriken wie Instabilität und normierte Distanz. Für die Rekonstruktion sind die Zahlen wenig von Interesse, aber Werkzeuge, die diese berechnen können, verstehen sich darauf, Abhängigkeiten im Quelltext zu analysieren (statische Codeanalyse) und diese (Zwischen-)Ergebnisse darzustellen. In objektorientierten Systemen sind Programmteile, von denen besonders viele andere Teile abhängen, gute Einstiegspunkte für Ihre Detektivarbeit. Es sind oftmals wichtige Basispakete oder Kernabstraktionen.

Metric	Total	Mean	Std. Dev.	Maximum	Resource causing Maximum	Method
Number of Overridden Methods (avg/max per type)	59	0,728	1,499	8	/SoftSquezze/src/org/titmuss/softsqueeze/audio/Au...	
Number of Attributes (avg/max per type)	472	5,827	9,374	66	/SoftSquezze/src/org/titmuss/softsqueeze/config/Co...	
Number of Children (avg/max per type)	20	0,247	0,882	5	/SoftSquezze/src/org/titmuss/softsqueeze/skin/Actio...	
Number of Classes (avg/max per packageFragment)	81	6,75	5,861	23	/SoftSquezze/src/org/titmuss/softsqueeze/skin	
Method Lines of Code (avg/max per method)	6974	10,409	17,757	136	/SoftSquezze/src/jnt/FFT/ComplexFloatFFT_Mixed.java	pass_7
Number of Methods (avg/max per type)	603	7,444	7,896	48	/SoftSquezze/src/org/titmuss/softsqueeze/music/So...	
Nested Block Depth (avg/max per method)		1,615	1,058	8	/SoftSquezze/src/org/titmuss/softsqueeze/audio/Au...	run
Depth of Inheritance Tree (avg/max per type)		1,815	1,101	6	/SoftSquezze/src/org/titmuss/softsqueeze/Applet.java	
Number of Packages	12					
Afferent Coupling (avg/max per packageFragment)		5,583	4,01	12	/SoftSquezze/src/org/titmuss/softsqueeze/config	
Number of Interfaces (avg/max per packageFragment)	6	0,5	0,764	2	/SoftSquezze/src/org/titmuss/softsqueeze/display	
McCabe Cyclomatic Complexity (avg/max per method)		3,087	4,131	35	/SoftSquezze/src/org/titmuss/softsqueeze/music/So...	parseSongList
Total Lines of Code	9845					
Instability (avg/max per packageFragment)		0,375	0,299	1	/SoftSquezze/src/org/titmuss/softsqueeze/debug	
Number of Parameters (avg/max per method)		1,14	1,454	12	/SoftSquezze/src/org/titmuss/softsqueeze/net/Proto...	sendStat
Lack of Cohesion of Methods (avg/max per type)		0,384	0,365	0,975	/SoftSquezze/src/org/titmuss/softsqueeze/music/So...	
Efferent Coupling (avg/max per packageFragment)		3,25	3,854	15	/SoftSquezze/src/org/titmuss/softsqueeze/skin	
Number of Static Methods (avg/max per type)	67	0,827	2,976	24	/SoftSquezze/src/org/titmuss/softsqueeze/config/Co...	
Normalized Distance (avg/max per packageFragment)		0,513	0,31	0,917	/SoftSquezze/src/org/titmuss/softsqueeze/platform	

BILD 8.8 Metriken ermitteln mit dem Eclipse Metrics Plugin

---

[7] [Guo+99] stellen ein Verfahren zur Rekonstruktion einer Softwarearchitektur vor.

TABELLE 8.7 Werkzeuge zur statischen Codeanalyse/Abhängigkeiten (Auswahl)

Name, URL	Programmiersprachen	frei/kommerziell
JDepend, http://clarkware.com/software/JDepend.html	Java	frei (BSD-Lizenz)
NDepend, http://www.ndepend.com/	.NET-Sprachen (C#, VB.NET...)	kommerziell
Sonar, http://www.sonarsource.org	Java, weitere über Plugins	frei (LGPL-Lizenz)
Sotoarc, http://www.hello2morrow.com	ABAP/ABAPObjects, C/C++, C#, Java	kommerziell
Structure101 http://www.headwaysoftware.com	Java und .Net, weitere über Plugins	kommerziell

Welche Bausteine es gibt und wie sie voneinander abhängen, ist generell (OO oder nicht) eine der dringendsten Fragestellungen. Sie benötigen die Antworten vor allem für die Bausteinsicht. Auch die Abhängigkeiten zu Fremdbibliotheken sind von fundamentalem Interesse. Einige Werkzeuge sind in der Lage, gefundene Abhängigkeiten in Form von Graphen oder Kreuztabellen zu visualisieren (siehe Bild 8.9). Hierzu zählen UML-Werkzeuge (Reverse-Engineering, siehe Bild 8.6) und auch speziell für diese Aufgabe zugeschnittene Werkzeuge, die teilweise auch das Thema Architekturüberwachung adressieren. Tabelle 8.7 listet einige davon auf. Abhängigkeiten für größere Gebilde (Module) können Sie ggf. auch aus dem Buildprozess ableiten.

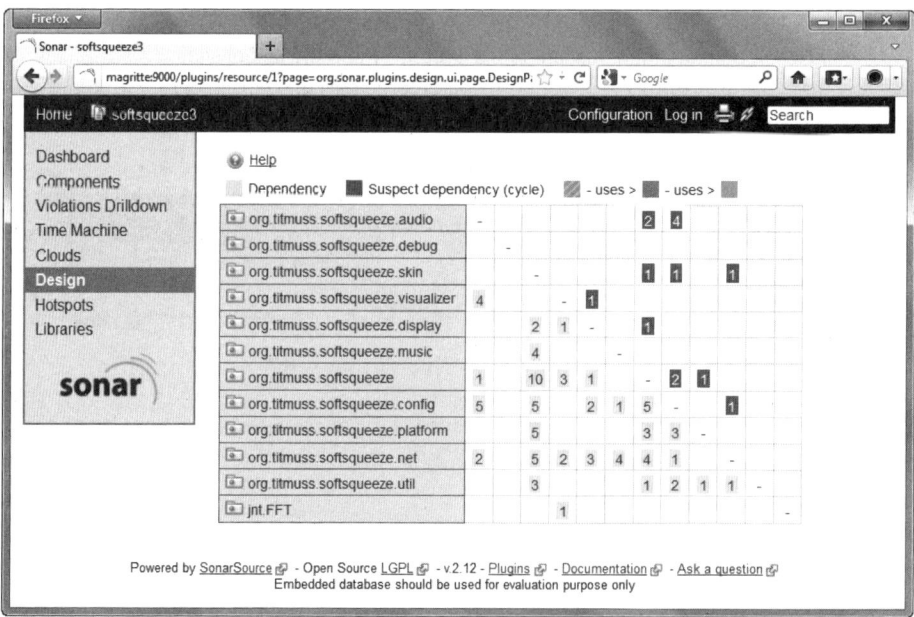

BILD 8.9 Visualisierung von Paketabhängigkeiten in einer Kreuztabelle (Sonar)

Dynamische Codeanalyse

Im Unterschied zur statischen Codeanalyse leitet die dynamische Codeanalyse ihre Erkenntnisse aus der laufenden Software ab. Das setzt zum einen voraus, dass Sie die Software laufen lassen, zum anderen, dass Sie Ergebnisse abgreifen können.

Eine technische Möglichkeit, diese Einsicht zu erreichen, besteht in der Instrumentierung des Codes, die spezielle Anweisungen oder Marken quasi als Messpunkte einfügt. Von dieser Technik machen zum Beispiel Profiler-Werkzeuge Gebrauch. Sie können damit im Rahmen einer Restrukturierung Hot-Spots des Programms (besonders häufig durchlaufene Teile) und vermeintlich toten Code aufdecken. Werkzeuge zur Ermittlung der Code-Überdeckung bei Tests nutzen ebenfalls Instrumentierung. Sie können diese Metrik verwenden, um schnell herauszufinden, ob für den Quelltextbereich, den Sie gerade untersuchen, automatische Tests existieren. Umgekehrt können Sie einzelne interessante Tests laufen lassen und prüfen, welche Bausteine „besucht" werden. Daraus lassen sich Informationen für die Bausteinsicht ableiten, beispielsweise exemplarische Abläufe in Form von Sequenzdiagrammen.

Einige Werkzeuge der aspektorientierten Programmierung (AOP) setzen ebenfalls Instrumentierung ein. Sie können mit AOP gezielt Log-Meldungen in den Code einweben. Die Erkenntnisse lassen Sie anschließend ebenfalls in Baustein- und Laufzeitsichten einfließen. Mitunter reichen die Informationen aus „normalen" Log-Files, wenn Sie den Detaillierungsgrad fein einstellen, für Hinweise dieser Art bereits aus.

 Übungsaufgabe 7: Architekturdokumentation aus Quelltext ableiten

Mit der Architektur des Squeezebox Servers haben Sie sich nun ausreichend befasst. Rekonstruieren Sie nun mit den skizzierten Methoden und Werkzeugen die Architektur von Softsqueeze, einem in Java entwickelten Client. Vielleicht haben Sie ihn im Zusammenhang mit dem Server bereits installiert. Als Informationsquellen stehen Ihnen das lauffähige System (wenn Sie es bei sich installieren), der Quelltext (http://softsqueeze.sourceforge.net) und einschlägige Foren zur Verfügung.

BILD 8.10 Oberfläche von Softsqueeze mit „Skin" eines Geräts

Als Ergebnisse erstellen Sie mindestens die folgenden Dokumentationsmittel:

- Produktkarton
- Systemkontext
- Bausteinsicht (Ebene 1)

Insgesamt sollte Ihre Lösung 4 DIN-A4-Seiten nicht übersteigen.

■ 8.3 Variationen von „Ein System"

Die bisherige Darstellung hat auf die Dokumentation eines einzelnen Softwaresystems fokussiert. Dabei konnte es sich um ein in der Entwicklung befindliches oder auch um ein bereits bestehendes System handeln. Zentrale Eigenschaften von einem Softwaresystem sind, dass es aus Elementen besteht, die interagieren, und dass es sich klar von seiner Umgebung abgrenzen lässt.[8] Dokumentationsmittel wie Systemkontext und Bausteinsicht betonen genau diesen Charakter.

Das restliche Kapitel gibt einen Ausblick auf zwei andere Konstellationen: Systemlandschaften und Frameworks. Es arbeitet heraus, wie sich das gezeigte Vorgehen und die vorgeschlagenen Zutaten zur Dokumentation dort anwenden lassen, und schlägt Anpassungen und Ergänzungen vor.

8.3.1 Dokumentation von Systemlandschaften

Mit Systemlandschaft ist hier eine Menge von Softwaresystemen gemeint, die miteinander und mit Außenstehenden interagieren. Der in der Praxis häufigste Fall, wo Dokumentation gefordert ist, ist die Systemlandschaft eines Unternehmens. Diese ist oft historisch gewachsen (manchmal über Jahrzehnte) und aus technischer Sicht heterogen. Sie ist Bestandteil der Unternehmensarchitektur (engl. Enterprise Architecture). Diese umfasst auch die organisatorische Strukturierung und versucht, zwischen der fachlichen und der technischen Welt Verknüpfungen herzustellen (vgl. [Hanschke2010]).

Die Beschreibung einer Systemlandschaft angehen

Auch wenn Sie oder Ihr Unternehmen mittel- oder langfristig Veränderungen oder Ergänzungen in der Systemlandschaft angehen wollen, ist der erste Schritt bei der Architekturdokumentation oft eine Bestandsaufnahme. Beim Vorgehen orientieren Sie sich daher am Lightfaden für bestehende Systeme.

▪ Ziel der Dokumentation festlegen (Auslöser?)

▪ Zielgruppen der Dokumentation identifizieren und deren Intention beschreiben

▪ Entscheidung für Dokumentationsmittel anhand der Zielgruppen

▪ Informationsquellen identifizieren, Zutaten erstellen

▪ Kommunikation, Ableiten von Dokumenten

Der erste Punkt ist dabei besonders wichtig. Warum wollen oder sollen Sie überhaupt die Systemlandschaft dokumentieren? Ähnlich wie bei einem einzelnen System gibt es typische Auslöser oder Intentionen. Beispiele:

▪ Einen Überblick für strategische Planungen oder den Betrieb erhalten

▪ Teile der Systemlandschaft harmonisieren

---

[8] Manche allgemeinen Systemdefinitionen fordern genau das.

- Neuen Mitarbeitern den Einstieg erleichtern
- Randbedingungen für laufende oder zukünftige Projekte festlegen
- Wiederverwendung von Lösungen innerhalb des Unternehmens fördern

In Abhängigkeit von Ihren Auslösern und Intentionen (oder denen Ihres Auftraggebers) identifizieren Sie die Zielgruppen und deren Informationsbedarf.

Wichtige Dokumentationsmittel, die sich übertragen lassen

Die im Buch gezeigten Dokumentationsmittel lassen sich übertragen, indem Sie die Systemgrenze weiter fassen. Die Systemlandschaft übernimmt die Rolle des Systems, einzelne Systeme werden zu Subsystemen der Systemlandschaft. Die folgenden Dokumentationsmittel sind interessante Kandidaten für die Beschreibung einer Systemlandschaft.

- Systemkontext (Benutzer und Systeme außerhalb des Unternehmens sind die Akteure).
- Bausteinsicht, Ebene 1 (fachliche Zerlegung der Systemlandschaft in Systeme, nennt die einzelnen Systeme und skizziert kurz ihre jeweilige Verantwortlichkeit, visualisiert Abhängigkeiten zwischen Systemen und zu Akteuren außerhalb des Unternehmens).
- Verteilungssicht (stellt dar, wie die Systeme auf der IT-Infrastruktur des Unternehmens betrieben werden). Als Darstellungsform bieten sich hier Bebauungsplangrafiken (auch Cluster-Grafiken genannt) an.
- Architekturentscheidungen (wichtige Entscheidungen auf Unternehmensebene, Randbedingungen für zukünftige Systeme innerhalb des Unternehmens).
- Glossar (systemübergreifende fachliche Begriffe wie zum Beispiel „Kunde", technische Begriffe wie zum Beispiel „System").

Auch bei den Inhalten können Sie sich am in diesem Buch Gezeigten orientieren. Eine Entscheidung beispielsweise für eine Programmiersprache oder einen Applikationsserver, die in Zukunft unternehmensweit gelten soll, lässt sich gut mit der in Kapitel 3 gezeigten Struktur bearbeiten, nachvollziehbar festhalten und kommunizieren.

Inspiration aus anderen Disziplinen

Neben den gezeigten Ideen gibt es natürlich weitere Inspirationsquellen für Dokumentationszutaten und Notationen, insbesondere in Disziplinen, die von Haus aus auf Unternehmensebene operieren. Die Geschäftsprozessmodellierung beschreibt Verantwortlichkeiten und fachliche Abläufe innerhalb eines Unternehmens. Einzelne Schritte der Prozesse werden durch Softwaresysteme abgedeckt, wodurch eine Verbindung zur Beschreibung von Systemlandschaften entsteht.

Architekturframeworks wie TOGAF [TOG2011] widmen sich genau dem Thema Unternehmensarchitekturen, und es gibt auch einiges an Literatur zu IT-Landschaften und deren strategischer Planung, welche die Dokumentation (z. B. Ist vs. Soll) behandeln. Als Beispiel für eine konkrete Darstellung zeigt Bild 8.11 eine Bebauungsplangrafik. Fachliche Funktionen, Systeme oder auch Technologien werden wie in einer Kreuztabelle platziert, um eine Zuordnung z. B. zu Geschäftsprozessen, Kundengruppen oder Organisationseinheiten zu visualisieren. Die Darstellungsform kann zum Beispiel sehr effizient die Frage beantworten, wer mit einem bestimmten System arbeitet oder welche Plattform für welche Aufgaben genutzt wird. Wenn Spalten- und Zeilenüberschriften gut gewählt und angeordnet sind, ist

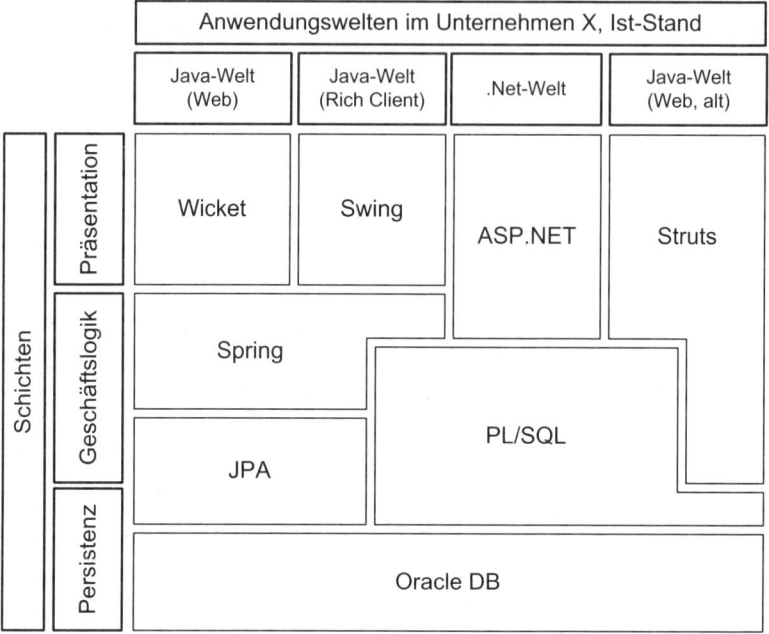

BILD 8.11 Beispiel für eine technische Bebauungsplangrafik

eine solche Grafik deutlich ausdrucksstärker als eine Tabelle. [Hanschke2010] diskutiert unterschiedliche Bebauungsplangrafikarten und zeigt viele Beispiele dazu. In Bild 8.11 werden Technologien gegen Schichten und unterschiedliche „Anwendungswelten" eines Unternehmens mit heterogener Systemlandschaft gehalten. In weiteren Grafiken könnten konkrete Anwendungen als Zellen der Grafik („Füllelemente") Welten und Fachlichkeiten zugordnet werden, oder auch Kunden oder Nutzergruppen.

8.3.2 Dokumentation von Frameworks und Blue Prints

Wenn Sie ein Applikationsframework entwickeln und dessen Architektur dokumentieren, können Sie grundsätzlich wie bei anderen Systemen vorgehen. Die gezeigten Dokumentationsmittel und auch die vorgeschlagenen Gliederungen müssen Sie teilweise anpassen und einige besondere Punkte beachten. Sonst stolpern Sie beim Anfertigen der Dokumentation immer wieder über die gleichen Fragen, und Ihre Ergebnisse bleiben für wichtige Zielgruppen wirkungslos.

Herausforderung bei der Dokumentation eines Frameworks

Die Benutzer des Frameworks, also in der Regel andere Vorhaben, die auf Basis Ihrer Lösung eigene Systeme bauen wollen, sind als Zielgruppe besonders relevant und sollten entsprechend in der Liste nicht fehlen (Schritt „Zielgruppen der Dokumentation identifizieren und deren Intention beschreiben").

Bei bestimmten Dokumentationsmitteln müssen Sie sehr genau herausarbeiten, was Sie festhalten, und für wen. Einzelne Dokumentationsmittel sind ggf. sogar mehrfach zu erstellen, falls Ihr Framework sehr unterschiedliche Anwendungsszenarien zulässt und/oder Sie separate Zutaten für die Entwicklung des Frameworks selbst anfertigen wollen.

- *Produktkarton:* Machen Sie sich klar, für wen Sie den Karton erstellen. Ist die Zielgruppe das Team, das das Framework entwickelt, oder sind es potenzielle Verwender des Frameworks?

- *Systemkontext:* Zeigt in der Regel eine oder mehrere typische Verwendungen des Frameworks, also fiktive und verallgemeinerte Systeme, die auf Basis des Frameworks gebaut wurden. Akteure tragen beispielhafte oder abstrakte Namen, die an dieser Stelle für den Rest der Dokumentation definiert werden.

- *Qualitätsziele:* Arbeiten Sie Qualitätsziele insbesondere im Hinblick auf potenzielle Verwender des Frameworks heraus. Erweiterbarkeit sollte auf jeden Fall auftauchen, Qualitätsszenarien sollten dieses Merkmal adressieren.

- *Glossar:* Etablieren Sie wichtige Frameworkbegriffe. Kernabstraktionen, für die Verwender des Frameworks eigene Ausprägungen bauen, sollten auf jeden Fall auftauchen, ihre Namen konsistent verwendet werden.

- *Bausteinsicht:* Zeigt die Elemente des Frameworks, ergänzt um generische Elemente, die Beiträge des verwendenden Systems repräsentieren (Anwendungselemente). Dies ist wichtig, um die von Ihnen geplanten Erweiterungspunkte herauszuarbeiten.

- *Laufzeitsicht:* Zeigt ebenfalls Frameworkelemente und Anwendungselemente gemischt, um das dynamische Zusammenspiel von Framework und Beiträgen des verwendenden Systems zu erklären.

- *Verteilungssicht:* Ähnlich wie beim Systemkontext zeigen Sie hier mögliche Verteilungsszenarien statt einer konkreten Installation. Arbeiten Sie heraus, welche Möglichkeiten des Deployments Sie vorsehen.

- *Randbedingungen:* Trennen Sie die Randbedingungen, die für die Entwicklung des Frameworks gelten, von denen, an die sich Projekte halten müssen, die auf Basis des Frameworks entwickelt werden. Das Gleiche gilt für Architekturentscheidungen.

- *Technische und/oder übergreifende Konzepte:* Prüfen Sie, welche der Konzepte auch für die Zielgruppe der Frameworkbenutzer relevant sind.

Bei Blue Prints, Architekturvorlagen und Referenzarchitekturen gehen Sie analog vor. Wenn Sie eine Komponente oder eine Bibliothek entwickeln, die in andere Lösungen integriert werden soll, haben Sie es ebenfalls mit Verwendern als Zielgruppe zu tun, die sich für die Architektur interessieren. Sie stellen daher ähnliche Überlegungen an.

 Kernaussage dieses Kapitels

Das Erfolgsrezept für wirkungsvolle und zugleich effiziente Architekturdokumentation basiert nicht auf dem Weglassen von Unnötigem, sondern auf dem bewussten Entscheiden für Zutaten, die Ihren Zielen und Adressaten dienen. Wählen Sie pragmatisch aus, aber auf keinen Fall zufällig. Das gilt insbesondere, wenn Sie im Nachhinein dokumentieren (müssen). Die Architektur von etwas Bestehendem zu beschreiben, muss gut motiviert sein. Ohne klare Aufgabenstellung und definierte Zielgruppen verzetteln Sie und Ihr Team sich.

9 Architekturüberblick DokChess

Dieses Kapitel beschreibt als geschlossenes Fallbeispiel die Architektur des Schach-Programmes DokChess. Ich habe es in den Jahren 2010 und 2011 als Anschauungsmaterial für Vorträge und Seminare rund um Softwarearchitektur und -entwurf konzipiert und implementiert. Die Java-Quelltexte liegen bei Sourceforge, weitere Informationen zur Implementierung finden Sie auf http://www.dokchess.de.

Dieser Architekturüberblick lässt Sie die maßgeblichen Entwurfsentscheidungen nachvollziehen. Er zeigt die Struktur der Lösung und das Zusammenspiel zentraler Elemente. Die Gliederung der Inhalte erfolgt nach der arc42-Vorlage (siehe Kapitel 4).

Zielgruppe dieses Überblicks sind in erster Linie Softwarearchitekten, die Anregungen und Beispiele suchen, wie man Architekturentwürfe angemessen dokumentieren kann. Entwickler, die selbst ein Schachprogramm schreiben wollen, erhalten wertvolle Tipps und lernen en passant einiges über methodische Softwarearchitektur.

■ 9.1 Einführung und Ziele

Dieser Abschnitt führt in die Aufgabenstellung ein und skizziert die Ziele, die DokChess verfolgt.

9.1.1 Aufgabenstellung

Was ist DokChess?

- DokChess ist eine voll funktionsfähige Schach-Engine.
- Sie dient als einfach zugängliches und zugleich attraktives Fallbeispiel für Architekturentwurf, -bewertung und -dokumentation.
- Der verständliche Aufbau lädt zum Experimentieren und zum Erweitern der Engine ein.
- Ziel ist nicht die höchstmögliche Spielstärke – dennoch gelingen Partien, die Gelegenheitsspielern Freude bereiten.

Wesentliche Features:

- Vollständige Implementierung der FIDE-Schachregeln
- Unterstützt das Spiel gegen menschliche Gegner und andere Schach-Engines
- Beherrscht zentrale taktische Ideen, beispielsweise Gabel und Spieß
- Integration mit modernen grafischen Schach-Frontends

9.1.2 Qualitätsziele

Tabelle 9.1 beschreibt die zentralen Qualitätsziele von DokChess, wobei die Reihenfolge eine grobe Orientierung bezüglich der Wichtigkeit vorgibt.

TABELLE 9.1 Qualitätsziele für DokChess

Qualitätsmerkmal	Ziel
Analysierbarkeit	Da DokChess in erster Linie als Anschauungsmaterial für Architekten und Entwickler dient, erschließen sich Entwurf und Implementierung schnell.
Änderbarkeit	Alternative Algorithmen und Strategien, etwa zur Bewertung einer Schachstellung, können leicht implementiert und in die Lösung integriert werden.
Interoperabilität	Die Engine kann mit angemessenem Aufwand in bestehende grafische Schach-Frontends eingebunden werden.
Attraktivität	Die Engine spielt stark genug, um schwache Gegner sicher zu schlagen und Gelegenheitsspieler zumindest zu fordern.
Effizienz	Da die Engine in Seminaren und Vorträgen live demonstriert wird, erfolgt die Berechnung der Spielzüge rasch.

Um das Erreichen der Ziele durch die Lösung bewerten zu können, dienen die Qualitätsszenarien in Abschnitt 9.10.

9.1.3 Stakeholder

Überblick

Tabelle 9.2 stellt die Stakeholder von DokChess und ihre jeweilige Intention dar.

TABELLE 9.2 Stakeholder von DokChess

Wer?	Interesse und Bezug
Software-architekten	▪ wollen ein Gefühl dafür bekommen, wie Architekturdokumentation für ein konkretes System aussehen kann
	▪ wollen sich Dinge (z. B. Notation) für Ihre tägliche Arbeit abgucken
	▪ wollen Sicherheit für Ihre eigenen Dokumentationsvorhaben gewinnen
	▪ haben in der Regel keine tiefen Schachkenntnisse
Entwickler	▪ sind oft in Personalunion Architekt
	▪ bekommen beim Studium von DokChess Lust, selbst eine Schach-Engine zu implementieren
	▪ sind neugierig auf konkrete Anregungen, wie man das macht
Stefan Zörner	▪ benötigt attraktive Beispiele für sein Buch
	▪ will DokChess in Vorträgen und in oose-Seminaren zu Softwareentwurf und -architektur als Anschauungsmaterial verwenden
oose Innovative Informatik GmbH	▪ Arbeitgeber von Stefan Zörner
	▪ bietet Seminare, Workshops und Coaching zu Themen rund um Softwareentwicklung an

Persona

Das Bild der maßgeblichen Stakeholder (Architekt und Entwickler) wird durch die folgenden (fiktiven) Personas geschärft.

Peter, 33 Jahre, IT-Architekt

Peter hat Informatik studiert und im Rahmen dieser Ausbildung zahlreiche Lehrveranstaltungen (unter anderem Softwaretechnik) besucht und ein Softwarepraktikum absolviert. Nach Abschluss des Studiums arbeitet Peter nun schon 5 Jahre für ein IT-Beratungshaus, das Kunden in allen Phasen und Disziplinen der Softwareentwicklung unterstützt. Peter ist zumeist über einen Zeitraum von mehreren Monaten vor Ort beim Kunden in Projekte eingebunden. Er übernimmt dabei verschiedenste Rollen zwischen Anforderungserhebung und Umsetzung, in letzter Zeit auch technische Projektleitung.

Peter bildet sich vorrangig durch die Lektüre von Blogs, Fachzeitschriften und Bücher fort. Er organisiert den fachlichen Austausch innerhalb seines Unternehmens durch Themenabende, und besucht regelmäßig die Veranstaltungen von lokalen User Groups. Auf einer solchen hat ein Bekannter arc42 erwähnt.

Peter will ein Gefühl dafür bekommen, wie eine kompakte Architekturdokumentation nach arc42 für eines seiner Systeme konkret aussehen kann. Dazu will er sich das Eine oder Andere (z. B. Notation in UML, Strukturierung) für seine Arbeit abgucken und Sicherheit gewinnen.

Karin, 37 Jahre, Programmiererin

Karin arbeitet in der Anwendungsentwicklung einer großen Versicherung. Sie hat als Auszu-bildende zur Mathematisch-technischen Assistentin in dem Unternehmen angefangen und im Anschluss zunächst COBOL-Programme entwickelt. Im Rahmen einer neuen Anwendungs-architektur, an deren Pilotprojekt Karin beteiligt war, setzt das Unternehmen seit den letzten 10 Jahren für den webbasierten Frontendbereich verstärkt auch auf Java.

Karin verfügt über keinerlei „Buchwissen" über Softwarearchitektur, aber einen großen Schatz an Erfahrungswissen. Sie füllt die Architektenrolle im Rahmen von Vorhaben ihres Arbeitgebers regelmäßig implizit in Personalunion mit der Projektleitung aus. Ab und an entwickelt Karin noch in COBOL und Java, etwa im Rahmen kleinerer Anpassungen an alten Programmen. In diesen findet sie sich einfach schneller zu Recht als ihre neuen Kollegen.

Im Rahmen ihres Jahresgesprächs hat Karin mit ihrem Personalvorgesetzen vereinbart, sich weiter in Richtung Softwarearchitektur zu entwickeln. Aus diesem Grund studiert sie die Architektur von DokChess. Karin ist begeisterte Brettspielerin (Favoriten: Agricola, 7 Wonders) und verfügt über Schachgrundkenntnisse. Sie hat Lust bekommen, selbst ein Schachprogramm zu schreiben. Karin verspricht sich konkrete Anregungen und möchte auf vergnügliche Weise dabei etwas über Architektur lernen.

■ 9.2 Randbedingungen

Beim Lösungsentwurf sind verschiedene Randbedingungen zu beachten. Dieser Abschnitt stellt sie dar und erklärt auch, wenn nötig, deren Motivation.

9.2.1 Technische Randbedingungen

TABELLE 9.3 Technische Randbedingungen für DokChess

Randbedingung	Erläuterung
Moderate Hard-wareausstattung	Die Lösung muss auf einem marktüblichen Standard-Notebook betrie-ben werden können, da sie im Rahmen von Vorträgen in Schulungen und Konferenzen auf einem solchen gezeigt wird. (oose-Standardaus-stattung für Berater)
Betrieb auf Windows-Desktop-Betriebssystemen	Die Standardausstattung von Notebooks bei oose und die große Verbreitung dieser Betriebssysteme bei potenziellen Interessierten (Zuhörer bei Vorträgen, Teilnehmer bei Seminaren) macht es erfor-derlich, dass die Lösung inkl. benötigter Fremdsoftware auf aktuellen Windows-Versionen (zumindest XP, Vista und 7) betrieben werden kann. Die Unterstützung anderer Betriebssysteme (allen voran Linux und Apple OS X) ist wünschenswert, aber nicht zwingend erforderlich (siehe Portabilität).

TABELLE 9.3 (Fortsetzung) Technische Randbedingungen für DokChess

Randbedingung	Erläuterung
Implementierung in Java	Die Implementierung der Engine soll in Java erfolgen. Hintergrund ist der Einsatz als Beispiel in Java-lastigen Trainings. Entwickelt wird unter Version Java SE 6, die Engine soll auch in neueren Java-Versionen, sobald verfügbar, laufen.
Fremdsoftware frei verfügbar	Falls zur Lösung Fremdsoftware hinzugezogen wird (z. B. grafisches Frontend), soll diese idealerweise frei verfügbar und kostenlos sein. Die Schwelle der Verwendung wird auf diese Weise niedrig gehalten.

9.2.2 Organisatorische Randbedingungen

TABELLE 9.4 Organisatorische Randbedingungen für DokChess

Randbedingung	Erläuterung
Team	Stefan Zörner, unterstützt durch oose-Kollegen und interessierte Teilnehmer
Zeitplan	Beginn der Entwicklung Dezember 2010, erster lauffähiger Prototyp März 2011 (Abendvortrag oose), vorzeigbare Version Mai 2011 (Vortrag JAX-Konferenz in Mainz), Fertigstellung Dezember 2011 (Abgabe Buchmanuskript)
Vorgehensmodell	Die Entwicklung erfolgt risikogetrieben, iterativ und inkrementell. Zur Dokumentation der Architektur kommt arc42 zum Einsatz. Eine Architekturdokumentation gegliedert nach dieser Vorlage ist zentrales Projektergebnis.
Entwicklungswerkzeuge	Der Entwurf erfolgt mit Stift und Papier, ergänzend Enterprise Architect. Arbeitsergebnisse zu arc42 werden im Confluence Wiki gesammelt. Die Java-Quelltexte werden in Eclipse erstellt, die Software muss aber auch ohne, allein mit Apache ant, baubar sein.
Konfigurations- und Versionsverwaltung	Subversion bei SourceForge (siehe unten)
Testwerkzeuge und -prozesse	JUnit 4 im Annotationsstil sowohl für inhaltliche Richtigkeit als auch für die Einhaltung von Effizienzvorgaben
Veröffentlichung als Open Source	Die Quelltexte der Lösung oder zumindest Teile davon werden als Open Source verfügbar gemacht. Als Lizenz wird die GNU General Public License version 3.0 (GPLv3) verwendet, gehostet wird das Projekt bei SourceForge: ▪ http://dokchess.sourceforge.net

9.2.3 Konventionen

TABELLE 9.5 Konventionen für DokChess

Konvention	Erläuterung
Architektur-dokumentation	Gliederung nach dem deutschen arc42-Template in der Version 6.0
Kodierrichtlinien für Java	Java Coding Conventions von Sun/Oracle, geprüft mit Hilfe von Check-Style
Sprache (Deutsch vs. Englisch)	Innerhalb dieser (deutschen) arc42-Architekturdokumentation werden Dinge (Komponenten, Schnittstellen) in Diagrammen und Texten deutsch benannt. Auch im Java-Quelltext werden deutsche Bezeichner für Klassen, Methoden etc. verwendet (es sei denn, die Java-Kodierrichtlinien stehen dem im Wege). Hintergrund: Die Zielgruppe sind keine Schach-Experten, es soll keine zusätzliche Barriere durch englische (Schach-)begriffe erzeugt werden.
Schach-spezifische Datenformate	Als Einsatz Schach-spezifischer Notationen und Austauschformate innerhalb der Lösung sind etablierte Standards zu verwenden und keinesfalls eigene Formate zu entwickeln. Themen: Züge, Stellungen, Partien, Eröffnungen, ... Offene Standards sind proprietären Formaten, wie sie ggf. kommerzielle Programme verwenden, vorzuziehen.

■ 9.3 Kontextabgrenzung

Dieser Abschnitt stellt das Umfeld von DokChess dar. Für welche Benutzer ist es da, und mit welchen Fremdsystemen interagiert es?

9.3.1 Fachlicher Kontext

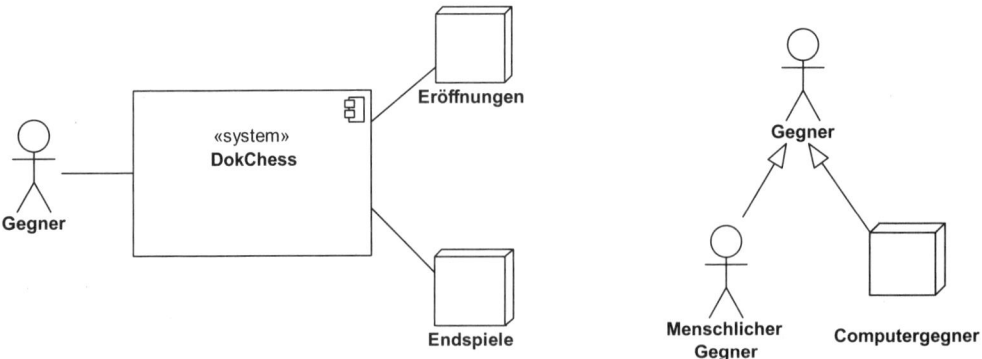

BILD 9.1 Fachlicher Kontext links, Spezialisierungen des Gegners rechts

Menschlicher Gegner (Benutzer)

Schach wird zwischen zwei Gegnern gespielt, die abwechselnd ihre Figuren ziehen. DokChess übernimmt die Rolle eines der Gegner und tritt gegen einen menschlichen Gegner an. Dazu müssen sich die beiden austauschen, beispielsweise über ihre Züge oder über Remis-Angebote.

Computergegner (Fremdsystem)

Alternativ zu einem menschlichen Gegner kann DokChess auch gegen eine andere Engine antreten. Die Anforderungen bezüglich des Informationsaustausches sind dieselben.

Eröffnungen (Fremdsystem)

Zur Eröffnung, d. h. zur frühen Phase des Spiels, existiert umfangreiches Wissen in der Schachliteratur. Dieses Wissen ist in Form von Bibliotheken und Datenbanken zum Teil frei, zum Teil kommerziell verfügbar.

Im Rahmen von DokChess wird keine solche Bibliothek erstellt, stattdessen wird (optional) eine angebunden, um in der Frühphase ein auf Wissen basiertes Spiel zu ermöglichen, wie es menschliche Spieler erwarten.

Endspiele (Fremdsystem)

Wenn nur noch sehr wenige Figuren auf dem Brett stehen (z. B. nur die beiden Könige und eine Dame), kann analog zu Eröffnungsbibliotheken auf Endspielbibliotheken zurückgegriffen werden. Diese beinhalten für jede mögliche Stellung mit dieser Figurenkonstellation die Aussage, ob das Spiel gewonnen, unentschieden oder verloren ist, sowie ggf. den nötigen nächsten Schritt zum Sieg.

Im Rahmen von DokChess wird keine solche Bibliothek erstellt. Stattdessen kann (optional) eine angebunden werden, um klar gewonnene Spiele auch sicher nach Hause zu bringen, oder das Wissen aus den Bibliotheken für Analysen und Stellungsbewertungen zu nutzen.

9.3.2 Technischer- oder Verteilungskontext

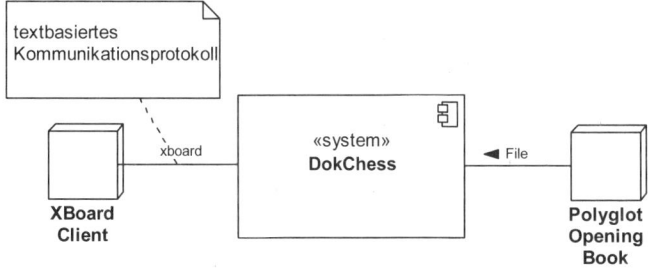

BILD 9.2 Technische Interaktion zwischen DokChess und den Beteiligten

XBoard Client (Fremdsystem)

Die „Anbindung" menschlicher Spieler erfolgt über ein grafisches Frontend, dessen Entwicklung nicht Teil von DokChess ist. Stattdessen kann jedes grafische Frontend verwendet werden, welches das sogenannte XBoard-Protokoll unterstützt. Hierzu zählen Xboard (bzw. Winboard unter Windows), Arena und Aquarium. Zur Auswahl des Protokolls und zu den Implikationen dieser Entscheidung siehe Abschnitt 9.9.1 „Wie kommuniziert die Engine mit der Außenwelt?".

Polyglot Opening Book (Fremdsystem)

Polyglot Opening Book ist ein binäres Dateiformat für Eröffnungsbibliotheken. DokChess erlaubt die optionale Anbindung solcher Bücher. Der Zugriff erfolgt ausschließlich lesend.

Zu Endspielen

Von der Implementierung einer Anbindung von Endspieldatenbanken (z. B. Nalimov Endgame Tablebases) wurde in der aktuellen Version aus Aufwandsgründen Abstand genommen, siehe Risiken in Abschnitt 9.11. Der Entwurf ist aber offen für entsprechende Erweiterungen.

■ 9.4 Lösungsstrategie

DokChess ist ein Java-Programm mit main-Routine, das grob in folgende Teile zerfällt:
- eine Implementierung der Schachregeln
- die eigentliche Engine, welche die Züge ermittelt
- die Anbindung an eine grafische Benutzeroberfläche über das XBoard-Protokoll
- einen Adapter für ein konkretes Eröffnungsbibliotheksformat (Polyglot Opening Book)

Diese Zerlegung ermöglicht es, zum einen Dinge wie Kommunikationsprotokoll oder Eröffnungsbibliotheksformat bei Bedarf auszutauschen und zum anderen auch die Engine leicht automatisiert zu testen (siehe Abschnitt 9.8.7 „Testbarkeit"). Für eine detaillierte Zerlegung inklusive Schnittstellen und Abhängigkeiten zwischen den Teilen siehe Bausteinsicht in Abschnitt 9.5.

9.4.1 Aufbau der Engine

DokChess beinhaltet verschiedene Algorithmen (Ermittlung der gültigen Züge zu einer Stellung, Bewertung einer Stellung, ...). Sie sind durch Schnittstellen beschrieben und werden per Dependency Injection in der Engine zusammengesteckt. Dies erlaubt das Austauschen der Implementierungen und auch das leichte Hinzufügen von Aspekten (siehe Abschnitt 9.8.1 „Abhängigkeiten zwischen Bausteinen").

Die Interaktion zwischen den Algorithmen-Teilen erfolgt über den Austausch fachlich motivierter Datenstrukturen, die als Klassen realisiert sind (Figur, Zug, ..., siehe Abschnitt 9.8.2 „Schach-Domänenmodell"). Hier wurde bewusst eine bessere Lesbarkeit des Quelltextes und der Schnittstellen auf Kosten der Effizienz angestrebt (siehe Abschnitt 9.1.2 „Qualitätsziele"). Dass trotzdem eine akzeptable Spielstärke erreicht werden kann, wird mit Hilfe der entsprechenden Szenarien belegt, siehe Abschnitt 9.10 „Qualitätsszenarien".

Zentral ist beim Entwurf der Datenstrukturen die Darstellung der Spielsituation, welche Figuren also gerade wo stehen, und was sonst noch zur Spielsituation gehört (z. B. wer dran ist, Rochade-Rechte ...). Auch hierzu existiert eine fachlich motivierte Klasse, und bei der Implementierung geht Lesbarkeit vor Effizienz. Ein wichtiger Aspekt: Wie alle anderen fachlichen Klassen ist auch sie unveränderlich. Zur Entscheidung hierzu siehe Abschnitt 9.9.2 „Sind Stellungsobjekte veränderlich oder nicht?".

9.4.2 Spielstrategie

Für die Spielstrategie wurde innerhalb der Engine der klassische Minimax-Algorithmus mit fester Suchtiefe im Spielbaum implementiert. Die Implementierung ist nicht nebenläufig, die Bewertung einer Stellung an einem Terminalknoten im Spielbaum basiert ausschließlich auf dem Material. Diese naiven Implementierungen erfüllen unter den gegebenen Randbedingungen bereits die Qualitätsszenarien.

Zur Erweiterbarkeit: Ein Austausch durch leistungsfähigere Algorithmen wurde exemplarisch durch das Alpha-Beta-Pruning belegt. Die Spielstärke verbessert sich durch die auf diese Weise erreichbare Suchtiefe im Baum deutlich. Die Datenstrukturen erlauben grundsätzlich auch das Implementieren nebenläufiger Algorithmen.

Für die Integration einer Eröffnungsbibliothek wurde exemplarisch das Dateiformat „Polyglot Opening Book" implementiert. Auf die Integration einer Endspielbibliothek wurde aus Zeitgründen verzichtet, der Entwurf sieht das aber grundsätzlich vor.

9.4.3 Die Anbindung

DokChess besitzt keine grafische Benutzeroberfläche; die Kommunikation erfolgt stattdessen über die Standardein- und -ausgabe (siehe Abschnitt 9.8.3 „Benutzungsoberfläche"). Als Kommunikationsprotokoll kommt das textbasierte XBoard-Protokoll zum Einsatz, zur Entscheidung für dieses Protokoll siehe Abschnitt 9.9.1 „Wie kommuniziert die Engine mit der Außenwelt?". DokChess lässt sich interaktiv per Kommandozeile bedienen, wenn man die XBoard-Kommandos für die Züge eingeben und verstehen kann.

Die Integration von DokChess in ein UI erfolgt unter Windows über eine Batch-Datei (*.bat), welche die virtuelle Maschine unter Angabe der Klasse mit `main`-Methode startet. Siehe hierzu Abschnitt 9.7 „Verteilungssicht".

■ 9.5 Bausteinsicht

Das DokChess-System besteht aus mehreren Modulen, die selbst wieder in kleinere Module untergliedert sind. Module auf der ersten Zerlegungsebene werden in diesem Überblick als Subsysteme bezeichnet. Sie werden in Ebene 1 inklusive ihrer Schnittstellen dargestellt, ihr Zusammenspiel zur Laufzeit ist exemplarisch in Abschnitt 9.6.1 „Zugermittlung Walk-through" erklärt.

9.5.1 Ebene 1

DokChess zerfällt wie in Bild 9.3 dargestellt in vier Subsysteme. Die gestrichelten Pfeile stellen fachliche Abhängigkeiten der Bausteine untereinander dar („x → y" für „x ist abhängig von y"). Die Kästchen auf der Membran des Systems sind Interaktionspunkte mit Außenstehenden (vgl. Kontextabgrenzung Abschnitt 9.3.1).

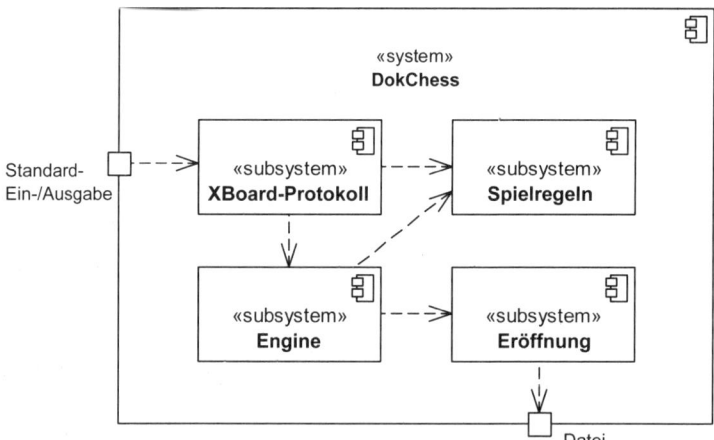

BILD 9.3 DokChess, Bausteinsicht, Ebene 1

TABELLE 9.6 Überblick über Subsysteme von DokChess

Subsystem	Kurzbeschreibung
XBoard-Protokoll	Realisiert die Kommunikation mit einem Client mit Hilfe des XBoard-Protokolls.
Spielregeln	Beinhaltet die Schachregeln und kann z. B. zu einer Stellung alle gültigen Züge ermitteln.
Engine	Beinhaltet die Ermittlung des nächsten Zuges ausgehend von einer Spielsituation.
Eröffnung	Stellt Züge aus der Eröffnungsliteratur zu einer Spielsituation bereit.

9.5.2 XBoard-Protokoll (Blackbox)

Zweck/Verantwortlichkeit

Dieses Subsystem realisiert die Kommunikation mit einem Client (z. B. einer grafischen Oberfläche) mit Hilfe des textbasierten XBoard-Protokolls (vgl. Architekturentscheidung in Abschnitt 9.9.1). Das Subsystem liest Befehle über die Standardeingabe ein und setzt diese für die Engine um. Antworten der Engine (insbesondere ihre Züge) werden vom Subsystem entgegengenommen, gemäß Protokoll formatiert und über die Standardausgabe zurückgesendet. Das Subsystem treibt somit das ganze Spielgeschehen und enthält auch eine `main`-Methode.

Schnittstellen

Das Subsystem stellt seine Funktionalität über die Java-Klassen `de.dokchess.xboard.XBoard` und `de.dokchess.xboard.Main` bereit:

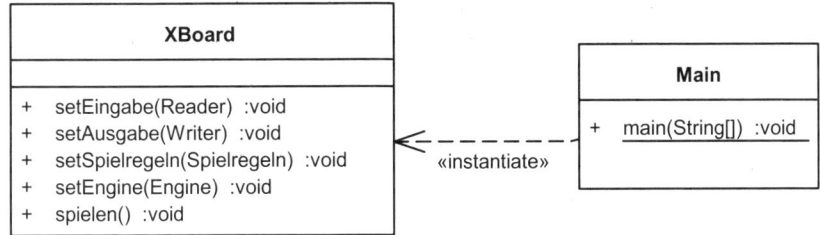

BILD 9.4 Klassen XBoard und Main

TABELLE 9.7 Methoden der Klasse XBoard

Methode	Kurzbeschreibung
setEingabe	Setzt die Protokoll-Eingabe per Dependency Injection (siehe Abschnitt 9.8.1). Typischerweise ist das die Standardeingabe (stdin); z. B. für automatische Tests kann eine andere Quelle verwendet werden.
setAusgabe	Setzt die Protokoll-Ausgabe. Typischerweise ist das die Standardausgabe (stdout), für automatische Tests kann eine andere Senke verwendet werden.
setSpielregeln	Setzt eine Implementierung der Spielregeln (siehe Abschnitt 9.5.3 „Spielregeln (Blackbox)").
setEngine	Setzt eine Implementierung der Engine (siehe Abschnitt 9.5.4 „Engine (Blackbox)").
spielen	Startet die eigentliche Kommunikation (Eingabe/Verarbeitung/Ausgabe) in einer Endlosschleife, bis zum Beenden-Kommando.

Ablageort/Datei

Die Implementierung liegt unterhalb der Pakete `de.dokchess.xboard...`

Offene Punkte

Die Implementierung des Protokolls ist unvollständig. Sie reicht aber für die an DokChess gestellten Anforderungen aus.

Insbesondere werden folgende Features nicht unterstützt:

- Zeitkontrolle
- Permanent Brain (denken, auch während der andere denkt)
- Remis-Angebote und Aufgabe des Gegners
- Schach-Varianten (alternative Regeln)

9.5.3 Spielregeln (Blackbox)

Zweck/Verantwortlichkeit

Dieses Subsystem beinhaltet die Spielregeln für Schach gemäß Internationalem Schachverband (FIDE). Konkret kann es zu einer Stellung alle gültigen Züge ermitteln und entscheiden, ob ein Schach, ein Matt oder ein Patt vorliegt.

Schnittstelle

Das Subsystem stellt seine Funktionalität über das Java-Interface `de.dokchess.regeln.Spielregeln` bereit. Default-Implementierung der Schnittstelle ist die Klasse `de.dokchess.regeln.SpielregelnImpl`.

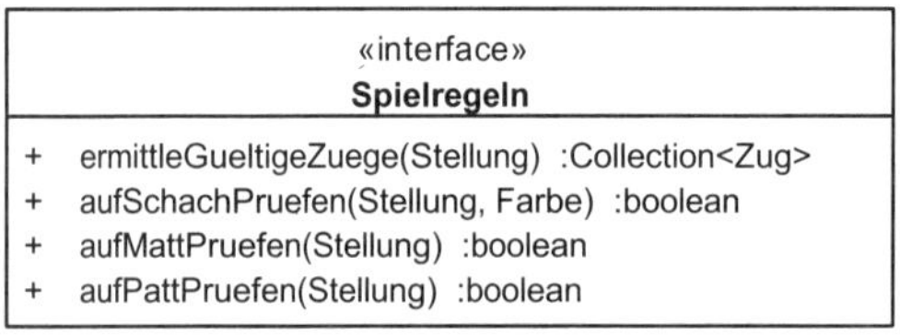

«interface»
Spielregeln
+ ermittleGueltigeZuege(Stellung) :Collection<Zug>
+ aufSchachPruefen(Stellung, Farbe) :boolean
+ aufMattPruefen(Stellung) :boolean
+ aufPattPruefen(Stellung) :boolean

BILD 9.5 Schnittstelle „Spielregeln"

TABELLE 9.8 Methoden der Schnittstelle „Spielregeln"

Methode	Kurzbeschreibung
ermittleGueltigeZuege	Liefert die Menge aller gültigen Züge für den aktuellen Spieler. Der Spieler am Zug wird aus der Stellung ermittelt. Im Falle eines Matt oder Patt wird eine leere Collection zurückgeliefert, das Ergebnis ist also nie null.
aufSchachPruefen	Liefert zurück, ob der König der angegebenen Farbe angegriffen ist, also im Schach steht.
aufMattPruefen	Liefert zurück, ob die übergebene Stellung ein Matt ist, also der aktuelle Spieler im Schach steht und kein Zug ihn aus diesem Angriff führt. Eine solche Spielsituation ist für den Spieler am Zug verloren („Schach und matt").
aufPattPruefen	Liefert zurück, ob die übergebene Stellung ein Patt ist, also der aktuelle Spieler keinen gültigen Zug hat, aber nicht im Schach steht. Eine solche Spielsituation wird als Remis gewertet.

Die in der Schnittstelle verwendeten Aufruf- und Rückgabeparameter (Zug, Stellung, Farbe) sind in Abschnitt 9.8.2 beschrieben. Weitere Details sind der Quelltextdokumentation (Javadoc) zu entnehmen.

Ablageort/Datei

Die Implementierung liegt unterhalb der Pakete `de.dokchess.regeln...`

Offene Punkte

Abgesehen vom Patt kann das Subsystem kein Remis erkennen.

Insbesondere sind die folgenden Spielregeln bis jetzt nicht implementiert worden:

- 50-Züge-Regel
- Stellungswiederholung

Siehe dazu Risiken in Abschnitt 9.11.2 „Risiko: Aufwand der Implementierung".

9.5.4 Engine (Blackbox)

Zweck/Verantwortlichkeit

Dieses Subsystem beinhaltet die Ermittlung des nächsten Zuges, ausgehend von einer Spielsituation. Diese Situation kann von außen vorgegeben werden. Die Engine ist zustandsbehaftet und spielt stets eine Partie zur gleichen Zeit. Die Default-Implementierung benötigt zum Arbeiten eine Implementierung der Spielregeln, die Eröffnungsbibliothek ist optional.

Schnittstellen

Das Subsystem stellt seine Funktionalität über das Java-Interface `de.dokchess.engine.Engine` bereit. Default-Implementierung ist die Klasse `de.dokchess.engine.DefaultEngine`.

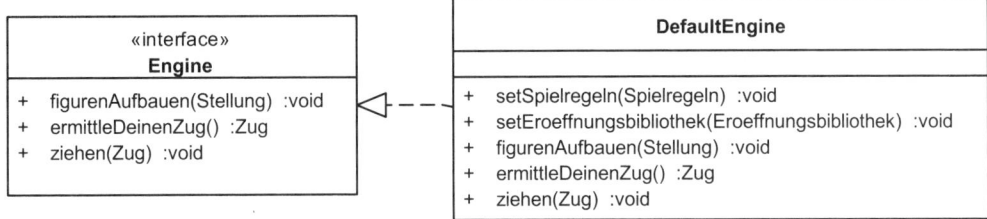

BILD 9.6 Schnittstelle Engine, Implementierung

Die in der Schnittstelle verwendeten Aufruf- und Rückgabeparameter (Zug, Stellung, Farbe) sind in Abschnitt 9.8.2 beschrieben. Details zu diesem Subsystem finden Sie in der Whiteboxsicht in Abschnitt 9.5.6.

TABELLE 9.9 Methoden der Schnittstelle Engine

Methode	Kurzbeschreibung
figurenAufbauen	Setzt den Zustand der Engine auf die angegebene Stellung.
ermittleDeinenZug	Liefert den aus Sicht der Engine optimalen Zug für den aktuellen Spieler, ohne ihn auszuführen.
ziehen	Führt den angegebenen Zug aus, d. h. ändert den Zustand der Engine.

TABELLE 9.10 Methoden der Klasse DefaultEngine (zusätzlich zu Engine)

Methode	Kurzbeschreibung
setEroeffnungsbibliothek	Setzt eine (optionale) Eröffnungsbibliothek, deren Züge gegenüber eigenen Überlegungen präferiert werden. Siehe Abschnitt 9.5.5 „Eröffnung (Blackbox)".
setSpielregeln	Setzt eine Implementierung der Spielregeln, siehe Abschnitt 9.5.3 „Spielregeln (Blackbox)".

Ablageort/Datei

Die Implementierung sowie Unit-Tests liegen unterhalb der Pakete de.dokchess.engine...

9.5.5 Eröffnung (Blackbox)

Zweck/Verantwortlichkeit

Dieses Subsystem stellt Eröffnungsbibliotheken im Polyglot Opening Book-Format bereit. Bei diesem Format handelt es sich gegenwärtig um das einzig geläufige, das nicht proprietär ist. Entsprechende Dateien sind im Internet frei verfügbar.

Schnittstellen

Das Subsystem stellt seine Funktionalität über das Java-Interface de.dokchess.eroeffnung. Eroeffnungsbibliothek bereit. Als Implementierung liegt die Klasse de.dokchess. eroeffnung.polyglot.PolyglotOpeningBook vor.

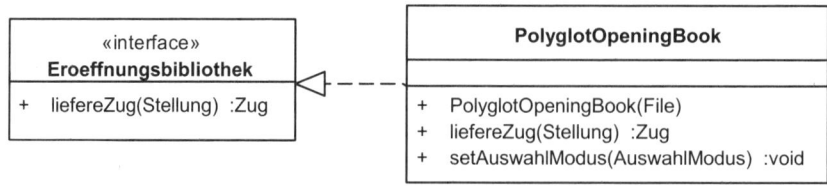

BILD 9.7 Schnittstelle „Eroeffnungsbibliothek", Implementierung PolyglotOpeningBook

TABELLE 9.11 Methoden der Schnittstelle „Eroeffnungsbibliothek"

Methode	Kurzbeschreibung
liefereZug	Liefert zur angegebenen Stellung einen aus der Bibliothek bekannten Zug oder null

PolyglotOpeningBook

Die Klasse `PolyglotOpeningBook` ist ein Adapter zum Polyglot Opening Book-Dateiformat. Einfache Implementierung der `Eroeffnungsbibliothek`, welche eine Binärdatei im entsprechenden Format einliest und einen Zug zur angegebenen Stellung zurückliefert, falls es einen gibt.

TABELLE 9.12 Methoden der Klasse PolyglotOpeningBook (zusätzlich zur Schnittstelle)

Methode	Kurzbeschreibung
PolyglotOpeningBook	Konstruktor, erwartet die einzulesende Datei.
setAuswahlModus	Setzt den Modus zur Auswahl eines Zuges, falls es in der Bibliothek für die Stellung mehr als einen Kandidaten gibt.

Die in der Schnittstelle verwendeten Aufruf- und Rückgabeparameter (Zug, Stellung) sind in Abschnitt 9.8.2 beschrieben.

Ablageort/Datei

Die Implementierung, Unit-Tests und Testdaten für das Polyglot Opening Book-Fomat liegen unterhalb der Pakete `de.dokchess.eroeffnung...`

Offene Punkte

- Die Möglichkeiten zur Auswahl eines Zuges aus der Eröffnungsbibliothek im Fall von mehreren Kandidaten sind beschränkt (der erste, der am häufigsten gespielte, per Zufall).
- Die Implementierung kann nicht mit mehreren Bibliotheksdateien zur gleichen Zeit umgehen, sie also nicht mischen, um das Wissen zu vereinen.

9.5.6 Ebene 2: Engine (Whitebox)

Die Engine zerfällt wie in der folgenden Abbildung dargestellt in Zugauswahl und Stellungsbewertung. Falls vorhanden, wird die Ermittlung des Zuges zunächst an die Eröffnungsbibliothek delegiert. Nur wenn diese keinen Rat weiß, kommt die Zugauswahl zum Einsatz.

TABELLE 9.13 Module des Subsystems „Engine"

Modul	Kurzbeschreibung
Zugauswahl	Ermittelt zu einer Stellung den unter bestimmten Bedingungen optimalen Zug.
Stellungsbewertung	Bewertet eine Stellung aus Sicht eines Spielers.

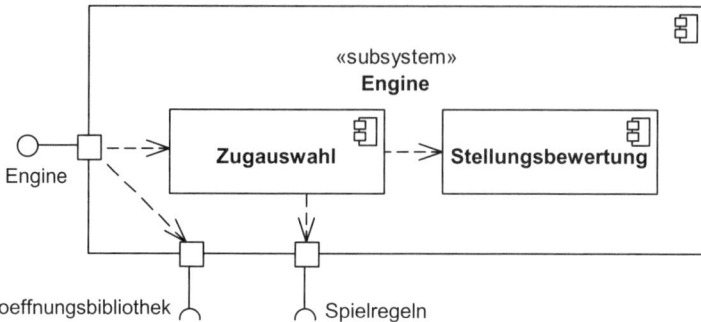

BILD 9.8 Subsystem „Engine", Bausteinsicht, Ebene 2

9.5.7 Zugauswahl (Blackbox)

Zweck/Verantwortlichkeit

Das Modul ermittelt zu einer Stellung den unter bestimmten Bedingungen optimalen Zug. Theoretisch gibt es den generell optimalen Zug im Schach. Die hohe Anzahl der möglichen Züge und die damit verbundene schier unglaubliche Anzahl zu bewertender Spielsituationen macht es in der Praxis aber unmöglich, ihn zu bestimmen. Gängige Algorithmen begnügen sich daher damit, den „Spielbaum" nur bis zu einer bestimmten Tiefe zu explorieren. Als konkrete Implementierung ist der klassische Minimax-Algorithmus als Default-Implementierung enthalten.

Schnittstellen

Das Modul stellt seine Funktionalität über die Schnittstelle de.dokchess.engine. zugauswahl.Zugauswahl zur Verfügung. Der Minimax-Algorithmus liegt in der Klasse de.dokchess.engine.zugauswahl.MinimaxAlgorithmus vor.

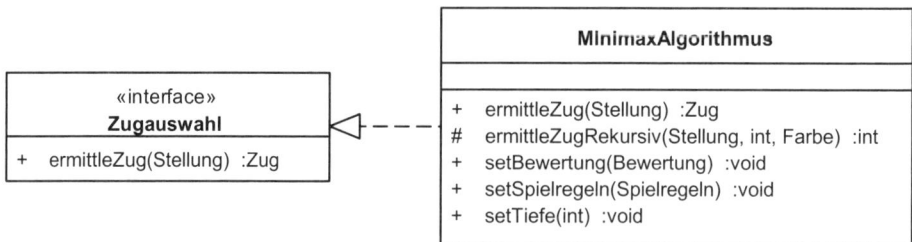

BILD 9.9 Schnittstelle „Zugauswahl", Klasse MinimaxAlgorithmus

TABELLE 9.14 Methoden der Schnittstelle „Zugauswahl"

Methode	Kurzbeschreibung
ermittleZug	Liefert den aus Sicht der Implementierung optimalen Zug zurück, oder null, falls es keinen gültigen Zug gibt.

TABELLE 9.15 Methoden der Klasse „MinimaxAlgorithmus" (zusätzlich zu „Zugauswahl")

Methode	Kurzbeschreibung
setSpielregeln	Setzt eine Implementierung der Spielregeln über Dependency Injection, siehe Abschnitt 9.5.3 „Spielregeln (Blackbox)".
setTiefe	Setzt die maximale Suchtiefe in Halbzügen, d. h. bei 4 zieht jeder Spieler zweimal.
setBewertung	Setzt die Bewertungsfunktion, anhand derer die Stellungen bei Erreichen der maximalen Suchtiefe bewertet werden (siehe Abschnitt 9.5.8 „Stellungs-bewertung (Blackbox)").

Ablageort/Datei

Die Implementierung liegt unterhalb der Pakete `de.dokchess.engine.zugauswahl...`

9.5.8 Stellungsbewertung (Blackbox)

Zweck/Verantwortlichkeit

Das Modul bewertet eine Stellung aus Sicht eines Spielers. Ergebnis ist eine Zahl, wobei 0 eine ausgeglichene Situation beschreibt, eine positive Zahl einen Vorteil für den Spieler, eine negative einen Nachteil. Je höher der Betrag, desto größer der Vor- bzw. Nachteil. Das Modul ermöglicht es so, Stellungen miteinander zu vergleichen.

Schnittstellen

Das Modul stellt seine Funktionalität über die Schnittstelle `de.dokchess.engine.bewertung.Bewertung` bereit, `de.dokchess.engine.bewertung.ReineMaterialBewertung` ist eine sehr einfache Implementierung.

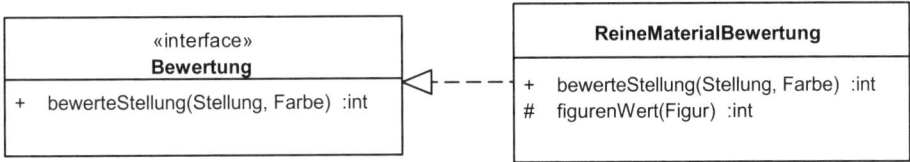

BILD 9.10 Schnittstelle Bewertung, Klasse ReineMaterialBewertung

TABELLE 9.16 Methoden der Schnittstelle Bewertung

Methode	Kurzbeschreibung
bewerteStellung	Liefert zur gegebenen Stellung eine Bewertung aus Sicht der angegebenen Spielerfarbe. Je höher, desto besser.

ReineMaterialBewertung

Die Klasse stellt eine einfache Implementierung dar, mit deren Hilfe DokChess allerdings bereits alle Anforderungen erfüllt. Sie basiert ausschließlich auf dem Figurenmaterial. Jede Figurenart enthält einen Wert (Bauer 1, Springer 3, ..., Dame 9), die Figuren auf dem Brett werden entsprechend aufsummiert. Eigene Figuren zählen positiv, gegnerische negativ. Entsprechend ist bei ausgeglichenem Material das Ergebnis 0, verliert man z. B. eine Dame, sinkt der Wert um 9.

Es spielt also keine Rolle, wo die Figur steht. Ein Bauer in Startposition ist genauso viel wert wie einer kurz vor der Umwandlung, und ein Springer am Rand entspricht einem Springer im Zentrum. Hier ist viel Spielraum für Verbesserungen, der bewusst nicht ausgeschöpft wurde, da DokChess ja zum Experimentieren einladen soll.

Ablageort/Datei

Die Implementierung liegt unterhalb der Pakete de.dokchess.engine.bewertung...

■ 9.6 Laufzeitsicht

Diese Sicht visualisiert im Gegensatz zur statischen Bausteinsicht dynamische Aspekte. Wie spielen die Teile zusammen?

9.6.1 Zugermittlung Walkthrough

Nach Aufbau des XBoard-Protokolls startet der Client (weiß) über die Angabe eines Zuges (hier Bauer e2-e4) eine Partie. Das Sequenzdiagramm in Bild 9.11 zeigt die Interaktion auf Subsystem-Ebene von der Eingabe „e2e4" bis zur Engine-Antwort, also der Ausgabe „move b8c6" (schwarzer Springer b8-c6).

Die Eingabe wird zunächst durch das XBoard-Protokoll-Subsystem unter Zuhilfenahme der Spielregeln validiert (siehe Abschnitt 9.8.4 „Plausibilisierung und Validierung"). Der Zug wird als zulässig erkannt und auf der (zustandsbehafteten) Engine ausgeführt (Nachricht „ziehen"). Anschließend wird die Engine aufgefordert, ihren Zug zu nennen.

Zunächst prüft diese, ob die Eröffnungsbibliothek etwas hergibt. Tun wir so, als wäre das nicht der Fall. Nun muss die Engine ihren Zug selbst berechnen. Sie greift dabei auf die Spielregeln zurück (je nach Suchtiefe des verwendeten Algorithmus unterschiedlich oft, tendenziell viele tausend Mal).

Nehmen wir an, die Engine kommt zum Schluss, dass Springer b8-c6 („Nimzowitsch-Verteidigung") ein guter Plan ist. Die Engine liefert dies als Rückgabewert (Objekt der Klasse Zug) zurück. Das XBoard-Protokoll-Subsystem führt den Zug auf der Engine aus und setzt ihn anschließend in eine Zeichenkette auf der Standardausgabe gemäß XBoard-Protokoll um: „move b8c6".

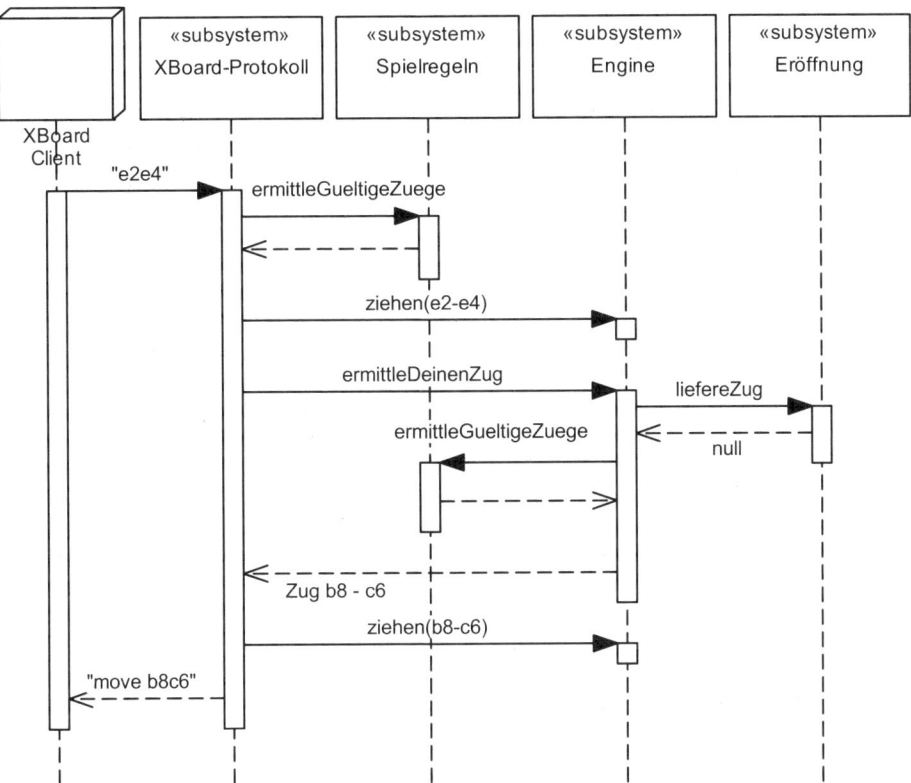

BILD 9.11 Beispielhaftes Zusammenspiel für eine Zugermittlung

■ 9.7 Verteilungssicht

Diese Sicht beschreibt, wie DokChess eingesetzt wird. Als Java-Programm ist es relativ anspruchslos, wenn man es nur über Kommandozeile bedienen will. Das ist allerdings frei von Komfort und erfordert ein physisches Schachbrett mit Koordinaten, falls der Anwender nicht blind spielen kann. Daher folgt eine Beschreibung, wie DokChess im Zusammenspiel mit Frontends konfiguriert wird.

9.7.1 Infrastruktur Windows

Das Verteilungsdiagramm in Bild 9.12 zeigt den Einsatz von DokChess unter Windows ohne Eröffnungsbibliothek. Als Frontend wird hier exemplarisch Arena verwendet (vgl. Abschnitt 9.9.1 „Wie kommuniziert die Engine mit der Außenwelt?").

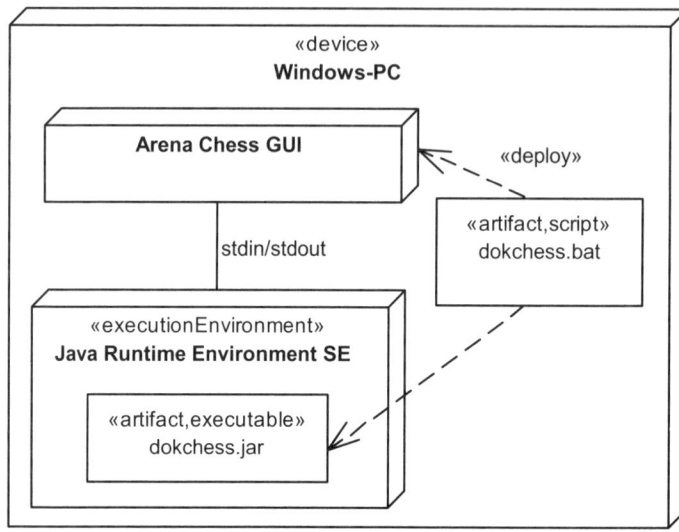

BILD 9.12
Deployment von
DokChess auf einem
Windows-PC

Software-Voraussetzungen auf dem PC:

- Java Runtime Environment SE 6 (oder höher)
- Die JVM (javaw.exe) muss im Pfad liegen, ansonsten ist `dokchess.bat` anzupassen.
- Arena (siehe http://www.playwitharena.com)

`dokchess.jar` enthält den kompilierten Java-Quelltext sämtlicher Bausteine. `dokchess.bat` ist eine Skript-Datei, die die Java Virtual Machine mit Dokchess startet. Beides muss irgendwo auf dem Rechner in einem gemeinsamen Verzeichnis abgelegt werden, da `dokchess.bat` die jar-Datei relativ anspricht.

Innerhalb von Arena muss die Skript-Datei bekannt gemacht werden. Das geht im (deutschen) Menü unter „Motoren | Neuen Motor installieren...". Es erscheint dann eine Dateiauswahl, bei der man den Dateityp auf *.bat-Dateien einschränken kann. Anschließend ist als Motoren-Typ „Winboard" auszuwählen. Bei anderen Schach-Frontends erfolgt das Bekanntmachen ähnlich, vgl. deren Dokumentation.

Offene Punkte

Einige Frontends unter Windows erlauben leider lediglich das Einbinden einer *.exe-Datei als Engine. In diesem Fall müsste DokChess geeignet gewrappt werden.

◾ 9.8 Konzepte

Dieser Abschnitt beschreibt allgemeine Strukturen und Aspekte, die systemweit gelten. Darüber hinaus stellt er verschiedene technische Lösungskonzepte vor.

9.8.1 Abhängigkeiten zwischen Bausteinen

DokChess soll zum Experimentieren und zum Erweitern der Engine einladen (vgl. Aufgabenstellung in Abschnitt 9.1). Alle Abhängigkeiten zwischen elementaren Bausteinen laufen daher über Schnittstellen.

Konkret sind Subsysteme und Module Implementierungen von Java Interfaces. Klassen, welche die Teile benötigen, signalisieren dies über entsprechende Methoden set<Baustein>(<Schnittstelle> ...)>. Sie kümmern sich nicht selbst um das Auflösen dieser Abhängigkeit, indem sie beispielsweise Exemplare mit new bauen oder eine Factory bemühen. Stattdessen löst der Verwender Abhängigkeiten auf, indem er die Bausteine erzeugt und über die Setter-Methoden zusammensteckt (Dependency Injection, kurz DI).

Dies ermöglicht die Verwendung alternativer Implementierungen innerhalb des Rahmens DokChess und das Hinzufügen von Funktionalität über das Decorator-Pattern [Gamma+94]. Auch Lösungsansätze aspektorientierter Programmierung (AOP), die auf Dynamic Proxies basieren, sind auf Java Interfaces leicht anwendbar. Nicht zuletzt wirkt sich dieser Umgang mit Abhängigkeiten positiv auf die Testbarkeit (Abschnitt 9.8.7) aus.

Auf die Verwendung eines speziellen DI Frameworks innerhalb von DokChess wurde verzichtet. Die Bauteile werden gegenwärtig im Quelltext von DokChess hart verdrahtet, allerdings nur in Unit-Tests und Glue-Code. Um experimentierfreudigen Anwendern bezüglich einer konkreten DI-Implementierung freie Wahl zu lassen, findet insbesondere keine annotationsgetriebene Konfiguration statt. Da die Java-Bausteine reine POJOs (Plain old Java objects) sind, steht einer Konfiguration beispielsweise mit dem Spring Framework oder CDI (Contexts and Dependency Injection for the Java EE Platform) nichts im Wege.

9.8.2 Schach-Domänenmodell

> *„Das Schachspiel wird zwischen zwei Gegnern gespielt,*
> *die abwechselnd ihre Figuren auf einem quadratischen Spielbrett, Schachbrett genannt, ziehen."*
>
> *Zitat aus den FIDE-Regeln*

Die verschiedenen Systemteile tauschen schachspezifische Daten aus. Hierzu zählen vor allem die Situation auf dem Brett (Stellung), sowie gegnerische und eigene Züge. Als Aufruf- und Rückgabeparameter werden in allen Bausteinen dieselben Klassen verwendet.

An dieser Stelle finden Sie einen groben Überblick über diese Datenstrukturen und deren Abhängigkeiten untereinander. Details sind in der Quelltextdokumentation (javadoc) enthalten. Die Klassen und Aufzählungstypen (enums) befinden sich im Paket de.dokchess. allgemein.

Eine Schachfigur ist gekennzeichnet durch Farbe (Schwarz oder Weiß) und Art (König, Dame, ...). Im Domänenmodell von DokChess weiß eine Figur nicht, wo sie steht. Die Klasse ist unveränderlich (immutable) wie alle anderen auch.

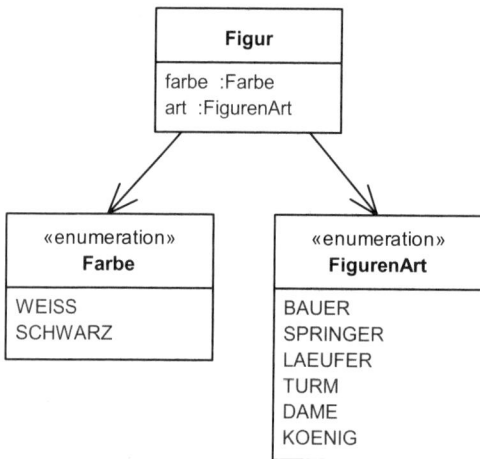

BILD 9.13 Eine Figur hat eine Farbe (z. B. weiß) und eine Art (z. B. Bauer)

Das Schachbrett besteht aus 8 x 8 Feldern, die in 8 Reihen (1–8) und 8 Linien (a–h) angeordnet sind. Die Klasse Feld beschreibt ein ebensolches. Da ein Feld maximal von einer Figur besetzt sein kann, reicht für die Angabe eines Zuges, von wo nach wo gezogen wird. Einzige Ausnahme bildet die Umwandlung eines Bauern auf der gegnerischen Grundlinie, da der Spieler selbst entscheidet, in welche Figur er umwandelt (in der Regel, aber nicht zwingend eine Dame). Rochadezüge werden als Königszüge über zwei Felder in die entsprechende Richtung repräsentiert.

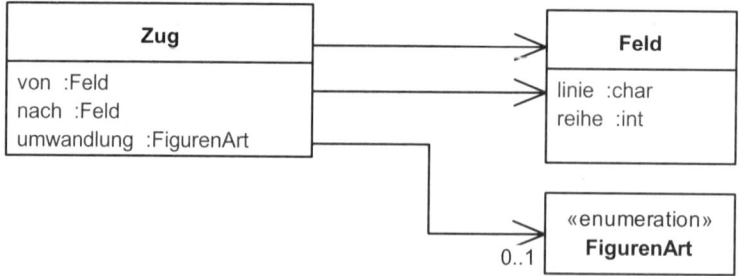

BILD 9.14 Ein Zug geht von einem Feld zu einem Feld

Die Klasse Stellung stellt die aktuelle Situation auf dem Brett dar. Vor allem sind das die Figuren auf dem Brett, das intern als zweidimensionales Array (8 x 8) implementiert ist. Falls ein Feld unbesetzt ist, steht null im Array. Zur Komplettierung der Spielsituation gehört die Information, wer am Zug ist, ob noch Rochaden möglich sind und ob en passant geschlagen werden kann.

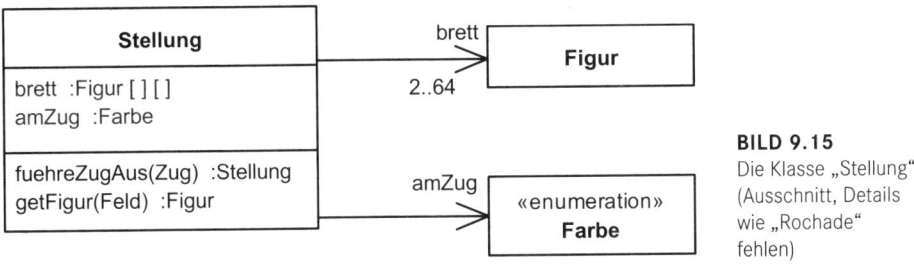

BILD 9.15
Die Klasse „Stellung"
(Ausschnitt, Details
wie „Rochade"
fehlen)

Die Klasse Stellung ist ebenso wie alle übrigen unveränderlich, die Methode fuehreZugAus() liefert eine neue Stellung mit der veränderten Spielsituation zurück. Siehe hierzu die Architekturentscheidung in Abschnitt 9.9.2 „Sind Stellungsobjekte veränderlich oder nicht?"

9.8.3 Benutzungsoberfläche

DokChess selbst verfügt über keine grafische Oberfläche, sondern agiert über das XBoard-Protokoll mit der Außenwelt (siehe Entscheidung in Abschnitt 9.9.1 „Wie kommuniziert die Engine mit der Außenwelt?"). Im Folgenden wird dies kurz skizziert.

Das Protokoll ist textbasiert, ein Starten von DokChess in einer Kommandozeile (Unix-Shell, Windows-Eingabeaufforderung, ...) erlaubt eine Interaktion mit der Engine, wenn man die wichtigsten XBoard-Kommandos beherrscht. (Tabelle 9.17 zeigt einen Beispieldialog, alle Kommandos werden mit einer neuen Zeile abgeschlossen.) Standardmäßig spielt eine Engine schwarz, man kann das über den Protokollbefehl „white" ändern.

TABELLE 9.17 Beispielkommunikation zwischen einem Client und DokChess (XBoard)

Client → DokChess	DokChess → Client	Bemerkung
xboard		Client will XBoard-Protokoll verwenden (erforderlich, da Engines teilweise andere, teilweise sogar mehrere Protokolle verstehen).
	(neue Zeile)	
protover 2		Protokollversion 2
	feature done=1	Zeilenweise Mitteilung über zusätzliche Features der Engine (hier: keine).
e2e4		Weiß zieht Bauer e2-e4.
	move b8c6	Schwarz (DokChess) zieht Springer b8-c6.
quit		Der Client beendet das Spiel (DokChess terminiert).

Das Protokoll selbst wird in [Mann+2009] detailliert beschrieben, für die Implementierung in DokChess ist das Subsystem XBoard-Protokoll zuständig (siehe Bausteinsicht).

Die typische Verwendung von DokChess ist das Vorschalten eines grafischen Schachfrontends wie Arena (siehe Bild 9.16), das die Züge des Gegners über eine komfortable Oberfläche

BILD 9.16 DokChess im Schach-Frontend Arena unter Windows

entgegennimmt, in Form von XBoard-Kommandos wie in Tabelle 9.17 oben an DokChess weitergibt (Spalte „Client → DokChess") und die Antworten (Spalte „DokChess → Client") grafisch umsetzt.

9.8.4 Plausibilisierung und Validierung

DokChess ist, vereinfacht ausgedrückt, ein Algorithmus, es antwortet auf Züge des Gegners mit eigenen Zügen. Der Überprüfung der Eingaben kommt daher eine große Bedeutung zu. Zwei Eingabekanäle sind relevant: das XBoard-Protokoll für interaktive Benutzereingaben sowie Eröffnungsbibliotheken in Form von Dateien.

Eingaben, die über das XBoard-Protokoll eingehen, werden vom entsprechenden Subsystem geparst. Unbekannte oder nicht implementierte Kommandos werden mit dem XBoard-Kommando „Error" an den Client zurückgemeldet.

Im Falle eines Zugkommandos wird mit Hilfe des Spielregeln-Subsystem überprüft, ob der Zug regelkonform ist. Unzulässige Züge werden mit dem XBoard-Kommando „Illegal move" an den Client zurückgemeldet. Bei Verwendung eines grafischen Frontends sollte dieser Fall nicht auftreten, da diese typischerweise nur gültige Züge absetzen. Der Fall ist eher für die Interaktion per Kommandozeile relevant (siehe Abschnitt 9.8.3 „Benutzungsoberfläche").

Beim Aufbau einer Stellung überprüft DokChess die Einhaltung des Protokolls, nicht aber, ob die Position zulässig ist. Im Extremfall kann das dazu führen, dass das Engine-Subsystem im Spielverlauf Fehler wirft (z. B. wenn man keine Könige auf das Brett stellt).

Bei den Eröffnungsbibliotheken wird lediglich geprüft, ob die Datei geöffnet und eingelesen werden kann. Im Fehlerfall (konkret z. B.: Datei nicht gefunden) wird eine Exception geworfen. Beim Einlesen werden erkannte Probleme (z. B. ungültiges Format) ebenfalls mit einem Laufzeitfehler quittiert. Die Bibliothek wird beim Einlesen inhaltlich nicht geprüft. Falls beispielsweise unzulässige Züge für eine Stellung hinterlegt sind, wird das nicht erkannt. Für die Qualität der Bibliothek ist der Anwender selbst verantwortlich (siehe Kontextabgrenzung). Im Extremfall antwortet die Engine mit einem ungültigen Zug.

9.8.5 Ausnahme- und Fehlerbehandlung

DokChess verfügt über keine eigene Oberfläche. Es muss Probleme nach außen signalisieren, im Folgenden wird beschrieben wie das geschieht. Eigene Erweiterungen (beispielsweise eine eigene Zugauswahl) sollten entsprechend implementiert werden.

Die Subsysteme und Module von DokChess werfen ausschließlich Runtime Exceptions. Im Falle einer Checked Exception (zum Beispiel `java.io.IOException`) wird diese geeignet verpackt. Bei den wenigen erwarteten Exceptions wird dies im javadoc der entsprechenden Methoden angezeigt. Konkret sind das beispielsweise Probleme beim Einlesen einer Eröffnungsbibliothek, oder beim Versuch der Zugermittlung innerhalb der Engine bei ungültiger Stellung (falls erkannt). Alle übrigen Exceptions wären Programmierfehler (bitte melden Sie solche Fälle unter http://dokchess.sourceforge.net).

Das XBoard-Subsystem fängt sämtliche Exceptions und kommuniziert sie über das XBoard-Protokoll nach außen (Kommando „tellusererror"). Ein grafisches Frontend visualisiert sie in der Regel in einem Fehler-Dialog oder einer Alert-Box, Bild 9.17 zeigt das für das Schachfrontend Arena.

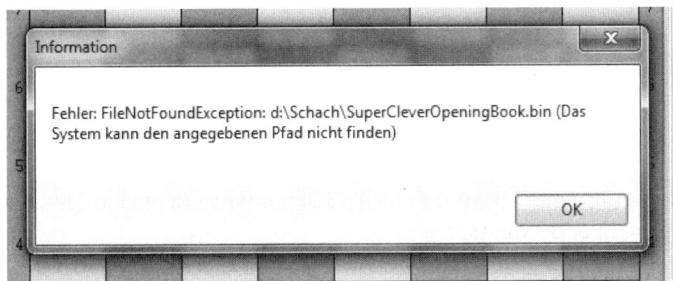

BILD 9.17 DokChess-Fehlermeldung, visualisiert durch Arena: Datei nicht gefunden

DokChess arbeitet dann „normal" weiter, wobei der Anwender selbst entscheidet, ob ein Fortfahren in der konkreten Situation sinnvoll ist. Beispielsweise könnte er entscheiden, ohne Eröffnungsbibliothek zu spielen.

9.8.6 Logging, Protokollierung, Tracing

Für Verbesserungen und Erweiterungen von DokChess durch Dritte sind die vorhandenen Analysemöglichkeiten von Interesse, insbesondere bei Fehlverhalten.

Tatsächlich waren bei der Implementierung von DokChess keine feinkörnigen Log-Meldungen erforderlich. Die Funktionalität lässt sich gut mit Unit-Tests überprüfen. Das gilt insbesondere für die korrekte Implementierung der Spielregeln und auch für die Spielweise der Engine (siehe Abschnitt 9.8.7 „Testbarkeit") sowie für eigene Erweiterungen.

Deshalb gibt es innerhalb von DokChess keine Logging-Ausgaben; Lösungen wie log4j kommen nicht zum Einsatz. Auf diese Weise wird eine Abhängigkeit von einer Fremdbibliothek, die sich durch den ganzen Quelltext ziehen würde, vermieden und der Code durch diesen Aspekt nicht verschmutzt.

Für die Kommunikation zwischen Client und DokChess über das XBoard-Protokoll besteht neben der interaktiven Bedienung über eine Shell (vgl. Abschnitt 9.8.3 „Benutzungsoberfläche") oft die Möglichkeit, den Client die Konversation protokollieren zu lassen. Gängige Schachfrontends erlauben dies über das Schreiben von Log-Dateien und/oder die simultane Anzeige eines Protokollfensters während des Spiels. Bild 9.18 zeigt diese Funktionalität exemplarisch für Arena.

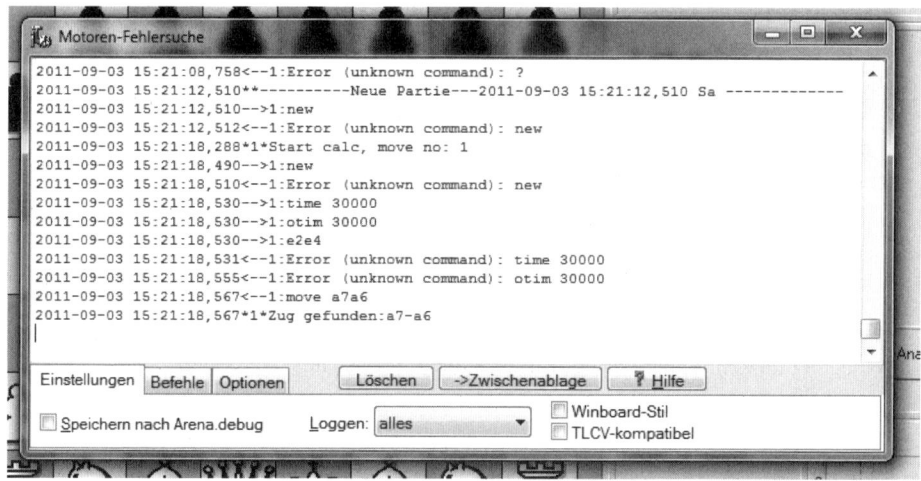

BILD 9.18 Protokollfenster zum XBoard-Protokoll in Arena

Solche Werkzeuge sind von unschätzbarem Wert, wenn die Engine hängt und unklar ist, was auf dem XBoard-Protokoll gelaufen ist. Aufgrund ihrer Verfügbarkeit wurde auf die Implementierung eines Kommunikationsprotokoll-Tracings innerhalb von DokChess verzichtet.

9.8.7 Testbarkeit

Nichts ist peinlicher für eine Engine als ein unzulässiger Zug.

Die Funktionalität der einzelnen Module von DokChess wird durch umfangreiche Unit-Tests sichergestellt. In der Quelltextstruktur ist neben dem Ordner src, wo die Java-Quelltexte der Module abgelegt sind, ein Ordner srctest zu finden. Er enthält ein Spiegelbild der Paketstruktur und in den entsprechenden Paketen Unit-Tests zu den Klassen, die mit JUnit 4 realisiert sind.

Reine Unit-Tests, die einzelne Klassen prüfen, heißen wie die Klasse selbst, mit dem Anhang „-Test". Darüber hinaus gibt es Tests, die das Zusammenspiel von Modulen prüfen, und im Extremfall das ganze System. Mit Hilfe solcher Tests wird die korrekte Spielweise von DokChess überprüft.

Bei vielen Tests muss eine Stellung als Aufrufparameter vorgelegt werden. Hier kommt die Forsyth-Edwards-Notation (kurz FEN) zum Einsatz. Diese Notation erlaubt die Angabe einer kompletten Spielsituation als kompakte Zeichenkette ohne Zeilenumbruch und ist daher wie geschaffen für den Einsatz in automatisierten Tests.

BILD 9.19 Beispielstellung (weiß am Zug ist matt)

Die Spielsituation in Bild 9.19 mit weiß vor dem 79. Zug, wobei 30 Halbzüge lang keine Figur geschlagen und kein Bauer bewegt wurde, sähe in FEN so aus:

```
"6r1/6pp/7r/1B5 K/1P3k2/N7/3R4/8 w - - 30 79"
```

und liest sich: „6 Felder frei, schwarzer Turm, Feld frei, neue Reihe …". Kleine Buchstaben stehen für schwarze, große für weiße Figuren, es werden die englischen Bezeichnungen (Rook für Turm, Pawn für Bauer, …) verwendet. Die Grundstellung wird folgendermaßen notiert:

```
"rnbqkbnr/pppppppp/8/8/8/8/PPPPPPPP/RNBQKBNR w KQkq - 0 1"
```

Details zur Notation sind beispielsweise bei Wikipedia nachzulesen. Die Klasse `Stellung` verfügt über einen Konstruktor, der eine Zeichenkette in FEN akzeptiert. Die `toString`-Methode der Klasse liefert ebenfalls FEN.

Neben Tests auf korrekte Funktionalität wird auch überprüft, ob die geforderten Antwortzeiten für exemplarische Spielsituationen eingehalten werden können. Dies erfolgt mit der @Test-Annotation und deren Timeout-Parameter. Der Erfolg dieser Tests hängt von der eingesetzten Hardware ab.

■ 9.9 Entwurfsentscheidungen

9.9.1 Wie kommuniziert die Engine mit der Außenwelt?

Zur Fragestellung

DokChess muss mit bestehenden Schach-Frontends zusammenarbeiten, diese Anforderung ist kritisch. Je nachdem, wie die Anbindung ausfällt, kann DokChess mit bestimmten Frontends (bestehenden und zukünftigen) kommunizieren oder auch nicht. Diese Frage hat unmittelbaren Einfluss auf die Interoperabilität (mit bestehenden Frontends) und auf die Anpassbarkeit (an künftige Frontends).

Relevante Einflussfaktoren

▪ Randbedingungen
  ▪ Betrieb der Frontends zumindest auf Windows-Desktop-Betriebssystemen
  ▪ frei verfügbare Frontends müssen unterstützt werden
▪ Maßgeblich betroffene Qualitätsmerkmale
  ▪ Interoperabilität (siehe Abschnitt 9.1.2 „Qualitätsziele")
  ▪ Anpassbarkeit
▪ Betroffene Risiken
  ▪ Anbindung an das Frontend (siehe Abschnitt 9.11.1).

Annahmen

▪ Die Untersuchung verfügbarer Frontends führt zu allen interessanten Integrationsoptionen.

Betrachtete Alternativen

Es wurden folgende Schach-Frontends untersucht:
▪ Arena Chess GUI (frei verfügbar, läuft auf Windows)
▪ Fritz for Fun (kommerziell, Anbieter ChessBase GmbH, läuft auf Windows)
▪ Winboard/XBoard (Open Source, läuft auf Windows und *nix)

Als Ergebnis wurden zwei Kommunikationsprotokolle als Optionen identifiziert:
▪ Option 1: UCI Protocol (Universal Chess Interface)
▪ Option 2: XBoard Protocol (auch bekannt als Winboard, und als Chess Engine Communication Protocol)

Keines der beiden Protokolle ist formal spezifiziert, aber beide sind öffentlich dokumentiert.

Beide Protokolle sind textbasiert, die Kommunikation zwischen Frontend und Engine erfolgt über stdin/stdout. Das Frontend startet die Engine jeweils in einem separaten Prozess.

Tabelle 9.18 zeigt an, welches Frontend welches Protokoll implementiert.

TABELLE 9.18 Protokolle und Frontends

Protokoll	Arena 3	Fritz for Fun	Winboard/XBoard
UCI	Ja	Ja	–
XBoard	Ja	–	Ja

Entscheidung

Die Entscheidung fiel zugunsten des XBoard-Protokolls. Es wird eine Lösung angestrebt, in der UCI-Unterstützung leicht nachgerüstet werden kann.

Begründung

Grundsätzlich lassen sich die Qualitätsziele unter den gegebenen Randbedingungen von beiden Protokollen erreichen. Je nachdem, welches Protokoll implementiert wird, werden unterschiedliche Frontends unterstützt.

Das präferierte Frontend ist Arena. Es ist frei und für Windows verfügbar, vom Leistungsumfang ist es WinBoard überlegen. Es besitzt gute Debug-Möglichkeiten, kann zum Beispiel die Kommunikation zwischen Frontend und Engine live in einem Fenster darstellen. Arena unterstützt beide Protokolle.

Mit der Entscheidung für das XBoard-Protokoll gewinnt man zusätzlich zu Windows weitere potenzielle Betriebssysteme hinzu. Das gab den Ausschlag, da so auch Benutzer mit anderen Betriebssystemen (Mac OS, Linux) die Engine verwenden können.

Die Lösung erlaubt es, alternative Kommunikationsprotokolle (UCI oder andere) hinzuzufügen, ohne die Engine dafür verändern zu müssen (siehe hierzu Abhängigkeiten in der Bausteinsicht).

9.9.2 Sind Stellungsobjekte veränderlich oder nicht?

Zur Fragestellung

Die Situation auf dem Brett muss für verschiedene Systemteile als Datenstruktur bereitgestellt werden und wird zwischen ihnen ausgetauscht. Eine Stellung verändert sich im Verlauf einer Partie durch das Ausführen von Zügen. Darüber hinaus werden bei der Analyse durch die Engine mögliche Züge ausgeführt, Antworten des Gegners gezogen, das Resultat bewertet und Züge wieder verworfen. Dabei entsteht ein Baum, der je nach Tiefe viele tausend Stellungen beinhaltet.

Von der Schnittstelle der Stellung hängen alle Algorithmen ab; Änderungen daran schlagen auf alle Bestandteile der Engine durch. Insbesondere muss geklärt werden, ob Stellungsobjekte unveränderlich („immutable") sind oder nicht. Die beiden Optionen führen je nach Wahl zu einfach bzw. schwieriger zu implementierenden Funktionen und Algorithmen, und sie sind unterschiedlich effizient. Die Entscheidung hat damit Auswirkung auf die Erreichung zentraler Architekturziele (vgl. Abschnitt 9.1.2 „Qualitätsziele", konkret Wartbarkeit, Attraktivität, Effizienz).

Relevante Einflussfaktoren

- Randbedingungen
  - Implementierungssprache Java; die Lösung muss mit Java 6 laufen
  - moderate Hardwareausstattung
- Maßgeblich betroffene Qualitätsmerkmale
  - Wartbarkeit (Analysierbarkeit, Änderbarkeit)
  - Attraktivität (Spielstärke)
  - Effizienz
- Betroffene Risiken
  - Erreichen der Spielstärke, siehe Abschnitt 9.11.3

Annahmen

- Es ist möglich, eine Datenstruktur mit ausformuliertem Objektmodell (also Klassen Feld, Figur, Zug etc.) effizient genug zu implementieren, um die geforderte Spielstärke bei angemessener Antwortzeit zu liefern.
- In Zukunft sollen mit der Datenstruktur auch nebenläufige Algorithmen realisiert werden können.

Betrachtete Alternativen

Ausgegangen wird von fachlich motivierten Klassen für Feld, Figur und Zug, diese Klassen können unveränderlich als Wertobjekte realisiert werden (Feld e4 bleibt nach Erzeugung bis in alle Ewigkeit e4).

Für die Stellung werden zwei Alternativen betrachtet:

- Die Stellung ist veränderlich. Es gibt Methoden in der Schnittstelle, die den Zustand verändern und so beispielsweise Züge ausführen und auch zurücknehmen können
- Die Stellung ist unveränderlich („immutable"), d. h. eine Methode zum Ausführen eines Zuges liefert die neue Stellung (Kopie der alten, anschließend Zug ausgeführt) als ebenfalls unveränderliches Objekt zurück.

Option 1: Veränderliche Stellung

(+) Positiv
Die Stellung mit ihrem umfangreichen Zustand muss nicht bei jedem Zug kopiert werden. Es besteht die berechtigte Annahme, dass diese Variante deutlich effizienter ist als Option 2.

(−) Negativ
Es muss Funktionalität implementiert werden, die ausgeführte Züge zurücknimmt. Das ist nicht trivial, da nicht nur geschlagene Figuren wieder hingestellt werden müssten. Die Rochade-Regel und En passant erfordern eine gesonderte Behandlung. Das Command-Pattern bietet sich als Option an. Die Implementierung der Stellung wäre aufwändiger als bei Option 2, auch die Verwendung durch Algorithmen ist aufwändiger, da das Zurücknehmen von Zügen durch diese explizit aufgerufen werden muss.
Die Variante hat Nachteile bezüglich Nebenläufigkeit (veränderbarer Zustand).

Option 2: Unveränderliche Stellung

(+) Positiv

Beim Ausführen eines Zuges wird die Stellung kopiert, das Original nicht verändert. Damit entfällt die Implementierung des Zurücknehmens von Zügen. Verwender können sich die alte Stellung als Wert merken. Das erspart Implementierungsaufwand (siehe Option 1). Unveränderliche Objekte bieten signifikante Vorteile bei nebenläufigen Algorithmen.

(−) Negativ

Das Kopieren des Zustandes für jede neue Stellung kostet Zeit. Da es in Analysesituationen um sehr viele Stellungen geht, in Summe potenziell viel Zeit.

Das Kopieren des Zustandes für jede neue Stellung kostet Speicher. Zwar kann durch die Implementierung von Suchalgorithmen mit Backtracking vermieden werden, dass komplette Spielbäume auf dem Heap landen. Nichtsdestotrotz ist der Speicherbedarf größer, und der Garbage Collector hat potenziell auch mehr zu tun.

Beide Punkte wirken sich negativ auf die Effizienz aus.

Entscheidung

Die Entscheidung fiel auf die unveränderliche Stellung (Option 2) aufgrund der Vorteile bezüglich einfacher Implementierung und Aussicht auf die leichtere Ausnutzung von Neben-läufigkeit. Die Nachteile der Option 2 beziehen sich ausschließlich auf Effizienz.

Aufgrund des Risikos, dass die Ziele bezüglich der Spielstärke in akzeptabler Zeit nicht erreicht werden können, wurden Prototypen beider Varianten implementiert und im Rah-men einer Mattsuche (Matt in 2 Zügen) mit Minimax-Algorithmus verglichen. Mit Option 2 dauerte die Suche 30 % länger, vorausgesetzt, man implementiert das Kopieren effizient, lag aber noch deutlich innerhalb des Geforderten.

Es gäbe noch einige weitere Optimierungsoptionen. Sie wurden nicht umgesetzt, um die Im-plementierung einfach zu halten. Dadurch könnte der Nachteil zu Option 1 bei Bedarf noch weiter verkürzt werden. Zu diesen Optionen zählt die Ausnutzung mehrerer Prozessoren/ Kerne durch Nebenläufigkeit.

■ 9.10 Qualitätsszenarien

Dieser Abschnitt beinhaltet konkrete Qualitätsszenarien, welche die zentralen Qualitätsziele, aber auch andere geforderte Qualitätseigenschaften besser fassen. Sie ermöglichen
es, Entscheidungen zu treffen und zu bewerten.

9.10.1 Qualitätsbaum

Bild 9.20 gibt einen Überblick über die relevanten Qualitätsmerkmale und den ihnen jeweils
zugeordneten Szenarien.

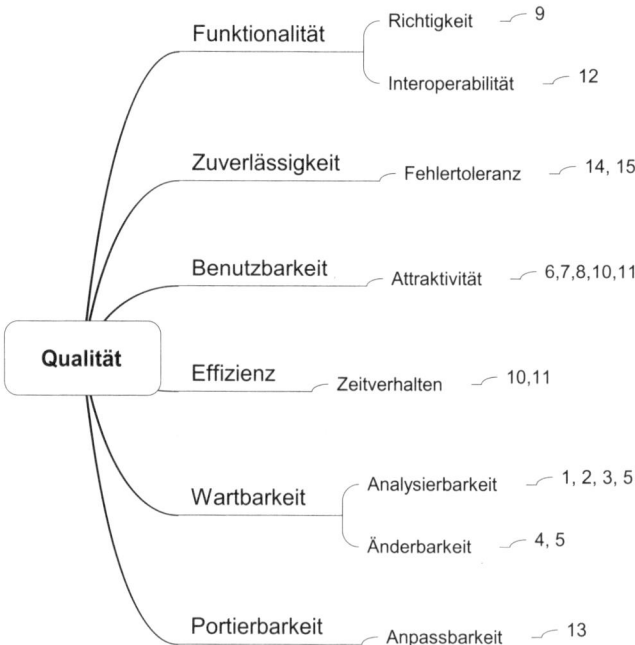

BILD 9.20 Zuordnung von Szenarien zu Qualitätsmerkmalen

9.10.2 Bewertungsszenarien

TABELLE 9.19 Qualitätsszenarien für DokChess

Nr.	Szenario
1	Ein Interessierter mit Grundkenntnissen in UML und Schach möchte einen Einstieg in die Architektur von DokChess finden. Lösungsstrategie und Entwurf erschließen sich ihm innerhalb von 15 Minuten.
2	Ein Architekt, der arc42 anwenden möchte, sucht zu einem beliebigen Kapitel des Templates einen konkreten Beispielinhalt und findet ihn unverzüglich in der Dokumentation.
3	Ein erfahrener Java-Entwickler sucht die Implementierung eines im Entwurf beschriebenen Bausteins. Er findet sie ohne Umwege oder fremde Hilfe im Quelltext.
4	Ein Entwickler implementiert eine neue Stellungsbewertung. Er kann sie ohne Änderung und ohne Übersetzung vorhandenen Codes in bestehende Strategien integrieren.
5	Ein Entwickler implementiert eine figurenzentrierte Bitboard-Repräsentation der Spielsituation. Der Aufwand dazu beträgt inklusive des Austauschs der bestehenden, feldzentrierten Darstellung durch die neue maximal eine Woche.
6	Ein schwacher Spieler zieht in einer Partie gegen die Engine eine Figur ungedeckt und frei von Sinn auf ein von der Engine angegriffenes Feld. Die Engine nimmt im Anschluss die „eingestellte" Figur.
7	In einer Partie ergibt sich für die Engine ein Matt in 2 Zügen. Die Engine zieht sicher zum Sieg.
8	Der Engine eröffnet sich eine Springergabel, um Dame oder Turm zu gewinnen. Die Engine gewinnt Dame (bzw. Turm) gegen Springer.
9	In einer Spielsituation hat die Engine einen oder mehrere regelkonforme Züge zur Auswahl. Sie antwortet mit einem dieser Züge.
10	Während einer Partie antwortet die Engine auf gegnerische Züge innerhalb von 5 Sekunden mit einem Zug.
11	Eine in ein grafisches Frontend integrierte Engine spielt schwarz, der menschliche Spieler zieht an. Die Engine antwortet innerhalb von maximal 10 Sekunden mit ihrem ersten Zug, der Benutzer erhält spätestens nach 5 Sekunden eine Rückmeldung, dass die Engine „denkt".
12	Ein Benutzer will DokChess mit einem Schachfrontend verwenden, das ein von der Lösung implementiertes Kommunikationsprotokoll unterstützt. Das Einbinden erfordert keinerlei Programmieraufwand, die Konfiguration innerhalb des Frontends ist innerhalb von 10 Minuten durchgeführt und getestet.
13	Ein Java-Programmierer will DokChess mit einem Schachfrontend verwenden, das das Einbinden von Engines erlaubt, aber keines der implementierten Protokolle unterstützt. Das neue Protokoll kann ohne Änderung am bestehenden Code implementiert und die Engine anschließend wie gewohnt eingebunden werden.
14	Der Engine wird im Spielverlauf ein unzulässiger Gegenzug präsentiert. Die Engine lehnt den Zug ab, erlaubt im Anschluss die Eingabe eines anderen Zuges und spielt fehlerfrei weiter.
15	Der Engine wird zum Spielbeginn eine unzulässige Stellung präsentiert. Das Verhalten der Engine ist beliebig, ein Abbruch zulässig, unzulässige Züge auch.

◼ 9.11 Risiken

Die folgenden Risiken wurden zu Beginn des Vorhabens (Dezember 2010) identifiziert. Sie beeinflussten die Planung der ersten drei Iterationen maßgeblich. Seit Februar 2011 werden sie beherrscht und können als Nicht-Risiken bezeichnet werden.

9.11.1 Risiko: Anbindung an das Frontend

Es liegt keinerlei Wissen über die Anbindung einer Engine an ein vorhandenes Schach-Frontend vor. Vorhandene Open-Source-Engines sind in C programmiert und werden als ausführbare Programme (*.exe) geliefert. Da DokChess in Java entwickelt wird, können sie nur bedingt zur Inspiration benutzt werden. Über Kommunikationsprotokolle ist überhaupt nichts bekannt.

Falls es nicht gelingt, die Anbindung zu realisieren, kann die Lösung nicht mit bestehenden Frontends verwendet werden. Damit fehlt nicht nur ein wichtiges Feature (vgl. Aufgabenstellung), sondern die Lösung ist als Ganzes, insbesondere auch als Fallbeispiel, unglaubwürdig.

Eventualfallplanung

Es könnte ein einfaches textuelles User Interface realisiert werden, um mit der Engine zu interagieren. Aufwändiger wäre die Implementierung eines eigenen grafischen Frontends.

Risikominderung

Durch einen Proof of concept wird hier frühestmöglich Sicherheit erreicht.

9.11.2 Risiko: Aufwand der Implementierung

Es liegt keinerlei Erfahrung mit der Schachprogrammierung vor. Gleichzeitig wirken die Spielregeln, die komplett realisiert werden sollen (vgl. Aufgabenstellung), umfangreich und kompliziert. Die Figurenarten ziehen unterschiedlich, hinzu kommen Spezialregeln wie Pattstellung und Bauernumwandlung. Bei Rochade (Turm und König einer Farbe werden gleichzeitig bewegt) und en passant (spezieller Schlagzug des Bauern) ist die Partiehistorie, und nicht nur die aktuelle Stellung relevant.

Die Programmierung der Algorithmen ist ebenfalls nicht-trivial. Für die Anbindung von Eröffnungsbibliotheken und Endspieldatenbanken ist eine umfangreiche Recherche erforderlich.

Die Implementierung von DokChess verläuft nebenher in der Freizeit. Es ist unklar, ob die Zeit reicht, um innerhalb des Zeitplans vorzeigbare Ergebnisse zu präsentieren.

Eventualfallplanung

Falls keine lauffähige Fassung vorliegt, entfällt entweder die Live-Demonstration innerhalb des Vortrages, oder der Vortrag fällt aus. Der kostenlose Abendvortrag bei oose im März 2011 kann abgesagt werden (Schaden: Image-Verlust).

Risikominderung

Der Aufwand wird dadurch reduziert, dass folgende Spielregeln zunächst nicht implementiert werden:

- 50-Züge-Regel
- Stellungswiederholung

Das Fehlen hat geringe Konsequenzen bezüglich der Spielstärke und keine bezüglich der Korrektheit des Spiels der Engine.

Die Anbindung von Eröffnungsbibliotheken und Endspieldatenbanken wird niedrig priorisiert und hinten angestellt.

9.11.3 Risiko: Erreichen der Spielstärke

Die Qualitätsziele fordern sowohl eine gewisse Spielstärke („Attraktivität") wie auch eine einfache, leicht zugängliche Lösung („Analysierbarkeit"). Zudem gibt es Anforderungen bezüglich Effizienz. Es ist unsicher, ob die anvisierte einfache Java-Lösung mit objektorientiertem Domänenmodell und einfacher Zugauswahl diese Ziele erreichen kann.

Das Risiko manifestiert sich durch zu schlechte Spielstärke, zu lange Wartezeiten oder beides. Insbesondere bei Live-Vorführungen in Vorträgen wäre das unschön, da die Lösung dann von den Zuhörern gar nicht als solche wahrgenommen wird (sondern als Spielerei). Unklar ist, ab wann eine Spielstärke als unangemessen schwach angesehen wird.

Eventualfallplanung

In Vorträgen würde auf Teile der Live-Demonstration verzichtet werden können. Ggf. werden im Vorfeld gespielte Partien gezeigt.

Risikominderung

Mit Hilfe geeigneter Szenarien werden die Qualitätsziele präzisiert. Im Anschluss werden mit Hilfe von Schachliteratur (konkret Schachaufgaben) Testfälle (Unit-Tests) entwickelt, die präzisieren, welche Spielstärke erwartet werden kann. So kann zumindest früh ermittelt werden, wo die Engine steht.

■ 9.12 Glossar

Das folgende Glossar erklärt Begriffe aus der Schachwelt, die über den Wortschatz von Wenig- oder Gelegenheitsspielern hinausgehen, sowie Begriffe aus dem Computerschach.

TABELLE 9.20 Begriffe aus der Welt des Schachs und des Computerschachs

Begriff	Erklärung
50-Züge-Regel	Regel im Schach, die besagt, dass ein Spieler ein Unentschieden reklamieren kann, wenn 50 Züge lange kein Bauer bewegt und keine Figur geschlagen wurde. Details siehe Schachregeln, insbesondere Turnierregeln.
Alpha-Beta-Suche	Deutliche Verbesserung des Minimax-Algorithmus, in dem Teile des Suchbaumes „weggeschnitten" werden können, ohne dabei zu einem anderen Ergebnis zu kommen.
Einstellen	Anfängerfehler im Schach. Eine eigene Figur wird eingestellt, wenn sie auf ein vom Gegner angegriffenes Feld gezogen wird und von diesem gefahrlos geschlagen werden kann.
Engine	Auch Schach-Engine. Bezeichnung für den Teil des Schachprogramms, der die Züge berechnet. Typischerweise hat eine Engine keine grafische Benutzeroberfläche.
en passant	Spezieller Bauernzug im Schach. Wenn ein Bauer zwei Felder vorgeht und ein gegnerischer Bauer ihn hätte schlagen können, wäre er nur eins vorgegangen, darf dieser en passant schlagen. Details siehe Schachregeln.
FEN	Forsyth-Edwards-Notation. Kompakte Darstellung einer Schachstellung als Zeichenkette. Wird von vielen Schach-Werkzeugen unterstützt. Einsatz in DokChess in Unit-Tests. Siehe Wikipedia.
Gabel	Taktikmotiv im Schach, bei dem eine Figur zwei (oder mehr) gegnerische Figuren gleichzeitig bedroht.
Halbzug	Aktion (Spielzug) eines einzelnen Spielers (im Gegensatz zur Folge von weißem und schwarzem Zug, die z. B. beim Nummerieren als Zug gezählt wird).
Minimax-Algorithmus	Algorithmus zur Ermittlung des besten Zuges unter der Berücksichtigung aller Optionen beider Spieler.
Polyglot Opening Book	Binäres Dateiformat für Eröffnungsbibliotheken. Anders als bei vielen anderen Formaten ist eine Dokumentation des Formates frei zugänglich.
Rochade	Spezieller Spielzug im Schach, bei dem der eigene König und ein eigener Turm zugleich bewegt werden. Dazu müssen verschiedene Voraussetzungen erfüllt sein. Details siehe Schachregeln.
Spieß	Taktikmotiv im Schach, bei dem eine geradlinig ziehende Figur mit zwei gegnerischen Figuren auf einer Reihe, Linie oder Diagonalen steht und die vordere der beiden zum Wegziehen zwingt.
Springergabel	Besonders häufige Form der Gabel mit einem Springer als angreifende Figur.
Stellungs-wiederholung	Regel im Schach, die besagt, dass ein Spieler ein Unentschieden reklamieren kann, wenn dieselbe Stellung mindestens zum dritten Mal auftritt. Details siehe Schachregeln, insbesondere Turnierregeln.
WinBoard-Protokoll	Siehe XBoard-Protokoll.
XBoard-Protokoll	Textbasiertes Protokoll zur Kommunikation zwischen Schach-Frontends und Engines. Auch als „Winboard" oder (seltener) als „Chess Engine Communication Protocol" bezeichnet.

10 Stolpersteine der Architektur-dokumentation

Dieses letzte Kapitel des Buches zeigt typische Fallstricke, in denen sich Projekte im Zusammenhang mit Architekturdokumentation gerne verheddern. Sie sind jetzt mit dem nötigen Wissen und passenden Werkzeugen ausgestattet, um diese Fallen zu entschärfen. Das setzt aber voraus, dass Sie sie erkennen – sowohl in Ihrem Vorgehen und Ihren eigenen Arbeitsergebnissen als auch in Review-Situationen bei anderen.

■ 10.1 Probleme

> *„Es gibt ein altes Bemühen, den Begriff ‚Problem‘ durch ‚Herausforderung‘ zu ersetzen.*
> *Wir halten dies für modischen Unsinn.“*
>
> *[Wohland+2007]*

Die Mindmap in Bild 10.1 (nächste Seite) kategorisiert typische Probleme, die im Zusammenhang mit Architekturdokumentation auftreten und die Projektbeteiligte auch so wahrnehmen. Die Punkte beeinflussen sich gegenseitig. Ich diskutiere sie im Folgenden kurz und stelle Zusammenhänge zwischen ihnen dar.

Problem: Hoher Aufwand (Dokumentation als Ballast)

Rund um das Thema Architekturdokumentation fällt Aufwand an. Er betrifft auf der einen Seite die Erstellung der Arbeitsergebnisse und deren Pflege im weiteren Verlauf des Vorhabens. Auf der anderen Seite verursacht auch die Verwendung der Dokumentation Aufwand, zum Beispiel bei der Kommunikation der Ideen. Dieser hängt unmittelbar von Form und Inhalt der Architekturdokumentation ab, denken Sie nur an ein zielloses Stöbern in einem verwahrlosten Wiki.

Dokumentation wird dort zum Ballast, wo der mit ihr verbundene Aufwand unverhältnismäßig hoch ist. Dieses Problem wird reflexartig als erste Gefahr im Zusammenhang mit Architekturdokumentation genannt. Wirklich bewerten kann man den Aufwand aber nur im Zusammenhang mit dem Nutzen.

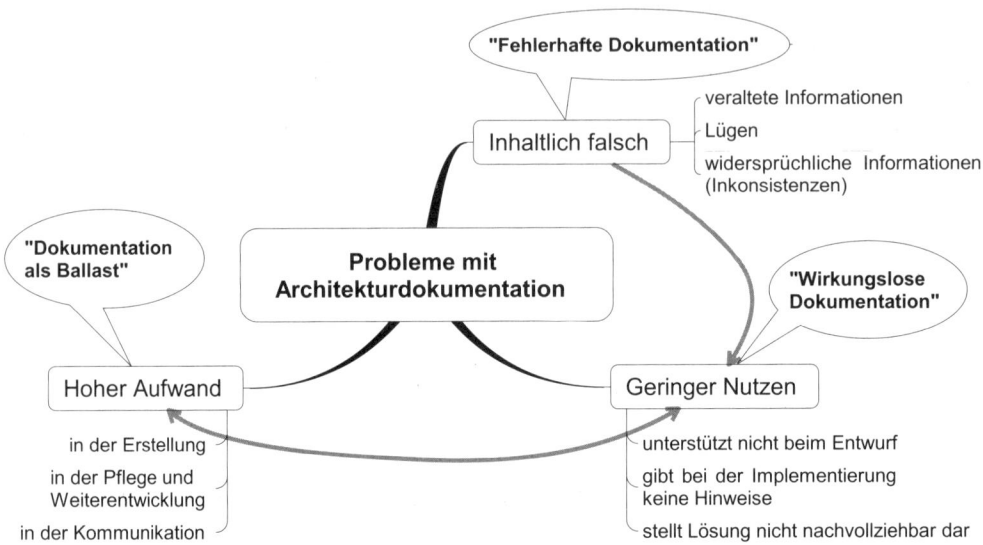

BILD 10.1 Typische Probleme rund um die Architekturdokumentation

Problem: Geringer Nutzen (Wirkungslose Dokumentation)

Architekturdokumentation adressiert unterschiedliche Ziele. Wenn diese nicht erreicht werden, ist sie nutzlos. Konkret heißt das im Extremfall, dass die Dokumentation ...

- beim Entwurf der Architektur behindert;
- den Entwicklern keine Hinweise gibt, wie sie die Lösung umsetzen sollen;
- die Lösung nicht nachvollziehbar darstellt.

Das Problem tritt auch auf, wenn die Ziele nur zu einem gewissen Grad erreicht werden. Hier zeigt sich das Zusammenspiel mit dem ersten Problem. Hoher Aufwand und geringer Nutzen bilden oft eine Einheit; das Kosten/Nutzen-Verhältnis stimmt nicht. Es wirkt daher, als handele es sich um das gleiche Problem. Dennoch ist die Differenzierung wertvoll, beispielsweise bei der Festlegung von Maßnahmen.

Ein Sonderfall dieses Problems ist das völlige Fehlen jeglicher Architekturdokumentation („historisch gewachsen").

Problem: Fehlerhafte Dokumentation

Auch beim Problem der fehlerhaften Dokumentation ist es sinnvoll zu differenzieren. In diese Kategorie fällt in der Praxis vor allem veraltete Dokumentation. Sie enthält Aussagen oder Inhalte, die nicht mehr stimmen. Das kann daran liegen, dass Dokumentation und Implementierung auseinander gedriftet sind, oder daran, dass sich festgehaltene Einflussfaktoren (z. B. Randbedingungen) geändert haben.

Ein besonders krasser Fall von fehlerhafter Dokumentation sind Aussagen oder Inhalte, die noch nie gestimmt haben. Die Dokumentation ist dann nicht veraltet, sondern war immer schon falsch, sie „lügt".

Ein letzter Punkt sind Aussagen, die sich widersprechen (Inkonsistenzen). Damit ist nicht das Auseinanderdriften von Dokumentation und Implementierung gemeint, sondern Widersprüche innerhalb der Dokumentation selbst. In der Praxis tritt dieser Fall vor allem dann auf, wenn Inhalte innerhalb der Dokumentation redundant gehalten werden, einzelne Teile weitergepflegt werden und andere veralten.

Fehlerhafte Dokumentation ist tendenziell von geringerem Nutzen als korrekte, weswegen es zwischen diesen Problemen (fehlerhafte Dokumentation, geringer Nutzen) einen gewissen Zusammenhang gibt. Allerdings kann fehlerhafte Dokumentation im Einzelfall durchaus noch von Nutzen sein. Ein Beispiel ist veraltete Dokumentation, bei welcher der Aufwand, sie zu aktualisieren, in keinem Verhältnis mehr zum Nutzen steht. Hauptsache, sie ist klar als veraltet gekennzeichnet.

■ 10.2 Fiese Fallen ...

Meiner Erfahrung nach gibt es Themenbereiche, in denen Fehler und Fehleinschätzungen besonders häufig zu einem oder mehreren der obigen Probleme führen. Ich bezeichne sie als Fallen; es gilt, sie zu umgehen oder zu entschärfen. Ärger mit Radarfallen können Sie auch vermeiden, wenn Sie wissen, wo diese stehen.

Dogmenfalle

Szenario: Das Vorhaben ist im Zusammenhang mit Architekturdokumentation mit Vorgaben konfrontiert. Es muss bestimmte Arbeitsergebnisse anfertigen und Standards einhalten. Die Vorgaben sind unangemessene Dogmen, oder die Betroffenen selbst befolgen sie zu dogmatisch.

In der Praxis stammen Vorgaben entweder von einem regulativen Umfeld (Stichwort Vorgehensmodell), sind eine projektspezifische Entscheidung des Managements oder der Projektleitung oder entspringen dem Kopf des Chefarchitekten.

Vorgaben für Architekturdokumentation sind nicht per se schlecht. Kapitel 4 arbeitet beispielsweise die Vorteile von Standardgliederungen heraus, Standardnotationen haben ebenfalls ihren Nutzen. Jedoch kann von beiden Seiten – Urheber und Betroffene – die Dogmenfalle ausgelöst werden:

- Die Urheber der Vorgaben erzwingen die Einhaltung um jeden Preis und holen die Betroffenen nicht ab.
- Betroffene Teammitglieder feilen unangemessen lang an den „geforderten" Ergebnissen, und befolgen die Vorgaben unreflektiert.

Die Konsequenz sind hoher Aufwand, hinter den Erwartungen zurückbleibende Ergebnisse und im Extremfall Spannungen zwischen den Beteiligten.

Abgrenzungsfalle

Szenario: Im Vorhaben ist unklar, was in die Architekturdokumentation gehört und was nicht. Deshalb passieren unerwünschte Dinge. Beispiele:

- Das (Architektur-)team kopiert Inhalte aus anderen Disziplinen in seine Dokumentation.
- Andere Teams fertigen Inhalte für Architekturdokumentation an, das Architekturteam fertigt die Inhalte aus Unkenntnis ein weiteres Mal an.
- Hilfreiche Arbeitsergebnisse werden nicht erstellt.

Die Konsequenz sind redundante, inkonsistente und lückenhafte Informationen. Diese Falle lauert überall dort, wo die Ziele, die mit der Architekturdokumentation verfolgt werden sollen, unklar sind. Eine Standardgliederung allein löst dieses Problem nicht (vgl. Dogmenfalle).

Zielgruppenfalle

Szenario: Die angefertigten Inhalte der Dokumentation passen nicht zu den Zielgruppen. Informationen haben den falschen Detaillierungsgrad und sind in Sprache oder Notation unverständlich. Wichtige Informationen fehlen, stattdessen wird der Leser mit Inhalten konfrontiert, die für ihn irrelevant sind.

Die Konsequenz ist wirkungslose Dokumentation. Kern dieser Falle ist, dass unterschiedliche Zielgruppen unterschiedliche Bedürfnisse haben. Teams, die Architekturdokumentation mit einem einzelnen umfangreichen Dokument adressieren, sind besonders anfällig dafür.

Fortschrittsfalle

Szenario: Inhalte zur Dokumentation entstehen bereits früh im Entwicklungsprozess. Das Vorhaben macht im weiteren Verlauf Fortschritte, durch die Ergebnisse hinfällig werden können. Beispiele:

- Technische Risiken werden erkannt und festgehalten, treten aber nicht ein und verbleiben trotzdem unverändert in der Dokumentation.
- Das Team gewinnt im Rahmen der Realisierung Erkenntnisse, die zu Änderungen in der Architektur führen. Sie fließen in die Umsetzung ein, nicht aber in die Dokumentation.
- Dokumentierte Randbedingungen zur technischen Umgebung ändern sich im Verlauf von Entwicklung, Weiterentwicklung oder Wartung. Die Dokumentation bleibt auf dem alten Stand.

Die Konsequenz ist fehlerhafte Dokumentation, die je nach Grad der Abweichung an Wirkung verliert. Sie unterstützt weder die Nachvollziehbarkeit noch die Weiterentwicklung des Systems.

Werkzeugfalle

Szenario: Das Team setzt die falschen Werkzeuge ein, um Inhalte für die Architekturdokumentation zu erstellen, zu verwalten und zu kommunizieren. Unzulänglichkeiten und die Bändigung der Tools lenken von der eigentlichen Architekturarbeit ab. Beispiele:

- Ein schwergewichtiges Modellierungswerkzeug behindert die schnelle Visualisierung von Überblicken und Zerlegungsideen innerhalb eines Workshops.

- Mit verschiedenen Tools erstellte Texte und Diagramme müssen mühsam und von Hand zu einem Dokument zusammengeführt werden.
- Die elektronische Dokumentation ist nur bestimmten Beteiligten zugänglich, da das Öffnen und Betrachten die Installation kommerzieller Software erfordert.

Die Konsequenz sind hohe Aufwände in Erstellung und Pflege, im Verhältnis dazu geringer Nutzen, im Extremfall Frustration und unbefriedigende Ergebnisse, die sich durch veraltete Inhalte und Inkonsistenzen auszeichnen.

■ 10.3 … und wie man sie umgeht oder entschärft

Ich habe dieses Buch insbesondere zur Entschärfung der beschriebenen Fallen und damit auch zur Vermeidung der verbundenen Probleme geschrieben. Kapitel 8 mit dem zielgruppenorientierten Auswählen und Zusammenstellen von Dokumentationsmitteln adressiert beispielsweise gleich mehrere der Themen. Anstatt nun noch einmal alles zusammenzufassen, verweise ich auf die Kernaussagen der einzelnen Kapitel. Die folgenden Tipps stellen jedoch besonders wirksame Maßnahmen dar, die auf die Fallen abzielen und die Sie mit den im Buch gezeigten Methoden und Werkzeugen angehen können.

Gehen Sie pragmatisch mit Vorlagen um!

Vorgefertigte Gliederungen, sowohl für die Architekturdokumentation als Ganzes als auch für einzelne Zutaten, ersparen Ihnen in Ihrem Vorhaben viel Zeit und helfen Ihnen, sicher zu starten. Vorgaben dürfen Sie aber nicht bei der Erreichung Ihrer Ziele behindern. Soweit es Ihr Umfeld erlaubt, fassen Sie die Vorschläge als Orientierungshilfen auf und lassen sich von ihnen inspirieren. Hinterfragen Sie die geforderten Inhalte, füllen Sie kein Template aus, nur weil es leer ist, und hüten Sie sich vor falscher Sicherheit. Der Inhalt ist entscheidend, nicht die Form.

Wenn Sie auf der Seite derer stehen, die die Regeln aufstellen und zum Beispiel Architekturdokumentation flächendeckend in Ihrem Unternehmen einführen wollen: Lassen Sie einen pragmatischen Umgang mit Vorlagen zu! Differenzieren Sie zwischen Vorgaben, Richtlinien und Empfehlungen. Arbeiten Sie heraus, wo eine strikte Harmonisierung durch Vorgaben Nutzen bringt, und kommunizieren Sie diesen. Ernten Sie Erfahrungswissen für Richtlinien und Empfehlungen in Reviews (siehe Kapitel 10.4) sowie Retrospektiven, und passen Sie die Regeln anhand der Rückmeldungen an.

Schaffen Sie Arbeitsergebnisse, die der Zeit widerstehen!

Fertigen Sie für Ihre Architekturdokumentation Arbeitsergebnisse an, die möglichst unempfindlich gegenüber der Zeit sind. Da Architektur im weiteren Verlauf schwer änderbar ist, sollte der Pflegeaufwand der Architekturdokumentation auch dazu passen. Wählen Sie dazu in Ihren Dokumentationsmitteln aus folgenden Optionen:

- Verwenden Sie ein Abstraktionsniveau, das lediglich die grundlegenden Entscheidungen widerspiegelt und detaillierte Informationen aus Modellen und Konzepten heraushält. Mitunter sind diese in Tutorials oder Quelltext (und auch nur da) besser aufgehoben.

- Erlauben Sie es dem Leser durch Angabe von Statusinformationen, das Stadium im Lebenszyklus, in dem sich die Zutat befindet, abzulesen und zu bewerten.

Ob Überarbeitungen oder Verfeinerungen der Dokumentationsmitteln erforderlich sind, finden Sie über einen Test an der Zielgruppe heraus.

Machen Sie Dokumentation in Ihrem Vorhaben zu einem „Freundwort"!

Machen Sie das Festhalten der Architektur zu einem integralen Bestandteil Ihres Vorgehens. Halten Sie Entscheidungen und Entwürfe früh genug geeignet fest, und kommunizieren Sie sie. Hängen Sie Ergebnisse (Produktkarton, Überblicksbilder, Entscheidungen) im Projektraum auf, oder stellen Sie sie gut sichtbar ins Wiki, anstatt sie in den Untiefen eines Projektlaufwerkes zu verstecken. Integrieren Sie Dokumentation (in angemessener Form) in Ihre „Definition of Done" für Arbeitsergebnisse, und zeigen Sie sie den Stakeholdern. Machen Sie einen Architekturüberblick zum Bestandteil des Release, im Idealfall nehmen Sie ihn in den automatischen Build auf. Bennennen Sie einen Verantwortlichen, der sich um die Dokumentation und alle daran Beteiligten kümmert („Doctator").

■ 10.4 Reviews von Architekturdokumentation

„Regel 7: Überprüfe Dokumentation auf Gebrauchstauglichkeit." (aus „Sieben Regeln für gute Dokumentation" in [Clements+2010])

Eine besondere Falle, aber auch eine große Chance habe ich für den Schluss aufgehoben: das Review von Architekturdokumentation. Alle Tipps des letzten Unterkapitels können immens von Reviews profitieren. Das gilt sowohl für den Start mit der Architekturdokumentation in einem konkreten Vorhaben als auch bei einer flächendeckenden Einführung. Gewinnen Sie Gutachter, die neugierig darauf sind, wie Sie „das so machen"!

Was ist ein Review?

Ein Review ist die Begutachtung von Ergebnissen (oder Zwischenergebnissen) durch Personen, die nicht an der Erstellung beteiligt waren. Das können Teammitglieder innerhalb des Vorhabens sein oder auch Außenstehende.

Reviews unterstützen Sie dabei, Ihre Ergebnisse (den aktuellen Prüfgegenstand) zu verbessern. Sie fördern den Wissens- und Erfahrungsaustausch und helfen Ihnen, im Vorgehen sicherer und besser zu werden und so in Zukunft zu noch besseren Ergebnissen zu kommen. Typische Gefahren im Zusammenhang mit Reviews sind hoher Aufwand und im Vergleich dazu geringer Nutzen, aber auch Spannungen auf der Beziehungsebene zwischen Gutachter und Autor.

Falls Sie oder Ihr Team beabsichtigen, Ihre Dokumentation begutachten zu lassen, erhalten Sie im Folgenden Orientierung und Tipps für Planung und Durchführung. Die Informationen können Sie aber auch verwenden, wenn andere Sie auffordern, eine Rückmeldung zu deren Dokumentationsergebnissen zu geben.

Unterschiedliche Arten von Reviews

Reviews unterscheiden sich in Ablauf, Umfang und Formalität. Ein typischer Bestandteil sind Meetings. Die Begutachtung kann im Vorfeld in Einzelarbeit erfolgen. So können die Beteiligten ihre Zeit selbst einteilen und besser nutzen. [ISTQB2011] beschreibt für Reviews die Rollen Organisator (Manager), Moderator, Autor, Gutachter (Reviewer) und Protokollführer. Nicht immer sind alle Rollen erforderlich, und in der Praxis nimmt eine Person in einem Review oft mehrere Rollen ein. [Vigenschow+2010] merken jedoch an, dass sich Autor, Gutachter und Moderator kaum sinnvoll zusammenfassen lassen.

[ISTQB2011] kategorisiert Reviews im Rahmen von Softwaretests in vier Typen, siehe Bild 10.2. Sie sind auf Architekturdokumentation als „Prüfgegenstand" übertragbar.[1] Die Wahl des Typs hängt von Ihren organisatorischen Rahmenbedingungen und dem Ziel des Reviews ab. Die Typen schließen sich innerhalb eines Vorhabens, auch für den gleichen Prüfgegenstand, nicht aus. Sie können beispielsweise zu einem frühen Zeitpunkt ein informelles Review durchführen und so bereits zu Beginn und mit verhältnismäßig wenig Aufwand wertvolle Rückmeldungen erhalten. Ein späteres fachliches Review setzt dann bereits auf einem hohen inhaltlichen Niveau auf.

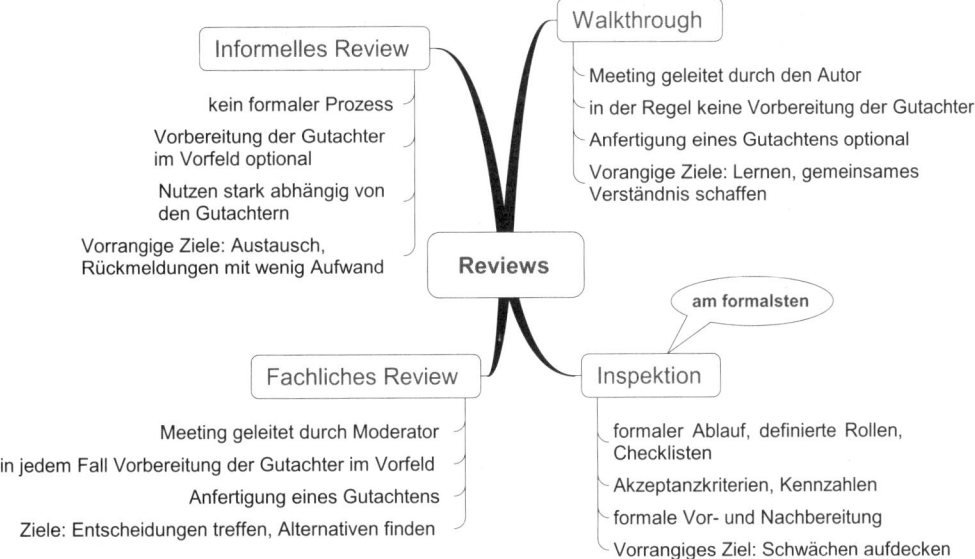

BILD 10.2 Typen von Softwarereviews und ihre Eigenschaften

---

[1] Eine formale Standardisierung erfolgt in IEEE 1028-2008 „IEEE Standard for Software Reviews and Audits". [ISTQB2011] setzt darauf auf und hat den Vorteil, kostenlos als Download bereitzustehen.

Ziele beim Review von Dokumentation im Überblick

Zentraler Erfolgsfaktor bei einem Review ist die Festlegung der Ziele und ihre Kommunikation an die Beteiligten. Ich lege den Fokus hier auf die Begutachtung der Dokumentation, da sie Thema des Buches ist. Prüfgegenstand sind also einzelne Dokumentationsmittel oder Dokumente, die mehrere Dokumentationsmittel oder Ausschnitte davon bündeln. Die Bewertung der Architektur selbst (also eine inhaltliche Überprüfung) ist zugegebenermaßen wichtiger und interessanter. Ein Review der Dokumentation ist im Vorfeld einer Architekturbewertung aber oft sehr wertvoll.

Grundsätzlich können Sie überprüfen, ob eine Dokumentation:

- konform zu bestimmten Standards ist (Konformität);
- die Arbeit mit der Architektur unterstützt (Gebrauchstauglichkeit);
- eine Bewertung der Architektur unterstützt (Analysierbarkeit, Nachvollziehbarkeit).

Die letzten beiden Punkte sind nicht immer ganz trennscharf, da beispielsweise Entwickler, die eine Lösung umsetzen, gerne wissen, warum etwas entschieden wurde. In jedem Fall sollten Sie sich darüber im Klaren sein, was Sie mit einem Review erreichen wollen, und die Gutachter danach auswählen.

Konformität

Die Frage, ob eine Dokumentation konform zu unternehmensinternen oder allgemeinen Standards ist, kann vor allem in einem regulativen Umfeld von großem Interesse sein. In diesen Bereich fallen Prüfungen auf Vollständigkeit, auf das Einhalten vorgeschriebener Gliederungen oder die korrekte Verwendung von Notationen. Als Gutachter kommt bei vielen Unternehmen hier die Qualitätssicherung ins Spiel. Bei informellen Reviews können auch Kollegen mit dem gleichen Aufgabengebiet wie der Ersteller diese Rolle ausfüllen. Eine solche Begutachtung durch Ebenbürtige heißt „Peer-Review".

Gebrauchstauglichkeit

Die Frage, ob eine Dokumentation gebrauchstauglich ist, kann am besten von Gutachtern aus der Zielgruppe beantwortet werden. Diese Personen können beurteilen, ob die Inhalte verständlich und angemessen detailliert sind. Es geht zum Beispiel darum, ob sich neue Mitarbeiter schnell in der Architektur zurechtfinden oder ob die Dokumentation eine Orientierung bei der Umsetzung und der Weiterentwicklung des Systems gibt. Wenn Sie, wie in Kapitel 8 vorgeschlagen, die Zielgruppen der Dokumentation erarbeitet haben, wissen Sie, wo Sie die Reviewer rekrutieren. Es ist auch sinnvoll, im Rahmen eines Peer-Reviews die Auswahl der Zielgruppen und die Festlegung der anzufertigenden Dokumentationsmittel zu begutachten.

Analysierbarkeit, Nachvollziehbarkeit

Dieses Ziel ist ein Spezialfall des vorherigen mit einer besonderen Zielgruppe. Die Frage, ob die Dokumentation bei einer Architekturbewertung unterstützt, lässt sich am besten von Kollegen beantworten, die wissen, wie eine solche Bewertung abläuft. Eine Begutachtung auf Konformität prüft oft lediglich, ob bestimmte Dinge festgehalten wurden, beispielsweise, ob die Einflussfaktoren und zentralen Entscheidungen dokumentiert sind. Bei diesem Review-Ziel geht es darum, ob diese Informationen angemessen und ausreichend sind, um die Architektur zu bewerten, also die Entscheidungen gegen die Ziele und Anforderungen halten zu können.

Vorgehen für ein Review

Ein Review läuft unabhängig vom Typ in den in Tabelle 10.1 dargestellten Schritten ab. Je nach Typ (informell, Inspektion, ...) variieren Intensität und Verbindlichkeit, nicht alle Schritte sind Pflicht. Ihre Aufgabe ist es, sie angemessen auszugestalten.

Bei einem informellen Review können Sie die ersten beiden Schritte (Planung und Kickoff) beispielsweise gemeinsam in einer E-Mail an jeden Gutachter behandeln. Das ändert aber nichts daran, dass Sie über die Ziele informieren und den Gutachtern genügend Zeit zur Durchsicht einräumen müssen. Bild 10.3 zeigt zur Illustration eine entsprechend formulierte E-Mail.

TABELLE 10.1 Schritte beim Vorgehen für ein Review

Schritt	Inhalt
Planung	▪ Review-Ziel(e) festlegen ▪ Zu prüfende Dokumentation (Umfang) festlegen ▪ Gutachter und andere Beteiligte identifizieren ▪ Termine planen und kommunizieren
Kickoff	▪ Review-Ziele motivieren und kommunizieren ▪ Zu prüfende Dokumentation an Gutachter verteilen ▪ Fragenkataloge und Checklisten bereitstellen
Individuelle Vorbereitung	▪ Gutachter prüfen die Dokumentation ▪ Gutachter halten individuelle Stärken, Schwächen, ... fest
Reviewsitzung	▪ Gemeinsam Anmerkungen der Gutachter durchsprechen ▪ Ergebnisse zusammenführen und festhalten ▪ Maßnahmen zur Beseitigung von Mängeln vereinbaren
Nachbereitung	▪ Anmerkungen einarbeiten (durch den Autor)

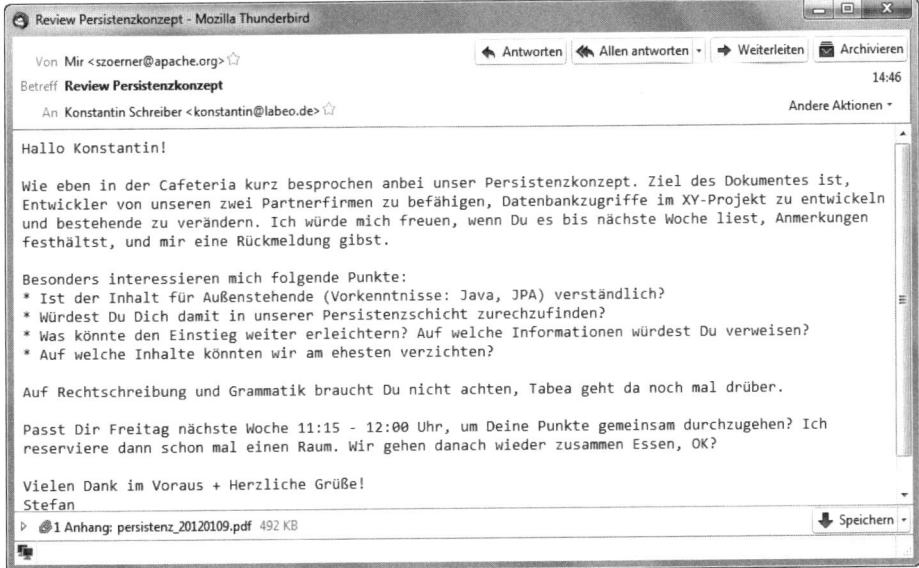

BILD 10.3 E-Mail an einen Kollegen mit Bitte um Rückmeldung zu einem Konzept

Erfolgsfaktoren

Als Organisator planen Sie für ein Review-Meeting einen festen Zeitrahmen (z. B. 2 Stunden) und halten ihn ein. Versorgen Sie die Gutachter im Rahmen des Kickoffs mit den Review-Zielen und spezifischen Fragenkatalogen und Checklisten, die diese beim Durcharbeiten der Dokumentation leiten und ihnen helfen, auf die Review-Ziele zu fokussieren. Im Kasten „Fragenkataloge und Checklisten" finden Sie Hinweise und Vorschläge dazu.

Reagieren Sie während der Vorbereitungszeit unverzüglich auf Zwischenfragen der Gutachter (z. B. „Wo finde ich das erwähnte Dokument XY?"). Planen Sie ausreichend Zeit für die Vorbereitung ein, und kommunizieren Sie Ihre Erwartungen bezüglich der Vorarbeiten an die Gutachter. So werden Sie im Meeting beispielsweise nicht dadurch überrascht, dass diese zu Beginn erst einmal den Text lesen wollen oder bei der Durchsprache lediglich Schreibstil und Zeichensetzung beanstanden.

Kritische Meetings führen Sie stets mit einem Moderator durch.[2] Dieser hilft Ihnen auch, zu fokussieren und die eingeplante Zeit einzuhalten.

Als Gutachter halten Sie nicht nur die Schwächen, sondern auch die Stärken fest. Das hat nicht nur etwas mit Feedbackregeln zu tun, sondern sichert auch ab, dass die positiven Merkmale der Dokumentation bei einer Überarbeitung erhalten bleiben.

In einem Review-Meeting besteht die Gefahr persönlicher Konflikte zwischen den Beteiligten. Ein erfahrener Moderator kann hier zwar einschreiten und deeskalieren, das Ziel liegt aber darin, solche Situationen bereits im Vorfeld durch angemessene Kommunikation zu vermeiden. Rückmeldungen der Gutachter an den Autor der Architekturdokumentation sind nichts anderes als Feedback. Zu den wirksamen Mitteln, um Konfliktsituationen zu vermeiden, zählen Feedbackregeln, Fragetechniken und aktives Zuhören. Hierzu lege ich Ihnen (ein weiteres Mal) „Soft Skills für Softwareentwickler" [Vigenschow+2010] ans Herz. Es diskutiert beispielsweise Feedbackregeln sowohl für den Feedbackgeber (hier primär der Gutachter) als auch für den Empfänger (in der Regel den Autor) und geht auf Konfliktmanagement ein.

Sie sollten regelmäßige und dafür kurze Reviews einer späten umfangreichen Begutachtung vorziehen. Auf diese Weise erhalten Sie früh wertvolle Rückmeldungen, die Sie bereits in Ihre Arbeit einfließen lassen, und kommen so insgesamt zu besseren Ergebnissen.

 Praxistipp: Checklisten und Fragenkataloge für Reviews

Checklisten können helfen, an „alle" wichtigen Punkte zu denken, und nichts Wesentliches zu vergessen. Sie zielen oft auf eine Vollständigkeitskontrolle ab. Bei Reviews von Architekturdokumentation sind sie vor allem zur Überprüfung auf Konformität interessant. Eine Checkliste beinhaltet typischerweise Fragen, die sich mit „ja" oder „nein" beantworten lassen. Sie lassen sich abhaken wie bei einem Check beim Flugzeugstart: „Liegt der Umfang des Dokumentes zwischen 5 und 30 Seiten?"

Für die Überprüfung auf Gebrauchstauglichkeit Ihrer Dokumentation sind hingegen Kataloge hilfreich, die sogenannte „offene Fragen" beinhalten. Das sind Fragen, die sich nicht mit „ja" oder „nein" beantworten lassen.

---

[2] [Vigenschow+2010] stufen ein Meeting bereits sicherheitshalber als kritisch ein, falls die Teilnehmer über wenig oder gar keine Review-Erfahrung verfügen.

Zum Beispiel: „Welche Teile des Dokumentes empfanden Sie als besonders hilfreich?" Derartige Fragen eignen sich beispielsweise bei einem Peer-Review, um
den Gutachter zu unterstützen, Stärken und Schwächen zu identifizieren und konkrete Verbesserungsvorschläge zu machen. Sie sind ergebnisoffen, seine Anmer-
kungen bringt der Gutachter ins Review-Meeting mit.

Eigene Checklisten und Fragenkataloge erstellen

Vorgefertigte Checklisten und Fragenkataloge für Reviews ermöglichen es Ihnen,
Erfahrungswissen wieder zu verwenden. Die folgenden Beispielfragen dienen der
Illustration und sollen Sie inspirieren, selbst entsprechende Listen und Kataloge
zu erstellen. Sie können die Beispiele als Ausgangspunkt verwenden. Checklisten
und vor allem Fragenkataloge entwickeln Sie kontinuierlich weiter, indem Sie sich
Rückmeldungen von den Gutachtern dazu holen: „Wie sind Sie vorgegangen?
Welche der Fragen waren nützlich bei der Vorbereitung, welche weniger?"

Beispiel: Checkliste zur Überprüfung eines Architekturüberblicks auf Konformität

Geprüft wird gegen einen internen Unternehmensstandard. Als Gutachter kommt
beispielsweise die Qualitätssicherung in Frage, die Punkte lassen sich nach Sicht-
prüfung mit Ja oder Nein beantworten.

- Enthält das Deckblatt den Projektnamen, die Kontaktdaten des verantwort-
  lichen Autors, die Version des Dokuments und den Ablageort im Repository?
- Ist das Dokument gemäß „Standardstruktur Architekturüberblick" gegliedert?
- Ist Folgendes enthalten: Systemkontext, Qualitätsziele, zentrale Architektur-
  entscheidungen, Bausteinsicht, Verteilungssicht, Glossar?
- Sind sämtliche Fremdsysteme und Benutzer im Systemkontext erläutert?
- Enthält jede Abbildung eine kurze Erläuterung und jede Abbildungsart eine
  Legende?
- Werden die Begriffe aus dem Glossar im Dokument konsistent verwendet?
- …

Die Checklisten zu den Dokumentationsmitteln in diesem Buch haben ebenfalls
diese Fragenform. Sie liefern Ihnen weitere Anregungen.

Beispiel: Fragenkatalog zur Gebrauchstauglichkeit eines Architekturüberblicks

Diese offenen Fragen unterstützen die Gutachter bei der Vorbereitung für ein
Peer-Review. Zielgruppe des zu prüfenden Architekturüberblicks sind neue
Mitarbeiter in einem Vorhaben.

- Wie schnell haben Sie sich im Dokument zurechtgefunden?
- Welche potenziellen Fragen eines neuen Mitarbeiters beantwortet das Dokument gut, welche weniger gut, welche gar nicht?
- Wenn das Dokument gekürzt werden müsste: Was würden Sie als Erstes
  streichen? Was würden Sie auf keinen Fall weglassen?
- Welche Begriffe vermissen Sie im Glossar? Welche sind Ihrer Ansicht nach
  überflüssig?
- …

Glossar

Das folgende Glossar erklärt zentrale Begriffe des Buchs. Als einen Ausschnitt davon zeigt Bild 1 die vorgestellten Dokumentationsmittel für Softwarearchitektur. Verbindungslinien visualisieren dabei wichtige Zusammenhänge.

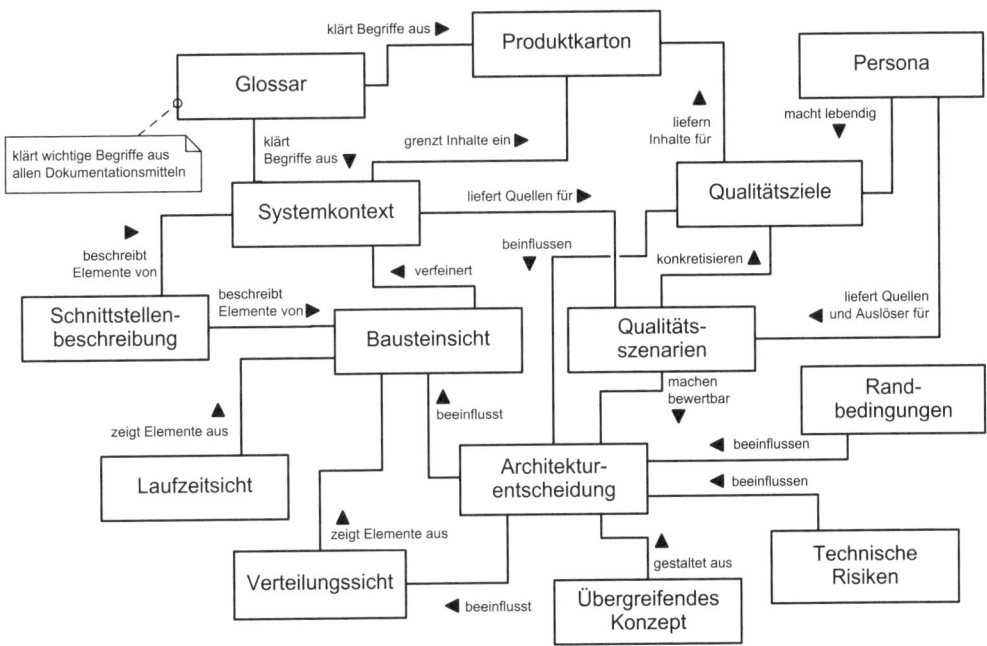

BILD 1 Dokumentationsmittel des Buches mit wichtigen Zusammenhängen

Begriff	Erklärung
arc42	Vorschlag zum Vorgehen bei der Entwicklung einer *(Software-)Architektur* und zur Gliederung der Ergebnisse in einer *Architekturdokumentation*.
Architektur	Summe der im Rahmen eines *Vorhabens* getroffenen *(Architektur-)entscheidungen*, um funktionale Anforderungen und *Qualitätsziele* mit Hilfe eines Softwaresystems umzusetzen. Grundlegend, im Nachhinein schwer änderbar. Jedes *System* hat eine Architektur.
Architektur-dokumentation	Gesamtheit aller in einem *Vorhaben* erstellten *Dokumentationsmittel* mit dem Ziel, die Erarbeitung der *Architektur* zu unterstützen, sie nachvollziehbar zu machen und ihre Umsetzung zu leiten. Nicht jedes *System* hat eine Architekturdokumentation.
Architektur-entscheidung	Fundamentale Entscheidung, die im weiteren Verlauf des Vorhabens nur schwer zurückzunehmen ist. Zentrales *Dokumentationsmittel*.
Architektur-überblick	Ausschnitt der *Architekturdokumentation* in Form eines Dokumentes oder einer Präsentation. Gezielte Auswahl und Anordnung von *Dokumentationsmitteln* oder Teilen daraus für eine breite *Zielgruppe*. Knapp.
Architekturziel	Siehe *Qualitätsziel*.
Baustein	Element des Entwurfs, das der Strukturierung des *Systems* und der Festlegung von Verantwortlichkeiten dient. Wird im Rahmen der *Umsetzung* in Quelltext gefasst oder durch ein Fremdprodukt abgedeckt. Beispiele im Entwurf: Klasse, Funktion, Modul.
Bausteinsicht	*Sicht*, die das System ausgehend vom *Systemkontext* Schritt für Schritt strukturiert. Zeigt *Bausteine* und deren Beziehungen untereinander. Manifestiert Entscheidungen zu Verantwortlichkeiten und Abhängigkeiten.
Dokumentations-mittel	Bestandteil der *Architekturdokumentation*. Grafische und/oder verbale Form zum Festhalten von architekturrelevanten Informationen. Beispiele: *Einflussfaktoren*, *Sichten*, Entscheidungen.
Einflussfaktor	Kraft, die auf *Architektur* wirkt und Entscheidungen beeinflusst. Festgehalten in *Dokumentationsmitteln*, um die Nachvollziehbarkeit zu erreichen. Beispiele: *Randbedingungen*, *Technische Risiken*, *Qualitätsziele*.
Glossar	Verzeichnis wichtiger Begriffe und Abkürzungen sowie ihrer Erklärungen. Zentrales *Dokumentationsmittel*.
Kontextsicht	Siehe *Systemkontext*.
Konzept	Siehe *Übergreifendes Konzept*.
Kreuztabelle	Hilfsmittel zur Darstellung von Zusammenhängen. Zeilen- und Spaltenüberschriften werden über die Zellen (Kreuzungspunkte) verknüpft.
Laufzeitsicht	*Sicht*, die Elemente der *Bausteinsicht* zur Laufzeit zeigt. Entweder in Form von Abläufen, in denen die Bausteine Rollen einnehmen und interagieren, oder in Form von Strukturen, die Exemplare der Bausteine („Instanzen") zur Laufzeit visualisieren.

Begriff	Erklärung
Nicht-funktionale Anforderung, NFA	Siehe *Qualitätsziel*.
Persona	Archetypische Beschreibung einer Benutzergruppe des Systems. *Dokumentationsmittel* für Stakeholder-Interessen, wertvoll vor allem zur Kommunikation.
Produktkarton	*Dokumentationsmittel* zur Darstellung der wesentlichen Ziele des *Systems*. Nimmt als Repräsentant des Produktes dessen Fertigstellung vorweg. Zeigt zentrale Features und *Qualitätsziele* auf knappem Raum. Wertvoll zur Kommunikation im Team und gegenüber Außenstehenden.
Qualitätsmerkmal	Eigenschaft einer Software, die sich bei Erstellung, Benutzung oder Weiterentwicklung zeigt. Beispiele: Änderbarkeit, Performance, Portierbarkeit.
Qualitätsbaum	Grafisches Mittel zur Zuordnung von *Qualitätsszenarien* zu *Qualitätsmerkmalen*.
Qualitätsziel	Gefordertes *Qualitätsmerkmal*. Spezifisch für ein *Vorhaben*, zentraler *Einflussfaktor*.
Qualitätsszenario	*Dokumentationsmittel* zur Konkretisierung eines *Qualitätsmerkmals*. Beispiel, das zeigt, wie sich das System bei normaler Verwendung, bei Veränderung, Wachstum, Erweiterung oder in Ausnahmesituationen verhält. Wichtiges Werkzeug zur qualitativen Bewertung einer *Architektur*.
Randbedingung	Vorgegebener *Einflussfaktor* technischer oder organisatorischer Art. Spezifisch für ein *Vorhaben*. Grenzt den Lösungsraum bei Entscheidungen ein. Beispiele: Programmiersprache, Budget.
Repository	Werkzeug zur Verwaltung der *Architekturdokumentation*. Beispiele für technische Lösungen: Versionsverwaltungen, UML-Werkzeuge, Wikis.
Risiko	Ein in der Zukunft denkbares Ereignis, das unerwünschte Konsequenzen für das *Vorhaben* hat. Oder die Konsequenzen selbst, also die Wirkung des Ereignisses. Kann ein *Einflussfaktor* sein.
Schnittstellen-beschreibung	*Dokumentationsmittel* zur Beschreibung der Funktionalität, die ein Baustein (oder auch ein System) nach außen bereitstellt beziehungsweise die er von außen einfordert, um zu funktionieren.
Sicht	*Dokumentationsmittel* zur Darstellung (oftmals Visualisierung) der *Architektur* unter einem bestimmten Blickwinkel, beispielsweise aus Sicht eines *Stakeholders*. Typischerweise in Form eines oder mehrerer Diagramme und erläuternden Texten. Beispiele: *Bausteinsicht*, *Verteilungssicht*.
Softwaresystem	Siehe *System*.
Softwarearchitektur	Siehe *Architektur*.
Stakeholder	Person oder Personengruppe, die am *Vorhaben* selbst beteiligt oder an dessen Ergebnis interessiert ist. Beispiele: Auftraggeber, Entwickler, Betrieb.

Begriff	Erklärung
System	Anordnung von Elementen, die zusammenspielen, um eine bestimmte Aufgabe zu erfüllen. Klar abgrenzbar gegen seine Umgebung, mit der es interagiert. Dieses Buch betrachtet ausschließlich Softwaresysteme.
Systemkontext	*Sicht*, welche das *System* in seiner Umgebung zeigt. Visualisiert das System als eine Blackbox sowie sämtliche Benutzer und Fremdsysteme, die mit dem System interagieren. Ausgangspunkt der *Bausteinsicht*.
Szenario	Siehe *Qualitätsszenario*.
Technisches Risiko	Siehe *Risiko*.
Übergreifendes Konzept	*Dokumentationsmittel* zur Beschreibung eines technischen und oder übergreifenden Themas. Beispiele für mögliche Themen: Persistenz, Benutzeroberfläche.
UML	Unified Modeling Language. Standardisierte Sprache zur Beschreibung von Softwaresystemen. Die grafische Notation ist eine verbreitete Option zur Darstellung von *Sichten*, der Modellgedanke unterstützt die Konsistenz der Sichten untereinander.
UML-Tool	*Werkzeug* zur Erstellung und Pflege eines UML-Modells sowie Diagrammen, die gezielt Elemente des Modells darstellen und in *Sichten* Verwendung finden.
User Story	Verbales Mittel, um eine funktionale Anforderung an das *System* aus Anwendersicht festzuhalten. Oft in Form eines Musters: Als <Benutzerrolle> will ich <das Ziel>[, so dass <Grund für das Ziel>].
Utility Tree	Siehe *Qualitätsbaum*.
Verteilungssicht	*Sicht*, die Elemente der *Bausteinsicht* im Einsatz auf der Zielumgebung zeigt. Visualisiert die Zielumgebung, also Knoten (z. B. Rechner) und Kommunikationsbeziehungen zwischen den Knoten. Stellt den Zusammenhang zwischen Bausteinen und Installationspaketen dar sowie die Verteilung der Pakete auf Knoten.
Vorhaben	Absicht, ein *System* zu entwickeln oder weiterzuentwickeln. Die Durchführung eines Vorhabens erfolgt typischerweise im Rahmen eines Projekts durch ein Team.
Werkzeug	Hilfsmittel zur Erstellung, Pflege, Verwaltung oder Kommunikation von *Dokumentationsmitteln* und *Architekturdokumentation*. Beinhaltet analoge und digitale Hilfsmittel. Beispiele: Whiteboard, *Wiki*.
Wiki	Elektronisches *Werkzeug* mit dem Fokus auf die kollaborative Arbeit an Texten.
Zielgruppe	Adressaten für einen Ausschnitt der *Architekturdokumentation*. Oft sind *Stakeholder* Zielgruppen oder lassen sich zu ihnen zusammenfassen.
Zutat	Siehe *Dokumentationsmittel*.

Literaturverzeichnis

[Alur2003]   *Deepak Alur et al.:* Core J2EE Patterns: Best Practicies and Design, 2. Auflage, Prentice Hall 2003

[Ambler2002]   *Scott Ambler:* Agile Modeling, John Wiley & Sons 2002

[Ambler2005]   *Scott Ambler:* The Elements of UML 2.0 Style, Cambridge University Press 2005

[apache]   How the Apache Software Foundation works, http://www.apache.org/foundation/how-it-works.html

[arc42]   arc42, Ressourcen für Software-Architekten, http://arc42.de

[Bass+2003]   *Len Bass, Paul Clements, Rick Kazman:* Software Architecture in Practice, 2. Auflage, Addison Wesley 2003

[Beck+89]   *Kent Beck, Ward Cunningham:* A Laboratory For Teaching Object-Oriented Thinking, OOPSLA Conference Proceedings 1989

[Beck+2001]   *Kent Beck et al.:* Manifesto for Agile Software Development, 2001, http://agilemanifesto.org

[Beck2004]   *Kent Beck:* Extreme Programming Explained. Embrace Change, 2. Auflage Addison-Wesley Professional 2004

[Bloch2008]   *Joshua Bloch:* Effective Java: A Programming Language Guide, 2. Auflage Addison-Wesley Longman 2008

[Buschmann+96]   *Frank Buschmann et al.:* A System of Patterns: Pattern-Oriented Software Architecture 1, John Wiley & Sons 1996

[Buzan2005]   *Tony Buzan, Berry Buzan:* Das Mind-Map-Buch, 7. Auflage, mvg 2005

[Clements+2010] *Paul Clements et al.:* Documenting Software Architectures: Views and Beyond, 2. Auflage, Addison Wesley 2010

[Colyer2004]   *Adrian Colyer:* The Ted Neward Challenge (AOP without the buzzwords), http://www.jroller.com/colyer/entry/the_ted_neward_challenge_aop

[DIN66]   Deutsches Institut für Normung: DIN 66001 – Sinnbilder für Datenfluss- und Programmablaufpläne, 1966

[DeMarco2003]   *Tom DeMarco:* Bärentango: Mit Risikomanagement Projekte zum Erfolg führen, Hanser 2003

[Duden2010]   Duden Band 5. Das Fremdwörterbuch, 10. Auflage, Bibliographisches Institut 2010

[Duvall+2007]   *Paul Duvall et al.:* Continuous Integration: Improving Software Quality and Reducing Risk, Addison-Wesley 2007

[epf]   Eclipse Process Framework Project (EPF), http://www.eclipse.org/epf/

[Fowler96]   *Martin Fowler:* Analysis Patterns. Reusable Object Models, Addison-Wesley Longman 1996

[Fowler2002a]   *Martin Fowler:* Patterns of Enterprise Application Architecture, Addison-Wesley Longman 2002

[Fowler2002b]   *Martin Fowler:* Public versus Published Interfaces, 2002,
                  http://martinfowler.com/ieeeSoftware/published.pdf

[Fowler2004]   *Martin Fowler:* Is Design Dead?, 2004,
                  http://martinfowler.com/articles/designDead.html

[Fowler2006]   *Martin Fowler:* Continuous Integration, 2006,
                  http://martinfowler.com/articles/continuousIntegration.html

[Gamma+94]   *Erich Gamma et al.:* Design Patterns. Elements of Reusable Object-Oriented
                  Software, Addison-Wesley Longman 1994

[Grady+87]   *Robert Grady, Deborah Caswell:* Software Metrics: Establishing a Company-Wide
                  Program, 1987

[Guo+99]   *George Guo, Joanne Atlee, Rick Kazman:* A Software Architecture Reconstruction
                  Method, TC 2 First Working IFIP Conference on Software Architecture, 1999

[Hanschke2010]   *Inge Hanschke:* Strategisches Management der IT-Landschaft. Ein praktischer
                  Leitfaden für das Enterprise Architecture Management, 2. Auflage, Hanser 2010

[Hohpe+2003]   *Gregor Hohpe, Bobby Woolf:* Enterprise Integration Patterns: Designing, Building,
                  and Deploying Messaging Solutions, Addison-Wesley Longman 2003

[Hruschka+2005]   *Peter Hruschka, Gernot Starke:* Praktische Architekturdokumentation.
                  Wie wenig ist genau richtig?, OBJEKTspektrum 01/2006

[IEEE2000]   Institute of Electrical and Electronics Engineers (IEEE): Recommended Practice
                  for Architectural Description of Software-Intensive Systems, IEEE Std 1471, 2000

[iSAQB2009]   International Software Architecture Qualification Board (iSAQB): Curriculum für
                  Certified Professional for Software Architecture, 2009, http://www.isaqb.org

[ISTQB2011]   International Software Testing Qualifications Board, Foundation Level Syllabus,
                  2011, http://istqb.org

[ISO2001]   International Organization for Standardization (ISO): Software engineering –
                  Product quality, ISO/IEC 9126, 2001

[Jacobsen+1999]   *Ivar Jacobson, Grady Booch, James Rumbaugh:* The Unified Software Development
                  Process, Addison-Wesley Longman 1999

[Kampenhout2009] *Niels van Kampenhout:* Documentation: get it right!, ApacheCon Europe,
                  Amsterdam 2009

[Kruchten1995]   *Philippe Kruchten:* Architectural Blueprints – The „4+1" View Model of Software
                  Architecture, in IEEE Software 12 (6) 1995

[Kruchten2003]   *Philippe Kruchten:* Rational Unified Process: An Introduction, 3. Auflage,
                  Addison-Wesley 2003

[Mann+2009]   *Tim Mann, H.G. Muller:* Chess Engine Communication Protocol,
                  http://home.hccnet.nl/h.g.muller/engine-intf.html

[Martin2000]   *Robert C. Martin:* Design Principles and Design Patterns,
                  http://www.objectmentor.com/resources/articles/Principles_and_Patterns.pdf

[Meyers2005]   *Scott Meyers:* Effective C++: 55 Specific Ways to Improve Your Programs and
                  Designs, Addison-Wesley, 3. Auflage 2005

[Microsoft2009]   Microsoft Application Architecture Guide (Patterns & Practices) 2. Auflage,
                  Microsoft Press 2009

[Nygard2007]   *Michael T. Nygard:* Release It! Design and Deploy Production-Ready Software,
                  Pragmatic Programmers 2007

[Oestereich2009] *Bernd Oestereich:* Analyse und Design mit UML 2.3: Objektorientierte
                  Softwareentwicklung, 9. Auflage, Oldenbourg 2009

[OMG2002]   Object Management Group: Interface Definition Language (IDL) Syntax and Semantics, in CORBA v3.0 2002

[OMG2011]   Object Management Group: Unified Modeling Language, Version 2.4.1, 2011

[PMI2008]   Project Management Institute, A Guide to the Project Management Body of Knowledge (PMBOK Guide), 4. Ausgabe, Project Management Institute 2010

[qaw]   Quality Attribute Workshop, www.sei.cmu.edu/architecture/tools/qaw/

[Raymond2001]   *Eric S. Raymond:* The Cathedral and the Bazaar, 2. Auflage, O'Reilly Media 2001

[Rechenberg2006]   *Peter Rechenberg:* Technisches Schreiben (nicht nur) für Informatiker, 3. Auflage, Hanser 2006

[Reiners2007]   *Ludwig Reiners:* Stilfibel. Der sichere Weg zum guten Deutsch, Deutscher Taschenbuch Verlag 2007

[Richter+2010]   *Michael Richter, Markus Flückiger:* Usability Engineering kompakt: Benutzbare Software gezielt entwickeln, 2. Auflage, Spektrum Akademischer Verlag 2010

[Rivieres2001]   *Jim des Rivières:* How to Use the Eclipse API, in http://www.eclipse.org/articles/

[Rozanski+2011]   *Nick Rozanski, Eoin Woods:* Software Systems Architecture, 2. Auflage, Addison-Wesley Longman 2011

[Rupp+2007]   *Chris Rupp, Stefan Queins, Barbara Zengler:* UML 2 glasklar. Praxiswissen für die UML-Modellierung, 3. Auflage, Hanser 2007

[Rupp+2009]   *Chris Rupp, die SOPHISTen:* Requirements-Engineering und -Management: Professionelle, iterative Anforderungsanalyse für die Praxis, 5. Auflage, Hanser 2009

[Schmidt+2000]   *Douglas C. Schmidt et al.:* Pattern-Oriented Software Architecture 2. Patterns for Concurrent and Networked Objects, John Wiley & Sons 2000

[Schwaber+2011]   *Ken Schwaber, Jeff Sutherland:* Scrum Guide. Der gültige Leitfaden für Scrum, http://www.scrum.org

[Shannon49]   *Claude Shannon:* Programming a Computer for Playing Chess, 1949

[SEI]   Software Engineering Institute (Carnegie Mellon University): Defining Software Architecture, http://www.sei.cmu.edu/architecture/start/definitions.cfm

[Starke+2009]   *Gernot Starke, Peter Hruschka:* Software-Architektur kompakt: – angemessen und zielorientiert, Spektrum Akademischer Verlag 2009

[Starke2011]   *Gernot Starke:* Effektive Software-Architekturen, 5. Auflage, Hanser 2011

[Strunk+99]   *William Strunk et al.:* The Elements of Style, 4. Auflage, Longman 1999

[Tarnowski+95]   *Wolfgang Tarnowski, Katrin Tarnowski:* Was ist was. Band 50. Unser Körper. Von der Zelle bis zum Menschen, Neufassung, Tessloff 1995

[TOG2011]   The Open Group: TOGAF Version 9.1, 2011, http://pubs.opengroup.org/architecture/togaf9-doc/arch/

[Toth2010a]   *Stefan Toth:* Des Pudels Kern. Qualitätsanforderungen machen Architektur zum agilen Freundkörper, OBJEKTspektrum 03/2010

[Toth2010b]   *Stefan Toth:* Softwarearchitektur – voll 80er? tot? oder noch schlimmer?, in http://www.oose.de/teamblog/

[Tulach2008]   *Jaroslav Tulach:* Practical API Design: Confessions of a Java Framework Architect, Apress 2008

[vmodell]   V-Modell XT. Modell zum Planen und Durchführen von Systementwicklungsprojekten, http://www.v-modell-xt.de/

[Vigenschow+2010]   *Uwe Vigenschow, Björn Schneider, Ines Meyrose:* Soft Skills für Softwareentwickler. Fragetechniken, Konfliktmanagement, Kommunikationstypen und -modelle, Dpunkt Verlag, 2. Auflage 2010

[Vigenschow2011]   *Uwe Vigenschow:* Personas und Szenarien. Anwendersichten auf die
                     Anforderungen, dotnetpro 12/2011

[W3C2007]   World Wide Web Consortium: Web Services Description Language (WSDL)
                     Version 2.0, 2007

[Wirdemann2011]   *Ralf Wirdemann:* Scrum mit User Stories, 2. Auflage, Hanser 2011

[Wittwer+2009]   *Markus Wittwer, Stefan Toth, Uwe Vigenschow:* Einfluss klassischer und agiler
                     Techniken auf den Erfolg von IT-Projekten, Ergebnisbericht Studie 2009,
                     http://www.oose.de/pm/pm-studie.html

[Wohland+2007]   *Gerhard Wohland, Matthias Wiemeyer:* Denkwerkzeuge der Höchstleister:
                     Wie dynamikrobuste Unternehmen Marktdruck erzeugen, Murmann-Verlag
                     GmbH 2007

[Zachman1987]   *John A. Zachman:* A framework for information systems architecture, IBM
                     Systems Journal 1987

[Zörner2008]   *Stefan Zörner:* Architekturen dokumentieren, Kolumne, Java Magazin 2008–2009

[Zörner2010]   *Stefan Zörner:* Gretchenfrage 2.0: Was unterscheidet Softwarearchitekten von
                     Entwicklern, Java Magazin 10/2010

Stichwortverzeichnis

Unschlagbares Doppel

Wirdemann
Scrum mit User Stories
256 Seiten
ISBN 978-3-446-42660-3

Scrum als Framework für die Agile Softwareentwicklung erfreut sich zunehmender Beliebtheit. Kombiniert mit User Stories wird daraus ein unschlagbares Doppel. Scrum definiert mit Hilfe einfacher Regeln und klaren Verantwortlichkeiten einen Rahmen für agile Softwareprojekte. User Stories beschreiben Anforderungen aus Sicht des Benutzers und liefern einen greifbaren Mehrwert.

Dieses Buch erklärt die Grundlagen beider Konzepte und beschreibt, wie Sie User Stories in die Elemente und Abläufe von Scrum einbinden. Angefangen vom Schreiben und Priorisieren eines User-Story-basierten Product Backlog bis hin zur User-Story-getriebenen Sprint- und Release-planung lernen Sie alles, was für den erfolgreichen Einsatz von User Stories in Ihrem Scrum-Projekt wichtig ist.